Le New Space et le droit international

Logiques Juridiques

Fondée par Gérard Marcou
Dirigée par Thomas Perroud

Le droit n'est pas seulement un savoir, il est d'abord un ensemble de rapports et pratiques que l'on rencontre dans presque toutes les formes de sociétés. C'est pourquoi il a toujours donné lieu à la fois à une littérature de juristes professionnels, produisant le savoir juridique, et à une littérature sur le droit, produite par des philosophes, des sociologues ou des économistes notamment.

Parce que le domaine du droit s'étend sans cesse et rend de plus en plus souvent nécessaire le recours au savoir juridique spécialisé, même dans des matières où il n'avait jadis qu'une importance secondaire, les ouvrages juridiques à caractère professionnel ou pédagogique dominent l'édition, et ils tendent à réduire la recherche en droit à sa seule dimension positive. À l'inverse de cette tendance, la collection « Logiques juridiques » des éditions L'Harmattan est ouverte à toutes les approches du droit. Tout en publiant aussi des ouvrages à vocation professionnelle ou pédagogique, elle se fixe avant tout pour but de contribuer à la publication et à la diffusion des recherches en droit, ainsi qu'au dialogue scientifique sur le droit. Comme son nom l'indique, elle se veut plurielle.

Dernières parutions

Jean-Sébastien BODA, *La notion de bloc de constitutionnalité*, 2025.
Fabienne QUILLERÉ-MAJZOUB, Tarek MAJZOUB, *Égypte-eaux du Nil : je t'aime... moi non plus ! Les relations juridiques de l'Égypte au* vade-mecum *de notre héritage*, 2025.
Jean-Pierre BÉNARD, *Nos redoutables paranoïas de gouvernance, Un impensé lourd de conséquences*, 2025.
Myriam CARESSA et Christophe DOUBOVETZKY (dir.), *Langue(s) et droit(s). Enjeux et paradoxes en France*, 2025.
Gabrielle BEGUIN, Nina LASBLEIZ et Jérôme PRÉVOST-GELLA (dir.), *Standard contre standards, Réflexions sur une catégorie juridique en droit public*, 2025.

Olivier Dongar

Le New Space
et le droit international

L'Harmattan

Du même auteur :

L'évolution de la finalité des activités spatiales : un défi pour le droit de l'espace, Pedone, 2020.

5-7, rue de l'École polytechnique - 75005 Paris

www.editions-harmattan.fr
ISBN : 978-2-336-54977-4
EAN : 9782336549774

Sommaire

LISTE DES PRINCIPALES ABRÉVIATIONS

- **AFR. J.INT'l & COMP. L** - African Journal of international and Comparative Law
- **AJIL** - American Journal of International Law
- **American Jrl of Jurisprudence** - American Journal of Jurisprudence
- **AM.U. Int'l L. Rev** - American University International Law Review
- **AASL ou ADAS** - Annals of air & space law ou Annales de droit aérien et spatial
- **Annales E S C** - Annales Economie Société Civilisation
- **AFDH** - Annuaire africain des droits de l'homme
- **ACDI** - Annuaire canadien de droit international
- **AFDI** - Annuaire français de droit international
- **AFRI** - Annuaire français de relations internationales
- **ABDI** - Anuário brasileiro de direito internacional
- **AEDI** - Anuario español de derecho internacional
- **AMDI** - Anuário mexicano de derecho internacional
- **Arch.phil.droit** - Archives de philosophie du droit
- **AJL** - Athens journal of law
- **BLR** - Beijing law review
- **BJIL** - Berkeley Journal of International Law
- **Berkeley Tech L. J** - Berkeley Technology Law Journal
- **BMDC** - Boletin Mexicano de Derecho Comparado
- **Brook. J. Int'l L** - Brooklyn Journal of International Law
- **BJDA** - Bulletin Juridique des Assurances
- **CRDF** - Cahiers de la recherche sur les droits fondamentaux
- **CLJ** - Cambridge Law Journal
- **CILJ** - Cambridge International Law Journal
- **CJLJ** - (The) Canadian Journal of Law and Jurisprudence
- **CEJCL** - Central European Journal of Comparative Law
- **Chicago J.I.L** - Chicago Journal of International Law
- **Chinese J.I.L** - Chinese Journal of International Law
- **CJTL** - Columbia Journal of Transnational Law
- **Cornell International L.J** - Cornell International Law Journal

- **CIJ** - Cour internationale de justice
- **CPA** - Cour permanente d'arbitrage
- **Creighton Int'l & Comp L. J** - Creighton International and Comparative Law Journal
- **D** - Dalloz
- **DSI** - Défense et sécurité internationale
- **EJIL** - European Journal of International Law
- **German Journal A.S.L** - German Journal of Air and Space Law
- **German L.J** - German Law Journal
- **Georgetown J.I.L** - Georgetown Law Journal
- **Harv Int'l L.J** - Harvard International Law Journal
- **IJGLS** - Indiana Journal of Global Legal Studies
- **Int'l Bus L.J** - International Business Law Journal
- **ICLQ** - International & Comparative Law Quarterly
- **Int'l Env't Agreements : Pol. L. & Econs** - International Environmental Agreements : Politics Law and Economics
- **Int.J Semiot Law** - International Journal of the Semiotics Law
- **IP** - International Peacekeeping
- **IRRC** - International Review of the Red Cross
- **Japanese Y.B.Int'l L** - Japanese Yearbook of International Law
- **JADIE** - Journal d'Actualité du Droit International et Européen
- **Prawo Asekuracyjne** - Journal du droit des assurances de l'Université Adam Mickiewicz de Poznan
- **JDI** - Journal du droit international
- **Revus** - Journal for Constitutional Theory and Philosophy of Law
- **J.Conflict & Sec.L** - Journal of conflict and Security Law
- **J.Envt'l.L** - Journal of Environmental Law
- **JORF** - Journal officiel de la République française
- **JOUE** - Journal officiel de l'Union européenne
- **ERA Journal** - Journal of the Academy of European Law
- **JSL** - Journal of Space Law
- **JWIT** - Journal of World International & Trade
- **Jus Corpus L.J** - Jus Corpus Law Journal
- **International Organizations L.R** - International Organizations Law Review
- **Korean J.A.S.L** - Korean Journal of Air & Space Law and Policy
- **LARC** - Laboratoire africain de recherche en cyberstratégie
- **JCP E** - La Semaine Juridique-Entreprise et Affaires
- **Leiden L.J** - Leiden Journal of International Law
- **LIEI Journal** - Legal Issues of Economic Integration Journal

- **Loy. L.A. Int'l & Comp. L. Rev** - Loyola of Los Angeles International and Comparative Law Review
- **LPA** - Les Petites Affiches
- **JSDLP** - Mc Gill International of Sustainable Development Law and Policy
- **MLJ** - Mc Gill Law Journal
- **NILR** - Netherlands International Law Review
- **RCADI** - Recueil des Cours de l'Académie de Droit International de La Haye
- **RTNU** - Recueil des Traités des Nations Unies
- **RIS** - Review of International Studies
- **Rev. Derecho Privado** - Revista de Derecho Privado
- **RFDCP** - Revista de la facultad de derecho y ciencias politicas de la Universidad de Medelin
- **RARJ** - Revue Académique de la Recherche Juridique
- **RBDI** - Revue belge de droit international
- **RCDI** - Revista Colombiana de derecho internacional
- **RCDIP** - Revue critique de droit international privé
- **Revue C.M.H** - Revue du Centre Michel de L'Hospital
- **RDUS** - Revue de droit de l'Université de Sherbrooke
- **RDNA** - Revue Défense Nationale
- **RRJ** - Revue de la Recherche Juridique
- **RDP** - Revue du Droit Public
- **REMN** - Revue européenne des médias et du numérique
- **RED** - Revue européenne du droit
- **RFAP** - Revue française d'administration publique
- **RGDIP** - Revue générale de droit international public
- **RHDI** - Revue hellénique de droit international
- **RJE** - Revue juridique de l'environnement
- **RIDSP** - Revue internationale de droit comparé
- **RIPC** - Revue internationale de politique comparée
- **RIDDN** - Revue internationale de droit des données et du numérique
- **RIDSP** - Revue internationale de droit et science politique
- **RIDP** - Revue internationale de droit pénal
- **RIS** - Revue internationale et stratégique
- **RJT** - Revue Juridique Thémis
- **RQDI** - Revue québécoise de droit international
- **RLDA** - Revue Lamy droit des affaires
- **SECUG** - Revue sécurité globale
- **RTD civ** - Revue trimestrielle de droit civil

- **RTD Eur** - Revue trimestrielle de droit européen
- **RTDF** - Revue trimestrielle de droit financier
- **Santa Clara Journal of Int'l L** - Santa Clara Journal of International Law
- **Saint Louis U.L.J** - Saint Louis University Law Journal
- **S.Afr YB Int'l. L** - South African Yearbook of International Law
- **Tex Int'l L.J** - Texas International Law Journal
- **Unif. L Rev** - Uniform Law Review
- **U. Miami Inter-Am. L. Rev** - University of Miami Inter-American Law Review
- **Virginia L.R** - Virginia Law Review
- **Wash.U.Global. Stud L.rev** - Washington University Global Studies Law Review
- **Wisconsin I.L.J** - Wisconsin International Law Journal
- **YJIL** - Yale Journal of International Law

INTRODUCTION

1. L'enjeu spatial fût jadis considéré comme une prérogative purement étatique. Les activités spatiales furent d'abord menées par les Etats : il s'agissait principalement des Etats-Unis et de l'Union soviétique. Cette ère spatiale pionnière qui s'est construite en pleine période de guerre froide fut largement dominée par des enjeux stratégiques ou géopolitiques portés par des acteurs gouvernementaux civils ou militaires. C'est dans ce contexte qu'a été élaboré le Traité de l'espace du 27 janvier 1967 qui est venu dresser le cadre juridique de l'espace[1], pour éviter à tout prix qu'il ne devienne le nouveau champ d'affrontement des Etats. Reste à préciser qu'à la signature de ce Traité, il n'y avait pas d'activités spatiales commerciales[2]. Historiquement, le secteur spatial commercial n'est apparu qu'à la fin des années 1980, opéré par des personnes privées à la faveur d'initiatives publiques visant à établir une offre commerciale de lancement dans le sillage de l'émergence du marché des télécommunications par satellites[3]. C'est au cours de la période 1980-2010 que le rôle de la *National Aeronautics and Space Administration* (NASA) a été redéfini avec pour conséquence le renforcement du secteur privé dans l'industrie spatiale.

2. La multiplication des entités non étatiques liée au développement récent des activités spatiales correspond à ce que l'on a commencé à appeler, à partir des années 2000, le « nouvel âge spatial » traduit par l'expression *New Space*. Né aux Etats-Unis, le *New Space* est symbolisé par l'apparition des « *start ups* » spatiales qui viennent surtout de la nouvelle économie de Californie. La plus emblématique d'entre elles est très certainement la société *Space X* avec son lanceur *Falcon 9.*

---

[1] Traité sur les principes régissant les activités des Etats en matière d'exploration et d'utilisation de l'espace extra-atmosphérique y compris la Lune et les autres corps célestes, du 27 janvier 1967, adopté par l'Assemblée générale des Nations-Unies dans sa résolution 2222 (XXI), *RTNU*, 1970, vol. 610, p. 205.

[2] A la signature des traités spatiaux, il n'y avait pas d'activités commerciales, *V : A-S. MARTIN, L'adaptation du droit de l'espace aux nouveaux défis en 2067*, Editions universitaires européennes 2018, p. 6.

[3] J.-J. TORTORA, « Le New Space », *Annales des mines* 2019, pp. 44-48.

Toutes ont pour ambition de révolutionner le marché spatial, cherchant à développer leur propre vision et leur approche de l'espace[1]. Cette dernière est encouragée par le gouvernement américain qui cherche à développer l'entrepreneuriat innovant. Cette stratégie qui est aujourd'hui partagée par d'autres Etats, traduit également une volonté d'accélérer le développement du droit de l'espace sur une base nationale mettant de côté l'esprit de coopération qui conduisit à l'adoption par l'Organisation des Nations Unies des traités spatiaux[2]. Désormais, l'évolution de l'assise normative du Traité de l'espace de 1967 reste d'actualité. On pense particulièrement au principe de non-appropriation qui serait selon le gouvernement américain de nature à décourager l'investissement privé dans l'industrie spatiale[3]. Plus largement l'apparition du *New Space* met en avant les législations spatiales nationales en leur offrant un moyen de s'adapter au contexte changeant de l'innovation entrepreneuriale et de la technologie[4].

3. On doit en effet rappeler que certains Etats essayent de miser sur les perspectives économiques du *New Space.* On retrouve dans la Section 402 du *Space Act* américain du 25 novembre 2015[5] et dans l'article premier de la loi luxembourgeoise du 20 juillet 2017[6] la volonté

---

[1] P. CLERC, « L'espace est très porteur pour les professionnels du droit français », *Petites affiches* 2017, n° 255, p. 4.

[2] P. ACHILLEAS, « Le New Space ou la privatisation des ambitions spatiales des Etats : Réflexions sur le droit de l'espace à l'heure de l'innovation entrepreneuriale », *AFDI*, 2016, n° 62, p. 502.

[3] P. ACHILLEAS, I. SOURBES VERGER, « L'exploitation des ressources de la Lune au cœur de la nouvelle diplomatie américaine », *AFRI*, 2022.

[4] T. CAKIR, « Les législations nationales relatives aux opérations spatiales comme concrétisation d'une politique juridique » dans *Le droit de l'espace extra-atmosphérique : Questions d'actualité* sous la direction de C. BORIES, M. EUDES, L. RAPP, L. RASS-MASSON, Presses de l'Université Toulouse 1 Capitole 2021, p. 16.

[5] *« A United States citizen engaged in commercial recovery of an asteroid resource or a space resource under [...] shall be entitled to any asteroid resource or space resource obtained, including to possess, own, transport, use, and sell the asteroid resource or space resource... » in U.S. Commercial Space Launch Competitiveness Act*, 25 novembre 2015, consultable sur : *[https://www.Congress.gov/114/plaws/publ90/PLAW-114publ90.pdf]*, consulté le 03 août 2022.

[6] Loi du 20 juillet 2017 sur l'utilisation et l'exploitation de l'espace, consultable sur : *[https://www.legilux-public.lu/eli/etat/leg/loi/2017/07/20/a674/jo]*, consulté le 03 août 2024.

d'actualiser le principe de non-appropriation du Traité de l'espace de 1967, favorisant ainsi l'émergence d'un nouveau marché de l'espace. Ce marché serait porteur d'initiatives car le *New Space* est une notion englobante[1] qui a amené, pour ne citer que deux exemples, la Nouvelle-Zélande a entamé en mai 2022 la révision de la loi du 10 juillet 2017 sur les activités dans l'espace extra-atmosphérique et à haute altitude (OSHAA)[2] et la France a envisagé la réforme de sa loi relative aux opérations spatiales du 3 juin 2008. Dans le cadre du projet de loi de programmation de la recherche pour les années 2021 à 2030 et portant diverses dispositions relatives à la recherche et à l'enseignement supérieur, il est en effet question de réformer cette loi. S'agissant du volet civil des opérations spatiales, le ministre de la Recherche français a indiqué que la révision de la loi doit « servir la compétitivité du secteur spatial français ». A cet égard, le groupe de travail composé de représentants des ministères de la recherche et des armées a prévu que des représentants du secteur public et du secteur privé impliqués dans des activités spatiales pourraient être consultés en cas de besoin[3]. L'appel au secteur privé prend la forme d'une participation politique permettant au monde de l'entreprise de se faire entendre, ces consultations s'attachent à une réalité économique qui est affichée à des fins de mobilisation nationale.

4. Le concept de mobilisation nationale se conçoit dans une optique pragmatiste, c'est la raison pour laquelle, quel que soit l'état d'avancement des différentes législations nationales sur les activités spatiales commerciales, on observe à la fois la capacité des acteurs privés du *New Space* à développer des systèmes opérationnels dans des domaines d'application, et celle des Etats de mettre en œuvre des

---

[1] H. PETER, « Le New Space, quel rôle à jouer dans la création de la règle en droit spatial ? », *Revue stratégique* 2022, vol. 126-127, pp. 137-151.

[2] *Outer Space and High Altitude Activities Regulatory System*, 10 juillet 2017, consultable sur : *[https://www.legislation.govt.nz/act/public/2017/0029/latest/DLM6966275.html]*, consulté le 04 août 2022.

[3] Le Projet de loi de programmation de la recherche pour les années 2021 à 2030 et portant diverses dispositions relatives à la recherche et à l'enseignement supérieur est consultable sur : *[https://www.senat.fr/rap/a20-040_mono.html#toc60]*, consulté le 05 août 2022.

mécanismes de soutien ou d'accord de partenariat avec le secteur privé[1]. En outre, un autre enjeu se dessine, c'est celui d'élaborer de nouveaux traités à partir des législations spatiales nationales, établissant chacun un régime juridique sur des questions spatiales spécifiques. Toutefois, il semble que le *New Space* ne puisse être résumé à sa capacité de faire évoluer le cadre normatif du droit de l'espace, voire celui du droit des activités spatiales. La grille de lecture est éminemment plus fine car elle questionne la place qui est accordée aux entités non étatiques dans l'espace de production normative du droit international.

5. Ici tout est une question de degré d'intensité juridique. Le raisonnement en termes de degré d'intensité a une fonction descriptive de la place que peuvent occuper les entités non étatiques dans le débat normatif international, mais aussi de leur aptitude à favoriser, orienter, voire bloquer l'élaboration des règles internationales. Il faut savoir qu'à ce niveau, le positionnement dans l'espace de production normative du droit international, qui se mesure en termes de degré d'intensité, conditionne le statut des entités qui se retrouvent dans l'ordre international. Un positionnement faible correspondrait plutôt au rang d'acteur, alors qu'un positionnement plus fort serait susceptible de correspondre davantage au rang de sujet. Dans un ordre international pensé par et pour les Etats, qui sont les principaux créateurs du dispositif, les entités privées n'ont pas cette qualité, quant aux entités publiques infra-étatiques, elles n'ont pas en principe[2] cette qualité. Le

---

[1] La filière néo Zélandaise de l'entreprise américaine *Rocket Lab* est un acteur émergent de l'industrie spatiale de la Nouvelle Zélande, voir : K. HUTCHINSON, K. MACNEILL, P. MUMFORD, V. SIM, « Managing the Opportunities and Risks Associated with Descriptive Technologies : Space Law in New Zealand, *Policy Quarterly* 2017, vol. 13, p. 28 (notre traduction) ; dans le secteur spatial, le Luxembourg compte des *start-ups* étrangères ayant ouvert un siège sur son territoire, voir : F. LAUGÉE « Le Luxembourg part à la conquête du New Space » *REMN* 2017-2018, n° 45, p. 25 ; les assises du *New Space* qui se sont tenues à Paris les 7 et 8 juillet 2022, ont mis en évidence l'importance du Centre National d'Etudes Spatiales (CNES) pour le développement du *New Space* en France, voir : A. COUTO, « Aux assises du New Space, la filière spatiale rêve de devenir le socle de la tech de demain, consultable sur : *[https://www.usinenouvelle.com/article/aux-assises-du-new-space-la-filière-spatiale-reve-de-devenir-le-socle-de-la-tech-de-demain]*, consulté le 11 août 2023.

[2] Il existe un concept-clef du fédéralisme belge, l'adage *in foro interno, in foro externo.* Celui-ci désigne la possibilité d'un Etat fédéral d'octroyer à ses entités fédérées une prérogative en matière de relations internationales, selon la règle que ce que celles-ci peuvent faire en droit interne, elles le peuvent aussi en droit international.

principe proclamé reste valable quel que soit le contexte et quel que soit le positionnement juridique qu'occupe lesdites entités dans l'espace de production normative du droit international. Néanmoins, ce positionnement invite à changer d'échelle et à penser ensemble les modalités de création de la norme internationale. Il s'agit de mettre en avant la notion de processus conventionnel. Le processus opère à un stade intermédiaire de la création de la norme, or ce n'est pas tant ce stade qui est important que la « chose », objet de ce processus. Quand on se focalise sur cette « chose », à savoir l'exploitation des ressources de l'espace, on en oublie les sujets qui créent le support juridique. Cette remarque est importante pour délimiter le champ de l'étude.

I – La délimitation du champ de l'étude

6. Il s'agit ici de préciser à titre liminaire, que la notion de *New Space* ne renvoie pas à une situation post-étatique dans laquelle les Etats ne serviraient plus à rien et qui ne s'intéresserait qu'aux actions des entités étatiques dans la phase de création de certaines normes juridiques internationales. Si tel était le cas, le *New Space* se situerait à la marge du droit international public, ne s'attachant pas à l'ordre juridique qui lui correspond. Le *New Space* est connecté à la réalité de l'Etat, celle qui compte désormais sur l'espace extra-atmosphérique comme facteur de développement. L'étude portera sur la reconnaissance de cette réalité, le concept de reconnaissance implique un recentrage vers des considérations dans lesquelles, la collaboration entre les entités publiques et privées est mutuellement profitable pour atteindre des buts

---

Il s'agit donc là, pour les entités fédérées d'une compétence « dérivée » de leurs compétences principales. Rares sont les Etats organisés selon le modèle du fédéralisme à avoir donné dans leur structure constitutionnelle interne, un tel degré d'achèvement à cet adage. Sont visés ici les traités qui portent exclusivement sur des matières régionales et/ou communautaires : voir l'étude de C. BEHRENDT : *La ratification des traités internationaux, une perspective de droit comparé : Belgique*, Unité Bibliothèque de droit comparé, Direction générale des Services de la recherche parlementaire, Secrétariat général du Parlement européen, mars 2020, p. 7 ; dans le système fédéral allemand, la compétence de conclure des traités est d'abord une compétence fédérale mais pas exclusivement (art 32 de La loi fondamentale - *Grundgesetz*). Dans les domaines qui relèvent de leur compétence législative propre, les *Länder* peuvent également conclure des traités et agir ainsi en sujets partiels de droit international : voir l'étude de S. GRAF VON KIELMANSEGG : *La ratification des traités internationaux, une perspective de droit comparé : Allemagne*, Unité Bibliothèque de droit comparé, Direction générale des Services de la recherche parlementaire, Secrétariat général du Parlement européen, février 2021, p. IX.

qui peuvent avoir un caractère aussi bien privé que public. L'intérêt des uns pour les autres étant « une ressource pour l'action »[1].

7. Bien évidemment, on ne voit guère quelle cohésion juridique *a minima*, il y aurait à orienter l'étude sur l'idée d'une rivalité normative qui jetterait les bases conceptuelles d'une privatisation des normes ou d'une concurrence normative, voire éventuellement d'une aggravation du phénomène de fragmentation du droit international, qui ramènerait certaines entités privées à s'autonomiser face à l'Etat[2]. Il ne s'agit pas non plus de penser que la présence des entités infra-étatiques ou des entités privées dans l'espace international de production normative du *New Space*, porte la déconstruction organique des compétences normatives, au point de penser à revoir la ligne de démarcation entre acteur et sujet en droit international. Tout au contraire, les conditions organiques et formelles de la production normative renforcent la ligne de démarcation et renvoient à l'idée d'utilité. Chacun est utile aux autres. La conception juridique résultant de l'utilité tient à l'existence de la notion d'organisation.

8. La notion d'organisation juridique prend en considération les cloisons, les obstacles, les conflits qui se matérialisent entre les hommes, les intérêts ou les normes ; elle favorise l'identification et la clarification des intérêts ainsi que leur convergence[3]. Au demeurant, la notion d'organisation juridique décèle une unité d'ordre méthodologique. Pour découvrir cette unité dans le contexte de *New Space*, il faut se saisir de la notion d'intérêt. A cet égard, l'intérêt de

---

[1] J.-G. BELLEY, « A quoi sert le droit ? Un complément sociologique à l'odyssée philosophique de François Ost », *RDUS* 2017, n° 47, pp. 1-55.

[2] Voir les études qui abordent la question de la fragmentation de l'exercice de la fonction normatrice et ses conséquences en droit international. Sans les citer toutes, on trouve par exemple : M. KOSKENNIEMI, P. LEINO, « Fragmentation of International Law ? Postmodern Anxieties », *Leiden JIL* 2002/15, sp. 557 (notre traduction), pp. 1-25 ; G. HAFNER, « Pros and Cons Ensuing From Fragmentation of International Law », *Michigan JIL*, 2004, vol. 25, p. 849-863 ; D.-A. MORA CARVAJAL, « Aproximación positivista a la unidad y la coherencia de un derecho internacional fragmentado », *RFDCP* 2019, vol. 49, n° 130, pp. 81-101, (notre traduction) ; M.-A. GASMI, « Le phénomène de la fragmentation du droit international public ; un pluralisme ordonné ? Lecture à la lumière des travaux de la Commission du Droit international », *RARJ* 2020, vol. 11 n° 3, pp. 449-468.

[3] F. LARONZE, « Les sources du droit revisitées par la notion d'organisation juridique », *RIEJ* 2012, vol.68, pp. 175-224.

l'Etat qui agit dans le secteur des activités spatiales permet de se concentrer sur la notion d'Etat en tant que notion fonctionnelle, c'est-à-dire telle qu'elle est interprétée à partir d'une approche pratique[1]. Le droit international public n'est qu'un instrument utilitaire à des fins qui intéressent les Etats et un moyen pour maximiser les intérêts et résultats attendus[2]. L'utilisation du droit international par l'Etat s'inscrit dans une mission d'intérêt général dont bénéficie les entités publiques et privées infra-étatiques qui s'intéressent aux activités spatiales. Quant à l'intérêt de ces dernières, il peut être mis en avant dans les rapports que les Etats entretiennent pour déterminer le contenu d'un acte créateur de droit. Ledit contenu répond concrètement à des intérêts catégoriels, sans qu'il ne soit fait forcément référence à l'intérêt de l'Etat en particulier. En ce sens, l'Etat est utile. Il l'est, même si les entités infra-étatiques sont susceptibles de se préoccuper apparemment davantage de la reconnaissance d'une opportunité d'action sur la scène inter-étatique que de la possibilité pourtant souverainement reconnue à l'Etat de présenter sa propre approche, basée sur les critères objectifs de reconnaissance de son statut dans l'ensemble normatif de droit conventionnel.

9. De là, donnant une sorte de plénitude à la notion d'organisation juridique, englobant tant la pratique du droit que sa dimension paradigmatique, le *New Space* apparaît à la fois comme un phénomène de légitimation pour la participation des entités infra-étatiques à la vie politique internationale, mais aussi comme un facteur de reconnaissance de l'utilité de l'Etat pour assurer la continuité de cette vie politique. En cela, l'aspect normatif du *New Space*, tel qu'on peut le concevoir en droit, assure la survie du groupe, maintient sa cohérence et y fait régner l'ordre[3]. De fait, le phénomène du *New Space* doit être étudié sous l'angle de cette approche juridique spécifique conçue au regard d'intérêts organisés.

---

[1] A.-K. DIOP, *La notion d'Etat en droit international et en droit européen : de l'impossible approche conceptuelle à la nécessaire approche fonctionnelle*, Thèse de doctorat en droit, thèse en cotutelle de l'Université de Bordeaux et de l'Université Laval 2017, 697 p.

[2] M.-A. BENAVIDES-CASALS, « La constitución del derecho internacional : el sueño de un reducto jurídico occidental », *RCDI* 2016, n° 8, pp. 9-48, (notre traduction).

[3] Ces trois critères reposent sur une conception éclatée du droit résultant d'intérêts, voir : F. LARONZE, *ibid*, p.180.

10. Le potentiel économique du *New Space* est susceptible d'être appréhendé à l'échelle régionale. On peut citer deux exemples. Au niveau européen, l'Agence de l'Union européenne pour le programme spatial (EUSPA) qui a été établie le 12 mai 2021 intervient aux côtés de l'Agence spatiale européenne (ESA) dans le développement des programmes européens. Les attributions de ces différentes institutions ont été fixées à travers le nouveau règlement spatial européen du 28 avril 2021[1]. De même, en Asie a été signé à Pékin le 28 octobre 2005, la Convention de l'Organisation de coopération spatiale Asie-Pacifique (APSCO), avec pour objet de bénéficier des avantages socio-économiques de l'activité spatiale[2]. Certes, tant à l'échelle européenne qu'asiatique, ces nouveaux cadres juridico-institutionnels ne sont pas seulement la source d'un ordre juridique régional. Ils permettent surtout d'identifier un ordre juridique spécifique au service d'une forme d'intérêt général. Quand cette notion assure par son prisme des intérêts catégoriels, elle prend la forme d'une hiérarchie. On retiendra dans le cadre de cette étude que la hiérarchisation d'intérêts ne procède pas tant de mécanismes décisionnels que de la finalité qu'ils tentent de satisfaire. Loin d'être refoulée, cette finalité apparaît comme un facteur de légitimité déterminant, dans l'orientation du contenu normatif des rapports inter-étatiques.

11. Il reste qu'à travers la notion de légitimité, c'est la capacité d'influence des entités non étatiques dans le contexte normatif du *New Space* qui est en réalité privilégiée. Facilitant cette capacité d'influence, les Etats ne sont pas isolés. Dans ce cadre relationnel, il est tentant d'emprunter le premier sens du mot « communauté » qui permet la convergence d'intérêts. Lorsque cette expression « convergence

---

[1] *Règlement (UE) n° 2021/696 du Parlement européen et du Conseil* du 28 avril 2021 établissant le programme spatial de l'Union et l'Agence de l'Union européenne pour le programme spatial et abrogeant les règlements (UE) n° 912/2010, (UE) n° 1285/2013 et (UE) n° 377/2014 et la décision n° 541/2014/UE, *JOUE* L 170/69 du 12 mai 2021, p. 69, pt. 1 : « [...] Par conséquent, pour que l'Union demeure un acteur international de premier plan bénéficiant d'une grande liberté d'action dans le domaine spatial, il est essentiel qu'elle encourage le progrès scientifique et technique et qu'elle soutienne la compétitivité et la capacité d'innovation des industries du secteur spatial à l'intérieur de l'Union, en particulier des petites et moyennes entreprises (PME), des start-up et des entreprises innovantes ».

[2] V. Le Préambule de la Convention de l'Organisation de coopération spatiale Asie-Pacifique (APSCO) du 28 octobre 2005, *UNTS*, 2007, vol. 2423, n° 43736, p. 127.

d'intérêts » est utilisée par le droit, il semble en effet nécessaire de démontrer systématiquement l'existence d'un accompagnement juridique par l'Etat. La pertinence de cette étude nous amène à savoir si cet accompagnement est subi ou assumé. Ainsi, la réponse juridique suppose de s'interroger sur la conception normative de cette convergence. Toute autre considération ne sera pas évoquée.

II – La conception normative de la convergence d'intérêts

12. Tout système juridique a besoin d'acteurs pour exister, or le sujet est avant tout celui qui agit[1]. Toutefois, concernant la problématique de celui qui agit, il semble que la pratique des relations internationales donne le statut d'acteur à celui qui agit. En réalité, le droit est aussi « agi » par des entités qui ne sont pas des sujets[2]. Les acteurs non étatiques ont donc une grande influence ; parfois ils sont aussi sujets de droit, où ils finissent par l'être si le besoin se fait sentir et si les exigences sont remplies[3]. Il reste que *in fine*, le statut d'acteur ou de sujet varierait au gré des considérations que l'on s'en fait. Il est certain que les acteurs et les sujets agissent s'ils ont un intérêt. Si celui-ci confère une légitimité pour agir, la légitimité devient incontestable si les actions entreprises sont efficaces.

13. L'efficacité désigne la relation entre l'intention ou l'objectif supposé recherché par les auteurs de l'énoncé initial et le résultat obtenu[4]. Donc, le texte qui produit les effets qui apparaissent comme recherché est efficace. Si l'efficacité désigne alors la correspondance

---

[1] T. MARGUERITTE, R. PROUVEZE, « Le droit international et la doctrine saisis par le fait : La diversification des sujets du droit international sous l'effet de la politique », *RQDI* 2016, pp. 159-189.

[2] A. PELLET « Le droit international à la lumière de la pratique : l'introuvable théorie de la réalité Cours général de droit international public (volume 414), RCADI 2021, pp. 9-547.

[3] C.-R. FERNÁNDEZ LIESA, « Sujetos de Derecho y actores no estatales : cuestiones de Derecho internacional », *AEDI*, 2018, pp. 87-113, (notre traduction).

[4] E. MILLARD, *Théorie générale du droit*, Paris, Dalloz, collection Connaissance du droit 2022, 2è éd., p. 57.

entre la réalité et le contenu de la norme[1], la norme sera d'autant plus efficace si ses destinataires ont participé à l'élaboration de son contenu. Cette participation lui confère une légitimité car elle est réputée être acceptée par ses destinataires. On doit donc considérer que dans le processus normatif, la notion de légitimité apparaît donc comme une condition d'efficacité de la norme. Il s'agit d'un mécanisme dynamique. Quand on s'interroge sur l'acception juridique de la notion de légitimité, l'enjeu est de déterminer dans le système de droit international les rapports qu'elle entretient avec l'acte juridique conventionnel d'une part et avec les attentes et les intérêts des acteurs de la relation conventionnelle d'autre part.

14. Cette relation conventionnelle est porteuse de valeur. Le concept de valeur implique un recentrage vers des considérations qui sont profondément liées à la nature même de l'être humain[2]. Il s'agit en effet d'un concept qui ne se justifie que dans une perspective ontologique et subjective d'études des ressorts qui permettent de justifier une conduite personnelle et par extension collective[3]. L'efficacité de l'action recherchée serait l'un de ces ressorts. L'intérêt qu'elle présente réside dans la possibilité de l'exciper pour défendre un groupe, une catégorie d'acteurs dans le processus de création du droit conventionnel. L'efficacité économique qui conditionne l'aspect normatif du *New Space* se présenterait comme une façon de renouveler la notion de « décharge ». Cette notion consiste à montrer que les États ne perdent pas leur influence mais la font vivre autrement, de manière plus complexe, en la déléguant en partie à des acteurs privés ou para étatiques[4]. La notion de « décharge » est porteuse de « code référentiel » qui ambitionne de comprendre l'efficacité à partir de toutes les pratiques où elle peut être mise en œuvre.

---

[1] L'efficacité d'une norme juridique s'apprécie toujours par rapport à un but, voir à ce sujet : A.-L. SIBONY, « Du bon usage des nations d'efficacité et d'efficience en droit » dans *L'efficacité de la norme juridique : nouveau vecteur de légitimité* ; sous la direction de A. VIDAL NAQUET, M. FATIN-ROUGE STEFANINI, L. GAY, pp. 61-84.

[2] D. GILLES, « L'égalité, valeur souveraine au cœur de la "Démotique" moderne », *RDUS* 2012 n° 42, pp. 255-308.

[3] D. GILLES, *ibid*, p. 258.

[4] V. DEGRANGE, « Nouveaux acteurs, nouvelle gouvernance : faire du droit spatial à l'ère du *New Space* » *Stratégique* 2021 n° 126-127, pp. 153-172.

15. L'emploi de l'expression « code référentiel » permettrait d'aborder sous un angle différent les modalités de perception du droit international conventionnel, même si ce changement d'angle serait consubstantiel à la volonté de l'Etat. En principe, l'ordre juridique constitutif des rapports conventionnels entre Etats s'appuie en réalité sur deux grandes phases : une phase d'échange et une phase normative. La phase d'échange porte sur la préparation de l'instrument conventionnel, elle est à la fois un cadre d'exercice et une limite. Dans cette phase on trouve les acteurs de la relation conventionnelle, par exemple les acteurs privés des activités spatiales qui souhaitent orienter le contenu du droit positif dans le sens qui leur convient. Cette phase s'arrête là où intervient la phase normative qui est dévolue à l'Etat. Cependant, abordée sous un angle fonctionnel qui cherche à rationaliser la pratique juridique, L'efficacité serait de nature à permettre à la phase d'échange de sortir de son champ initial. L'efficacité amputerait à l'instrument de droit conventionnel sa dimension technique, basée sur une ligne de séparation stricte de connaissance de la création du droit au profit d'un réalisme méthodologique. Le réalisme méthodologique est très simplement une théorie sceptique de l'interprétation qui reste une activité qui n'est pas cognitive mais décisionnelle[1]. L'interprétation scientifique décrit le droit positif en tenant compte des pratiques de tous ceux qui le font, mais aussi des diverses manières de le faire[2]. Dès lors, il convient d'examiner le soubassement de cette construction.

16. Il s'agit ici de prendre en considération la notion d'autorité. Dans le langage ordinaire le terme « autorité » désigne le droit ou le pouvoir de commander, de se faire obéir[3]. L'utilisation de ce terme en droit révèle qu'il vise, outre le pouvoir de commander qui appartient au gouvernement et à certains publics, l'ensemble des organes investis d'un pouvoir d'une certaine sorte[4]. L'autorité serait la propriété des

---

[1] R. GUASTINI, « Legal Realism Restated », *JCTPL* 2013 n° 19, pp. 113-129 (notre traduction).

[2] P. BRUNET, « Le réalisme n'est-il qu'une théorie de l'interprétation ? » dans *La Transgression* sous la direction de J.-J. SUEUR, P. RICHARD, Actes du colloque de Toulon, éd. Larcier 2013, pp. 44-59.

[3] *Le Petit Larousse illustré*, Paris Larousse 2000, p. 80, terme « autorité ».

[4] G. CORNU et association Henri Capitant, *Vocabulaire juridique*, PUF 2024, 15e éd., p. 34.

systèmes juridiques[1]. Cependant, ce qu'il faut retenir c'est que l'autorité renvoie à la notion d'acceptation, en effet une personne serait susceptible de mieux s'y conformer si elle accepte les directives de la prétendue autorité comme faisant autorité[2]. Dans une perspective sémantique, l'autorité traduirait la relation entre l'un et l'autre.

17. L'arrivée du *New Space* exprime parfaitement cet enjeu relationnel. En signant pour la France le 7 juin 2022 le texte de la déclaration dite accord Artémis[3], le Centre national d'études spatiales (CNES) n'a pas seulement permis à la France de devenir le vingtième pays à s'associer à ce programme d'exploration spatiale impulsé par les Etats-Unis[4], il y a associé les entreprises françaises du secteur de l'industrie et de la recherche scientifique[5]. Les « accords Artémis » sont en réalité un traité minilatéral[6], qui laisse l'initiative aux industriels qui sont porteurs d'un savoir-faire. Seulement, en permettant de s'intéresser aux circonstances dans lesquelles les industriels deviennent « l'autorité en situation », la notion d'autorité est celle qui se fonde sur une compétence spéciale mais nécessairement partielle. Partielle parce qu'elle ne crée pas le droit positif. Cette création est un acte de reconnaissance, c'est-à-dire un acte concret par lequel on ressaisit le

---

[1] R.-A. SHINER, « Law and Authority », *CJLJ* 1989, vol. II n° 1, p. 3-18 (notre traduction).

[2] M. CAPUSTIN, « The Authority of law in the circumstances of Politics », *CJLJ* 2007, vol. XX, N° II, pp. 297-321, (notre traduction).

[3] Voir le communiqué de presse du 8 juin 2022 « La France s'associe aux "Accords Artemis" et prend part à la coopération internationale pour l'exploitation spatiale » consultable sur : *[https://presse.cnes.fr/sites/default/files/drupel/202206/defaultCp028-2022_accords_artemis.pdf]*, consulté le 16 août 2022.

[4] Les Accords Artemis constituent une initiative américaine amorcée en 2015. Ils énumèrent dix principes fondamentaux qui doivent guider le programme américain d'exploration durable de la Lune, voir à ce sujet : L. RAPP, « From Space to Spac... » dans *L'espace extra-atmosphérique et le droit international,* SFDI Colloque de Toulouse, Pedone 2021, pp. 67-99.

[5] A. COUTO, « Aux assises du New space, la filière spatiale rêve de devenir le socle de la tech de demain », consultable sur : *[https://www.usinenouvelle.com/article/aux-assises-du-new-space-la-filière-spatiale-reve-de-devenir-le-socle-de-la-tech-de-demain]*, consulté le 2 septembre 2022.

[6] L.RAPP, *ibid*, p. 80.

passé dans le présent[1]. Cet acte repose précisément sur la volonté souveraine des Etats d'aborder le phénomène du *New Space* en élargissant le champ d'application matériel du droit. Quoi qu'il en soit, il y a là l'aspect du rapport au contexte dans lequel le rapport à la norme est intégrée à son contexte. Cette intégration fait naître une réciprocité contextuelle. Du point de vue de l'exercice pratique du droit, c'est donc la phase de réciprocité contextuelle qui donne à la préparation et à l'élaboration de la norme juridique gouvernant les rapports interétatiques, un effet d'autorité.

18. Reste à indiquer que lorsque l'instrument conventionnel ne se contente plus d'être un instrument normatif mais un outil d'autorité qui prend sens dans un espace organisationnel qui relève d'un contexte, ce dernier impose de l'appréhender sur le mode d'un système. Ce qui caractérise un système est son auto référentialité et ses modes d'ouverture qui permettent les échanges avec son environnement[2]. Cet environnement s'autonomise de la notion de norme synonyme de « règle » et crée un espace de validité personnelle dans lequel la norme existe. Cela signifie que seule compte la recherche du résultat pour lequel les entités, quelle que soit leur nature juridique, vont dans la même direction. A cet égard, il ne s'agit plus de dissocier les acteurs des relations internationales des sujets de droit international, mais de réaliser une économie notionnelle. En effet, une direction unique permet de lier la structure interne et externe du droit conventionnel. Cette liaison vise précisément le cas dans lequel une règle de droit conventionnel sort ses effets concrets sans que le rattachement des données de la réalité à une théorie juridique ne doive être opéré.

19. De plus, la notion d'autorité semble présenter deux volets, l'un serait formel, l'autre matériel. En effet, on peut envisager l'autorité comme unissant des faits. Les objectifs de développement sous-jacents au phénomène du *New Space* entendent révéler qu'il est impossible de rester neutre dans la construction des règles de droit parce qu'elles ne sont pas posées *a priori*. D'ailleurs, les nouvelles formes d'approche du droit international (*New Approaches to international Law*) traduit par

[1] T. GARCIA, *La reconnaissance du statut d'Etat à des entités contestées : approches de droits international, régional et interne*, Pedone 2018, p. 8.
[2] P. MOOR, « Le droit et ses limites : le juridique et le non juridique », *Int. J. Semiot Law* 2020, vol. 35 n° 1, pp. 783-804.

l'expression *NAIL* défendent l'idée que le droit international est davantage un engagement politique, un choix professionnel, qu'un ensemble de normes[1]. Ici, l'élément factuel apparaît comme une structure logique qui se trouve mobilisée par les acteurs privés et les sujets étatiques, au gré de leur préoccupation. Si ce volet formel est complété par un volet matériel, c'est-à-dire par un acte de reconnaissance, qui est le texte juridique, cette approche associative permet de saisir la proximité que celle-ci entretient avec la notion de tolérance.

20. Cette notion peut se comprendre comme une disposition portant à accepter plus ou moins librement un écart entre un fait (une situation) et une norme entendue comme une référence[2]. En droit des traités, la tolérance recouvrirait l'indulgence de l'Etat à l'égard de ceux qui influencent le contenu du droit, sans toucher les points du dogme qu'il considère comme essentiels. La notion de tolérance et celle d'autorité apparaîtraient comme un « couple » qui met en relation deux qualités différentes d'un pouvoir. L'une qui raisonnablement influence le contenu de la norme juridique et l'autre qui l'encadre pour mieux l'influencer. Ce rapport dialectique permet de saisir le fonctionnement de l'ensemble comme une suite de relation d'un axe à l'autre, sans être précisément situé au même niveau dans ce rapport.

21. Qu'on l'envisage dans un mode ascendant, celui qui part de l'autorité juridique étatique, qui constitue l'élément de permanence de l'instrument conventionnel, ou descendant révélé par la place des acteurs privés, qui pense la fonction sociale du droit international, la relation qui unit le juridique au monde social, constitue une clé de compréhension essentielle d'un système de rétroactions. Ce système permet de discourir sur la notion de pouvoir. Cette dernière est susceptible de construire sur un plan théorique l'instrument de droit

---

[1] L. DELABIE, « Les nouvelles approches du droit international », *RQDI* 2016, p. 67 ; voir le lien qui est fait entre la théorie des systèmes et le droit international dans : A. VON BOGDANDY, M. GOLDMANN, I. VENZKE, « From Public International to International Public Law : Translating World Public Opinion into International Public Authority », *EJIL* 2017, vol. 28, p. 120 (notre traduction).

[2] C. GROULIER, « Tolérer n'est pas permettre, de la distinction de la tolérance et de la permissivité en droit » dans *Tolérance et droit*, sous la direction de X. BIOY, B. LAVERGNE, M. SZTULMAN, Presses de l'Université de Toulouse 1 Capitole, 2013, pp. 7-23.

conventionnel, elle est également l'argument de ce qui est à l'initiative de cette construction. Quand on se place du côté des acteurs de la relation conventionnelle, ce qui a trait à ce que l'on peut appeler la « phase préparatoire » du phénomène du *New Space*, on constate que s'il est question d'aboutir à la création d'un ensemble normatif, il est aussi question de faire reconnaître une différence. Celle-ci consacre un système, en l'occurrence celui du *New Space*. A cet égard, comme à bien d'autres, le système se définit comme un ensemble de règles, considéré sous le rapport de ce qui en fait la cohérence[1]. Il est cohérent que les acteurs privés qui s'intéressent aux activités spatiales soient au point de départ du système parce qu'elles le provoquent, en en tirant directement les avantages. Les Etats seraient au point d'arrivée du système, étant indispensable à sa traduction normative. Bien entendu, si l'appartenance à un système faisant autorité permet de reconnaître la qualité de sujet de droit de l'Etat, on est aussi obligé d'admettre que cette forme de reconnaissance revient à exploiter l'utilité du concept posé.

22. Le principe de la contrepartie justifie la rencontre de la cause et du consentement, à savoir la cause de l'engagement unilatéral de l'Etat et le consentement à ce que la cause produise des effets de droit au niveau international. La contrepartie repose sur un mouvement circulaire qui s'appuie sur les forces créatives de droit que sont les Etats. Méthodologiquement, ce mouvement circulaire ramène au phénomène d'un *New Space* par son objectif de promotion de l'attractivité économique de l'espace extra-atmosphérique. Qui plus est, la contrepartie et la protection qu'elle recouvre renvoie à une logique de solidarité qui se situe en réalité au centre des intérêts pratiques les plus concrets. En effet, la solidarité est synonyme de dévouement. Ainsi, quand un Etat conclut un traité commercial au profit de son industrie nationale, il se dévoue à cette dernière, reflétant d'une certaine façon sa manière d'être. Dans ce sens, le principe de solidarité aurait un caractère personnel, l'Etat se promotionnant en définitive lui-même. Selon cette situation de fait dont la variété est infinie, l'intensité du principe de solidarité peut être maximale et peut se doubler d'un devoir de coopération avec les autres Etats dont l'intérêt présente le même caractère. A cet égard, la coopération est porteuse d'un ordre, d'une logique qui consiste à éviter toute dérive des normes hors de cette

[1] G. CORNU et association Henri Capitant, *Vocabulaire juridique, op. cit.*, p. 1022.

logique. Dans ces conditions, ce qui est mis en question, c'est l'intérêt à caractère personnel de l'Etat qui est sus-déterminé par l'application d'un régime juridique correspondant. Une telle spécificité de régime est un indice puissant en faveur de la reconnaissance de la doctrine de la contrepartie valable pour orienter le contenu d'un traité. Cette doctrine se trouve doublement renforcée. D'abord parce qu'elle met en lumière la qualification d'acteur de la relation conventionnelle, ensuite parce qu'elle explicite les éléments constitutifs de la qualification censée déclencher l'application du régime juridique correspondant dans le rapport interétatique. Ici, l'accent est mis sur les éléments pertinents de la qualité d'acteur qui résulte du caractère tacite de la volonté des Etats et de la nécessité de réaliser le droit nécessaire pour son usage et sa conservation.

23. La notion de *reliance* provient du droit anglo-saxon[1]. Cette notion est basée sur le rapport confiance/dépendance, à savoir que celui à qui la promesse est faite, a pour résultat de lier le prometteur[2]. Ainsi, la conclusion des traités internationaux pour le compte des entités privées qui s'intéresse aux activités spatiales, donc pensée dans l'optique d'un intérêt certain reposent sur une sorte de sentiment de confiance, que cet intérêt sera pris en considération par leur Etat respectif. La notion de *reliance* a pour objectif d'interroger ce qui est implicite, à savoir la promesse par rapport à l'obligation d'accorder du crédit à la confiance, au sens où les entités privées ont confiance en la réalisation de l'ensemble normatif conventionnel. Dans ces circonstances, le contenu normatif doit pouvoir être compté parmi les sources d'obligation dépendant du sens que l'on donne à la confiance. Le Traité n'est pas juste le résultat de la volonté des Etats contractants, il est aussi le produit « pragmatique » de faits, de situations dans lesquelles la volonté interne d'orienter le contenu conventionnel constitue de fait un mode de prévision sur le droit objectif.

24. Le droit du commerce international est propice à l'épanouissement de la dynamique de développement que porte le phénomène du *New Space*. Bien entendu, en offrant un nouveau cadre au monde des affaires, les traités commerciaux sont à la fois des actes

[1] A. BUCIUMAN, « L'engagement unilatéral », *LR* 2016, vol. 1 n° 1, p. 15-71.
[2] E.-A. FARNSWORTH, « Changer d'avis : le droit des décisions regrettées », *RIDC* 2000, vol. 52, n° 2, pp. 315-344.

juridiques qui réalisent l'objet pour lequel ils ont été conclus mais aussi des mots, un langage. Ce langage constitue leur fonction cachée, celle qui mène en permanence une part de visible et d'invisible[1].
Cette part de visible et d'invisible fait le lien entre la convention et la fonction de la convention. Cette fonction est susceptible de se déployer hors de la logique traditionnelle qui s'attache à la convention internationale. En effet, les partisans du libre-échange peuvent voir dans la convention un instrument flexible et émancipateur par rapport aux lourdeurs normatives qui les régissent sur leur territoire d'implantation[2]. Ainsi quand bien même, dans la logique propre à l'ordre juridique international, l'Etat garderait le privilège de conclure un traité, cet acte renforcerait indéniablement le sentiment d'être en accord avec l'assertion de l'autre, en l'occurrence l'entité privée. La notion d'assertion facilite l'expression d'autre chose et porte sur le « bien-fondé » de l'engagement international de l'Etat. L'Etat doit préalablement puiser dans son environnement immédiat les éléments pour forger sa conviction de s'engager. Si cet environnement est dans le contexte du *New Space* purement économique, celui-ci renvoie à un modèle de régulation. Selon le professeur Jacques Chevallier, la régulation recouvre l'ensemble des processus par lesquels les systèmes de toute nature cherchent à maintenir leur « état stationnaire », en annulant l'effet des perturbations extérieures[3]. Il s'agit alors, pour les acteurs économiques, de faire valoir leur propre réalité, liée à l'existence du « corset » normatif étatique qui les enserre, en faisant en sorte que les Etats augmentent la valeur de sa perspective en s'engageant. Quoi qu'il en soit, l'enjeu de l'application de la notion de régulation se cristallise dans le jeu des mécanismes reposant sur la raison et se justifie que parce que c'est la création d'un ensemble normatif juridique qui est recherché.

25. Le phénomène du *New Space* donne un regain de dynamisme à certaines régions du monde. Le critère qui décide de l'attribution d'une

---

[1] Pour paraphraser M. MEKKI qui considère que les fonctions du contrat mêlent une part de visible et d'invisible dans *La contractualisation de la production normative*, sous la direction de S. CHASSAGNARD-PINET et D. HIEZ, D 2008, p. 323.

[2] C'est la raison pour laquelle, il est question « d'accord de libre-échange » pour réduire les obstacles commerciaux entre les parties.

[3] J. CHEVALLIER, « Contractualisation et régulation » dans *La contractualisation de la production normative*, sous la direction de S. CHASSAGNARD-PINET, D. HIEZ, Dalloz, pp. 83-93.

compétence à l'échelon supranational est celui de l'efficacité. Sur le plan normatif, l'efficacité ramène à une répartition des compétences la plus proche de ceux qui sont directement concernés. Le principe de subsidiarité qui est crucial pour la compréhension du projet européen[1], s'entend comme un mode de répartition des compétences entre l'échelon supérieur et l'échelon inférieur. Ainsi, l'article 5 alinéa 3 du Traité sur l'Union européenne (TUE) rappelle que la compétence normative de l'Union est une exception à celle des Etats membres[2], cette exception étant gouvernée par le principe de spécialité[3]. Selon le droit international, l'UE ne peut agir sans qu'une compétence ne lui ait été expressément confiée par un traité. Toutefois, s'inspirant de l'esprit même de la notion d'efficacité, le principe de spécialité fait autorité puisqu'il lui revient de confier l'exercice des compétences normatives, fusse de façon circonstanciée, au niveau le plus satisfaisant.

26. Les enjeux économiques qui conditionnent le phénomène du *New Space* serait susceptible d'optimiser la notion de satisfaction, tant qu'il est vrai qu'elle s'accompagne en droit de l'UE d'une clause de flexibilité. Cette clause est prévue à l'article 352 paragraphe 1 du Traité sur le fonctionnement de l'Union européenne (TFUE)[4] qui constitue la base juridique de l'adaptation de la législation de l'Union en fonction des besoins[5]. La flexibilité tendrait à faire de l'aménagement des compétences normatives une question purement technique pour redéfinir le périmètre des actions de l'UE. La redéfinition dudit

---

[1] N.-W. BARBER, « The limited Modesty of Subsidiarity », *EJIL* 2005, pp. 308-325 (notre traduction).

[2] L'article 5 alinéa 3 TUE dispose : « L'Union intervient seulement si, et dans la mesure où les objectifs de l'action envisagée ne peuvent pas être atteints de manière suffisante par les Etats membres, tant au niveau central qu'au niveau régional et local, mais peuvent l'être mieux, en raison des dimensions ou des effets de l'action envisagée au niveau de l'Union ».

[3] Les compétences des Organisations internationales étant limitées par leur acte constitutif : F-L. BORDIN, *The analogy between States and International Organizations*, Cambridge University Press, 2018, p. 109 (notre traduction).

[4] L'article 352 §1 TFUE dispose : « Si une action de l'Union paraît nécessaire, dans le cadre des politiques définies par les traités, pour atteindre l'un des objectifs visés par les traités, sans que ceux-ci n'aient prévu les pouvoirs d'action requis à cet effet, le Conseil, statuant à l'unanimité sur proposition de la Commission et après approbation du Parlement européen, adopte les dispositions appropriées… ».

[5] J. DOMINIQUE, *Le principe de subsidiarité en droit international des droits de l'homme*, Thèse droit, Université Paris II Panthéon, Assas 2020, 682 p.

périmètre relève d'un autre ordre qui amène le principe de spécialité à être envisagé pas tant au stade de la conception d'un niveau d'action mais pour savoir si l'échelon inférieur (les Etats membres) s'en occupe de façon suffisante. La notion de suffisance reste synonyme d'appréciation de la variable qualitative d'ajustement. Elle crée, de fait, un domaine d'autorité à l'intérieur duquel la manifestation des conditions d'exercice des compétences normatives dans le secteur spatial entre l'échelon supérieur et l'échelon inférieur ne ferait plus débat. On comprend dès lors que l'application du principe de spécialité des compétences normatives pour tenir compte de circonstances concrètes, est susceptible de déplacer une épistémologie fondée sur un critère d'identification du droit international en direction d'une certaine innovation.

27. Les actions internationales des collectivités publiques et infra-étatiques sont connues[1]. En France, la région Occitanie peut, à travers son intérêt économique dans ses actions internationales, développer son industrie locale de satellites qui contribue à l'intérêt national[2]. D'ailleurs, l'article 72 alinéa 2 de la Constitution française du 4 octobre 1958 renvoie à l'idée de l'échelon local le mieux placé pour agir[3]. Le critère du « mieux placé pour agir » est donc au service d'intérêts catégoriels supérieurs. Leur défense, à travers les modalités d'organisations juridique et institutionnelle, est du ressort du domaine du droit privé de l'Etat. Ce domaine désigne les résistances que la souveraineté opposera avec succès à une pénétration plus capillaire de la règle juridique internationale porteuse d'obligations nouvelles[4]. De

---

[1] Voir B. WASSENBERG, « La diplomatie territoriale : Collectivités locales et régionales dans les relations internationales (XXe - XXIe siècles), consultable sur : *[https://ehne.fr/fr/encyclopie/thematiques/relations-internationales/pratiques-diplomatiques-contemporaines/la-diplomatie-territoriale]*, consulté le 2 septembre 2022.

[2] J. VILLAR, « Protection des investissements locaux et conquête de nouveaux marchés : le rôle complémentaire » de la Région Occitanie au cœur de l'industrie spatiale européenne » dans *Droit de l'espace extra-atmosphérique : Questions d'actualité*, *op. cit.*, pp. 31-41.

[3] V. l'article 72 alinéa 2 de la Constitution française du 4 octobre 1958 après révision constitutionnelle du 23 juillet 2008 qui dispose : « Les collectivités territoriales ont vocation à prendre les décisions pour l'ensemble des compétences qui peuvent le mieux être mises en œuvre à leur échelon ».

[4] R. KOLB, « Le droit international comme corps de « Droit privé » et de « Droit public », *RCADI* 2021, vol. 414, pp. 9-668.

nouvelles obligations pourraient, en effet, se heurter au principe de l'unité de l'Etat. D'après ce dernier, les collectivités locales ou autorités publiques décentralisées n'auraient aucun pouvoir propre de contracter avec leurs homologues transfrontaliers à moins d'y avoir été expressément autorisées, soit par leur ordre juridique interne par l'autorité supérieure compétente, soit par un traité international conclu entre les gouvernements autorisés[1]. Dans ce deuxième cas, il y aurait coexistence de deux ordres juridiques, l'un interne et l'autre international, s'attachant à une forme de normativité qui reflète des intérêts communs. La défense de ses intérêts ne met pas seulement en mouvement l'action normative. Ce qui est fondamentalement à l'œuvre dans le phénomène du *New Space* est la poursuite d'un projet civilisationnel qui privilégie la fonction institutionnelle du droit international.

III – La fonction institutionnelle du droit international en tant que moyen pratique pour la défense d'un projet civilisationnel

28. Le phénomène du *New Space* renvoie d'abord à un processus : celui de l'organisation des rapports entre entités dont le statut juridique est différent. Si ces rapports sont issus d'une nécessité d'un droit substantiel porté par la promotion d'intérêts communs, ils s'inscrivent dans une représentation du droit qui renvoie à la recherche d'un résultat, d'un but à atteindre. Bref, cela revient à assigner à ses rapports une fonction de direction. Lorsque l'on aborde cette fonction, n'est-ce pas utile de se référer à un critère qui fait autorité, qui est celui de la « performance ». La performance consiste à obtenir des résultats remarquables, eu égard aux moyens mis en œuvre[2]. Assurément, l'obtention de ces résultats semble issue d'une vision positive du droit incapable de se départir du critère de la performance économique, celui qui influence le contenu normatif des traités commerciaux relatifs au secteur spatial. Il reste que le critère de la performance s'inscrit dans une perspective encore plus dynamique qui pourrait être civilisationnelle.

---

[1] P. M. DUPUY, « La coopération régionale transfrontalière et le droit international », *AFDI* 1977, vol. 23, pp. 837-860.

[2] *Le Petit Larousse illustré*, Paris Larousse 2000, p. 686, terme « performance ».

29. Le concept de civilisation a réémergé aux Etats-Unis dans les années 1970 puis 1980 sous la forme d'un projet de civilisation universelle qui se construit empiriquement à travers la pratique des milieux d'affaires et l'enseignement du *business schools*[1]. Il existe au moins un domaine ou une civilisation quasi-universelle qui est en train de s'affirmer, celui du *business*[2]. Le phénomène du *New Space* est synonyme de marche en avant vers l'avenir et le progrès, de là, il est susceptible de renforcer la présence des milieux d'affaires dans le secteur spatial. Il y aurait une manière de faire des affaires, à la fois en fixant un cadre juridique aux échanges commerciaux internationaux qui s'intéressent au secteur des activités spatiales, mais aussi en lui assignant de façon résolue une fonction institutionnelle. Le concept d'institution revient au centre des débats avec pour objectif d'examiner ce qui lie la création du droit au concept de civilisation, du moins depuis l'ère moderne du *New Space*. Ce lien est valorisé dès lors qu'il amène à distinguer la fonction de l'acte juridique de l'acte qui l'a créé.

30. Si cette distinction offre un modèle permettant de rendre compte de l'auto-référentialité qui caractérise la création d'un acte juridique, ici le concept « d'auto-référentialité » renverrait à une forme d'adaptation du droit à son usage. C'est la raison pour laquelle, on pourrait penser que les entités qui s'intéressent de plus en plus aux activités spatiales commerciales auraient pour objectif d'instaurer un « droit de civilisation ». Ce qui le distingue, c'est une notion de la civilisation au singulier devenue universelle en tant que droit international et qui se présente comme la civilisation humaniste ou juridique commune à toutes les civilisations, au pluriel, dont la civilisation occidentale[3]. Par ailleurs, l'énoncé de civilisation aurait une dimension réformatrice en pratique : être civilisé implique de se conformer à certaines prescriptions juridiques constitutives de la civilisation, normes qui

---

[1] B. NADOULEK, « Mondialisation et civilisation » dans *Comprendre la mondialisation*, sous la direction de B. COUTURIER, L. FONTAGNE, Editions de la Bibliothèque publique d'information, Paris 2008, p. 6-13.

[2] B. NADOULEK, *ibid*, p. 7.p

[3] S. BESSON, « Le droit international des civilisations : ou comment instituer leur concertation » dans *Civilisations - Questionner l'identité et la diversité*, Actes du colloque de rentrée 2020 du Collège de France, sous la direction de V. PIRENNE-DELFORGE, L. QUINTANA-MURCI, Les éditions du Collège de France, pp. 345-370.

prescrivent d'ailleurs de se civiliser ou de se faire civiliser[1]. Dès lors, se faire civiliser signifierait pour l'Etat qui défend ses intérêts nationaux dans le secteur spatial, dans les rapports juridiques qu'il entretient avec d'autres sujets de droit international, qu'il accepte de nouvelles contraintes. Quelles sont-elles ?

31. On peut par exemple considérer que la fonction institutionnelle de l'instrument conventionnel serait synonyme de continuités. En effet, pour se conformer à certaines prescriptions juridiques constitutives de la civilisation, l'Etat « civilisé » doit accepter de maintenir une forme de continuité entre lui et les acteurs économiques dont il porte les intérêts dans le secteur spatial. Cela signifie institutionnaliser leur relation dans le but de se conformer au standard du droit de la régulation. Le droit de la régulation constitue un appareillage juridique qui crée et maintient des équilibres dans des secteurs spécifiques qui ne peuvent les créer ou maintenir par leur propre force[2]. Le standard qui l'accompagne constitue son propre fondement. Ainsi, le fondement du droit de la régulation est d'assurer un droit de civilisation économique dans le secteur spatial en passant par la spécificité des acteurs et leur légitimité à déterminer ce qu'est le droit. Cette précision invite à délester le droit de la régulation du critère de la contrainte de l'ordre juridique international au profit d'une mutation du tissu normatif, qui, délesté de ce critère s'inscrit davantage dans un mode de représentation actuelle du droit.

32. Ce mode de représentation s'inscrit plus favorablement dans une logique égalitaire. Cette logique se conçoit sans rompre brutalement avec l'ordre juridique international qui assimile le positivisme juridique au volontarisme étatique. Cette logique égalitaire permet de s'attacher à un droit objectif sociétal, basé sur l'économie de marché qui est le pendant du droit de civilisation actuelle et qui s'inscrit dans le courant sociologique de la régulation. Ce courant institutionnalise les acteurs économiques privés qui s'intéressent aux activités spatiales puisque c'est leur présence qui est susceptible de devenir l'objet d'une régulation conventionnelle. La régulation a pour intérêt de se focaliser sur le niveau des obligations. En effet, il ne s'agit pas tant de se focaliser

---

[1] S. BESSON, *ibid*, p. 353.

[2] M.-A. FRISON ROCHE, *Les engagements dans les systèmes de régulation*, Presses de Sciences Po et Dalloz coll., 2006, p. 37.

sur les obligations du droit positif, c'est-à-dire du droit en vigueur dans les relations entre les Etats, mais celle qui met en place un système économique dans lequel chacun des Etats contractants est avant tout à l'écoute des intérêts nationaux de l'autre partie contractante, parce que ces intérêts conservent une place de choix au sein de l'acte juridique avec une coloration libérale, donc civilisationnelle marquée. Alors, cette coloration constitue une grille de lecture de ce que doit être le rôle des Etats, à savoir faire le lien entre l'acte juridique et sa fonction institutionnelle, afin de projeter le présent dans le futur. L'ordre du droit qui s'applique aux relations inter-étatiques est précisément valorisé et peut perdurer quand il s'appuie sur la notion de centres d'intérêts nationaux. Ces derniers auraient la priorité absolue parce qu'ils se réfèrent à des acteurs institutionnels non exclusivement étatiques et que l'acte juridique est le produit de leur activité. L'acte juridique est capable de s'adapter à son environnement institutionnel en se libérant de sa seule fonction d'échange.

33. De plus, le droit international moderne n'abandonne pas l'idée de la simple coexistence entre Etats réservés prudents ou hostiles l'un à l'égard de l'autre[1]. Il adjoint à cette couche minimale de droit international des strates supplémentaires censées rénover le tissu des relations interétatiques[2]. L'une de ces strates pourrait être la défense d'un projet civilisationnel. Le phénomène du *New Space* porterait ce projet et la défense de ce dernier pourrait se rattacher au concept d'Etat moderne. Il aurait deux finalités pratiques.
La première, c'est de pouvoir dire ce que doit être la norme juridique internationale. Naturellement, l'ordre juridique international fait de l'Etat le garant de ce pouvoir ; cependant, il partage avec ceux qui l'éclairent d'une « couleur nouvelle », quitte à saisir leur autorité spécifique par rapport à l'autorité alléguée du pouvoir matériel de création du droit. Or, cette autorité spécifique alimente le caractère multifonctionnel de l'acte juridique, celle de promouvoir une forme d'égalité entre institutions étatiques et institutions privées, toutes deux associées dans un projet civilisationnel. Reste à préciser, que l'égalité dont on parle est réelle et concrète parce qu'elle prend en considération l'apport personnel des acteurs privés. Pourtant, l'enjeu est de tenir

---

[1] R. KOLB, « Le droit international comme Corps de « Droit privé » et de « Droit public », *op. cit.*, p. 54.
[2] R. KOLB, *ibid*, p. 54.

compte de cet apport en tant que premier plan d'un ordre institutionnel à part entière qui sert de vecteur à l'objet de la norme juridique qu'il établit. Au demeurant, l'idée directrice qui émane de ce projet est l'œuvre à réaliser : une œuvre tournée vers le futur, ce qui est à faire[1]. On doit estimer que si la nécessité tient au fait que les institutions privées la proposent, il est tout aussi nécessaire, dans ce rapport d'égalité, que les institutions étatiques l'acceptent. En la matière, la fonction institutionnelle de l'acte juridique interétatique sera d'autant plus avérée qu'elle génère un droit de la reconnaissance.

La deuxième finalité tient à la manière dont les intérêts spatiaux privés et ceux des Etats sont devenus essentiels à la théorisation et la reproduction d'un droit international moderne qui peut s'exporter dans le secteur spatial. Ce droit moderne verserait dans le réalisme. En droit international, l'approche réaliste est absolument nécessaire, car il s'agit d'une science normative moins évaluée que d'autres[2]. Pour parvenir à une connaissance de la réalité du droit moderne, on peut avoir recours au concept « d'Etat moderne ». Ce concept serait associé à un type de droit public[3], avec une teneur forcément libérale reposant sur la prise en compte des intérêts des acteurs privés. L'association du concept d'Etat moderne au droit moderne pourrait servir de contrepoids à l'Etat et être le point de départ d'une véritable rupture en droit international, centrée davantage sur le modèle de civilisation actuelle dont les ambitions sont universelles. L'universalité de ces ambitions incite à une innovation institutionnelle, sachant qu'il s'agit de se poser la question suivante : tout en étant sobre de nouveautés dans le projet civilisationnel que porte le phénomène du *New Space*, qui est le mieux placé pour agir si l'on tente d'aller au-delà de la production de la norme juridique ?

Certes, la logique institutionnelle invite à aller au-delà de la production de la norme juridique. Ce qui est certain, c'est que l'approche qui sera ici exposée ne vaut qu'en considération du projet civilisationnel et de son schéma d'autoréférentialité dans le secteur spatial. Il faudrait plutôt

---

[1] E. MILLARD, « Hauriou et la théorie de l'institution », *Droit et société* 1995, pp. 381-412.

[2] E. JOUANNET, « Regards sur un siècle de doctrine française du droit international », AFDI 2000, vol. 46, pp. 1-57.

[3] N. BHUTA, « State Theory, State Order, State System - Jus Gentium and the Constitution of Public Power », *in System, Order and International Law : The Early History of International Legal Thought from Machiavelli to Hegel*, dir. S KADELBACH, T. KLEINLEIN, D. ROTH-ISIGKEIT, Oxford, Oxford University Press 2017, pp. 397-417 (notre traduction).

chercher ce schéma dans un rapport de service qui s'appuie sur un système de représentation privée. Il faut aussi, d'une part, considérer que si l'ensemble des entités privées et publiques sont égales dans la volonté de défendre les intérêts nationaux, penser l'égalité de cette manière, c'est imaginer un terme à l'unique mode de représentation desdits intérêts par les Etats. Cependant, imaginer ce terme revient également à s'exposer à rechercher ce qui accentue les différences. L'accentuation réside dans la prise de conscience par les sujets de droit international que sont les Etats de la prolifération des acteurs économiques privés. Une fois cette prise de conscience réalisée, les Etats pourront plus facilement saisir l'importance de ces acteurs dans l'orientation du contenu du droit, s'ils sont institutionnalisés. L'institutionnalisation leur confère la qualité « d'auteur » du droit. L'auteur du droit idéalise le contenu du droit qui s'est créé par les sujets de droit international. En outre, le concept « d'auteur du droit » serait surtout un jeu de langage, car sur le plan institutionnel, ce concept renverrait à la raison qui amène à créer le droit. Il va de soi que la raison satisfait l'effort théorique en servant à acter l'importance du contexte, certes civilisationnel qui se manifeste dans les faits. Pour bien réaliser l'importance de ces faits, on est amené à refuser d'exclure de la raison toute forme d'institution. La notion d'institution nous invite à envisager les acteurs économiques privés comme l'institution de référence pour instituer les autres institutions étatiques où les Organisations internationales. Prendre au sérieux la question institutionnelle dans le phénomène du New Space, c'est d'abord opérer une gradation dans ce qu'est le mécanisme de représentation en droit international moderne.

34. L'Organisation de Coopération et de Développement Economique (OCDE) a défini l'entreprise multinationale. Il s'agit d'entreprises ou d'entités qui s'établissent dans plus d'un pays grâce aux filiales qu'elles détiennent et qui coopèrent par différents moyens[1]. Les entités ont une influence considérable sur l'activité des autres. Leur degré d'autonomie varie considérablement d'une entreprise multinationale à l'autre[2]. La relation que les Etats entretiennent avec les filiales des multinationales basées sur des opérations de *lobbying*, à

[1] J.-G. RUGGIE, Multinationals as global institution : Power, authority and relative autonomy, *Regulation & Governance* 2017, vol. 12 n° 3, pp. 317-325 (notre traduction).

[2] J.-G. RUGGIE, *ibid*, p. 318 (notre traduction).

savoir un pouvoir instrumental[1] conditionnera ensuite le contenu des relations que ces Etats entretiendront avec d'autres sujets de droit international. Il faut y voir une continuité grâce à laquelle les sujets de droit vont écrire le droit qui sera dicté par les entreprises multinationales. L'organisation de cette continuité singulièrement par le biais d'un traité international démontrerait qu'en réalité les institutions étatique et entrepreneuriale sont justifiées à partir de leur seules actions individuelles, l'institutionnalisation invite à penser la création du droit par le traité au-delà du traité.

35. Une des raisons pour lesquelles les Organisations internationales coopèrent est l'assistance mutuelle. Ainsi, la coopération entre l'Union internationale des télécommunications et l'Organisation de l'aviation civile internationale est de permettre aux passagers d'utiliser leur téléphone portable en vol (en mode avion), sans interrompre la communication entre les pilotes et les tours de contrôle[2]. La promotion des intérêts économiques rend compte des externalités en matière de coopération[3]. Mais, il est certain qu'à travers la coopération entre Organisations internationales, notamment dans le secteur spatial, les entreprises de leurs Etats membres bénéficient de volume d'activité. Ici la raison pratique met en place des solutions qui ont besoin de consécration pour s'appliquer efficacement. Elles prennent vie pour une large part grâce au principe de spécialité. Ce principe rapprocherait lesdites organisations des destinataires entrepreneuriaux, puisqu'en réalité, bénéficiant à ce groupe, la création des organisations internationales serait justifiée par leurs actions économiques. En cela, croissance et développement économique sont des « règles du jeu » qui structurent les échanges juridiques. Il apporte que ses « règles du jeu » sont des institutions, non pas tant parce qu'elles servent à structurer des

---

[1] J.-G. RUGGIE, *ibid*, p. 320 (notre traduction).

[2] J. KLABBERS, « Transforming institutions : autonomous international organisations in institutional theory », *Cambridge ILJ* 2017, pp. 105-121 (notre traduction).

[3] Les raisons de coopérer sont diverses si on prend l'exemple de l'UE, pour affirmer ses ambitions stratégiques, elle ne néglige pas l'espace. Dès lors, l'ouverture à la coopération avec d'autres acteurs internationaux se pose dans l'optique de sécuriser le modèle économique européen, voir : E.-A. MARTIN, « Un changement de paradigme pour l'Europe spatiale », consultable sur : *[https://www.ifri.org/fr/publications/editoriaux-de-lifri/un-changement-de-paradigme-pourleurope-spatiale]*, consulté le 13 juillet 2022.

interactions, mais parce qu'elles sont au service d'une méthode. Cette méthode organise le passage de la sphère économique à la sphère juridique. Ce passage offre un changement de perspective quand les Organisations internationales estiment que cela vaut la peine de coopérer pour se mettre en phase avec la sphère économique dans laquelle elles se meuvent désormais.

36. En cela, il s'agirait d'une conception pratique du droit qui n'est pas la conclusion de l'acte juridique considéré comme théorique[1]. Le droit est quelque chose où les gens sont amenés à faire autre chose : c'est une pratique[2]. On peut parler de droit relationnel avec pour signal institutionnel fort la fonction. A cet égard, les Organisations internationales sont le premier sujet dérivé du droit international public créé par les Etats. Elles sont devenues un nouvel acteur de poids dans le concert international[3]. Elles sont en effet faites pour servir, elles ne valent que parce que l'on s'en sert[4]. La notion de service les conduit à nouer et à entretenir avec les Etats et d'autres Organisations de multiples rapports qui ouvrent un champ très large à la production de règles coutumières destinées à les régir[5]. Le phénomène du *New Space*, qui cherche à promotionner un ordre libéral dans les activités spatiales, pourrait revisiter le processus coutumier. L'ordre libéral met en relation les valeurs et les normes. Cela détermine une cause normative. Dans celle-ci, pour aller à l'essentiel, l'axe majeur reste la rapidité qui structure l'expression d'un droit libéral. La logique de rapidité peut servir à assurer une meilleure maîtrise de la temporalité inhérente à *l'opinio juris*. Constat édifiant s'il en est. Car, poser la rapidité du rythme de création du droit revient à faire apparaître le processus

---

[1] S. BESSON, « International Legal Theory qua Practice of International Law » in *International law as a Profession*, dir. J. D'ASPREMONT, A. NOLLKAEMPER, T. GAZZINI, Cambridge University Press 2017, pp. 268-284 (notre traduction).

[2] S. BESSON, *ibid*, p. 276.

[3] J.-C. ZARKA, *Institutions internationales*, ellipses 2017, 7è éd., p. 7.

[4] G. DEVIN, *Les Organisations internationales entre intégration et différenciation*, Armand Colin, 2022, p. 123.

[5] Parallèlement à l'influence déterminante que les Organisations internationales exercent en tant que centres institutionnalisés de coopération sur le développement des règles coutumières interétatiques, elles participent aussi en qualité de sujets de droit à la formation de règles coutumières qui les lient, voir : G. CAHIN, *La coutume internationale et les organisations internationales : l'incidence de la dimension institutionnelle sur le processus coutumier*, Pedone 2001, p. 10.

coutumier sous la forme d'une relation prédéterminée dont tous les partenaires seraient donnés à l'avance. Dans ce cas-là, la dimension institutionnelle et relationnelle basée sur le moment de cristallisation de la coutume serait désajustée. En bref, le phénomène du *New Space* ne saurait constituer un élément de fixité du droit international, il est donc nécessaire de déterminer les contours de cette affirmation.

IV – Méthode

37. Le phénomène du *New Space* encourage l'entrepreneuriat innovant dans le secteur spatial. En effet, beaucoup d'Etats qui s'intéressent à ce secteur ont adopté des législations qui définissent leur politique dans certains secteurs d'activité spécifiques. Relayées au niveau supra-étatique, on peut penser que ce foisonnement normatif est susceptible de permettre l'adoption de textes internationaux à partir d'une approche normative ascendante. Cette réalité peut permettre de dégager des solutions juridiques propres à revoir grâce à une approche épistémologique la conception du droit international à partir d'un certain mode opératoire. Celui-ci porte la reconnaissance des acteurs des relations internationales qui sont reconnus comme tels par la Société des Etats. De plus, l'étude des législations et positions nationales offre une meilleure compréhension d'un droit de civilisation qui est celui du vingt et unième siècle. Ce dernier met en œuvre les ressorts juridiques intéressés au droit international dans la mesure où le concept de civilisation est susceptible de s'inscrire dans une perspective fonctionnelle. Elle permet de comprendre pourquoi dans un contexte civilisationnel marqué et spécifique à l'activité spatiale, le droit international peut-être au « service » des entités non étatiques. Cela suscite une interrogation qui est celle de savoir à quel point il peut être à leur service ?

38. Fondamentalement, il semble intéressant de décrire ce qui peut être. On envisagera de se pencher sur la technique juridique ; la technique regroupe des notions, des institutions des procédés[1]. Au demeurant, si le phénomène du *New Space* est juridicisé, il est évolutif sous l'influence de mécanismes techniques, c'est-à-dire de moyens qui

[1] La technique pourrait se résumer au moyen qui permet de réaliser certaines finalités, la technique juridique ne faisant pas exception, voir : R. ENCINAS-MUNAGORRI, « Qu'est-ce que la technique juridique ? », *Recueil Dalloz* 2004, pp. 711-715.

créent des « voies de droit » devant, somme toute, assurer l'adaptation d'un droit aux considérations factuelles nouvelles. En réalité, la nouveauté attestée par l'émergence d'un droit qui évolue dans un contexte civilisationnel inédit forme une sorte d'imprévision. L'imprévision génère un savoir spécifique que l'on sait plus riche en disponibilités qu'en contenu.

V – Annonce du plan

39. Le caractère fondateur de la liberté spatiale fait d'elle un véritable filtre normatif dans une perspective d'adaptation[1]. Cette liberté est distincte des différentes possibilités attachées aux activités susceptibles d'accompagner les progrès de la conquête spatiale. L'exploitation de l'espace, donc de ses nombreuses potentialités commerciales que révèle le phénomène du *New Space,* découle de la suite logique des besoins de la société moderne. Ces intérêts sont ancrés dans une forme de particularisme précisément lorsque l'on met en avant la notion d'humanité. Le fait de parler de particularisme permet de tenir compte d'intérêt catégoriel en faveur d'une différence de traitement dès lors qu'elle est en rapport avec l'objet du phénomène qui l'accompagne. Vu sous cet angle, surtout s'il s'agit d'objets immatériels, comme des normes, l'objet est toujours discerné, jugé, discriminé par rapport à d'autres au moment où il est capté par la pensée qui se l'approprie[2]. Le lien entre l'objet et la positivité est avéré dans la mesure où il semble au moins possible d'y voir une technique. La particularité de cette technique réside dans le fait qu'elle sert à protéger un groupe d'intérêts. Il faut y voir le caractère distinctif du phénomène du *New Space*. Ce dernier résiderait dans la forme qui est donnée aux normes juridiques et dans le processus par lequel elles peuvent arriver à l'état de règles gouvernant les rapports entre les sujets de droit international. Il y aurait par conséquent, une continuité entre le groupe d'intérêts à protéger et la technique qui sert à les protéger. Cette dernière est destinée à résoudre les difficultés complexes liées au passage à la norme juridique internationale dans un environnement où certaines entités non étatiques

[1] La modulation du droit autour de la liberté lui permet de composer, de s'adapter d'être à la fois un outil d'enregistrement mais aussi d'innovation, voire d'utopie, voir : M. COUSTON, « Liberté spatiale : la norme juridique de l'extrême », *RFDAS* 2000, pp. 181-197.

[2] M. CHEMILLIER-GENDREAU, Un autre droit pour un autre monde : *Comment sortir des impasses du Droit international contemporain ?* Pedone 2019, p. 11.

entendent conserver la maîtrise de leurs attributs ; celle d'acteurs des relations internationales. La technique juridique agit comme un moyen qui sert à faciliter le dialogue avec les sujets de droit international. En outre, la technique permet également aux Etats d'interagir avec d'autres entités publiques non étatiques, mais aussi privées. Ce constat « appelle » de nombreuses projections. Il connote des situations complexes liées à l'enchevêtrement de notions, d'institutions qui facilitent la mise en relation de l'intérêt de l'Etat, celui des entités infra-étatiques et ceux des entreprises privées d'autres Etats. Cependant, toutes ces mises en relation établissent un lien entre la technique et la positivité, il apparaît comme autant de modalités d'action, tels des mécanismes qui constituent l'assise des normes juridiques afférentes au phénomène du *New Space* (Première Partie).

40. Contrairement au *Old Space* qui désigne le début de la conquête de l'espace qui mettait en scène essentiellement les Etats qui avaient les moyens de mener une activité dans ce domaine, le *New Space* démocratise l'accès à l'espace. Cette démocratisation n'est pas simplement factuelle (on pense notamment aux nouveaux acteurs de l'industrie du lancement spatial ou à l'activité de tourisme spatial). La démocratisation offre un moyen de renouveler le régime de responsabilité internationale en cas de dommages causés par les acteurs non étatiques dans le cadre ou à partir de leur activité. On trouve en effet, dans l'idée de renouvellement une façon de dire le droit autrement. Dire le droit autrement revient à présenter les nombreux domaines d'action dans lesquels interviennent les nouveaux acteurs du spatial, les dommages qu'ils sont susceptibles de provoquer et le régime de responsabilité qui s'ensuit. A cet égard, le réalisme impose la refonte du régime de responsabilité internationale à l'ère du *New Space*, parce qu'il semble nécessaire de rechercher de nouveaux équilibres, compte tenu des situations factuelles inédites, auquel ce phénomène conduit (Deuxième Partie).

Le plan sera donc le suivant :
- Première partie : Les mécanismes constituant l'assise des normes juridiques internationales afférentes au phénomène du *New Space*.
- Deuxième partie : L'évolution des conditions d'engagement de la responsabilité internationale à l'ère du *New Space* ou la recherche de nouveaux équilibres avec les situations factuelles inédites.

PREMIÈRE PARTIE
LES MÉCANISMES CONSTITUANT L'ASSISE DES NORMES JURIDIQUES INTERNATIONALES AFFÉRENTES AU PHÉNOMÈNE DU *NEW SPACE*

41. Le terme générique de norme permet de désigner individuellement chacune des obligations permissives ou interdictions qui forment cet ensemble appelé le droit[1]. Ainsi, quand les Etats qui s'intéressent aux activités spatiales adoptent une loi qui régit un domaine particulier, ils agissent sur le plan du droit. Le droit prescrit, à ce titre, la norme qui a pour but d'encourager le développement d'un secteur, comme celui de l'industrie spatiale. La norme aurait une fonction de prescription quand ce qu'elle dispose trouve un relais et peut-être mis en œuvre grâce au lien juridique que cet Etat établira avec d'autres sujets de droit. Ce qui importe ce n'est pas tant le lien juridique que ce qu'il offre, à savoir un cadre normatif qui saisit à la fois un domaine d'activité mais aussi le contexte dans lequel il évolue. On peut donc dire que dans chaque législation spatiale nationale qui a vocation à se traduire dans les échanges juridiques internationaux, il y aurait une fonction de prescription parce qu'elle bénéficie d'un contexte favorable d'application.

42. L'approche du droit en contexte rejette l'approche du droit tel qu'il est dans les livres au profit d'une approche du droit tel qu'il se fait[2]. En conséquence, si le phénomène du *New Space* constitue le contexte dans lequel se déploie la pratique juridique, établie à partir d'une base partenariale entre acteurs des relations internationales et sujets de droit international, le contexte aurait un rôle unificateur, précisément parce qu'il invite à se demander comment le droit le reçoit. Se poser cette question c'est d'abord chercher à se demander quels mécanismes joueraient le rôle d'unification dans la mesure où ils visent à mettre en

---

[1] B. BARRAUD, *Repenser la pyramide des normes à l'ère des réseaux. Pour une conception pragmatique du droit*, L'Harmattan Coll. « Logiques juridiques » 2012, p. 28.
[2] P. BRUNET, « Quand le droit compte comme texte », *RIEJ* 2013, pp. 397-414.

évidence la raison pour laquelle ils peuvent être à l'initiative de la création du droit.

43. Ces mécanismes reposeraient sur des critères d'acceptabilité parce qu'ils sont déterminés par un contexte de justification, c'est-à-dire par un mouvement de commercialisation et de privatisation des activités spatiales. Ce mouvement est une force d'impulsion qui a pour fonction première de faire passer la réalité dans le droit international. L'idée de partenariat propre au contexte dans lequel évolue le phénomène du *New Space* exige de prendre le sens de la notion qui la compose, à savoir la notion d'intérêt. Cette notion correspond à la recherche de règles de conduite qui permettent d'introduire par la suite des relations plus ouvertes entre l'ensemble des sujets de droit international qui s'intéressent aux activités spatiales. Or, selon toute logique, l'ouverture dont on parle se situe dans une zone de possibilité qui rend compte d'une classe de critères qui sont choisis au préalable (Titre 1).

44. Reste à indiquer que si la notion d'impulsion constitue bien le ressort essentiel qui amène à envisager la défense d'intérêts économiques et leur réception par le droit international comme un système de rétroaction, l'impulsion serait incomplète, voire artificielle si elle ne s'attachait pas à décrire les formes de la norme. En cela, il s'agit de prêter au droit un certain degré de matérialité en vue de le concrétiser. Ici, la technique juridique constitue une force d'attraction avec pour objectif de protéger des intérêts en les fixant. Pour cela, il existe des voies de droit, elles sont autant de moyens de promouvoir une méthode d'application du droit. Par cette méthode, les acteurs des relations internationales que sont notamment les entreprises multinationales s'efforcent d'exister à côté des Etats qui leur opposent leur propre stratégie de construction du droit international. Cela se traduit par des rapports juridiques qui constituent un mode de représentation d'intérêts composés (Titre II).

TITRE I
L'ÉTROITESSE DU LIEN ENTRE L'EXPLOITATION DE L'IDÉOLOGIE DU *NEW SPACE* ET SA CONSTRUCTION JURIDIQUE

45. Qu'elles qu'en soient les modalités, la technique juridique représente une force de réalisation du droit. Elle n'est pas cependant neutre, car elle obéit à une finalité qui s'attache à saisir les valeurs en vigueur dans une société. Les valeurs sont des idées essentielles pour l'existence et le développement des économies nationales ou régionales modernes. Ces valeurs permettent d'afficher des intérêts et influent sur les relations juridiques entre les sujets de droit international, elles représentent le « cercle » le plus externe de la construction du phénomène du *New Space*. Réfléchir sur le concept de construction conduit naturellement à dépasser l'adéquation des moyens à une fin. Car, l'externalité évoquée est l'aboutissement d'un processus qui cherche à faire prendre conscience qu'il y aurait à sa base, pas seulement une aptitude à faire, à influencer mais à poser l'existence d'une logique de construction.

46. A sa manière, ce qui relève de cette logique ne peut par définition être abstrait, l'entreprise multinationale, les collectivités publiques infra-étatiques qui s'intéressent aux activités spatiales s'inscrivent dans deux dynamiques. La première où elles servent d'intermédiaire pour donner sens aux intérêts nationaux ou régionaux, la deuxième où elles servent à conditionner l'évolution du droit international qui s'imprègne d'une logique de développement comme un modèle à suivre. Le reste est perçu comme une technique juridique dont l'efficacité apparaît quand elle est dissimulée dans des mécanismes qui paraissent pertinents et auxquels il faut croire comme autant de réalités tangibles. Parce qu'ils libèrent une force de réalisation du droit, ces mécanismes s'appuient sur les politiques spatiales nationales (Chapitre 1) mais aussi dans la conception moderne du droit de civilisation que traduit le phénomène du *New Space*, sur un contexte institutionnel favorable (Chapitre II).

CHAPITRE I
LES ENJEUX JURIDIQUES INTERNATIONAUX PROPRES AU PHÉNOMÈNE DU *NEW SPACE* COMME OUTILS DE SAISIE DES POLITIQUES SPATIALES NATIONALES

47. La compréhension propre des solutions adaptées est en vérité liée à l'idée que la « fin commande les moyens ». Prenons l'exemple de la prolifération des débris spatiaux et de la menace qu'ils représentent pour les équipements spatiaux actifs. Cette menace s'analyse selon une perspective évaluative comme le démontre le paragraphe premier de l'article 4 de la législation spatiale française du 3 juin 2008 qui dispose que « Les autorisations de lancement de maîtrise et de transfert de la maîtrise d'un objet spatial lancé et de retour sur Terre sont délivrés après vérification, par l'autorité administrative, des garanties morales, financières et professionnelles du demandeur et, le cas échéant, de ces actionnaires, et de la conformité des systèmes et procédures qu'il entend mettre en œuvre avec la réglementation technique édictée, notamment dans l'intérêt de la sécurité des personnes et des biens et de la protection de la santé publique et de l'environnement »[1].

48. Cette disposition atteste que l'énoncé évaluatif apprécie une situation. Toute situation suggère une orientation. Elle peut conduire les Etats à procéder à une évaluation axiologique uniquement matérielle présupposant le pouvoir de création de l'énoncé législatif dans le secteur spatial, parce qu'il représente une forme de rationalité juridique. En effet, en tant que technique juridique, l'énoncé législatif serait susceptible de construire les normes juridiques internationales qui saisissent le phénomène du *New Space* (Section I). Ensuite, l'action normative d'un groupe d'Etats ouvre d'autres perspectives. Ici c'est un changement d'échelle qui est proposé pour que d'autres Etats qui ont une ambition spatiale sachent comment ils doivent se comporter (Section II).

---

[1] V. art. 4 de la loi n° 2008-518 du 3 juin 2008 relative aux opérations spatiales, *JO*, n° 129 du 4 juin 2008, p. 9170.

Section I - L'importance des énoncés législatifs nationaux dans la construction des normes juridiques internationales afférentes au *New Space*

49. En tant que manifestation de la stratégie des Etats dans le secteur spatial, le droit international ne peut ignorer les législations nationales. Désormais, ces législations évoluent dans le contexte du *New Space* et le droit international les saisit par le Bureau des affaires spatiales des Nations Unies. La législation spatiale américaine du 25 novembre 2015, déjà citée[1], qui figure dans la liste des législations tenues par cet organisme onusien est le signe de nouveaux changements structurels sur la façon de concevoir le droit de l'espace et par qui[2]. A cet égard, l'adoption le 20 juillet 2017 de la loi luxembourgeoise relative à l'exploration et à l'utilisation des ressources de l'espace n'est pas étrangère à certains intérêts. L'intérêt des opérateurs du secteur spatial pour l'initiative luxembourgeoise peut notamment s'expliquer par son orientation commerciale et son ouverture sur l'international[3]. De toute évidence, l'intérêt que ces deux législations nationales représente peut s'analyser dans leur relation avec le droit international, compte tenu du fait que le phénomène commercial qu'elles saisissent[4] est aujourd'hui appréhender par d'autres textes normatifs nationaux qui figurent sur la liste que tient le Bureau des affaires spatiales susmentionné. Sans les citer toutes, il convient d'en présenter certaines.

50. On trouve dans l'arsenal juridique de la Fédération de Russie concernant les activités spatiales, le décret du 20 août 1993 qui a pour objet « d'assurer la réglementation légale des activités spatiales afin de

---

[1] *Supra* § 3.

[2] B.-R. ISRAEL, « Symposium of the New Space : Space Resources in the evolutionary course of space lawmaking » AJIL 2019, vol. 113, pp. 114-119 (notre traduction).

[3] R. LEDAIN SANTIAGO, « Vers une réglementation des ressources spatiales : l'exemple du Luxembourg », *RFDAS* 2020, vol. 293, pp. 36-48.

[4] Dans un paragraphe intitulé « Pourquoi la législation spatiale nationale », Madame le Professeur Setsuko AOKI considère que leur adoption sert à promouvoir l'entreprise spatiale (Space business) : voir S. AOKI, « Symposium on the New Space Race : Domestic legal conditions for space activities in Asia », *AJIL*, 2019, vol. 113, pp.103-108 (notre traduction).

développer l'économie... »[1]. Par ailleurs, l'article 1 de la loi sud-coréenne du 31 mai 2005 qui porte sur « La promotion et le développement de l'espace » dispose que « Le but de cette loi est [...] de développer davantage l'économie nationale... »[2]. Ainsi selon ces deux textes, l'espace doit permettre l'essor des activités terrestres rentables. Cette stratégie normative prend un sens particulier dans le contexte du *New Space* qui désigne un mouvement rapide d'émergence de nouveaux acteurs modifiant les dynamiques des politiques spatiales mondiales[3]. Le mot « dynamique » ramène au juridique quand on considère que les politiques spatiales nationales ont vocation à s'exprimer dans les relations inter-étatiques. A cet égard, le niveau de l'action normative est important, d'abord parce qu'il fournit un critère correspondant à une certaine idée de la normalité (§1). Ensuite, la conception pragmatique que l'on doit avoir des normes juridiques internationales reste le meilleur moyen d'adaptation aux enjeux afférents au contexte du *New Space* (§2).

§1 - La raison juridique comme critère de la normalité normative

51. La raison reposerait sur la capacité qu'auraient les Etats qui s'intéressent aux activités spatiales de faire des choix en fonction de leurs intérêts et de leur stratégie de développement. Ainsi, le concept de raison ne serait par voie de conséquence qu'un certain concept de normalité. Les Etats font des choix parce qu'ils sont normaux. La relation entre la rationalité et la normalité étant les raisons pratiques. Or, ces raisons portent d'abord sur la connaissance du contexte, c'est-à-

---

[1] *« This law is directed at ensuring the legal regulation of space activities for the purpose of developing the economy... »* : Law of the Russian Federation, N° 5663-1 of August 20, 1993 on space activities (with the Amendments and Addenda of November 29, 1996, January 10, 2003, March 5, August 22, 2004, February 2, December 18, 2006, consultable sur : *[https://www.unoosa.org/oosa/en/ourwork/spacelaw/nationalspacelaw/russian_federation_decree_5663-1_E.html]*, consulté le 2 septembre 2024.

[2] Art. 1 : « The purpose of this act is to promote [...] to further develop the national economy... » : Space Development Promotion Act n° 7538 May 31, 2005, consultable sur : *[https://www.unoosa.org/oosa/en/ourwork/spacelaw/nationalspacelaw/republic_of_korea/space_development_promotions_actE.htm], consulté le 2 décembre 2024.*

[3] A. DUFAY, « Acceptabilité des efforts spatiaux : enseignements et conséquences de l'arrivée à maturité du *New Space* sur la bataille du faire-savoir », *Stratégique* 2021, pp. 65-73.

dire la manière de l'appréhender, ensuite sur la façon dont le droit le saisit tant au niveau national qu'international. En l'occurrence, la seule raison pratique de faire intervenir le niveau international à la suite du niveau national serait de développer le droit de l'espace sur une base nationale, interviennent là des considérations logiques. Il s'agit de promouvoir la question ontologique qui restitue la vision réaliste de la construction de certaines normes juridiques. Cette vision appelle une réponse articulée autour du concept de continuité (A) et d'efficacité normative (B) dans la construction du droit international.

A - Les enjeux spécifiques relatifs au concept de continuité normative

52. La continuité c'est la permanence, la persistance, le maintien d'une situation[1]. Ainsi on pourrait la percevoir sous un angle protecteur. Il faut en effet constater, que quand on évoque la continuité dans l'action de construction des normes juridiques internationales afférentes au *New Space*, on met le droit en rapport avec l'économie. En conséquence, c'est l'activité réelle de l'homme qui doit être appréhendée à la fois dans sa globalité et sa normalité. Dans un certain sens, cette activité ramène à la sociologie juridique fondée sur une logique d'unité. On comprend alors que la nécessité d'appréhender la continuité comme une unité inclut à la fois les normes juridiques internationales, mais aussi les rapports d'autorité qui les créent. A ce stade, on met l'accent sur une sorte de théorie des correspondances entre des énoncés appartenant à des ensembles normatifs différents, c'est-à-dire le national et l'international, dès lors qu'il existe une logique d'ensemble. Cette logique tient à la raison juridique.

53. La raison juridique dans son sens le plus strict se comprend comme la raison juridique du droit qui est unique dans un système donné ; dans un sens plus restreint, on s'accorde à considérer qu'elle ramène aux valeurs privilégiées par un droit et donc par une société donnée[2]. Ainsi couplée au concept de continuité normative, la raison juridique ferait apparaître dans les énoncés des règles de droit

---

[1] J. VIGUIER, « Continuité juridique et innovation juridique » dans *La (dis)continuité du droit*, sous la direction de H. SIMONIAN-GINESTE, Presses de l'Université Toulouse 1 Capitole 2018, pp. 449-466.

[2] M.-D. CASTELLI, « André-Jean Arnaud, Critique de la raison juridique : où va la société du droit », *Les Cahiers de Droit* 1985, vol. 6, n° 2, pp. 577-585.

international deux structures : une structure « profonde » et une structure « apparente »[1]. La première saisit la production d'un espace économique mondial qui concerne les activités spatiales contemporaines, la seconde cherche à unifier cet espace à l'aide du droit international. Sur ce point, le monde du droit international contemporain « tisse la vie » du national avec une ampleur et une profondeur sans précédent, il existe une classe capitaliste transnationale constituée par les fractions d'une classe capitaliste nationale qui cherche à unifier le marché mondial à travers l'instrument du droit international[2]. Ce monde est imaginé sur le modèle de ce qui se voit. On rejoint, d'une certaine manière, l'interrogation sur la normalité dans la construction des normes juridiques internationales qui dresse des normes de référence par « acculturation » avec une culture qui n'est pas intrinsèquement celle des Etats. Ici, l'intérêt de la normalité est de construire un concept de continuité pour rendre compte du basculement d'une logique sur une autre.

54. Il semblerait que ce basculement soit porteur d'une vision très pragmatique de la règle de droit international. Cela concerne la réglementation qui est la plus adaptée au contexte du *New Space*. En somme, parce que les enjeux ne sont pas uniquement juridiques mais politiques, le concept de continuité encouragerait plus la régulation que la réglementation. La régulation n'est pas dénuée de parti pris idéologique. Il s'agit de promouvoir un modèle idéal type formalisé par la pensée libérale à partir de laquelle se déploieront les échanges juridiques. Dans une telle approche, le concept de continuité opère dans un champ juridique qui ne relève pas du droit avec pour conséquence de renouveler le cadre de référence des normes juridiques internationales auxquelles il se rapporte. Le renouvellement dont il est question fait partie des stratégies cryptiques dont il convient de mesurer la teneur. C'est ici qu'intervient la notion de « bonne conduite » normative à tenir dans les rapports interétatiques, tandis que le modèle de l'ensemble normatif en cause n'est pas celui du droit de l'espace, mais celui du droit privé des activités spatiales.

---

[1] Ces expressions figurent dans M.-D. CASTELLI, *ibid*, p. 578.

[2] B.-S. CHIMNI, « The Past, Present and Future of International Law : A critical Third World Approach » *Melbourne JIL*, 2007, vol. 27, pp. 499-515 (notre traduction).

55. On peut donc aussi souligner que l'approche conceptuelle de la continuité dans la construction des normes juridiques internationales dans un contexte civilisationnel précis fait valoir des données extra-juridiques. Sous un autre aspect, l'adhésion à un cadre de référence renouvelé semble appartenir à la sphère du « devoir être ». Cette sphère s'entend comme une possibilité d'élaborer une conception systémique des normes juridiques internationales se rapportant au phénomène du *New Space*. Au fond, ne serait-il pas opportun de trouver les rudiments théoriques à partir desquels on envisage la construction théorique du système du *New Space* ? Il ne semble pas difficile de s'accorder sur la nécessité de rappeler la fonction du système dont le système juridique est un cas particulier.

56. Le système juridique évoque et implique nécessairement l'existence d'un ensemble de normes ou de règles substantielles de conduite qui sont immédiatement ou directement perceptibles par leurs destinataires et à travers le comportement de ces derniers qui les suivent de manière générale[1]. On pourrait même avancer que l'une des caractéristiques du système juridique, parmi les deux autres caractéristiques[2] qui servirait à l'identifier, est que les énoncés des règles formulent leur objet ou leur but. A l'évidence, il existerait une condition endogène qui permettrait de saisir tout système juridique : la « discipline » normative. Etre discipliné c'est répondre à des exigences de normalité et de linéarité. Les normes juridiques nationales traitant les activités spatiales et les normes juridiques internationales traitant le même domaine se situent dans une approche systémique parce que leur but est identique, à savoir saisir les avantages du phénomène du *New Space*. Il y aurait une équivalence entre ce qui est au niveau national et ce qui doit être au niveau international. Alors, plus qu'une linéarité dans l'action, on pourrait même parler d'intégration. Ce système laisserait entrevoir l'ensemble normatif constitué dans un rapport d'intégration parce qu'il se situe dans une logique de continuité normative.

---

[1] G. ABI SAAB, M. GRANGE, « Repenser la notion d'ordre public » dans *Traité des rapports entre ordres juridiques* sous la direction de B. BONNET, LGDJ 2016, p. 483.

[2] Parmi les deux autres aspects qui caractérisent un système juridique, on trouve : « la procédure ou processus d'élaboration des règles ; leur autorité ou puissance juridique » ; voir S. SUR, « La créativité du droit international. Cours général de droit international public », *RCADI* 2012, t. 363, pp. 9-331.

57. Couplée au rapport d'intégration, la continuité normative soulève la problématique de l'appartenance d'un corps de normes à un autre corps de normes. Cette appartenance, en tant que telle, ne mérite pas de longs développements si ce n'est qu'elle se compose d'un ordre qui préexiste à la volonté de l'Etat. Ce dernier ne participe qu'à la constatation de son existence. L'ordre relève des relations du droit international et de certains facteurs d'influence. En réalité, il saisit le moment d'intervention de l'Etat qui n'est nullement envisagé dans son sens juridique mais dans son sens sociologique, tel qu'il résulte du contexte à l'arrière-plan duquel s'inscrit normalement l'exigence de continuité. Il appert qu'elle ne s'intéresse pas à la juxtaposition de normes qui se conçoivent dans une perspective systémique mais à l'observation des situations factuelles qui déclenchent son application. Or, de deux choses l'une, ou bien l'affirmation selon laquelle l'apparence d'un ensemble normatif à un système juridique implique nécessairement l'attribution d'une propriété qui ne peut être appréciée que par l'exigence de continuité, ou bien elle amène indubitablement à la prédiction du futur comportement des entités étatiques. Dans le deuxième cas, quand bien même l'hypothèse de choix rationnels est devenue « monnaie courante » dans la littérature du droit international[1], ce critère de la prédiction comme étant l'une des manifestations du concept de continuité normative fait intervenir la notion de volonté étatique limitée. Précisément, la volonté de l'Etat est exempte de limitation parce qu'elle fournit un critère de reconnaissance dont l'un est suprême, à savoir la souveraineté.

58. Il apparaît dès lors évident que l'étude du concept de continuité normative dans le contexte spécifique du *New Space* rime avec innovation. L'innovation c'est le changement, la nouveauté, la découverte d'un élément inédit[2]. L'innovation juridique dans un tel contexte, c'est la rencontre d'un champ de réalité dans lequel la norme internationale sera un moyen d'expression d'entités prises dans leur singularité. On pourrait dire que la singularité est continuelle et, appréhendée de la sorte, la norme n'est qu'un lieu d'expression quand son contenu s'exprime au niveau international. Plus précisément, à l'aune du concept d'innovation, la continuité normative « atomise la

[1] A.-T. GUZMAN, « The Promise of International Law », *Virginia L. R.* 2006, vol. 92, pp. 533-564 (notre traduction).
[2] J. VIGUIER, « Continuité juridique et innovation juridique », *op.cit.*, p. 449.

géographie » de la norme pour saisir une logique : celle d'un droit mondialisé.

59. Le droit de la mondialisation révélé par l'ordre juridique privé international se manifeste par un droit mondialisé intégré au sein des ordres juridiques étatiques[1]. Il est mondialisé parce qu'il repose sur des règles indépendamment des spécificités nationales. Mais la mondialisation porte également des valeurs pénétrant les ensembles juridiques grâce à la notion d'internormativité. Dans un premier sens le concept « d'internormativité » avait pour objet de penser la capacité de l'ordre juridique à s'approprier le contenu de normes émanant d'autres ordres normatifs[2], tel que celui de l'économie. Dans un deuxième sens, l'internormativité s'entend de l'étude des interactions entre les acteurs des ordres normatifs[3]. Concrètement, le dirigeant d'une *start-up* ou d'une multinationale sera appelé par le législateur dans le cadre d'un processus décisionnel qui pourra servir à construire le dialogue normatif dans un espace mondialisé. En cela, l'internormativité renvoie à cette logique de continuité normative où chaque entité appartenant à des ordres normatifs différents à un rôle à jouer. Pris dans un sens relatif, ce n'est pas la recherche d'un dénominateur normatif commun qui est essentiel, mais plutôt la reconstruction théorique d'un phénomène dans lequel les acteurs privés prétendent produire du droit[4]. Dans cette perspective, le critère de continuité normative n'apporte rien en lui-même, contrairement à un concept qui permet d'appréhender ce qu'est l'objet « droit ». La continuité normative offrant le cadre conceptuel pour saisir théoriquement une méthode pour saisir cet objet.

---

[1] F. LARONZE, « Les sources du droit revisitées par la notion d'organisation juridique », *op. cit.*, p. 220.

[2] F. OST, « De l'internormativité à la concurrence des normativités : quels sont le rôle et la place du droit ? », *Les Cahiers de droit* 2018, vol. 59, n° 1, pp. 7-33.

[3] A. POMADE, « Penser l'interdisciplinarité par l'internormativité. Illustration en droit de l'environnement » *RIEJ* 2011, vol. 68, pp. 85-106.

[4] Développement inspiré de l'étude de F. ROUVIERE, « La globalisation du droit : une idée théoriquement inutile dans *La science du droit dans la globalisation* » sous la direction de J.-Y. CHEROT, et B. FRYDMAN, Bruylant, Coll. Penser le droit 2011, pp. 113-128.

B - Les enjeux spécifiques relatifs au concept d'efficacité normative

60. Le contexte actuel dans lequel évolue les activités spatiales est au regain des réflexions. Celles-ci sont de plus en plus stimulées par les modalités dynamiques d'agencement des normes pensées par les partenaires sociaux et les entités étatiques. Cependant, la théorie du droit permet d'identifier les ressorts de cette articulation ; à ce sujet, la recherche de l'efficacité de la norme internationale produite, permet d'aborder au-delà de la formulation des énoncés des textes internationaux, leur portée normative. Aussi, l'intervention de certaines normes en droit international pourrait être choisie en fonction des intérêts à défendre et du niveau d'application[1]. L'intérêt porté au concept d'efficacité doit être celui-là. Dans ce cadre, l'efficacité désignerait la relation entre l'intention ou l'objectif supposé recherché par les auteurs de l'énoncé initial et le résultat obtenu[2]. En cela, si l'on considère qu'un contenu de pensée est norme parce qu'il a reçu la vocation instrumentale à servir d'indicateur du possible[3], ce contenu normatif sera efficace parce qu'il programme une action.

61. Les interrogations sur l'efficacité des normes juridiques internationales afférentes au phénomène du *New Space* doivent être recherchées à partir de la capacité à maximiser certaines attentes ; il est donc logique de préciser l'aspect général de la notion de qualité normative. Bien qu'aucun texte normatif n'ait défini les critères de la qualité du droit, la qualité se présente comme l'ensemble des caractères, des propriétés qui font que quelque chose correspond bien ou mal à sa nature[4]. Dans un sens positif, la qualité désigne chacun des aspects positifs de quelque chose qui font qu'elle correspond le mieux à ce qu'on en attend[5]. Il faut donc convenir qu'au-delà de la présentation des mots et synonymes qui sont utilisés, à travers le concept d'efficacité, il conviendrait d'entendre ce qui dure, c'est-à-dire ce qui ramène d'un

---

[1] F. LARONZE, *ibid*, p. 224.

[2] V. CHAMPEIL-DESPLATS, « Penser l'efficacité de la norme », *Keio Hôgaku*, 2014, n° 29, pp. 368-378.

[3] P. AMSELEK, « *Cheminements philosophiques dans le monde du droit et des règles en général* », Armand Colin 2012, p. 83.

[4] *Le Petit Larousse illustré*, Paris Larousse 2000, p. 758, terme « qualité ».

[5] A.-A. SHAHRBABAKI, *La qualité des normes. Etudes des théories de la pratique*, Thèse de doctorat en droit de l'Université Aix - Marseille 2017, p 34.

point de vue théorique à la temporalité. Car, il ne faut pas occulter l'importance du droit civilisationnel, sachant que ce que le droit international garantit et désigne encore comme un « monde civilisé », c'est notamment les normes et standards de développement[1]. Or, la notion de temporalité permet à ces dernières de se cristalliser et de se consolider, donc d'être efficaces.

62. Une double réflexion peut alors être tirée de ce qui précède. D'abord, la notion de temporalité atteste de l'efficacité de l'action normative grâce à l'avènement de normes juridiques toujours plus nombreuses. Dans cette logique, la temporalité renvoie à la densification normative. La densification normative peut être envisagée comme un processus par lequel un même objet, une même sphère d'activité, est régie par un nombre croissant de normes dont la valeur est, elle aussi croissante, dans la sphère juridique, la densification normative tend vers la densification juridique[2]. En s'appuyant sur l'aspect juridique, la densification normative pourrait être envisagée comme un processus d'évolution de l'ordre normatif juridique[3], ce qui semble particulièrement clair en ce qui concerne les accords internationaux. En effet, à un autre degré, les États sont susceptibles de développer une autre facette de la densification.

63. En matière d'intervention des Etats, la densification normative peut se manifester par l'élaboration de traités internationaux. En raison de l'ancienneté du traité comme procédé de création des obligations juridiques entre Etats, le mot traité désigne tout accord conclu entre deux ou plusieurs sujets du droit international destiné à produire des effets de droit et régi par le droit international[4]. L'on doit aussi tenir compte du fait que l'introduction d'une disposition dans un traité n'est pas neutre. Le traité n'a pas d'autres valeurs que celles des dispositions qu'il reprend ou qu'il édicte. Ainsi, l'intérêt du traité tient non seulement au contenu de ces articles, mais aussi au fait qu'il est un contenant qui

---

[1] S. BESSON, « Le droit international des civilisations : ou comment instituer leur concertation », *op. cit.*, p. 348.

[2] M. ROBINEAU, « Codification et densification(s) normative(s) » dans *La densification normative. Découverte d'un processus*, sous la direction de C. THIBIERGE, Mare & Martin 2013, pp. 271-285.

[3] M. ROBINEAU, *ibid*, p. 279.

[4] F. FORTEAU, A. MIRON, A. PELLET, « *Droit international public* », LGDJ 2022, 3ᵉ éd. p. 154.

transcende l'ensemble des articles qu'il contient. La nécessité de marquer sa singularité est particulièrement édifiante à l'ère du *New Space*. En effet, elle pourrait signifier l'exploitation d'une certaine idéologie, visant à faire de l'efficacité normative l'étape cruciale du renouvellement des fondements du droit de l'espace. Un exemple l'illustre, c'est celui du système des marques dans l'espace, qui repose sur un ensemble d'exigences normatives. Assurément, la marque est un signe permettant de distinguer les produits ou services d'une entreprise de ceux d'autres entreprises. Les marques sont des droits de propriété intellectuelle protégés[1]. Il y a des dizaines d'années que se pose par exemple, la question des marques dans l'espace extra atmosphérique ; l'instauration de structures juridiques nécessaires pour les marques dans l'espace suppose de créer de nouveaux droits dans les traités internationaux[2]. Ladite création repose sur l'idée d'intégrer l'espace extra-atmosphérique au système de la marque internationale pour l'encadrer et uniformiser les étapes de la protection. Il est certain que c'est la recherche d'une certaine efficacité qui doit gouverner cette action parce qu'elle permet de combler un vide juridique.

64. A cet égard, la recherche sur les conditions économiques d'efficacité du droit peut s'inscrire dans le cadre d'un traité international. S'il s'agit ici d'enrichir l'idée d'une densification normative, cette idée offre de larges perspectives qui conduisent à conditionner l'efficacité des normes juridiques internationales à un mode d'action auquel on attribue de la valeur. Dans la caractéristique que l'on examine, on peut donner l'exemple de la société américaine *Axiom Space* qui détient un certain nombre de marques sur son nom, pour la plupart déposées et où enregistrées aux Etats-Unis, au Canada et dans divers pays du monde au moyen de marques internationales[3]. Dans ce cas précis, la possibilité de se référencer à l'ordre juridique de l'un de ses Etats, en l'appliquant, en vertu du principe de l'efficacité économique du droit, ne doit pas être

---

[1] Voir la page de l'Organisation Mondiale de la Propriété Intellectuelle (OMPI) consacrée aux marques, consultable sur : *[https://www.wipo.int/trademarks/fr]*, consulté le 2 décembre 2022.

[2] C.-W. LACKERT, « Les marques dans l'espace extra-atmosphérique : soutien à l'économie en dehors de la Terre », OMPI Magazine 2021/4, pp. 43-52.

[3] J. CAWLEY, « Axiom Mission 1 Crew Safety Splashes Down Near Florida », consultable sur : *[https://blogs-nasa.gov/Kennedy/2022/04/25/axion-mission-1-crew-safety-splashes-down-near-florida]*, consulté le 2 décembre 2022.

occultée. Cependant, l'accord qui serait conclu ne constituerait pas un traité international puisque n'étant pas directement régi par le droit international qui en serait à l'origine. Ainsi, le système des marques internationales conduirait à envisager la construction des normes juridiques internationales en référence à un ordre juridique plutôt qu'à un autre ordre juridique se détachant de la formulation conventionnelle de l'objet recherché. Alors, à travers le système des marques, le concept d'efficacité normative serait au service d'une méthode. Cette méthode est susceptible de procéder au découpage interne du texte du traité international sur la base des normes juridiques nationales existantes correspondant aux différents ordres juridiques auxquelles elles se rattachent.

65. Cependant, si ce découpage traduit la nécessité de représenter un ordre juridique souhaitable, la position respective des normes en son sein fait naître des rapports de hiérarchisation. En effet, si ces normes sont portées par une idéologie qui participe à régir la production d'un droit hiérarchisé, tout ce qui ne s'y inscrit pas doit être refoulé hors du champ de cet ordre. Dans ce cadre-là, l'efficacité normative resterait synonyme d'un ordre de contrainte.

66. L'idée de regrouper les droits en des ensembles cohérents justifiés par leur communauté de caractère est ancienne[1]. Elle procède de la notion de « famille » qui repose sur l'idée que les droits ont entre eux des liens de parenté qu'il faut mettre en évidence[2]. Evoquer la notion de « famille de droit » pour la législation spatiale nationale, signifie qu'au-delà de leur nécessaire agrégation, donc de la critique du mythe de leur autonomie, ces législations sont « apparentées ». La prise en considération du critère d'apparentement renvoie à une relation circulaire dans laquelle la circulation du droit obéit à un centre de rayonnement juridique mis en exergue par la notion de système. Cette notion traduit l'idée d'une entité autonome qui fonctionne en circuit fermé grâce à sa propre capacité de reproduction sous influence extérieure. L'approche systémique relative aux législations spatiales concerne leur relation avec les accords juridiques internationaux, dès

---

[1] F. ZENATI-CASTAING, « Repenser le système juridique » dans *Traité des rapports entre ordres juridiques* sous la direction de B. BONNET, LGDJ 2016, pp. 1549-1578.

[2] F. ZENATI-CASTAING, *ibid*, p. 1561.

lors qu'elles constituent la base des seconds et que les seconds se densifient sur le plan normatif grâce aux premières.

67. Dans cette approche, l'effet juridique amplifie la cause et fait évoluer la notion de « système » vers un nouvel état : l'efficacité normative. Le succès du concept d'efficacité normative dans le contexte d'élaboration des normes juridiques internationales afférentes au phénomène du *New Space* tient à la revendication d'une famille de droits qui se décline en différentes possibilités, toutes liées à l'exploitation des ressources de l'espace extra-atmosphérique. La revendication d'un droit d'exploiter ces ressources est propre aux Etats qui s'intéressent individuellement aux activités spatiales. Ce droit a une logique propre qui excède les frontières nationales parce qu'il incarne une culture. Dès lors, l'efficacité de la norme juridique dans un espace posé est l'efficacité d'une culture, on peut parler d'hégémonie culturelle. La notion « d'hégémonie » se retrouve en droit international, elle tient à l'exercice d'une domination ou d'une autorité d'un Etat ou d'un groupe d'Etats sur les autres[1]. Cette domination est façonnée par une autre domination, celle de groupements humains issus de la mondialisation. Si cette autre domination constitue le cadre matriciel de la première, la relation avec la norme juridique internationale qui se trouve impliquée à ce niveau, ne peut être qualifiée « d'efficace » qu'à la condition d'élargir la portée du terme par rapport à son usage normal. On peut donc dire que la norme juridique internationale est efficace, pas parce qu'elle a été conçue sur une base nationale, mais parce qu'elle correspond à une sphère institutionnelle comme ne formant qu'une personne : l'acteur.

68. La notion « d'acteur » prend la mesure de la transformation du paysage institutionnel international. On assiste désormais, sur le plan institutionnel, à un dépassement du modèle dans lequel les Etats semblaient maîtriser parfaitement les créatures internationales qu'ils acceptaient souverainement de doter de la qualité du sujet de droit

---

[1] M. MASTANDUNO, « Hegemony in International Law » *Oxford Bibliographies Online Datasets*, Aug. 2016, consultable sur : *[https://doi.org/10.1093/obo//9780199796953-0141]*, consulté le 4 décembre 2022.

international[1]. L'une des tendances que révèle ce dépassement tient à la multiplication des partenariats publics/privés pour poursuivre des fonctions que les Etats reconnaissent volontiers comme étant d'intérêt public, mais qu'ils semblent admettre ne pas/plus avoir le pouvoir d'acquitter[2]. Ce partenariat permet d'institutionnaliser la notion « d'acteur » afin de rendre compte de ce qui est nécessaire pour qu'un groupe social donné possède un système juridique.

69. Cela revient à donner au système juridique de l'ordre dans la perspective d'assurer une meilleure adéquation entre le droit et l'économie. Bref, à envisager le droit de la régulation[3]. Si la régulation transforme le rôle et les missions de l'Etat, à l'échelle internationale, elle va s'exprimer par l'universalisation des enjeux dans le secteur industriel et commercial. Or, dans le domaine spatial, il s'agira de traduire ses enjeux par la négociation avec les acteurs économiques que sont les entreprises. La négociation est au service d'une approche systémique consistant à créer un cadre normalisé d'interaction pour déterminer les critères à partir desquels on apprécie l'efficacité des normes juridiques du système. Les critères permettent surtout de distinguer les normes qui disposent d'une autorité, précisément parce que le concept d'efficacité constitue un savoir-faire sur la façon de la construire.

70. Cela dit, toute norme est pragmatique. Face à l'émergence de nouveaux modèles économiques prônant agilité et innovation dans le domaine spatial[4], les normes juridiques doivent, elles aussi, évoluer. On peut considérer que dans ce domaine, le pragmatisme juridique fait autorité puisqu'il invite à découvrir à l'intérieur même du processus rationnel de continuité et d'efficacité normative, un nouveau concept. Ici, le pragmatisme juridique est synonyme de découverte et d'adaptation.

---

[1] L. DUBIN, M.-C. RUNAVOT, « Propos introductifs » dans *Le phénomène institutionnel international dans tous ses états : Transformation, Déformation ou Reformation ?* sous la direction de L. DUBIN et M.-C. RUNAVOT, Pedone 2014, pp. 5-16.

[2] L. DUBIN, M.-C. RUNAVOT, *ibid*, p. 9.

[3] M-A. FRISON-ROCHE, « Le droit de la régulation », *Le Dalloz* 2001, n° 7, pp. 610-616.

[4] P. HENRIQUET, « Qu'est-ce que le "New space", cet écosystème émergent du spatial », *Polytechnique Insights* 2022, consultable sur : *[https://www.polytechnique-insights.com]*, consulté le 2 février 2023.

§2 - Le pragmatisme juridique en tant que critère d'adaptation normative

71. L'accession des entreprises de droit privé à une puissance économique et politique équivalente à celle des États s'accompagne de la revendication d'une souveraineté privée[1]. Deux significations s'y attachent. La première est celle de l'autonomie au sens d'une liberté à l'égard des contraintes du droit, la seconde signification juridique que peut revêtir la souveraineté privée, est celle de la vocation à émettre ses propres normes[2]. À cet égard, cette capacité normative soulève un certain nombre d'interrogations, dont celle du rapport qu'elles entretiennent avec les normes juridiques d'origine étatique, d'autant plus quand les normes privées sont l'expression d'un pouvoir entrepreneurial souverain qui s'exprime dans les accords internationaux. Dans ce cadre juridique, la traduction normative du concept de souveraineté privée doit nécessairement s'exprimer par des mécanismes qui font autorité, dont il convient de chercher les leviers. Ils sont susceptibles d'apparaître d'une part, sous l'angle des obligations *erga omnes* (A) et d'autre part, sous l'angle du *jus cogens* (B).

A - L'appréhension du concept de souveraineté privée sous l'angle des obligations erga omnes

72. Le concept d'obligation *erga omnes* a des origines qui datent du droit romain ; en droit international, ce concept fait référence à des obligations spécifiquement déterminées que les Etats ont envers la communauté internationale dans son ensemble[3]. D'ailleurs, l'existence d'une norme conventionnelle produisant des effets à l'égard de tous les Etats a été affinée par le CIJ dans son arrêt de la *Barcelona Traction* le 5 février 1970 ; il en ressort que la caractéristique des obligations *erga omnes* tient au fait qu'elles sont indivisibles. En conséquence, tous les Etats membres de la Communauté internationale ont un intérêt juridique au respect de ces obligations internationales[4]. Dans le contexte

---

[1] D. BUREAU, H. MUIR WATT, *Droit international privé*, PUF 2021 5è éd., p. 746.

[2] D. BUREAU, H. MUIR WATT, *ibid*, p. 746.

[3] A. MEMETI, B. NUHIJA, « The concept of Erga Omnes Obligations in International Law », *New Balkan Politics* 2013/14, pp. 31-47 (notre traduction).

[4] CIJ, Affaire *de la Barcelona Traction, Light and Power Company, Limited C Belgique c. Espagne*, arrêt du 5 février 1970, *Rec.* CIJ 1970, p. 32, §33.

spécifique favorisant l'émergence de normes juridiques relatives au concept de souveraineté privée dans les accords internationaux, l'autorité des personnes privées se situe dans un rapport avec les Etats qui ne sont pas en position d'autorité suprême. Dans son fonctionnement, l'extension du concept d'obligations *erga omnes* à certaines normes consacrant cette position d'autorité des acteurs privés éviterait que cette autorité souveraine non étatique ne soit pas affirmée dans les accords auxquels sont parties tous les Etats membres de la communauté internationale. En effet, la caractéristique fondamentale des obligations *erga omnes* est qu'elles sont indivisibles : leur contenu ne peut être divisé en une série de relations juridiques bilatérales[1].

73. Il appert que le critère de l'indivisibilité répond à une finalité ; il convient de rappeler cette finalité lorsque certaines relations juridiques entre Etats diminuent l'intensité des rapports juridiques que fondent les obligations *erga omnes*. La finalité normative du concept de souveraineté privée dans le secteur spatial est de « s'enraciner » dans la mondialisation du fait de l'apparition de nouveaux compétiteurs économiques. Le *New Space* n'étant rien d'autre que ce nouveau paradigme économique dans lequel tous les acteurs ont un rôle à jouer[2]. Pour les acteurs privés qui s'intéressent aux activités spatiales, ce rôle est également juridique, il repose sur l'organisation de l'efficacité normative née du pouvoir souverain des Etats de conclure des accords juridiques qui leur sont favorables. C'est ainsi que le concept de souveraineté privée, abordé sous l'angle de son efficacité normative se confond avec la complémentarité qui rejoint la nature (qualitative) des normes désirées, justement, celles d'obligations *erga omnes* découlant de l'existence d'un intérêt collectif ou privant l'économie. Les normes portant ces obligations sont opposables aux Etats dans le théâtre des relations internationales conventionnelles, non pas tant par leur contenu que parce que le concept de souveraineté privée s'identifie à la titularité de droits qui, elle-même, détermine la cause de l'engagement des Etats.

74. La théorie de la cause permettant de vérifier la présence des normes juridiques traduisant le concept de souveraineté privée, porterait

---

[1] F. VOEFFRAY, *L'actio popularis ou la défense de l'intérêt collectif devant les juridictions internationales*, PUF 2004, p. 241.

[2] M. LE BEL, « La vague du New Space », *Revue prospective stratégique* 2018, pp. 1-5.

sur la cause des accords internationaux. Au-delà de la logique synallagmatique dans « l'esprit des Etats » qui concluent de tels accords, les normes portant obligations *erga omnes* conduiraient à une « subjectivisation de la cause objective » dans les relations inter-étatiques. Dans ce cadre-là, les normes étant d'autant plus opposables à la Communauté des Etats qui s'intéressent aux activités spatiales, qu'elles correspondent à une cause unique. Cette dernière s'attache non seulement à l'avantage concret librement déterminé par les Etats parties à l'accord international, mais aussi à son effet extensif, c'est-à-dire à envisager la possibilité à ce qu'il soit étendu à d'autres accords. Cet effet extensif doit être recherché au sens du même accord pour les accords futurs, mais aussi dans le périmètre de l'ensemble conventionnel en présence de normes concernant la mise en œuvre du concept de souveraineté privée. Cela signifie que dans le secteur des activités spatiales et des accords juridiques qui les régissent, le concept d'obligations *erga omnes* peut servir à aménager l'ordre de la souveraineté (privée/étatique) dans la situation juridique créée à l'échelle internationale.

75. L'ordre de la souveraineté exprime l'idée d'une hiérarchie entre les souverainetés qui le composent. Il s'agit, de toute évidence, de poser la supériorité dans les moyens. La souveraineté privée, faut-il le rappeler, s'accompagne de moyens économiques et politiques, la souveraineté étatique ne pouvant s'y opposer[1]. Le critère retenu de non-opposition naît d'une approche objective, selon laquelle la cause de l'engagement juridique de l'Etat sur la scène internationale tient à l'impulsion néolibérale donnée aux accords internationaux dans le secteur spatial. Cette donnée est nécessairement intégrée dans le champ de l'organisation des rapports statutaires. C'est la raison pour laquelle il y a lieu d'inclure dans le champ organisationnel, l'élément d'indivisibilité.
L'indivisibilité organisationnelle ne se confond pas avec la complémentarité. Elle s'attache à l'organisation des rapports entre les acteurs privés et les Etats qui s'intéressent aux activités spatiales et qui sont partiellement substituables. Partiellement, parce que les premiers n'ont pas la capacité de faire valoir effectivement leurs intérêts dans

[1] Voir, l'analyse de M. CHEMILLIER-GENDREAU qui s'interroge sur l'avenir du concept de souveraineté dans *Un autre droit pour un autre monde*, déjà cité, pp. 43-71, sp. 55.

l'ordre juridique international ; substituables parce qu'en disposant du pouvoir d'autorité que leur confère la souveraineté privée, les acteurs privés sont en relation avec la réalité qui est opposable aux Etats. En fait, la notion d'opposabilité renverrait à des obligations *erga omnes*, bénéficiant au premier chef dans des cas concrets d'application à des individus ou à des catégories d'individus du monde de l'entreprise. D'un point de vue rationnel, il est en effet parfaitement envisageable qu'il puisse y avoir des individus ou des catégories d'individus subjectivement intéressés par le respect des obligations *erga omnes*, bien qu'il soit dû à l'égard de tous[1]. Cependant, le concept d'obligations *erga omnes* qui servirait à protéger des critères catégoriels devrait être recherché non pas au regard de la seule volonté des Etats, mais en considération de la convergence de l'objet de chaque accord international avec la logique néolibérale du *New Space*. Par-là, il convient de préciser qu'il importerait plus que les États aient souhaité donner aux normes juridiques relevant de l'exercice de la souveraineté privée, le caractère d'obligations *erga omnes*. Ce caractère serait établi dès lors que les normes participent à la réalisation à l'échelle internationale d'une même logique économique dans le secteur spatial.

76. S'il existe des obligations qui sont dues à la communauté internationale dans son ensemble, il est clair qu'une obligation *erga omnes* de nature conventionnelle n'est due qu'aux communautés des parties au traité et donc valides *erga omnes partes*[2]. D'ailleurs, le concept d'obligation *erga omnes partes* pourrait donner lieu à un mode d'application dispersé où chaque Etat partie à une convention pourrait invoquer la responsabilité d'une violation[3]. Néanmoins, la possibilité de l'invoquer procurerait une garantie supplémentaire pour protéger les normes garantissant l'effectivité du concept de souveraineté privée dans certains accords internationaux. Au-delà de la reconnaissance d'une obligation par des Etats à titre individuel, susceptibles de défendre des intérêts catégoriels, implicitement, il y aurait reconnaissance du statut des acteurs privés. Cette reconnaissance, étant la traduction

---

[1] F. VOEFFRAY, *L'actio popularis ou la défense de l'intérêt collectif devant les juridictions internationales*, op. cit., p. 242.

[2] C.-J. TAMS, *Enforcing obligations Erga Omnes in International Law*, Cambridge University Press 2003, p. 123 (notre traduction).

[3] P.-Y.-S. CHOW, « On obligations Erga Omnes partes », *Georgetown JIL* 2021, vol. 52, pp. 469-504 (notre traduction).

méthodologique de la technique de la prise en considération des acteurs privés. Au demeurant, même implicitement, l'opposabilité de cette technique permettrait dans le contexte spécifique du *New Space* de donner effet à des normes non-étatiques qui peuvent normalement influer sur le sort des conventions. Ainsi, les normes afférentes au concept de souveraineté privée pourraient trouver une forme de régulation adéquate dans les moyens du droit international.

77. La notion de régulation crée par elle-même un cadre formalisé dont profite les acteurs privés pour faire valoir leurs échanges. Dimension plus évidente encore dès l'instant où l'on souhaite étendre le concept d'obligation *erga omnes partes* à certaines normes conventionnelles qui contribuent à construire un modèle privé de régulation. Dans le cas de l'élaboration d'un mécanisme qui participe au renforcement du concept de souveraineté privée, il existe le risque de dépasser la stricte cause de la conclusion de l'accord international. Ce risque doit être pris en compte, tant il peut montrer l'effet pervers de la rétroaction, précisément quand l'effet de l'accord tend à diminuer sa cause, c'est-à-dire quand la conclusion de l'accord juridique ne correspond plus à l'objectif qui était le sien.

B - L'appréhension du concept de souveraineté privée sous l'angle du jus cogens

78. Le terme *jus cogens* a fait son apparition dans le Digeste de Justinien. Il existe plusieurs passages dans le Digeste qui font apparaître la maxime suivante : « les accords privés ne peuvent déroger à la loi publique »[1]. Cependant, c'est l'article 53 de la Convention de Vienne sur le droit des traités (CVDT) de 1969 qui dispose : « Qu'est nul tout traité qui au moment de sa conclusion est en conflit avec une norme impérative du droit international général [...]. Une norme impérative du droit international général est une norme acceptée et reconnue par la communauté internationale des Etats dans son ensemble en tant que norme à laquelle aucune dérogation n'est permise... »[2]. L'accent est mis sur la nécessité de compter sur un consensus universel au moment

---

[1] K. GASTORN, « Defining the Imprecise Contours of Jus Cogens in International Law », *Chinese JIL* 2017, pp. 643-662 (notre traduction).

[2] V. art. 53 de la Convention de Vienne sur le droit des traités de 1969 dans *Les grands textes de droit international public*, déjà cité.

d'accepter et de reconnaître l'existence d'une norme impérative[1]. Au vu de ce qui précède, il ne saurait guère faire de doute que si la CVDT n'envisage comme droit impératif que les normes qui découlent du droit international général, l'approche transversale que l'on doit en avoir n'occulte nullement la possibilité de se demander si une norme de *jus cogens* ne peut pas découler du droit international des civilisations ? Autrement dit, les normes afférentes au droit international des civilisations sont-elles en capacité à revêtir le caractère de norme de *jus cogens*, dans l'optique d'une civilisation pluraliste dans toutes ses formes, en particulier dans celle qui émerge d'une forme de représentation privative dans la société internationale ?

79. Le rapport de la Commission du droit international (CDI) sur les travaux de sa soixante-treizième session qui s'est tenue en 2018, prend note de l'examen en seconde lecture du projet de conclusion sur la détermination et les conséquences juridiques des normes impératives du droit international[2]. Les débats se sont tenus sur les critères de reconnaissance de la norme impérative et notamment sur la question de savoir si un critère plus strict et non uniquement qualitatif qu'une « très large majorité d'Etats » devait être retenue[3]. On retiendra simplement que la notion de valeurs fondamentales comme critère de reconnaissance « qualitatif » de la norme impérative a figuré dans le rapport de la CDI à sa soixante-neuvième session qui s'est tenue du 1er mars au 2 juin et du 3 juillet au 4 août 2017[4]. Plusieurs membres de la Commission ont appuyé la proposition faite par le Rapporteur spécial concernant les critères d'identification du *jus cogens*. D'aucuns étaient d'avis que les valeurs fondamentales hiérarchiquement supérieures et d'application universelle étaient des éléments inhérents et fondamentaux du *jus cogens*[5]. De nombreux membres ont dit que le *jus cogens* découlait des textes constitutionnels des membres de la

---

[1] C. ESPALIÚ BERDUD, « De la vie et de la mort des normes impératives en droit international » *RBDI* 2013/1, pp. 209-231.

[2] *Rapport de la Commission du droit international*, Doc off AGNU, 73è sess, DOC NU A/C.6/77/L.16 (2022), para 2 a.

[3] A.-T. NORODOM, P. LAGRANGE, A. LEMOINE, « Travaux de la Commission du droit international » (soixante-dixième session) et de la sixième Commission (soixante-treizième session), *AFDI* 2018, n° 64, pp. 418-419.

[4] Chap. VIII, *Rapport de la Commission du droit international*, Doc off AGNU, 69è sess, DOC NU A/72/10 (2017).

[5] CDI, *Rapport*, §166.

communauté internationale qui exprimait des valeurs fondamentales et communes[1]. D'autres membres ont déclaré que la signification de l'expression « valeurs fondamentales » gagnerait à être précisée [...]. Certains ont fait observer que le droit international reposerait sur une multiplicité de systèmes de valeurs et que par principe, les valeurs de la communauté internationale n'étaient pas uniformes[2].

80. Bien évidemment, il convient de le rappeler : ce sont des valeurs néo-libérales auxquelles le concept de souveraineté privée renvoie. Au regard de cette remarque, les divergences qui tiennent en contenu des normes fondamentales ne sont pas *a priori* favorables à la reconnaissance de normes émanant du concept de souveraineté privée parce qu'il n'est pas certain que l'ensemble des Etats membres de la communauté internationale accorde une valeur fondamentale à des normes d'inspiration libérale. Cependant, leur présence dans les accords juridiques internationaux constituerait l'une des manifestations les plus essentielles de la souveraineté des Etats, qui se définit singulièrement comme le droit pour l'Etat de se positionner en fonction de ses seuls intérêts nationaux, donc des intérêts de ses entreprises nationales, y compris quand les intérêts de ces entreprises sont étroitement liés au concept de souveraineté privée. Dans l'hypothèse où l'on généralise cette approche de la souveraineté, on en vient à admettre la possibilité que d'autres Etats arrivent à accepter et à choisir pour eux-mêmes dans leurs rapports conventionnels des situations qui ont été données omni opposables compte tenu des considérations élémentaires de toute projection civilisationnelle. On pourrait même assister à la reconnaissance de normes impératives si ces Etats s'imposent comme conséquence de leur présence l'impossibilité qu'ils y dérogent.

81. Devant ces arguments, il serait possible de repérer pour les normes impératives émanant du concept de souveraineté privée dans le contexte du *New Space*, l'expression d'un choix souverain sans qu'il ne bénéficie à cet égard d'une présomption d'exactitude. En cela, ce ne serait pas la recherche d'un dénominateur commun, à savoir la notion de valeur qui serait essentielle, mais la référence aux intérêts d'un groupe d'Etats s'intéressant aux activités spatiales, dont il se servirait pour tenter de produire et de diffuser un droit impératif. En

---

[1] CDI, *Rapport*, §167.

[2] CDI, *Rapport*, §168.

conséquence, si la référence aux intérêts retenus ne fait que limiter l'option pour d'autres Etats de l'appréciation de la valeur des normes juridiques à saisir, il y aurait lieu d'autonomiser lesdits intérêts en évacuant la question de trouver un processus sur le champ des valeurs à explorer.
L'apport d'une telle entreprise est évident : réfléchir sur la nécessité de se servir du concept de *jus cogens* pour amener les intérêts d'un groupe d'Etats à devenir les valeurs des autres. Or, l'une des caractéristiques remarquables de cette stratégie est qu'elle repose sur l'idée que les intérêts préexistent avant que le consensus sur l'importance de certaines valeurs autres que non libérales ne se forment. S'il s'agit ni plus ni moins que d'opposer un choix préalable sur la conceptualisation du phénomène à traiter, on reste bien conscient que le problème se situe dans la qualité de la norme impérative avec pour conséquence les difficultés à affirmer son autorité pour constituer un corps de droit matériel. Or, si le *jus cogens* constitue une catégorie normative supérieure, c'est parce qu'il constitue forcément un corps de droit matériel à part entière[1].

82. Les traités sont souvent des précédents dans le mode de création de la coutume internationale. La coutume internationale est définie par l'article 38 du statut de la CIJ comme « la preuve d'une pratique générale acceptée comme étant le droit »[2]. La présence des normes émanant du concept de souveraineté privée dans les traités permettrait d'accélérer le processus coutumier. Il suffirait pour cela qu'une majorité représentative des Etats, même ceux qui n'auraient pas directement participé à leur formation, n'ait pas expressément manifesté leur volonté contraire de ne pas les accepter en tant que règles coutumières. Le refus manifesté par l'Etat de ne pas accepter une règle coutumière renvoie à la règle de « l'objecteur persistant » dont il faut retenir la définition suivante en droit international : « Un objecteur persistant est un Etat qui prétend à l'inopposabilité à son égard du caractère obligatoire d'une coutume en voie de cristallisation »[3]. De plus, si l'Etat objectant qui

[1] R. KOLB, « Observation sur l'évolution du concept de *jus cogens* », RGDIP 2009, n° 4, t. 113, pp. 837-850.
[2] V. art. 38 du Statut de la Cour internationale de justice dans *Les grands textes de droit international public*, déjà cité.
[3] O. BARSALOU, « La doctrine de l'objecteur persistant en droit international public » *RQDI* 2006, 19.1, pp. 1-18.

s’est opposé de manière persistante et cohérente à une nouvelle norme émergente du droit international coutumier, en est exempté[1], l'exemption ne s'applique pas aux normes de *jus cogens,* même si les exigences relatives à la doctrine de l'objecteur persistant sont remplies[2].

83. Il convient de considérer que s'il existe des domaines qui favorisent l'apparition de normes coutumières ayant une portée impérative, les Etats ne pourraient objecter qu’en considération de la nature de la règle coutumière émergente. Ils ne pourraient pas objecter face aux normes coutumières émergentes émanant du concept de souveraineté privée qui seraient de nature supérieure. En vérité, il serait difficile de ne pas reconnaître le pragmatisme du droit, celui qui s'intéresse aux objectifs poursuivis par l'objecteur qui est en réalité de s'opposer aux normes coutumières émergentes qui ne seraient pas suffisamment fondamentales pour être des normes de *jus cogens*. Sur ce point, le fait de poser une condition préalable à l'intervention de l'objecteur persistant resterait un outil de persuasion pour donner aux Etats objecteurs le temps nécessaire pour leur faire accepter uniquement les normes coutumières émergentes ayant une nature de *jus cogens*. Autrement dit, celles qui entretiennent, dans un contexte précis de création du droit coutumier, qui est celui du *New Space*, un lien avec la vision néo-libérale du droit international.

84. Le sens littéral du *jus cogens* est droit complémentaire ; il est le terme technique donné à ces normes de droit international général qui sont considérées comme hiérarchiquement supérieures[3]. En conséquence, les règles de *jus cogens* ont gagné la nature de règles constitutionnelles pour deux raisons, d'abord parce qu'elles limitent la capacité des Etats à créer ou à modifier des règles de droit international, ensuite parce que ces règles empêchent les Etats de violer les règles fondamentales de l'ordre public international[4]. Cela dit, il existe des règles d'ordre public en droit international, comme celles qui interdisent

[1] S.-A. YEINI, « The Persistent Objector Doctrine : Identifying contradictions » *Chicago JIL* 2021, vol. 21, n° 2, pp. 581-620 (notre traduction).

[2] S.-A. YEINI, *ibid.*, p. 583 (notre traduction).

[3] K. HOSSAIN, « The Concept of Jus Cogens and the Obligation Under the U.N. CHARTER », *Santa Clara JIL* 2005, vol. 3, n° 3, p. 73 (notre traduction).

[4] K. HOSSAIN, *ibid*, p. 74.

le recours à la force, ou droit des peuples à disposer d'eux-mêmes[1]. Les exigences d'ordre public ne peuvent qu'être appelées à se développer dans un milieu dans lequel, la mondialisation aidant l'interdépendance, dont l'évidence se constate chaque jour davantage, est appelée à croître[2]. Il est clair que l'ordre public et l'autorité vont de pair, au nom de l'ordre public on protège une activité économique[3]. Il apparaît que les normes émanant du concept de souveraineté privée, susceptible de se déployer dans la pratique contemporaine du droit des activités spatiales, protègent une activité économique et à travers elle une catégorie d'acteurs économiques. Cette protection servirait à conférer à ces normes une valeur naturelle suprême et d'indérogeabilité. L'indérogeabilité n'était qu'un attribut technique de l'ordre public[4].

85. En vérité, le critère d'indérogeabilité trouverait sa place dans la défense d'un ordre public propre à l'ensemble normatif constitué par le concept de souveraineté privée, mais uniquement pour que la puissance d'action d'une catégorie d'acteurs économiques se déploie. Cela dit, si la présence des acteurs privés dans l'environnement normatif des traités internationaux suffirait à déceler la présence de normes de *jus cogens*, ces dernières constitueraient un outil politique de protection juridique des intérêts des Etats les plus puissants.

Conclusion de la section

La technique juridique est bien ce qui permet d'assurer au droit sa positivité. Or la manière de l'aborder dans le contexte spécifique du *New Space* consiste à partir de certains concepts qui créent des voies de droit au niveau inter-étatique. Envisager de cette manière, la notion de réalisation du droit s'ouvre à son environnement immédiat qui est d'abord national. Cependant, cet environnement met au jour les « caractères » de la positivité, ce qui revient à postuler la présence d'un élément extra-juridique qui constitue une force d'impulsion. Il est donc

---

[1] J. VERHOEVEN, « Sur les "Bons" et les "Mauvais" Emplois du jus cogens », *ABDI* 2008, vol. 1, pp. 133-161.

[2] J. VERHOEVEN, *ibid*, p. 137.

[3] A.-M. FRISON-ROCHE, « Les différentes natures de l'ordre public économique », *Archives de philosophie du droit* 2015/1, t. 58, pp. 105-128.

[4] R. KOLB, « Théorie du jus cogens international », *RBDI* 2003, vol. 36, n° 1, pp. 5-55.

raisonnable de considérer qu'il s'agit de la défense des intérêts nationaux qui renvoient à l'utilisation économique de l'espace extra-atmosphérique. En conséquence, s'il reste possible d'établir un système particulier de relations internationales entre des Etats sur la base du droit conventionnel ou du droit coutumier, c'est parce que l'on peut partir du postulat selon lequel, nécessairement, le concept est susceptible d'être connoté idéologiquement. Cette connotation idéologique rend possible l'identification directe des bénéficiaires de l'obligation internationale qui sont en réalité des entités privées. Par ailleurs, l'important n'est pas le contenu matériel de l'ensemble normatif considéré individuellement, mais sa fonction logique qui sert à construire d'autres ensembles normatifs en droit international public.

Section II - Les nouvelles ambitions nationales dans le secteur spatial comme facteur d'acceptation du contenu des normes juridiques existantes à l'ère du *New Space*

86. L'une des caractéristiques du *New Space* est l'arrivée de « nouveaux Etats » dans la communauté spatiale[1]. Les ambitions spatiales qu'ils affichent, les amènent à coopérer sur la base de leurs intérêts nationaux pour permettre à leurs activités spatiales d'accéder à un autre stade de développement. Les normes juridiques en vigueur élaborées par les Etats pour gouverner leurs relations répondent ainsi à un critère de normalité. Ce critère est pourvu d'un point de contact avec la finalité vers laquelle il faut tendre, en ce qu'elle indique une direction. L'acceptation de la direction tracée par les ensembles normatifs déjà construits, correspond en réalité moins à l'idée de nouvelle construction normative qu'à celle de duplication normative. En effet, penser le développement des futurs ensembles normatifs internationaux à partir de ceux déjà construits, signifie accepter une direction, ce qui revient à partir de solutions juridiques préalablement consacrées. Autrement dit, ces dernières servent de référence pour servir de point d'appui aux ensembles normatifs qui seraient potentiellement en formation. Toutefois, la « référence » normative semble mettre en évidence le « précédent » en droit international.

---

[1] M.-A. RAZGALLAH, « Description du New Space : la conquête de l'espace entre enjeux de souveraineté et jeux d'influence », consultable sur le site de l'Ecole de Guerre Economique (EGE) : *[https://www.ege.fr/infoguerre/decryptage-du-new-space-la-conquete-de-lespace-entre-enjeux-de-souveraineté-et-jeux-dinfluence]*, consulté le 3 février 2023.

87. Entendu dans son acception la plus large, le précédent est défini comme toute décision ou comportement pris comme référence à une décision à prendre ou à un comportement à adopter[1]. Ainsi, tout acte juridique, fait juridique ou autre comportement actif ou passif antérieur, adopté par les sujets, voire acteurs du droit international et ayant une incidence sur une situation similaire future, peut être qualifié de précédent[2]. En vérité, le concept de précédent sert à illustrer et à rappeler l'importance du contexte d'élaboration des normes juridiques. Celui-ci révèle en l'occurrence l'habileté du droit en vigueur et s'il y a un rapport de norme à conduite, le précédent s'appliquera à une situation nouvelle, invitant à tendre vers un droit idéal. La recherche d'un droit idéal exprime des valeurs et ne se traduit pas par des procédés techniques[3]. Juridiquement, le précédent est un procédé technique car il permet de raisonner par analogie[4]. Si l'analogie se mesure à la similarité entre deux situations juridiques, l'une précédant l'autre, la recherche d'un droit idéal permet de s'orienter sur la voie du concept, le précédent renvoyant au concept de système normatif (§1). Le degré d'appartenance au système, donc la prévisibilité relative aux conséquences de l'application du précédent sera d'autant plus efficace puisque c'est à raison de ses effets que le précédent existe (§2).

§1 - L'aspect conceptuel du précédent : le système normatif

88. L'élargissement du champ d'application du droit conventionnel à l'ère du *New Space* révèle que l'environnement dans lequel s'élaborent les normes juridiques renvoie forcément à la relation d'appartenance à un système normatif. Ces normes sont organisées en fonction d'un objectif. Au-delà de la nécessité d'élargir au secteur spatial le droit international libéral, plus précisément, cet élargissement fait intervenir

---

[1] N. ALOUPI, C. KLEINER, « Le précédent en droit international : technique prénormative, ou acte normatif » dans *Le précédent en droit international*, SFDI Colloque de Strasbourg, Pedone 2016, pp. 15-46.

[2] N. ALOUPI, C. KLEINER, *ibid*, p. 23.

[3] R. ENCINAS DE MUNAGORRI, « Qu'est-ce que la technique juridique », *op. cit.*, p. 712.

[4] « En outre [...] le précédent est une espèce particulière d'analogie. En tant que tel, il s'agit d'un dispositif d'argumentation plutôt modeste reposant sur des comparaisons assez spécifiques construisant des ponts et reliant les solutions une par une… ». Voir M. JACOBS, « Précédents : Lawmaking, Through International Adjudication », *German L.J.* 2011, vol. 12, n° 5, p. 1017 (notre traduction).

ceux qui y contribuent, les acteurs privés qui sont les « faiseurs de système ». Leur objectif consiste à développer et à exprimer leur identité entre les ensembles normatifs conventionnels construits et ceux à construire. Cette montée en puissance des acteurs privés en tant que « faiseurs de système » permettrait d'obtenir des contenus normatifs similaires à partir d'un système rationnel. Il convient d'examiner en quoi consiste cette rationalité. Être rationnel c'est envisager un *continuum* entre des contenus normatifs répondant au même besoin.

89. Poser l'existence de ce *continuum* revient sans doute à faire intervenir la notion « d'implication des acteurs privés ». Au sens logique, l'implication est une relation qui unit deux éléments, sachant que la réalité ou la vérité du premier élément permet de poser celle du second[1]. Ce détour réaliste par les lois logiques exprime en réalité le fait que c'est la notion d'implication des acteurs privés qui sert d'expression normative et qu'il existe une similitude entre cette expression et le système normatif créé par le « précédent » en droit conventionnel. Cette similitude s'énonce de façon symétrique pour appréhender les ensembles normatifs « semblables ». Etre « semblables » est en soi une nécessité et signifie que l'ensemble normatif, construit, objet du précédent doit présenter des points communs avec le nouvel ensemble normatif. Seuls les points communs essentiels, objet de l'application du précédent à la situation nouvelle, doivent être retenus. Ici, tout est une question de degré d'application qui peut pourtant faire défaut, quand on situe l'analyse sur un plan conceptuel. C'est en ce sens que l'on peut dire du système normatif créé par le précédent qu'il correspond à une approche identitaire.

90. La difficulté à l'égard du système normatif est que les intérêts qui en sont à l'origine peuvent varier même si le contexte dans lequel ils évoluent est le même. On pense à la nature juridique du précédent qui ne partagerait pas la même identité de nature avec la situation similaire auquel il renvoie. En effet, l'identité de nature pose la question de l'appartenance d'ensembles normatifs distincts du même système. Celui-ci reste le support de l'opération d'identification qui implique

---

[1] F. ROUVIERE, « Le revers du principe-différence de nature (égale) différence de régime » dans Le droit entre autonomie et ouverture. Mélanges en l'honneur de J.-L. BERGEL, sous la direction de J.-Y. CHEROT, S. CIMAMONTI, L. TRANCHANT, J. TREMEAU, Bruyant 2013, pp. 415-448.

elle-même une identité, celle des normes juridiques internationales « d'essences » libérales. La similitude qui est synonyme de ressemblance entre des ensembles normatifs ne se préoccupe pas de la question identitaire, elle renvoie au processus d'homogénéisation observable des éléments du système. En outre, l'identité de nature peut changer en fonction du degré d'intensité de l'intérêt porté par les normes. Il faut envisager le fait qu'il ne soit pas totalement le même entre les ensembles normatifs bien que leur « coloration » permettent de reconnaître le contenu libéral des normes qu'ils portent. La notion d'identité a pour but de permettre de situer le précédent normatif ou la situation normative similaire dans le cadre des relations privées internationales. Ces relations désignent l'ensemble des règles concluent entre des personnes morales, comme les multinationales, dans un cadre international[1]. Le problème intervient quand l'identité de nature entre les ensembles normatifs diffère. En vérité, ce qui arrive quand l'identité de départ, celle du précédent est davantage marquée par un intérêt public, avec une orientation plus nationale et que l'identité d'arrivée, celle de la situation normative similaire est davantage marquée par un intérêt privé, basé plus sur des intérêts catégoriels, liés aux opérateurs privés qui s'intéressent au secteur des activités spatiales. La nature et l'orientation des intérêts dans une logique identitaire font, de toute évidence, partie des intérêts déterminants pour souligner sous l'angle de la construction d'un système le fait qu'il ne s'accommode pas d'une identité systémique partielle.

91. L'identité systémique partielle conduit à distinguer les ensembles normatifs au stade de l'application des régimes. Le régime juridique est un ensemble de règles de droit applicable à une situation. Le précédent s'attache à décrire une similarité de régime. Consacrée par des situations qui sont elles aussi similaires. Si les deux régimes divergent, on aboutit à une incompatibilité entre les situations qui les fondent parce que leur nature n'a pas la même identité. Vu sous cet angle, la question identitaire devient méthodologie servant à identifier à travers des caractéristiques qui leur sont propres des régimes différents facilitant une hiérarchie des normes. Il peut s'en suivre la reconstruction de

[1] La place des entités privées dans les relations internationales est appelée à s'amplifier à l'avenir, voir : J.-M. BOUCHERON, J. MYARD, *Les vecteurs privés d'influence dans les relations internationales*, Rapport d'information de la Commission des affaires étrangères n° 3851, Assemblée nationale, octobre 2011.

« l'ordre » du précédent comme technique normative, amenant la situation nouvelle à être en réalité le « précédent ». Toutefois, ce changement d'ordre reviendrait à rendre mobile ce qui est fixe dans une représentation d'emblée déformante.

92. Le volet conceptuel du précédent, qui précisément renvoie au système, révèle l'état de la société internationale. La possibilité qui est offerte aux entités privées opérant notamment dans le secteur spatial de revendiquer une certaine autorité grâce au concept de souveraineté privée, fait du précédent un facilitateur social. Ainsi, il a vocation à traiter les enjeux liés à l'autorité de la norme créée. L'autorité met en relation l'actant, celui qui « émet » une norme, et l'actant, celui qui la reçoit[1]. Bien évidemment, si ces deux rôles actanciels renvoient à un cadre juridique de référence, c'est parce qu'en réalité en droit international public, seuls les sujets de droit accomplissent ces actions de manière singulière. Mais la catégorie de l'actancialité renvoie à un cadre conceptuel de référence qui est celui de « sujet du système normatif ».

93. Etre le sujet de ce système renvoie à une action de faire. Si la question se pose de savoir si cette action permet au sujet de s'ériger en autorité de norme, on doit pour pouvoir y répondre utiliser cette autorité en pratique comme règle de reconnaissance. L'un des domaines de la reconnaissance tient à l'action de droits particuliers qui permettent de préserver l'identité d'un groupe ou d'un individu[2]. Le terme « reconnaissance » peut servir à justifier l'orientation normative qui prend nécessairement en compte les données factuelles disponibles sur la question. Parce qu'elles peuvent être justifiées, ces données factuelles doivent être tenues pour vrai. En effet, la justification prétend montrer pourquoi une proposition ou une décision doit être tenue pour vrai ou pour bonne[3]. Si le concept commun aux justifications qui ont cours dans différents domaines de connaissance est celui de raisons[4], la notion de

---

[1] P. STOCKINGER, « Possibilité d'une représentation conceptuelle de la situation normative » Droit et société 1988, n° 8, pp. 29-41.

[2] E. JOUANNET, « Le droit international de la reconnaissance » RGDIP 2012, pp. 769-800.

[3] M. COHEN, « L'unité de la justification à l'épreuve de la justification juridique » dans *L'unité des sciences, nouvelles perspectives*, Vuibert 2009, pp. 91-102.

[4] M. COHEN, *ibid*, p. 92.

raison tend à dissocier deux concepts. Le concept de la découverte dans lequel on découvre des normes similaires et le contexte de justification qui renvoie le précédent normatif au système. Le contexte de justification a pour principal intérêt de placer les acteurs privés en communauté fusse de façon symbolique. Cette symbolisation met en exergue l'aspect méthodologique de l'idée de système comme mécanisme de représentation qui renvoie au niveau occupé dans l'échelle de rationalisation du processus de production normative en droit international.

94. Le progrès même des institutions politiques nationales soumises à une différenciation croissante des organismes et à une participation accrue des gouvernés à la gestion de la chose publique sera de bien des façons à l'origine d'une plus grande variété des instruments conventionnels[1]. Il y a un domaine dans lequel la participation des gouvernés auxdits instruments est appelée à s'accroître, c'est celui qui est relatif au commerce international des produits issus de l'activité spatiale[2]. Il est certain que l'idéologie libérale la sous-tend, dès lors, le précédent normatif qui appréhende cet aspect du commerce international n'est pas neutre. L'idéologie montre comment le précédent normatif peut servir à construire le nouvel ensemble normatif. L'idéologie est élevée au rang de système parce que la dimension de pénétration renforce le dialogue coopératif entre les Etats et les entités privées qui se situent dans un environnement normatif singulier à l'ère du *New Space*. Au-delà de ce mécanisme de coopération, il revient alors aux Etats d'assurer la reconnaissance et l'ajustement des intérêts catégoriels, ces intérêts fonctionnent comme mécanisme d'intervention des Etats en droit conventionnel et de traduction de la valeur ajoutée du précédent normatif. Cette dernière sert de donnée référentielle, étant entendu qu'un précédent entraîne d'une certaine façon la possibilité d'orienter le contenu du droit. Il s'avère que c'est bien la promotion d'une certaine orientation dont l'Etat est comptable. On se retrouve dans la curieuse arithmétique du « supplément » ou une orientation normative intervient dès lors qu'elle présente la caractéristique de croître en

---

[1] P. REUTER, *Introduction au droit des traités*, PUF 1995, 3e éd., p. 2.

[2] A. HOLLA-MAINI, « Les Nations Unies à l'ère de l'entreprenariat spatial », consultable sur : *[https://www.un.org/fr/chronique-onu/les-nations-unies-a-l-ere-de-l-entreprenariat-spatial]*, consulté le 02 janvier 2024.

s'élevant au rang de système. Cependant, ce système ne cherche pas à mobiliser des normes déjà admises, élevées au rang de précédent, mais à convaincre que le droit conventionnel peut soutenir les intérêts privés sous-jacents en les sélectionnant pour élargir la portée du terme « précédent » par rapport à son usage normal.

95. Le précédent est plus qu'un antécédent, il suppose une antériorité, mais en plus il suppose la confrontation avec un nouveau fait ou une nouvelle situation sur lesquels il aura une influence[1]. Cela pose la question de l'écoulement du temps entre deux situations normatives. L'écoulement du temps est en soi une limitation. Le temps n'est pas extensif, surtout quand il se situe dans le contexte de globalisation du secteur spatial et de l'évolution de ses finalités dues à l'essor du *New Space*[2].

96. Cela dit, le temps n'a pas de valeur en soi, si ce n'est par rapport à l'Etat parce que le précédent normatif sera inapplicable faute de simultanéité. En effet, c'est dans le temps envisagé comme une dimension, comme une durée, et non comme fait-condition, que peuvent s'agréger les éléments probatoires qui permettent la détermination juridique de certains effets susceptibles d'en découler[3]. La simultanéité sert aussi de repère temporel en tant que donnée dans la production du droit dont l'Etat peut se servir pour inciter un autre Etat à réagir en conséquence. Les contours de cette incitation peuvent être compris comme ce qui « sert à décider », donc ce qui délimite les situations qui sont semblables de celles qui ne le sont pas. De façon certaine, l'aspect temporel qu'il s'agit d'aborder pour respecter une exigence propre à l'évocation du précédent normatif se justifie car il entretient un rapport avec un système de règles. Cela revient donc assez largement à réfléchir au rapport entre le précédent (système de règles) et les faits, c'est-à-dire une certaine conception de la réalité.

---

[1] « L'antériorité est une condition *sine qua non* de l'existence d'un précédent » V.-N. ALOUPI, C. KLEINER, « Le précédent en droit international : Technique prénormative ou acte normatif », *op. cit.*, p. 24.

[2] D.-S. ROBIN, *Les actes unilatéraux des Etats comme éléments de formation du droit international*, Thèse droit, de l'Université Panthéon Sorbonne Paris 1, 2018, p. 98.

[3] Cette analyse s'inspire des réflexions de C. JAUFFRET-SPINOSI sur « Le temps et le droit », consultable sur : *[https://chairejlb.openum.ca/files/sites/38/2006/10/conference_spinosi.pdf]*, consulté le 05 janvier 2024.

97. Au premier abord, comme système de règles, le précédent se conçoit en termes de dispositions qui administrent sa fonction. Comment sa fonction apparaît, comment elle disparaît, quelles en sont les causes ? Pour répondre à ces questions, il faut rappeler que ce système se présente comme un « tout » ; on peut parler d'unité fonctionnelle. On est donc enclin à unifier l'intervention du producteur du précédent normatif. L'Etat qui matérialise la relation conventionnelle de celle de l'utilisateur immédiat, personne privée, qui grâce à une autre relation conventionnelle, conclut par d'autres Etats sur la base du précédent, bénéficie de la notion d'unité. Le revers de cette notion est que l'on peut aisément mettre en lumière l'influence des entités privées qui agissent dans le secteur spatial, qui maîtrisent différents niveaux d'autorité les mettant en capacité d'obliger un comportement normatif sur la scène internationale.

§2 - Les effets prévisibles de l'applicabilité du précédent normatif

98. Le souci de prévisibilité en droit, évoque d'une certaine manière, les conséquences juridiques qui s'attache à la volonté des sujets de droit. Ainsi, une solution juridique adoptée à partir d'une solution antérieure fait d'abord appel à une pensée et à une approche sociale de la qualité du droit. La notion de prévisibilité est donc inhérente à la recherche de cette qualité qui consiste à partir de la base du droit. Le droit des activités spatiales a pour base un mécanisme de production des normes d'origine privée, ce mécanisme est susceptible de faire évoluer par la suite les fondements du droit international, tant l'approche retenue porte reconnaissance d'un droit « souple » (*soft law*) (A). Par ailleurs, les conséquences de cette reconnaissance sont implicites bien qu'elles servent d'indice dans la pratique à l'émergence d'un processus coutumier reposant sur une logique d'ordre dans le secteur spatial (B).

A - Le soft law en tant que manifestation pragmatique du précédent normatif

99. Le pragmatisme s'invite dans l'activité juridique internationale à l'ère du *New Space*. On veut dire par là que si certaines normes se situaient dans un système de précédent, l'important est de reconnaître un nouveau mode de validation juridique des normes « en réseau » reposant sur la volonté des Etats qui se servent du système mis en place pour réaliser le droit interne dans leur propre vie internationale. Ainsi,

l'étude des normes en réseau s'inscrit dans la logique du développement continuel qui procède de « l'émanation des normes internes correspondant à des normes internationales »[1]. Cette façon d'aborder symétriquement la transformation de normes internes en normes de droit international conduit à poser irrémédiablement un rapport de subordination de l'ordre juridique international centré sur l'Etat souverain par rapport à un ordre juridique particulier, propre aux partenaires sociaux qui exerce leur activité dans le secteur spatial[2]. La mise en relation de deux ordres distincts, dont on arrive à percevoir les contours, conduit précisément à se référer dans le système du précédent à un droit venu de la base, celui des partenaires sociaux. Tout l'enjeu est de traduire cette question de coordination à partir d'éléments subordonnés, celle-ci s'analyse sur la teneur du *soft law*.

100. Les instruments du *soft law* sont définis comme des instruments multilatéraux écrits qui sont dans le domaine public, en outre bien qu'ils puissent prétendre spécifier des règles de conduite ou des normes de réalisation, ils n'émanent pas de sources traditionnelles de droit international public et ne sont pas destinés à être contraignants[3]. L'autre caractéristique du *soft law* est de s'appuyer sur les usages internationaux. En vérité, dans une société interétatique homogène dans laquelle tous les Etats [...] bénéficient d'un niveau de développement comparable, il est plus aisé de dégager un consensus sur des intérêts communs et les moyens de les satisfaire que lorsque les composantes

---

[1] Pour une étude plus approfondie, voir l'analyse de Monsieur le Professeur Denis ALLAND portant sur la « complémentarité et la communication entre les deux ordres juridiques » dans D. ALLAND « Monisme et dualisme : retour sur quelques origines d'un débat », *Traité des rapports entre ordres juridiques* sous la direction de B. BONNET, LGDJ 2016, pp. 45-64.

[2] « La vision "moderne" (euclidienne) de l'ordre juridique identifié à l'Etat, et représenté comme un système de normes et d'institutions à la fois hiérarchisé, territorialisé et synchronisé est désormais enveloppée dans une vision dite "postmoderne" (non euclidienne), celle d'un ordre interactif, à localisation variable et à plusieurs vitesses », voir M. DELMAS-MARTY, « Vers une cinétique juridique. D'une approche statique à une approche dynamique de l'ordre juridique » dans *Traité des rapports entre ordres juridiques* sous la direction de B. BONNET, LGDJ 2016, pp. 141-150.

[3] FREELAND S., Y. ZHAD, « Rules of the "Space Road" » : how soft law principles interest with customary international law for the regulation of space activities *JSL,* 2020, vol. 42 2, pp. 405-432 (notre traduction).

de la société internationale se réclame d'idéologies différentes[1]. À l'ère du *New Space,* l'intérêt commun qui sous-tend la même idéologie est d'utiliser le secteur spatial comme un levier de développement national, la meilleure façon d'y parvenir est de permettre la pleine expression du potentiel de ce secteur. Or il s'agit là d'envisager un autre niveau de développement des normes juridiques internationales à partir d'un ordre juridique propre aux acteurs et groupements privés qui s'intéressent à l'espace.

101. Cet ordre juridique est en mouvement ; sa fonction est d'instituer un mode de production de la norme qui renvoie à la relation d'appartenance des normes de *soft law* à l'ordre juridique considéré. C'est l'ordre du précédent dans lequel les normes de *soft law* instituent de nouvelles règles de conduite qui ramènent à un modèle normatif. Dans le champ des sciences juridiques, la notion de modèle normatif arbore une signification particulière. Si elle renvoie en général à une œuvre législative dont la valeur exemplaire fait une source d'inspiration en législation comparé, plus largement, il s'agit de formes symboliques, idéologiques et théoriques par lesquelles un système de droit prend sens en s'inscrivant dans la réalité historique qui lui est propre[2].
Concrètement, la réalité historique qui correspond à l'élaboration des normes juridiques à l'ère du *New Space* est celle d'un dialogue normatif entre les sujets de droit international et les acteurs privés. Ces derniers enrichissent ce dialogue en y introduisant une logique d'ordre pour les Etats qui s'engagent dans les relations juridiques internationales en émettant des textes normatifs. Cette logique d'ordre renvoie à l'idéologie à partir de laquelle la présence des acteurs privés oblige à un comportement. Donnée performative par excellence, du point de vue de ses effets, l'action normative des Etats prend véritablement sens avec ceux (acteurs privés) qui servent de référents à la production normative. Il s'ensuit que la présence et la généralisation de leur action au sein du dialogue normatif, notamment dans un cadre conventionnel, constituera le fait pertinent pour l'élaboration du contenu d'un nouveau texte

---

[1] A. PELLET, « Les raisons du développement du *soft law* en droit international : choix ou nécessité ? » dans *Regards croisés sur la soft law en droit interne, européen et international* sous la direction de P. DEUMIER et J.-M. SOREL, LGDJ 2018, pp. 177-192.

[2] A. GESLIN, « La circulation des modèles normatifs ou la pensée juridique du mouvement » dans *La circulation des modèles normatifs* sous la direction de P. BOURGES, C. MONTAGNE, PUG 2016, pp. 9-20.

normatif sur la base du texte précédent. Mais surtout, cette présence désignera la catégorie des normes dont la fonction est de poser l'importance d'orienter le dialogue normatif vers une logique libérale. Là, interviennent les normes de *soft law* en ce sens que certains textes entreraient naturellement dans le dialogue considéré de par leur essence propre. Cependant, dans une perspective de référence normative, la notion de dialogue sert de précédent pour tous ceux qui influencent la fabrication du droit international.

102. Il est évident que ce qui distingue un texte normatif « particulier » du texte normatif qui constitue un précédent est que le deuxième n'est absolument pas clos. En réalité, par son contenu, il est ouvert à d'autres textes. Autrement dit, l'esprit dans lequel les auteurs du premier texte souhaitaient intervenir, se retrouve dans les autres textes. On peut donc en conclure qu'il s'agit là d'ensembles normatifs signifiants, ce qui est une façon d'utiliser le critère de l'adoption. Ce qui est « signifiant » renvoie à la situation factuelle dans laquelle se trouve les acteurs privés pour entretenir le dialogue normatif. Cela dit, pour utiliser pleinement la signification du terme adoption, il faut savoir qu'un texte linguistique entre dans un nouveau code, comme dans une nouvelle famille ; il n'y a pas de « filiation naturelle », en ce sens que certains textes entreraient automatiquement, uniquement par leur essence propre, dans le code[1]. La notion d'essence se situe au-delà de la relation d'intériorité et de cause à effet entre des ensembles normatifs distincts et similaires, elle se distingue de la relation dont elle est l'essence parce qu'elle met en exergue les enjeux subjectifs du précédent.

103. Les enjeux apparaissent dans l'utilisation du *soft law*. Ils correspondent à une exigence de modélisation normative. La notion de modélisation permet d'inclure dans le système du précédent ce qui devrait demeurer hors champ d'une étude portant uniquement sur l'exigence de similarité de textes normatifs, car il convient d'inclure dans ce champ un élément fonctionnel, celui du référent qui agit dans l'optique d'une régulation.

104. Il convient de rappeler que la régulation recentre l'ensemble des processus par lesquels les systèmes de toute nature cherchent à

[1] P. MOOR, « Les figures de l'ordre juridique dans les relations entre le droit et son environnement », Int. J. Semiot Law 2013, p. 792.

maintenir leur « état stationnaire… »[1]. Par régulation, on entend la fonction qui assure la constante des caractéristiques du milieu intérieur d'un être vivant, en dépit des variations du milieu extérieur[2]. Cela ramène les acteurs privés qui s'intéressent aux activités spatiales à envisager des échanges internationaux à partir d'un mode de production du droit « concret » et non sur la base d'une vision positiviste des ensembles normatifs internationaux. Ici, la concrétude ne vaut qu'en considération de la notion de régulation par les normes de *soft law*. La vision de ce droit en mouvement dont la finalité supplante l'instrument[3], reste un moyen de se démarquer du dirigisme étatique dans les relations internationales propres aux activités spatiales contemporaines, c'est-à-dire de l'exercice d'un certain type de régulation. Ce dernier par lequel les Etats souhaitent encadrer le développement économique des activités spatiales, donc entretenir avec les acteurs privés qui s'intéressent à ce secteur des relations plus favorables aux activités d'intérêt général, qu'à celles qui promeuvent des intérêts catégoriels. Dès lors, en tant que modèle de régulation privée, les normes de soft *law* reposeraient sur une technique qui permettrait d'ajuster les comportements étatiques. A cet égard, le système du précédent doit être perçu comme cette technique, appréhendé comme un moyen de faciliter un modèle de circulation normative, descriptif de l'orientation idéologique du système existant.

105. A l'ère du *New Space*, il faut envisager la possibilité d'utiliser le *soft law* comme moyen de circulation normative dans les échanges juridiques internationaux. Cette utilisation peut d'ailleurs laisser penser à une production normative importante. L'accélération met en évidence l'importance du système du précédent qui a une fonction de modèle pour le champ normatif de réception. La formulation extrêmement souple de certaines normes du système, telle que « les Etats sont encouragés à faciliter la coopération internationale dans tel domaine… »[4], constitue en soi une communication. La forme et la teneur de ces formes de

---

[1] J. CHEVALLIER, « Contractualisation et régulation », *op. cit.*, p. 83.

[2] J. CHEVALLIER, *ibid*, p. 83.

[3] J.-M. SOREL, « Le rôle de la *soft law* dans la gouvernance mondiale : vers une emprise hégémonique ? » *RED* 2021, n° 2, pp. 46-50.

[4] Voir certaines formulations des normes du *soft law* dans A. PELLET, « Les raisons de développement du soft law en droit international : choix ou nécessité », *op. cit.*, p. 178.

normativité renvoient aux énoncés performatifs, comme c'est d'ailleurs le cas de la notion de commandement dans la théorie positiviste[1]. En vérité, acte performatif du point de vue de ses effets, le précédent normatif permet de rattacher certaines valeurs à un certain modèle de circulation normative. Toutefois, dès lors que l'on se positionne sur le « terrain » des valeurs, ou en privilégie certaines à d'autres, en l'occurrence la pluralité est forcément divergente[2].

106. La notion de valeur permet de poser le regard sur le phénomène d'acculturation généré par une approche normative proche du libéralisme économique. Cette proximité marque une préférence pour un droit plus souple qui privilégie par exemple les standards ou les principes opposés à des règles qui symbolisent la stabilité[3]. Si le *soft law* se présente comme un modèle normatif à inventer dans le cadre du système du précédent, ce modèle a vocation à partir d'un contenu normatif pour aller vers un autre contenu normatif. Le précédent offre la faculté « d'aller vers ». La notion de direction s'ouvre sur un vaste champ sémantique tant il est vrai que l'acculturation amène les Etats qui sont les auteurs de la norme qui constitue le précédent à tenir compte d'une grille de lecture qui peut être différente de la leur. Par sa capacité à servir de base à d'autres normes, cette grille de lecture s'inscrit dans une perspective directionnelle plus large dans laquelle il s'agit moins de se référer à des normes déjà adoptées qu'à privilégier un « champ d'accueil normatif ». En vérité, c'est un autre niveau de développement des normes parce qu'il n'est nullement nécessaire que l'usage du système du précédent aboutisse à ce stade d'évolution.

107. Les internationalistes eux-mêmes n'ont pas réussi à atteindre un consensus sur ce que devait recouvrir précisément l'expression *soft law*[4]. La définition la moins controversée du *soft law* est qu'elle

---

[1] A. d'AMATO, « Softness in International Law: A. Self-Serving Quest for New Legal Materials: A Reply to Jean d'Aspremont », *EJIL* 2009, vol. 20, n° 3, pp. 897-910 (notre traduction).

[2] P. MOOR, « Les figures de l'ordre juridique dans les relations entre le droit et son environnement » ; op. cit., p. 796.

[3] J.-M. SOREL, « Le rôle de la *soft law* dans la gouvernance mondiale : vers une emprise hégémonique ? » *op. cit.* p. 48.

[4] R. BISMUTH, « Fairvesta d'un autre point de vue : une réflexion sur ce que "*soft law*" veut dire » dans *Regards croisés sur la soft law en droit interne, européen et*

constitue les normes, principes et procédures internationaux qui sont en dehors des sources formelles du droit international énumérées à l'article 38 du Statut de la CIJ et qui n'ont pas le degré requis de contenu normatif pour créer des droits et des obligations exécutoires, mais qui sont néanmoins capables de produire des effets juridiques[1]. Cela signifie que le *soft law* doit être pris dans son ensemble, s'il se matérialise en normes au-delà de la logique dichotomique droits/obligations, ces normes sont porteuses d'une qualité. Elles portent la reconnaissance d'un sujet de droit, en l'occurrence l'Etat, qui les amène à accéder à un autre niveau de développement en droit international. L'exercice pratique du *soft law,* y compris dans le système du précédent qui se situe dans l'ordre juridique international, ne s'attache pas en réalité à la présence des acteurs privés en dépit de l'idéologie libérale des normes dans le secteur spatial qui marque leur influence. Doit être uniquement considéré le positionnement purement factuel d'entités privées qui se servent de cette idéologie comme base de communication avec les États qui ont une activité spatiale.

108. S'il est certain que le système du précédent normatif sert à maintenir cette base de discussion entre les acteurs privés et les Etats, il est tout aussi certain que le dialogue normatif entretenu sur la base d'une logique factuelle ferait des Etats des interlocuteurs dans un rapport d'influence correspondant lui aussi à une logique d'ordre. C'est cette autre logique qui sert de référence au bénéfice de toute la liberté que confère la possibilité qui est offerte aux entités privées d'être à l'intérieur de cet ordre, ceux qui cherchent à soumettre les relations qui sont nouées à leur propre ordre juridique.

B - Le rapport entre le soft law et le droit coutumier en tant qu'exercice pratique de l'ordre du précédent

109. Ni l'auteur ni la nature d'un comportement ne permettent à eux seuls d'ériger celui-ci en précédent, ce qui est déterminant, en effet, est que le comportement soit déterminant du point de vue juridique et il ne peut l'être que pour autant qu'il exprime l'intention de son auteur de le

---

international sous la direction de P. DEUMIER, J.-M. SOREL, LGDJ 2018, pp. 253-262.

[1] F.-N. AOLAÍN, « Soft law, Informal Lawmaking and "New Institutions" » in the Global Counter-Terrorism, *EJIL* 2021, vol. 32, p. 919-941 (notre traduction).

voir produire des effets légaux[1]. Le précédent, pour être révélé comme tel, a besoin d'une transformation, c'est en effet, parce qu'une nouvelle norme coutumière s'est formée que les comportements étatiques qui en sont le support matériel revêtent désormais la qualité de précédents[2]. La norme coutumière considérée peut être le signe d'un certain effet du *soft law* : celui de doter certaines normes d'origine privée propres au développement des activités spatiales contemporaines d'une autorité juridique.

110. La coutume est une règle non écrite[3]. Elle fait partie du droit international général, c'est-à-dire du droit composé de normes applicables à l'ensemble des sujets de l'ordre juridique international[4]. Sa portée juridique étendue lui confère une autorité de norme comportementale lui permettant de constituer les relations inter et intra groupes qu'elle suscite. Les premières établissent les relations entre les Etats, qu'ils aient ou non contribué à sa formation, les deuxièmes participent à la généralisation de normes juridiques d'origine privée dans l'ordre international. Cependant, la reconnaissance internationale de ce type de normes procède avant tout d'une logique de différenciation statutaire. Cette logique procède à un rapport dissymétrique qui consacre la supériorité du détenteur de l'autorité qu'est l'Etat. Par conséquent, la notion d'autorité génère des effets de droit qui peuvent être perçus sous l'angle de la prise en compte des normes de *soft law* d'origine privée qui s'expriment au moment même où elles « s'attachent » au droit coutumier. Alors, si les normes de *soft law* initient le droit coutumier, ce dernier leur sert de précédent en les consacrant et, forcément, en les élevant à un niveau d'exigence qualitative. La notion de qualité est en elle-même un enrichissement qui inverse l'ordre du précédent au profit d'une virtualité qui se situe dans le champ des manifestations de la volonté initiale des Etats. En vérité, le précédent serait moins synonyme d'antériorité normative liée à la récupération du *soft law* par le processus du droit coutumier que de

---

[1] A. HAMANN, « L'autorité du précédent » dans *Le précédent en droit international* sous l'autorité de N. ALOUPI et C. KLEINER, SFDI Colloque de Strasbourg, Pedone 2016, pp. 151-190.

[2] A. HAMANN, *ibid*, p. 157.

[3] W. TAMZINI, C. ROCHE, *L'essentiel du droit international*, Gualino 2022-2023, 13è éd., p. 32.

[4] P.-M. DUPUY, Y. KERBRAT, *Droit international public*, *op. cit.*, p. 374.

considérations de commodité qui n'ont de l'intériorité que la dimension pragmatique préexistante visant d'emblée à faire du droit coutumier un instrument de *soft law* dans le secteur des activités spatiales à l'ère du *New Space*.

111. S'il a été soutenu que [...] les orientations émises par certaines organisations internationales relèvent du droit souple, et que les approches du droit contraignant et non du droit souple devraient être utilisées pour promouvoir certains objectifs de politique fiscale[1] ; il convient de noter que les divers éléments de vocabulaire juridique : « droit dur », « droit souple », accréditent une approche plus « pratique » de la qualité juridique. De ce point de vue, le *soft law* aurait pour fonction d'influencer la conduite mutuelle des Etats, son caractère influent permettrait de mesurer sa portée juridique. Dans cette dimension globale, si un certain nombre d'États alignent leur comportement sur un texte de *soft law*, ce texte pourra devenir une coutume internationale. La relation entre le texte de *soft law* et le droit coutumier international s'inscrit dans un rapport d'influence qui met en exergue l'approche dynamique des modes de production du droit. Il s'agit d'être rationnel ; la rationalité n'a d'intérêt que parce qu'elle recouvre une occurrence potentielle : la portée juridique qui se définit par la production d'un effet de droit. Reconnaître la portée juridique de la coutume, c'est admettre qu'elle est la manifestation d'un droit existant.

112. En vérité, la coutume permettrait de vérifier l'existence de normes de *soft law*. La vérification n'opère qu'à *posteriori* ; elle intervient à la suite de l'apparition des normes. Il convient, par conséquent, de souligner que le droit coutumier international ne se révèle pas immédiatement ; il est vrai qu'en récupérant les normes de *soft law* et en augmentant leur force juridique, il constitue lui-même un précédent pour ces normes. De deux choses l'une, soit l'on considère de façon presque « chronologique » que les normes de *soft law* sont un précédent pour parvenir à créer une coutume, ce qui revient à montrer leur importance pour la conduite des relations internationales dans le secteur spatial, soit l'on admet que la coutume est en elle-même son propre précédent et dans ce cas, on est amené à se poser la question des

---

[1] A. CHRISTIANS, « Hard Law, Soft Law and International Taxation », Wisconsin ILJ 2007, vol. 25, n° 2, p. 325 (notre traduction).

limites du *soft law*. Il n'est nullement question de poser ces limites à partir d'un critère parfaitement objectif : celui d'être le support, animé par une volonté déterminée d'aboutir à une coutume. Il est plutôt question de montrer comment la présence des normes de *soft law* dans le système du précédent peut être illusoire dès lors que l'on s'appuie précisément sur les critères de l'appartenance formalisés par le droit coutumier.

113. On est résolu à montrer que les critères de l'appartenance sont doubles. Ce qui contribue d'une part à caractériser l'appartenance est la présence et la forte influence d'un groupe d'individus, par exemple, les entreprises privées qui s'intéressent aux activités spatiales. A l'ère du *New Space,* elles s'y intéressent en tentant de faire valoir un droit souple. Les contours de cette appartenance font intervenir des sujets de droit international, comme les Etats, qui ne sont pas objectivement les membres du premier groupe, leur intervention s'inscrit dans les exigences ou rationalité juridique. Dans ce cadre-là, la double fonction de l'appartenance est d'autant mieux remplie quand on se trouve en présence de l'*opinio juris* dans le développement du *soft law*, c'est-à-dire dans son usage. C'est parce qu'il y a cette *opinio juris* qu'on peut parler de précédent sur la base de normes de *soft law* d'origine privée, précisément quand les Etats ont le sentiment, à travers le processus coutumier d'assumer un devoir d'aboutir à une forme de privatisation du droit international dans le secteur spatial. L'absence de ce sentiment, autrement dit, l'insuffisance en tant que telle de l'*opinio juris* ne permettrait pas de fonder le droit coutumier sur des bases solides et conduirait à la rendre introuvable, ne dépendant plus du phénomène du *soft law* qu'il entend saisir.

114. Le *soft law* est plus facile et plus rapide à créer et à modifier que la coutume, ce qui le rend utile pour les situations d'incertitude et d'expérimentation où la flexibilité est appréciée[1]. Ainsi posées, les caractéristiques intrinsèques du *soft law* renvoient au terme « normativité ». Il semble que nous faisons face à une indétermination quant à la nature de la normativité, il s'agit tantôt d'un « caractère », d'une « qualité », d'une « propriété » et donc d'un trait distinctif reconnu

[1] L.-R. HELFER, I-B. WOERTH, « Customary international law : An instrument choice perspective », *Michigan JIL* 2016, vol. 37, n° 563, pp. 563-609 (notre traduction).

à cette chose[1]. Pour d'autres, il s'agit d'une « aptitude », d'une « capacité » d'une « propension » et semble donc relever d'une potentialité[2]. A cet égard, il convient de revenir sur l'aptitude du *soft law* à se transformer en coutume internationale, il s'agit en effet d'une potentialité. Le concept de potentialité renvoie à la normativité « utile ». La norme « utile » est celle qui promeut une version qui s'attache à penser à l'autorité de la coutume internationale. Dans cette acception, c'est parce que la coutume internationale dispose d'une autorité juridique qu'elle suscite la reconnaissance des normes de *soft law* qu'elle appréhende. Intrinsèquement, la coutume n'est qu'un antécédent, mais un antécédent d'une étrange sorte, dans la mesure où elle est actée en tant que précédent, qu'au moyen de la norme de *soft law* déjà constituée, tout en étant le support qui la fait apparaître à un autre niveau de développement juridique[3].

115. L'antécédent dans la traduction choisie qui privilégie le terme « précédent » est le signe d'un rapport entre différents éléments. Or le rapport entre la norme de *soft law* d'origine privée et la coutume qu'elle forme répond nécessairement à une finalité juridique. Cette finalité précède la récupération par le droit coutumier parce que le *soft law* a un potentiel. Donc, le système du précédent s'appuie sur une perception. La présence de l'un dans l'autre, c'est-à-dire du précédent dans la perception est liée à la valeur de la perception, donc à sa fréquence et à son importance. Il est certain que dans la formation de la coutume internationale, les États perçoivent l'importance des normes de *soft law*. Il convient de s'interroger sur la raison d'être du *soft law*. La vitalité de ces normes, leur incessant développement signifient qu'elles rendent service aux sujets de droit[4]. Le terme « rendu service » à un intérêt heuristique dans la mesure où le contenu idéologique des normes de *soft law* permet d'obtenir une vision globale des éléments susceptibles d'entrer en jeu de façon ordonnée. On pense à la coutume internationale

---

[1] J. DELLAUX, « Contribution pour une (re)définition du concept de normativité en droit international. Questionnements autour d'instruments de soft law : les décisions des conférences des parties », *RQDI* 2016, pp. 138-157.

[2] J. DELLAUX, *ibid*, p. 138.

[3] Cette analyse s'inspire des travaux d'Andrea Hamann en particulier la page 106 de l'article déjà cité : « L'autorité du précédent ».

[4] J. CAZALA, « Le *soft law* international entre inspiration et aspiration », *RIEJ* 2011/1 vol. 66, pp. 41-84.

que ne fait jamais que consacrer l'acceptation d'une conception libérale du secteur spatial à l'ère du *New Space*.

116. Bien évidemment, en établissant un lien avec l'ensemble des données de fait idéologique et économique, les normes de *soft law* d'origine privée font autorité. Leur qualité de précédent les fait s'imposer. Il devient obligatoire de les suivre et s'il y a obligation d'aboutir à une coutume, c'est parce que l'enjeu nécessite une augmentation du degré de juridicité du droit positif international. La nécessité est d'ordre juridique, il faut rappeler qu'elle s'appuie sur une conviction que l'on assimile à la volonté d'aborder la coutume au sens *stricto sensu* « d'usage ». Si l'usage exige que le précédent existe, *a contrario* le précédent n'exige pas que l'usage soit suivi. Il s'ensuit qu'on en arrive à dissocier « l'usage » du « précédent » pour mieux déplacer l'enjeu sur la manière dont on doit concevoir la coutume internationale sans la donnée temporelle de l'usage. Cette dissociation amène à retirer de la coutume toute discipline juridique sans rien remplacer. Or, ce retrait ne peut que favoriser l'accélération de la production du droit d'origine privée à l'ère du *New Space*, l'usage n'étant que l'extériorité fondatrice du système du précédent normatif.

Conclusion de la section

117. Le phénomène du *New Space* est caractérisé par la multiplication des acteurs étatiques dans la communauté spatiale. Le terme « communauté » facilite l'interdépendance des rapports qui s'exprime sur le plan juridique par une technique normative : « le précédent » implique une relation entre le passé, le présent et l'avenir, un comportement « sans précédent » adopté par un Etat [...] désireux qu'il puisse « faire précédent » doit être d'emblée considéré comme un précédent[1]. Cette technique révèle toutes ses potentialités quand il s'agit de montrer l'effet d'imitation qui peut s'exprimer dans la création d'ensembles normatifs semblables. Cette perspective dynamique renvoie au concept de système. Il appert que les acteurs privés qui s'intéressent aux activités spatiales sont les « faiseurs » du système. Dès lors, l'aspect idéologique du système doit être pris en compte par ce qu'il

---

[1] G. CAHIN, « Le comportements des Etats et des organisations internationales comme précédent » dans *Le précédent en droit international* sous la direction de N. ALOUPI, C. KLEINER, SFDI Colloque de Strasbourg, Pedone 2016, p. 86.

entretient un rapport avec une expression normative particulière. Le modèle qui lui correspond est en passe de devenir un précédent, non pas tant en raison de la rationalité qu'exprime la norme juridique antérieure sur la norme postérieure, mais parce que le précédent se situe dans une logique d'ordre qui privilégie un autre aspect du développement des normes juridiques internationales portant reconnaissance d'un droit d'origine privée.

Conclusion du premier chapitre

118. Le phénomène du *New Space* est caractérisé par l'arrivée des entités privées dans l'espace de production normative du droit international. Le dialogue normatif entretenu entre les Etats et les acteurs privés qui s'intéressent aux activités spatiales est au service des ambitions nationales qui souhaitent faire de l'exploitation des ressources, tant immatérielles que matérielles de l'espace, un enjeu de développement. A cet effet, les différentes législations et politiques nationales sont source d'inspiration parce qu'elles sont susceptibles, à certaines conditions objectivement déterminées, de produire des normes juridiques internationales. Par ailleurs, si ces normes ont leur référent dans la réalité extra-légale, elles restent une source d'inspiration pour la création d'autres normes qui émergent avec la multiplication des acteurs spatiaux étatiques. Il faut à ces « nouvelles » normes des cas concrets pour émerger et à partir desquels elles peuvent raisonnablement s'appuyer.

119. C'est précisément en tant que point d'appui qu'il faut saisir le « précédent ». Ainsi, une norme ne devient « précédent » qu'à partir du moment où elle sert de base à la création d'une autre norme. Cependant dans la traduction choisie qui privilégie la raison pour laquelle une norme antérieure est sollicitée, le « précédent » doit se concevoir à l'intérieur d'un système. Cette vision systémique s'attache à un modèle de circulation normative. Si ce modèle promeut l'élaboration des normes juridiques internationales à partir d'un droit d'origine privée, ces ressorts permettent de mieux en maîtriser le mode opératoire. L'idée défendue est de placer ces différents ressorts dans une perspective pragmatique qui paraît la plus adaptée aux exigences de l'ordre systémique considéré.

CHAPITRE II
LE PHÉNOMÈNE DU *NEW SPACE* EN TANT QUE NOUVEAU PARADIGME D'UN PARTENARIAT INSTITUTIONNEL

120. Plusieurs entreprises américaines s'intéressent aux vols spatiaux habités. Les trois entreprises les plus avancées dans ce secteur sont *Space X, Blue Origin* et *Virgin Galactic.* La société *Space X* s'est notamment spécialisée dans la conception et la fabrication et le lancement de fusées, ce qui constitue une concurrence directe pour *United Launch Alliance* (l'alliance entre *Boeing* et *Lockheed Martin*) qui avait été le maître d'œuvre du lancement des fusées de la NASA et du Département de la Défense[1]. En Europe, la start-up Prométhée a l'ambition de proposer des services d'intelligence environnementale et stratégique, la solution technologique qu'offre cette start-up a pour ambition de garantir la souveraineté des Etats dans l'exploitation des données d'observation réalisée depuis l'espace[2]. Par ailleurs, créée par le CNES en 2021 *Space Founders* est un accélérateur de start-ups spatiales européennes ; il s'agit d'un programme public qui réunit une large communauté d'acteurs publics et privés au premier rang desquels l'ESA et le DLR (l'agence spatiale allemande)[3]. Reste à préciser que la politique et stratégie spatiale africaine définie par l'Union africaine (UA) en janvier 2016 s'appuie sur le secteur privé avec l'intention de

---

[1] M. GRADY, « La course à l'espace est ouverte aux sociétés privées : Et ça change tout », consultable sur : *[https://up-magazine-info/espace/6972-la-course-a-l-espace-est-ouverte-aux-societes-privees-et-ca-change- tout]*, consulté le 3 mars 2023.

[2] Y. LE GOFF, « Prométhée : L'opérateur Newspace de constellations de nanosatellites pour l'observation de la Terre », consultable sur : *[https://our-cosmos.com/article/promethee-l-operateur-newspace-de-constellations-de-nanosatellites-pour-l- observation-de-la-terre]*, consulté le 3 mars 2023.

[3] CNES, « [entretien] spacefounders, la fabrique des futurs champions du spatial », consultable sur : *[https://cnes.fr/entretien-spacefounders-la-fabrique-des-futurs-champions-du-spatial]*, consulté le 5 mars 2023.

combler les lacunes en matière de sécurité en fournissant une connectivité et en permettant l'accès au marché spatial[1].

121. En vérité, il y a lieu de constater que le nouveau paradigme de développement afférent au *New Space* offre une nouvelle répartition des rôles entre le secteur public et le secteur privé dans la gestion de certaines tâches propres à l'exercice des activités spatiales. La coopération au développement à l'ère du *New Space* renvoie à la question des partenariats entre les acteurs engagés dans ce secteur. Dans le contexte actuel, la notion de partenariat s'oriente vers la recherche de synergies et de retombées nouvelles et s'appuie sur une complémentarité des partenaires, chacun amenant une contribution essentielle et originale dans la réalisation de l'objectif commun. La notion de partenariat s'appuie sur la mise en commun de moyens d'ordre technique, financier, juridique. En tant que réalité pratique, le partenariat constitue le point d'ancrage de l'étude d'un phénomène plus vaste : le phénomène institutionnel. Si, en un sens général et large, l'institution désigne les éléments juridiques de la réalité sociale[2], le concept d'institution couplé à celui de partenariat ouvrirait à l'ère du *New Space*, une grille d'analyse particulière. Selon celle-ci, le partenariat serait constitutionnel parce qu'il part d'un processus sur la base duquel un groupe s'organise juridiquement, compte tenu à la fois des objectifs qu'il poursuit et du contexte extérieur qui l'environne. C'est la prise en compte de cette dynamique qui conduit de l'institutionnalisation du partenariat (Section 1) au partenariat institutionnalisé (Section 2)[3].

---

[1] T. AGANABA, E. OFFIONG, « Africa's growing space enterprise », *Science* 2022, vol. 376, n° 6591, pp. 329-330 (notre traduction).

[2] G. CORNU et association Henri Capitant, *Vocabulaire juridique*, *op. cit.*, p. 563.

[3] Madame le Professeur Evelyne Lagrange, considère que « (...). La distinction entre l'institutionnalisation d'un partenariat et un partenariat institutionnalisé sans être personnifié peut, par exemple, sembler minime. Mais de l'après tout, il est dans la nature du phénomène de passer par différents états conduisant de l'informe à la forme, puis d'une forme à une autre, par exemple d'un partenariat à un organe commun ou une nouvelle organisation internationale » : voir les conclusions d'Evelyne LAGRANGE dans *Le phénomène institutionnel dans tous ses États : transformation, déformation ou reformation ?* sous la direction de L. DUBIN et M.-C. RUNAVOT, Pedone 2014, pp. 263-273.

Section I - La dimension internationale des politiques spatiales comme cause de l'institutionnalisation d'un partenariat

122. L'institutionnalisation d'un partenariat à l'ère du *New Space* s'enrichit d'une dimension qui serait directement liée à l'activité d'exploitation des ressources de l'espace extra-atmosphérique. De là, prédomine une grande « plasticité organisationnelle » qui sert à densifier les compétences des entités subétatiques. Ces compétences sont évolutives surtout quand elles s'expriment au nom d'un intérêt public. Si cet intérêt correspond à la réalité de l'Etat, l'intérêt est d'abord local. Par ses applications il devient national, de fait il se réfère à un autre niveau analytique quand il saisit les ressorts de l'action internationale. Ce dernier renvoie au concept de reconnaissance. Ici la reconnaissance est saisie dans son volet pluridimensionnel (§1). En outre, la notion d'intérêt public renvoie à l'ouverture d'un mode de gestion de l'intérêt public. A cet égard, l'action internationale est un domaine dans lequel peut s'exprimer le principe de subsidiarité. Cependant, ce principe dépasse le strict cadre théorique que conçoit la « subsidiarité » dans une logique de proximité[1]. Cela dit, cette logique ne fait que problématiser le concept de satisfaction (§2).

§1 - Un concept de reconnaissance saisi par le schéma institutionnel pour l'action extérieure

123. Le phénomène des relations internationales, c'est-à-dire des relations entre communautés politiques indépendantes, remonte généralement à l'antiquité grecque[2]. Si la diplomatie est la branche de la science politique qui concerne les relations internationales, elle se réfère à au moins trois réalités distinctes : elle est à la fois une activité particulière, un secteur d'intervention de l'Etat et une sous-spécialisation de la science politique[3]. Reste à indiquer que toutes les interactions internationales des acteurs privés ou publiques infra-étatiques avec les Etats étrangers à l'ère du *New Space* sont un facteur

---

[1] M. CAHILL, « Subsidiarity as the Preference for Proximity », *American Jrl of Jurisprudence* 2021, vol. 66, n° 1, (notre traduction), p. 133.

[2] J. F. GUILHAUDIS, *Relations internationales contemporaines*, LexisNexis 2017, p. 3.

[3] T. BALZACQ, F. CHARILLON, F. RAMEL, *Manuel de la diplomatie*, Presses de Sciences Po, 2018, p. 7.

d'innovation. L'innovation réside dans le fait qu'elle s'inscrit dans un nouveau paradigme « politique » dans lequel les acteurs cherchent à maximiser les avantages induits par des relations constructives. L'affirmation de la qualité et de la raison d'être des relations considérées fait des partenaires des acteurs institutionnels, ouvrant un droit à la reconnaissance. S'il s'agit de reconnaître les acteurs privés, la reconnaissance offre de nouveaux leviers à l'action diplomatique de l'Etat (A). En outre, la présence des entités infra étatiques dans l'action extérieure de l'Etat permettrait de reconceptualiser la souveraineté (B).

A - Les nouveaux leviers de l'action diplomatique de l'Etat à l'aune de la reconnaissance des acteurs privés

124. La diplomatie sert aux Etats à entretenir des relations entre eux, voire avec les organisations internationales. Conçue pour des Etats envisagés comme une catégorie d'acteurs homogènes et égaux en droits et agissant essentiellement par l'intermédiaire de leurs représentants, notamment les diplomates, la diplomatie s'est diversifiée. En tant que mode d'action extérieur de l'Etat, la diplomatie englobe une nouvelle dimension économique qui a pour caractéristiques de s'adresser aux sociétés[1]. Parce que la dimension économique s'inscrit dans la sauvegarde des intérêts nationaux, elle constitue l'une des grandes missions diplomatiques des Etats. La promotion de la diplomatie économique figure dans le « livre bleu diplomatique 2019 » du Japon. En effet, parmi les trois objectifs fixés par le Ministère des Affaires étrangères du Japon figure celui qui porte sur la promotion du partenariat public privé (PPP) pour soutenir l'implantation des entreprises japonaises à l'étranger[2]. A l'ère du *New Space*, les accords de coopération entre Etats dans certains secteurs servent à mettre en avant des entreprises multinationales et d'une certaine façon une expertise[3]. Cela montre que si l'ampleur récente de l'activité des acteurs privés dans l'action extérieure de l'Etat s'explique par le contexte du *New Space*, la visibilité qui est conférée à cette activité participe au

---

[1] D. ALLÈS, F. RAMEL, P. GROSSER, *Relations internationales*, Armand Colin 2018, 2è éd., p. 103.

[2] Voir le « Livre bleu diplomatique 2019 » du Ministère des affaires étrangères du Japon, consultable sur :
[https://www..mofa-go-jp/files/000526511.pdf], consulté le 04 août 2024.

[3] J.-P. ROBÉ, *Le temps du monde de l'entreprise - Globalisation et mutation du système juridique*, Paris, Dalloz, 2015, p. 109.

renouvellement du concept de partenariat diplomatique. Il est certain que la notion de partenariat est une donnée factuelle, celle de diplomatie renvoie à l'aspect institutionnel parce qu'elle amène à reconnaître des entreprises multinationales qui s'intéressent aux activités spatiales. Avant de déterminer la portée du concept de « reconnaissance », il convient préalablement de le définir.

125. La dynamique conceptuelle qui est ici à l'œuvre ouvre de nouvelles perspectives quand on cherche à définir le terme « reconnaissance ». La reconnaissance se définit en un sens général comme l'action de reconnaître[1]. On peut, par exemple, reconnaître les qualités de quelque chose ou de quelqu'un. Or, compte tenu du caractère de la reconnaissance, il est permis de souligner que reconnaître une qualité permet de mieux prendre en considération les intérêts des parties prenantes qui bénéficient précisément de cette qualité. Là, la reconnaissance » saisit un objet et devient un outil de projection d'intérêts circonstanciés, laissant penser au positionnement des acteurs privés dans la politique extérieure des Etats. Il semblerait que l'on puisse y penser sous un angle institutionnel.

126. Dans cette perspective, l'institution est la structure qui sert de cadre à la politique extérieure des Etats dans le secteur des activités afférent au *New Space*. En cela, la logique institutionnelle se veut stratégique parce qu'elle s'intéresse aux PPP qui fixent les interactions stratégiques. Alors que la stratégie vise à reconnaître la nécessité de faire évoluer la pratique diplomatique des Etats, la notion d'institution cherche à s'articuler autour de ce qui est acceptable, compte tenu de l'évolution du partenariat pour prendre en considération les intérêts de certains acteurs privés. L'approche institutionnelle reconnaît la différence, c'est-à-dire la prise en considération de besoins différents dans une stratégie diplomatique qui est directement liée à l'activité spatiale économique. L'usage de l'institution comme réalité économique met au centre l'action des acteurs privés. En vérité, il existe un schéma de cohérence entre la raison d'être subjective du partenariat et la vision instrumentale de la diplomatie. Ce schéma est source de division entre une pratique de la diplomatie menée par l'Etat, tellement admise en droit international public, qu'on la considère comme

---

[1] *Le Petit Larousse illustré*, Paris, Larousse 2000, p. 779, terme « reconnaissance ».

intangible[1] et un environnement qui lui serait extérieur qui est d'ordre institutionnel, avec au centre le positionnement des acteurs privés qui fonde le partenariat sur la recherche d'opportunités plutôt que sur le résultat d'un processus. Dans un tel schéma, l'intérêt national peut vite devenir particulier, catégoriel et s'inscrire dans une offre institutionnelle qui fait des acteurs privés les garants de l'intérêt national par la voie diplomatique. Cette forme de reconnaissance amène la réflexion sur le concept d'instrumentalisation, c'est-à-dire l'assujettissement du partenariat à une identité spécifique.

127. Il semble que l'on puisse défendre la thèse selon laquelle l'exercice du partenariat constitue le lieu de construction et de reconnaissance de nouvelles identités. L'identité permet de reconnaître socialement des individus qui doivent bénéficier du fait de leur identité d'acteurs économiques d'un cadre partenarial propre à favoriser la construction de liens économiques bénéfiques aux Etats. On retrouve ici l'idée de travail institutionnel qui conduit d'une part, à celle de création identitaire mais d'autre part, à celle d'appartenance à cette identité. Cela ne peut que déboucher sur une conception élargie de l'identité dépassant la stricte présence des acteurs privés pour saisir les Etats. L'identité renvoyant à une vision communautaire dans laquelle chaque partenaire ne défend plus ses intérêts propres dans une logique de compromis, mais défend des intérêts identiques propres à l'environnement économique qui influence la politique diplomatique de l'Etat. Cette logique communautaire ne peut que faire émerger un nouvel acteur *sui generis* né de l'articulation de la relation partenariale entre acteurs privés des relations internationales et sujet de droit (étatique). En effet, l'articulation de la relation considérée, s'inscrit dans une pratique de la médiation institutionnelle entre acteur et sujet où seule compte en réalité l'activité de développement économique afférente à l'activité spatiale. Toutefois, la notion de médiation projette l'acteur hors de ses limites juridiques qui sont uniquement celles d'influencer la politique diplomatique de l'Etat mais pas celles de la coconstruire.

128. En droit international public, le champ d'application de la reconnaissance concerne notamment l'octroi de droits particuliers qui

---

[1] A/CN.4/506/Add.1, p. 231 §36.

permettent de préserver l'identité d'un groupe ou d'un individu[1]. Lorsqu'il s'agit d'octroyer des droits, reconnaître l'identité, c'est rechercher la singularité. Si l'on prend l'exemple de la politique diplomatique que mène l'Etat, en l'occurrence pour mettre en œuvre sa politique spatiale, on en revient à identifier un élément, une entité au sens d'un ensemble plus vaste de sorte qu'on ne distingue que cette identité. De fait, cette dernière peut être synonymique d'autonomie, l'autonomie vis-à-vis de l'ensemble, mais surtout l'autonomie vis-à-vis de certaines valeurs de la communauté internationale. Cependant, telle qu'interprétée de manière étroite et formelle, si la notion de communauté internationale englobe les cercles diplomatiques spécifiques dans lesquels l'élite des praticiens du droit international agit et produit des normes juridiques internationales[2], il semble bien que l'élaboration pratique des normes juridiques internationales atteste de l'inventivité de l'action diplomatique. Cette action a souvent pour point de départ une phase de négociation servant notamment à concéder les intérêts des Etats aptes à se matérialiser par le biais des traités qu'ils soient bi ou multilatéraux. Il n'empêche que la prise en compte de l'inventivité comme force créatrice de droit « joue » en matière diplomatique, d'abord sur le contenu de la négociation qui peut être inventif du point de vue des normes et mécanismes juridiques établies, ensuite sur la méthode et les interactions entre les négociateurs à l'origine de la norme, qui sont l'objet d'innovations permanentes en fonction d'une évolution casuistique et empirique[3].

129. Le contexte afférent au *New Space* rend inventif car la nécessité d'en saisir les enjeux, induit de ses principaux acteurs, Etats et entrepreneurs privés, un comportement. En la matière, il est question de *realpolitik*. Par son enjeu pratique, la *realpolitik* est tenue pour naturelle pour les acteurs privés qui en orientent le sens. Cependant, elle semble suggérer de s'intéresser à sa phase préparatoire. Celle-ci prépare l'action extérieure de l'Etat ; on mentionnera un exemple caractéristique qui est celui que le CNES entretient avec les acteurs qui l'entourent. Situé au

---

[1] E. JOUANNET, « Le droit international de la reconnaissance », *op.cit.*, p. 776.

[2] J.-P. SCARFI, « Should international law reflect values of international community ? » in Oxford University Press, consultable sur : [*https://blog.oup.com/2017/04/international-law-values-community*], consulté le 02 février 2023.

[3] E. SERRURIER, « De l'art d'être indispensable. L'inventivité diplomatique dans une société internationale pluraliste », *Revue CMH* 2018, n° 14, pp. 11-40.

cœur du dispositif spatial français, chargé de mettre en œuvre la politique spatiale nationale, le CNES opère dans un contexte évolutif où tout le porte à privilégier dans son action auprès des autres acteurs de la communauté, la mise en place de relations équilibrées de type partenarial[1]. Si le partenariat doit être fondé avant tout sur la confiance accordée par chacune des parties à l'autre partenaire[2], la notion de partenariat vise à élargir le cercle de légitimité de la norme juridique internationale. Cette approche centrée sur la reconnaissance des acteurs privés dans l'espace de production du droit, implique de voir la diplomatie à la fois comme une pratique et comme centrée sur l'Etat, y compris la dynamique entre les représentants de l'Etat et les nouveaux acteurs de la diplomatie, tels que les médias militants et les acteurs non étatiques[3]. L'exercice pratique de la diplomatie suppose un effort de précision conceptuelle qui ouvre une nouvelle direction de recherche. Une dimension semble ici centrale : l'influence des acteurs privés dans la mise en œuvre des relations diplomatiques.

130. Cette influence interpelle car la présence des acteurs privés dans le « jeu » diplomatique configure une réalité institutionnelle. L'important n'est pas que les entreprises soient les partenaires de leurs Etats pour définir la politique nationale que ces derniers mettent en œuvre à l'échelle internationale, singulièrement dans le secteur spatial, mais plutôt qu'elles opèrent dans un espace de construction sociale dans lequel les phénomènes sociaux sont institutionnalisés pour être transformés en stratégie et en normes juridiques. Néanmoins, dans cet espace, rien n'est figé. En effet, il convient de préciser que l'Etat est un élément incontournable dans l'ordre diplomatique en tant que sujet de droit international public. Mais, le processus diplomatique constitue un creuset identitaire. L'identité est en soi une construction, parce qu'elle est tenue pour acquise, elle focalise l'attention sur le phénomène qui est susceptible de la conforter. L'approche centrée sur le concept d'identité institutionnelle renvoie au terme qui lui correspond : le travail

---

[1] Y. BEGUIN, B. SCHMIDT-TEDD, « Partnerschaft Zwischen Staat und Wirtschaft in Frankreich », German Journal A-S-L 2001, vol. 50, n° 1, pp. 68-82 (notre traduction).

[2] Y. BEGUIN, B. SCHMIDT-TEDD, *ibid*, p. 73 (notre traduction).

[3] I.-F. HURD, « International law and policies of diplomacy » in O-J. SENDING, V. POULIOT, I-B. NEUMANN, *Diplomacy and the Making of World Policies*, Cambridge University Press 2015, pp. 32-54 (notre traduction).

institutionnel qui ne peut pas s'exercer, encore moins être déterminé seulement par les Etats.

131. Cependant, dans la mesure où le travail institutionnel des entrepreneurs privés se situe dans son propre espace de construction sociale qui est celui du monde de l'économie et du commerce, il peut servir à mettre à l'écart l'Etat. L'Etat n'est pas directement lié à cet espace de construction sociale. A cet égard, toute description d'un état de fait peut diviser ceux qui en bénéficient et ceux qui s'y sentent étrangers.

B - La présence des entités privées dans l'action extérieure comme moyen de reconceptualiser la souveraineté de l'Etat

132. Depuis la seconde guerre mondiale, les entités subétatiques, comme les Etats américains ont développé une diplomatie parallèle à celle des gouvernements centraux, une paradiplomatie qui se définit comme « la poursuite directe et à divers degrés de la part d'Etats fédérés d'activités étrangères »[1]. En France, l'article L.1115-1 du Code général des collectivités territoriales est ainsi rédigé : « Les collectivités territoriales et leurs groupements peuvent, dans le respect des engagements internationaux de la France, conclure des conventions avec des autorités locales étrangères pour mener des actions de coopération ou d'aide au développement »[2]. L'idée de rôle de « leader » pour la région dans le secteur spatial doit être mise en perspective avec les compétences d'une collectivité territoriale destinée au développement économique et dotée d'un potentiel international[3]. Qu'il s'agisse de la consolidation de leur tissu économique et commercial, voire de chercher à assurer leur positionnement à l'échelle internationale, la démarche des régions se rapproche d'un « *marketing*

---

[1] S. PAQUIN, « Les actions extérieures des entités subétatiques : quelle signification pour la politique comparée et les relations internationales ? », *RIPC* 2005, vol. 2, pp. 129-142.

[2] Loi n° 2007-147 du 2 février 2007 relative à l'action extérieure des collectivités territoriales et de leurs groupements, *JORF* n° 131 du 6 février 2007, p. 1.

[3] J. VILAR, « Protection des investissements locaux et conquête de nouveaux marchés : le rôle "complémentaire" de la Région Occitane au cœur de l'industrie spatiale européenne », *op. cit.*, p. 33.

territorial »[1]. En effet, si le *marketing* territorial s'est progressivement imposé comme un élément structurant à l'échelle des politiques publiques territoriales, il comprend l'ensemble des actions publiques menées par une collectivité afin d'améliorer ou de parfaire son image auprès de groupes cibles supposés être en mesure de participer à son développement[2]. Cela dit, plus qu'un domaine d'action publique, l'action internationale des entités subétatiques participe à l'évolution des fondements de l'action extérieure des Etats. La question se pose de savoir si elle ne constitue pas une reconceptualisation de la « souveraineté », telle qu'on la présente en droit international.

133. Avant d'aborder cette question, il convient d'abord de préciser que le concept de souveraineté et le concept d'Etat sont les deux piliers fondamentaux sur lesquels repose l'architecture du droit international contemporain, y compris dans ses théories et ses pratiques[3]. Sans ces deux concepts, il n'y aurait pas de droit international du tout car le moyen de celui-ci est le droit entre Etats souverains qui a été créé par les Etats pour eux-mêmes[4]. La souveraineté se définirait comme la qualité d'un être que n'a rien en droit au-dessus de lui, ce qui exclut évidemment leur soumission à un être supérieur encore plus qu'à un égal[5]. On comprendrait que la souveraineté n'ait qu'un seul sens, l'autorité suprême, mais la première classification conceptuelle qu'il y aurait lieu de faire, serait de différencier la souveraineté absolue de l'autorité suprême[6]. Alors que l'autorité suprême signifie le pouvoir le plus élevé pour gouverner, le terme de souveraineté en lui-même ne donne aucun indice quant à sa création, à la manière dont elle est maintenue, à son caractère changeant ou même à la manière dont elle

[1] V. GOUNAND, « Le marketing territorial est accessible à tous grâce à la donnée », consultable sur : *[https://www.lagazettedescommunes.com/823216/le-marketing-territorial-est-accessible-a-tous-grace-a-la- donnée]*, consulté le 07 février 2023.

[2] R. PASQUIER, « Quand le local rencontre le global : contours et enjeux de l'action internationale des collectivités territoriales », RFAP 2012, n° 141, pp. 167-182.

[3] O. MEREZHKO, « The Mystery of the State of Sovereignty in International Law », *Saint Louis ULJ* 2019, pp. 23-58 (notre traduction).

[4] O. MEREZHKO, *ibid*, p. 23 (notre traduction).

[5] J. COMBACAU, S. SUR, Droit international public, *op. cit.*, p. 23.

[6] J.-E. NUÑEZ, « About the Impossibility of Absolute State Sovereignty », *Int. J. Semiot Law* 2014, vol. 27, n° 4, pp. 645-664 (notre traduction).

prend fin[1]. En vérité, la souveraineté peut être indivise, désignant un pouvoir ou une autorité qui n'est pas répartie en segments, la souveraineté peut être partagée, désignant la segmentation du pouvoir ou d'une autorité en différentes parties[2]. A titre d'exemple, le respect des engagements internationaux de la France demeure une des dernières limites intangibles à l'action internationale des collectivités locales que l'on justifie par le principe de neutralité politique des actions publiques locales[3]. Il semblerait qu'entre la souveraineté indivise et la souveraineté partagée, le domaine d'action publique, à savoir les relations extérieures en France, établirait une distinction entre deux circuits. Le premier concerne le pouvoir central qui détermine de manière inconditionnelle les intérêts nationaux alors que le second concerne le niveau local qui détermine les intérêts d'un territoire[4]. La régionalisation subnationale correspond à une forme de gestion territoriale qui se trouve en adéquation avec les conditions actuelles tout à la fois de l'exercice de la permanence publique et de l'économie mondiale[5]. Dans cette perspective d'économie politique, le phénomène du *New Space* renvoie à la complémentarité des différences entre le national et la régionalisation subnationale. L'action publique engagée dans le cadre des relations internationales s'adapte à un milieu qui permet de saisir l'implication de l'aménagement des compétences dans la sphère de développement de la filière spatiale.

134. Comment envisager cette implication si ce n'est qu'en mettant en exergue que l'action publique dans son volet externe constitue, d'une certaine manière, l'exercice de compétences souveraines dès lors que la titularité des compétences, à quelque niveau qu'elle soit, est égale à celle dont bénéficie les autres Etats. L'exercice des compétences souveraines ne s'impose pas de lui-même, il ramène à une autorité qui est habilitée

---

[1] P. WINSTON, C. HAMMER, « The Changing Character of Sovereignty » in International Law and International Relations, *CJTL* 2004, vol. 43, n° 1, p. 154 (notre traduction).

[2] J.-E. NUÑEZ, *ibid*, p. 648.

[3] A. MARRE, *L'action internationale des collectivités territoriales françaises. La construction d'une coopération interterritoriale et interrégionale dans l'Arc latin et le Maghreb*, thèse de doctorat en droit, Université de Montpellier, 2016, p. 183.

[4] A. MARRE, *ibid*, p. 184.

[5] J. PALARD, « Les régions européennes sur la scène internationale : conditions d'accès et systèmes d'échanges », *Etudes internationales* 1999, vol. 30, n° 4, pp. 657-678.

à l'exercer. Au sein de l'Etat cette habilitation peut être fournie par les normes qui se situent aux échelons supérieurs de l'ordre juridique interne. Toutefois, elles n'existent que parce qu'il y a matière à agir, en vérité, elles répondent à une nécessité. Reste à préciser que l'approche qui se focalise à la fois sur la faculté et la nécessité d'agir crée un sentiment d'appartenance à un groupe d'Etats, ceux qui disposent d'une politique dans le secteur spatial. Ainsi, la répartition des compétences à l'intérieur des Etats, dans le cadre de l'action internationale envisagée, n'aurait plus pour objet théorique de déceler l'existence d'un pouvoir souverain, mais d'être, à travers les conditions d'appartenance à un groupe, le premier indice d'un mouvement qui se décline autour de l'idée de souveraineté. En cela, à partir d'un constat centré sur la réalité de l'Etat, on amènerait le concept de souveraineté à se révéler parce qu'il résulte d'une forme simultanée de reconnaissance et d'exclusion réelle. Dès lors, on ne serait plus dans la recherche d'un fondement théorique axé sur l'identité étatique, mais sur un fondement pratique tenant à la capacité de l'Etat ; c'est en ce sens que l'on pourrait avancer l'idée d'une reconceptualisation. L'approche ouverte sur la reconceptualisation de la souveraineté introduit un élément subjectif marqué par les pratiques des acteurs subnationaux et nationaux et leur objectif. A partir de cette approche, l'Etat n'est pas souverain, il le devient en perdant sa propre objectivité. De cette absence de sens objectif, la qualité d'Etat souverain devient subjective au sens où elle renvoie à des alternatives possibles. Or, il convient de rappeler une évidence, ce qui caractérise le concept de souveraineté en droit international public est qu'il n'offre pas d'alternative parce que, précisément, il est inconditionnel.

135. La souveraineté est un concept beaucoup plus fluide et malléable que sa caractérisation standard comme fixe et immuable dans les affaires internationales[1]. La souveraineté est rarement monopolisée par l'Etat, elle est régulièrement divisée et partagée entre les acteurs étatiques et non étatiques à tous les niveaux de gouvernance[2]. En réalité, le concept de souveraineté pourrait être parfaitement pris en charge par les acteurs subétatiques ; dans certains cas leurs compétences peuvent s'exercer au-delà de leur territoire (échanges économiques relatifs aux

---

[1] J. BARTELSON, « The Concept of Sovereignty Revisited », *EJIL* 2006, vol. 17, n° 2, pp. 463-474 (notre traduction).

[2] J. BARTELSON, *ibid*, p. 466 (notre traduction).

enjeux internationaux de la filière spatiale)[1]. La prise en charge ne signifie nullement l'affaiblissement de l'Etat au regard du droit international public. Ainsi, même lorsqu'un Etat fédéré bénéficie de certaines compétences internationales, il existe toujours une différence de nature entre lui et l'Etat fédéral, car les compétences internationales du premier sont déterminées par le droit constitutionnel fédéral, alors que celles du second dérivent directement du droit international[2]. Quoiqu'il en soit, à l'aune du phénomène du *New Space*, en raison de l'extension du pouvoir local résultant à la fois du transfert et de l'aménagement de compétences en matière d'actions internationales, les compétences des acteurs subétatiques, sous réserve évidemment de respecter les conditions légales, notamment procédurales de leur action, vont en réalité bénéficier à une population plus large que celle de leurs seuls habitants. Leur action dépasse les frontières régionales ou fédérées pour concerner le territoire national. Cependant, la souveraineté représente l'unité, l'Etat exerce son autorité suprême sur une population et un territoire donné, la souveraineté, comme modalité d'action peut dépasser le territoire subétatique, dès lors qu'il existe des enjeux qui prennent sens nationalement. De fait, elle représente l'unité différemment. Cette représentation réalise le passage du droit au fait et amène à considérer la souveraineté dans son aspect sociologique parce qu'elle répond à « l'intérêt du public ».

136. « L'intérêt du public » a le mérite de distinguer, au sein de la population, une communauté de destinataires d'un service[3]. Il est certain que le « public » considéré concerne des individus qui s'intéressent aux activités spatiales. L'expression « intérêt du public » est très étroitement associée à la compétence internationale des acteurs subétatiques. En effet, en « jouant » sur la recherche du niveau adéquat d'exercice sur des compétences pour saisir les enjeux de la filière spatiale pour l'Etat, ce dernier, en fait un principe de valorisation et de légitimation d'une action pour produire du lien social. Grâce à son attractivité, le secteur

---

[1] On parle alors de diplomatie sub-étatique, voire de « paradiplomatie » ; V ; B. PUYBAREAU, R. TAKAM TALOM, « Diplomaties sub-étatiques : régions, parlements et collectivités locales » dans *Manuel de la diplomatie*, sous la direction de T. BALZACQ, F. CHARVILLON, F. RAMEL, Presses de Sciences Po, 2018, p. 195.

[2] M. FORTEAU, A. MIRON, A. PELLET, *Droit international public*, *op. cit.*, p. 614.

[3] D. TRUCHET, « La notion d'intérêt général : le point de vue d'un professeur de droit », *Legicom* 2017, vol. 1, n° 58, pp. 5-11.

spatial génère d'autres activités économiques sur le plan national. Dès lors, la généralisation de l'intérêt du public permet de faire entrer cette expression dans la catégorie juridique de « l'intérêt général ».

137. L'intérêt général est une notion fonctionnelle. Ce sont, en effet, les fonctions qu'il remplit dans un processus de décision qui explique que le législateur l'utilise ; par ailleurs, il fonctionne comme un instrument de l'égalité d'un comportement[1]. La légalité fonctionne comme une norme de reconnaissance quand elle entretient des liens avec l'exercice des compétences souveraines dont elle est l'une des conditions d'exercice. Cela dit, le fait de s'interroger sur la légalité d'un comportement peut sembler incohérent, la légalité désigne à la fois le pouvoir souverain de l'autorité centrale de construire les compétences internationales des acteurs subétatiques et le pouvoir concomitant de restreindre ses compétences. S'agissant de la restriction, en posant le principe qu'il soit laissé le moins de pouvoir que possible aux acteurs subétatiques, la notion de l'égalité apparaît comme la justification de la valeur de la souveraineté. Par ailleurs, s'agissant de la construction, la légalité sert à conjuguer des intérêts locaux aux intérêts nationaux et apparaître de fait comme un manque reflétant indéniablement l'incapacité de l'autorité centrale de s'occuper directement de l'ensemble des intérêts nationaux qui sont en relation avec le contexte spatial actuel et de ses dynamiques. Si dans ces conditions, la légalité préexiste à ses représentations, elle montre que la détermination de l'intérêt souverain invite à cantonner le rôle de l'Etat à des niveaux de pouvoirs intermédiaires entre la légalité et la légitimité.

§2 – Le concept de satisfaction saisit par l'exercice pratique de la subsidiarité

138. La satisfaction joue un rôle significatif dans la garantie de la légalité internationale, elle prend habituellement des formes qui mettent l'accent sur la violation du droit et *a contrario* sur l'obligation de le respecter[2]. La satisfaction saisit un contexte et à cet égard, elle peut aboutir à une situation juridique qui est recherchée pour ce qu'elle est, faisant référence aux compétences revendiquées par les entités

---

[1] D. TRUCHET, *ibid*, p. 9.

[2] C. BARTHE-GAY, « Réflexions sur la satisfaction en droit international », *AFDI* 2003, vol. 49, pp. 105-128.

subétatiques qui s'intéressent aux activités spatiales. Ici, le fait de donner satisfaction ne revient pas tant à aménager des compétences au niveau local pour saisir tous les enjeux du secteur spatial que de construire un espace juridique dans lequel ces compétences prennent sens. Cela dit, il semble que l'on dépasse le strict cadre de la subsidiarité que l'on désigne comme un principe de gestion de l'intérêt du public, permettant d'organiser le plus efficacement possible l'action publique en la répartissant au mieux entre les différents territoires publics d'un même ensemble[1]. De plus, à partir de cette analyse, il apparaîtrait que le concept de satisfaction serve à envisager une autre manière d'interpréter le réel, comme s'il s'agissait de transformer le principe de subsidiarité.

139. Il n'y a pas d'Etat sans territoire, il est l'assiette spatiale de l'Etat. En effet, le droit international et peut-être le bon sens exigent que l'Etat dispose d'une assiette spatiale stable[2]. Cependant, si le territoire constitue l'un des éléments constitutifs de l'Etat, l'une des fonctions du territoire est d'être un espace géographique donné pour agir. Ici, le territoire est le lieu d'exercice du pouvoir souverain de l'Etat. Il est une donnée pour agir qui cherche à privilégier la totalité du pouvoir, plutôt qu'un pouvoir en lui-même, on pense à d'autres pouvoirs qui seraient dimensionnés dans le « local », au niveau de la régionalisation subétatique qui se donnerait à voir comme une réalité intangible. Il convient de noter que l'approche qui concilie territoire et souveraineté se donne à voir dans sa réalité structuraliste, son principe fondamental qui est d'être un espace donné pour agir peut être énoncé comme un principe d'immanence en fonction duquel l'autorité pour agir des entités subétatiques ne peut être analysé qu'à partir de son objet structuraliste. Toutefois, on est confronté à un autre niveau d'analyse d'une autre réalité dont il convient d'examiner avec attention les effets.

140. L'autorité donnée à certaines entités publiques pour agir dans le secteur spatial à l'ère du *New Space*, surtout en termes d'action extérieure, amène lesdites entités à agir pour le développement de leur propre territoire, mais aussi à agir, comme on l'a déjà précisé, presque

---

[1] E. ROBERT, « La subsidiarité : Principe Juridique et Concept Politique », *RHDI* 1995, vol. 48, pp. 183-208.

[2] D. ALLAND, *Manuel de droit international public*, *op. cit.*, p. 39.

par capillarité dans le développement du territoire national[1]. Le territoire « local » doit être appréhendé dans sa fonction constructiviste. Le résultat de ce jeu factuel fait directement entrer le « territoire » dans le « local » : si le local constitue sous cet aspect le lieu où l'on agit, il s'inscrit dans une dimension institutionnelle. Or, cette dernière qui sert à assurer et à conforter la présence des entités subétatiques grâce à un espace d'opportunité, peut servir à les libérer de l'exigence stricte de la subsidiarité parce qu'elle repose sur une plus grande ouverture du champ de l'action. Néanmoins, afin de combiner l'exigence de cohérence entre ce principe d'ouverture et la réactivité institutionnelle, il y a lieu d'ajouter une dimension d'évaluation au principe de subsidiarité conçu comme ce qui limite. Dès lors, il s'agit pour les autorités publiques locales instituées de concevoir leur action sous l'angle de la « bonne gouvernance ». Bien qu'il n'existe pas de définition internationalement reconnue de ce qu'on appelle la « bonne gouvernance »[2], elle dépasse le « strict » principe de subsidiarité qui est en soi un principe de gouvernance.

141. La gouvernance évoque le plus souvent une définition plus flexible de l'exercice du pouvoir reposant sur une plus grande ouverture du processus de décision, sa décentralisation, la mise en présence simultanée de plusieurs statuts d'acteurs[3]. A cet égard, la gouvernance reste d'abord un terme descriptif, dont le contenu vise à examiner les transformations contemporaines des modes de gouvernement, quant à la bonne gouvernance, on l'associe à l'élaboration de nouvelles techniques de gouvernement, notamment à la substitution de l'action unilatérale de l'Etat[4]. Ainsi, contrairement au principe de subsidiarité qui fonctionne comme une contrainte sur la portée de l'action légale des entités subétatiques, la bonne gouvernance dessert cette contrainte et permet de penser autrement la portée de l'action de l'Etat, en la plaçant d'emblée sur le terrain des limites, celles de sa capacité à agir. Elles invitent à rechercher un autre espace d'action et à rendre légitime cette action. Ainsi, la légitimité actionnelle se transforme en légitimité du

[1] *Supra* § 237.

[2] Pour l'étude de O. KASK, « Sur les notions de bonne gouvernance et de bonne administration », Commission européenne pour la démocratie par le droit, Conseil de l'Europe, 2011, n° 470/2008, p. 4 §12.

[3] J. PITSEYS, « Le concept de gouvernance », *RIEJ* 2010, vol. 65, n° 2, pp. 207-228.

[4] J. PITSEYS, *ibid*, p. 216.

droit, obligeant à revoir le concept de territoire comme étant l'espace de la régulation juridique par l'action.

142. Le recours au paradigme de la régulation dans le champ scientifique est désormais indissociable d'une problématique postulant l'obsolescence des formes traditionnelles d'action publique, voir le déclin d'Etat devenu « creux »[1]. La fonction régulatrice du droit se présente d'un point de vue externe comme un moyen de régulation des conduites et d'un point de vue interne, comme un système disposant d'une certaine cohésion spécifique, ce qui suppose l'existence de dispositifs de régulation[2]. Au sens des Etats, le principe de subsidiarité peut servir de critère régulateur à l'exercice des compétences car il exclut les compétences au niveau central lorsqu'une question peut être réglée efficacement au niveau local. En France, l'article L.2121-29 du Code général des collectivités territoriales (CGCT) formule la clause générale de compétence[3]. Elle implique que la commune peut intervenir dans toutes les matières qui présentent un intérêt public local, dès lors qu'elle n'empiète pas sur les compétences attribuées par la loi à l'Etat ou à une autre collectivité territoriale. La ville de Villenave d'Ornon qui fait partie de Bordeaux Métropole s'est très certainement saisie de cette clause de compétence pour autoriser *Starlink*, filiale de *Space X,* à s'implanter sur son territoire. *Starlink* fournit un accès internet à haut débit par satellite[4], il existerait un intérêt public local à bénéficier de ses services là où il y a des projets de fibre optique pour couvrir les zones blanches. Cela dit, si la clause générale de compétence apparaît en tant que modalité d'exercice de la subsidiarité, rendant possible la configuration d'une autonomie encadrée, elle renvoie l'Etat au rôle de régulateur, cantonné à une logique d'ordre.

---

[1] J. CHEVALLIER, « La régulation juridique en question » Droit et sociétés 2001, vol. 49, pp. 827-846.

[2] J. CHEVALLIER, *ibid*, p. 830.

[3] La clause générale de compétence a été supprimée pour les départements et les régions par la loi du 7 août 2015 portant nouvelle organisation territoriale de la République (loi NOTRe).

[4] S. TUSCQ-MOUNET, « Villenave d'Ornon : une station satellite de Space X s'installe aux portes de Bordeaux», consultable sur : *[https://france3-regions-francetvinfo.fr]*, consulté le 4 avril 2023.

143. Cette logique servirait à garantir aux acteurs publics locaux que sont les communes[1] une certaine marge d'action. Certes, s'il s'agit de poursuivre et d'atteindre, notamment par l'exploitation des nombreuses potentialités de la filière spatiale, des objectifs de développement économiques et sociaux, fondamentalement le concept d'action confère à l'autorité centrale régulatrice un statut d'extériorité. Il s'agit d'une extériorité par rapport au lieu où s'exerce l'action d'autres acteurs institutionnels, autrement dit d'une extériorité par rapport à une géographie qui repose sur un mode alternatif qui situe le pouvoir d'agir localement dans un contexte. Le contexte s'attache plus à la manière de concevoir le droit qu'à la recherche de son origine. On voit, dès lors, s'esquisser l'idée selon laquelle la régulation étatique aurait une portée moindre ; elle ne serait qu'un moyen d'établir une relation juridique sur la base de rapport verticaux. Sans doute une façon de concevoir la relation qui unit le droit au fait. Ils ne s'attardent pas sur les faits eux-mêmes et à leur caractère structurant. Or, il apparaîtrait, selon ce postulat structuraliste, que les faits se suffisent à eux-mêmes et ne requièrent pas pour être saisis le recours à des éléments étrangers à leur nature. En vérité, sous couvert d'une certaine autorité fonctionnelle des faits, on serait en présence d'un autre espace de régulation concomitant qui agit à un niveau différent : le « local ».

144. Cet espace de régulation n'est pas neutre, il est connoté idéologiquement dans le but de rechercher un juste équilibre avec l'organisation des compétences conformes à l'ordre étatique. Il est certain que l'absence de neutralité démontrerait que la compétence des acteurs publics locaux n'est pas déconnectée de la réflexion sur le concept de satisfaction. Ce concept apparaît sous couvert d'un rapport d'autorité qui est revendiqué et qui est obtenu, là est donc la satisfaction qui s'apprécie quand les acteurs publics locaux bénéficient de compétences à la hauteur des enjeux internationaux dans le domaine spatial. De manière relationnelle, ce degré de satisfaction élevé irait jusqu'à la possibilité d'envisager une auto-institution desdits acteurs dans le cadre d'un rapport de bonne gouvernance. Le fait de s'instituer eux-mêmes reviendrait à personnaliser une fonction à partir de la divisibilité fonctionnelle du territoire national. La question de la divisibilité devrait se concevoir comme domaine d'intervention.

---

[1] En France, seules les communes peuvent se prévaloir de la clause générale de compétence en vertu de la loi NOTRe.

145. L'idée sous-jacente au domaine d'intervention servirait à promotionner les acteurs publics locaux pour mener leur propre relation avec l'étranger, les faisant apparaître comme une instance de régulation d'une activité qui entraînerait de fait le repli de l'Etat opérateur dans une relation horizontale « cachée ». Cela rendrait le « local » immédiatement important. La rationalité amènerait à le situer dans la perspective structuraliste d'un rapport de domination institutionnelle outre que celui qui reste fondamentalement attaché au respect de l'indivisibilité de l'Etat. En effet, dans ce rapport de domination, les acteurs publics locaux pourraient vouloir exploiter les enjeux de la filière spatiale pour s'approprier le symbole de leur propre autorité qu'implique la non-ingérence de l'autorité supérieure. Le but étant d'éviter que la notion de subsidiarité, portée dans le cas contraire par l'autorité supérieure, ne leur fasse ombrage en autorisant l'ingérence.

146. Classiquement, la souveraineté présente une vision très claire et sans condition de l'autorité : une première caractéristique de la souveraineté est qu'elle est unitaire ; toute souveraineté repose sur une personne ou une institution et cette personne ou cette institution a un pouvoir absolu de commandement sur tous les sujets[1]. Le concept de souveraineté tourne autour d'une réflexion sur les rapports qu'entretiennent l'Etat et la société qu'il gouverne[2]. Dans un Etat fédéral, selon ce que prévoit la Constitution fédérale, les compétences sont partagées entre deux ordres de gouvernement qui sont le gouvernement fédéral qui détermine en grande partie la nature et la forme de la participation des Etats fédérés à la politique étrangère[3].

147. Il s'agit de réaffirmer, du moins en théorie, la « souveraineté » des Etats fédérés dans leur champ de compétences, en matière de politique étrangère. Ainsi, la structure fédérale du Canada autorise, par exemple, la présence des gouvernements provinciaux avec leurs intérêts à faire valoir sur la scène internationale, à la seule condition qu'ils ne soient pas associés à la décision d'entrée en guerre, cette décision demeurant

[1] M. CAHILL, « Sovereignty, Liberalism and the Intelligibility of Attraction to Subsidiarity », *American Jrl of Jurisprudence*, 2013, vol. 61, n° 1, pp. 109-132 (notre traduction).

[2] Il existe une connexion entre la souveraineté qui commande et la personne qui obéit, voir : M. CAHILL, *ibid*, p. 115.

[3] K.-R. NOSSAL, S. ROUSSEL, S. PAQUIN, Politique internationale et défense au Canada et au Québec, PUM 2007, p. 483.

exclusivement du ressort d'Ottawa[1]. En somme, l'action internationale du Canada dans le secteur spatial offrirait un champ de compétence au gouvernement fédéral et aux provinces concernées et imposerait qu'elles soient du moins consultées ou impliquées dans le processus de prise de décision. Naturellement, la répartition des compétences propres au fédéralisme mettrait l'accent sur la notion de gouvernement à paliers multiples. Cette notion intègre à la fois l'indépendance et les interactions entre les différents paliers de gouvernement en matière de politiques publiques[2].

148. La notion de gouvernance à paliers multiples situerait la gouvernance dans un lieu d'échange à l'intersection de l'autonomie et de l'intégration, lié à la nécessité de formuler une politique étrangère unifiée. Le concept d'intégration servirait à affirmer l'autorité de l'Etat fédéral pour décider souverainement pour l'ensemble du territoire national, les actions internationales à mener, puisque seul l'Etat bénéficie de l'immédiateté en droit international[3]. Quant à l'autonomie, elle renverrait à l'efficacité, s'agissant de l'action internationale dans le secteur spatial, elle permettrait aux entités subétatiques de développer leur pouvoir d'agir par des mécanismes visant à construire avec l'Etat fédéral des relations de confiance. Dans la mesure où la confiance libère un espace d'opportunité : cet espace apparaît comme un cadre d'évaluation qui intègre de manière satisfaisante des éléments de comparaison avec l'action du gouvernement fédéral. La comparaison qui accorde le meilleur cadre institutionnel à l'action pourrait se donner à voir comme une réalité permanente inscrite dans la durée, nécessaire pour faire advenir des transformations normatives perçues comme positives parce qu'elles produisent des décisions fonctionnelles, notamment dans le secteur spatial.

---

[1] K.-R. NOSSAL, S. ROUSSEL, S. PAQUIN, ibid, p. 504.

[2] S. PAQUIN, « La gouvernance à paliers multiples : un accent sur le cas de la Belgique », consultable sur : *[https://telescope.enap.ca/Telescope/docs/Index/Vol_13_no_2/Telv13n2paquin.pdf]*, consulté le 06 janvier 2024.

[3] Au sens du droit international, une entité politique doit pouvoir se prévaloir de l'immédiateté internationale pour prétendre être un Etat, voir : M. FORTEAU, A. MIRON, A. PELLET, Droit international public, *op. cit.*, p. 693.

149. Si le principe de subsidiarité fonctionne comme une contrainte sur la portée de l'action légitime de l'Etat[1], cela dit, il y a plusieurs versions de la subsidiarité avec différentes implications pour l'attribution des pouvoirs[2]. Elles diffèrent quant aux objectifs des collectivités locales et des autorités centrales, au domaine et au rôle des autorités centrales, telles que les Etats, à la manière dont elles attribuent l'autorité pour appliquer le principe de subsidiarité lui-même et à la manière dont elles conçoivent les relations entre les niveaux du pouvoir politique[3]. Le principe de proximité de la subsidiarité est clair et bien reconnu ; il semblerait que dans la mise en œuvre, la subsidiarité devienne une force de centralisation du pouvoir sur les lieux de décision les plus éloignés[4]. S'agissant de l'action internationale dans le secteur spatial, la notion de centralisation du pouvoir serait là pour justifier la réaffectation de réelles compétences à des niveaux locaux de décision. Une telle dynamique qui se manifeste dans un monde interdépendant dans lequel les entités subétatiques d'Etats différents sont amenés à coopérer saisit une réalité dans laquelle le changement d'échelle est la règle.

150. En tant que stratégie et mode d'organisation entre le niveau central et local, la question du changement d'échelle en matière d'action extérieure, précise l'origine des intérêts de décision, ainsi que le degré d'autorité opérationnelle des acteurs publics locaux. Au rebours des blocs de compétence, l'articulation des échelles entendrait dissocier la phase d'impulsion de celle de mise en œuvre opérationnelle. L'impulsion ne servant que les seuls intérêts de l'Etat dans une logique d'encadrement juridique des compétences des entités subétatiques, alors que le volet opérationnel servirait à saisir la phase d'impulsion pour la transformer en obligation de résultat. Dans une telle dynamique, l'obligation de résultat serait jaugée en référence aux finalités poursuivies par l'autorité souveraine étatique, mais aussi dans une logique systémique de relations entre elles et les entités subétatiques.

---

[1] A. BOGG, « Subsidiarity or Freedom of Association ? A perspective from Labor Law », *American Jrl of Jurisprudence*, 2018, vol. 61, n° 1, pp. 143-174 (notre traduction).

[2] A. FOLLESDAL, « The principle of subsidiarity as a constitutional principle », *Global Constitutionalism*, 2013, vol. 2 n° 1, pp. 37-62 (notre traduction).

[3] A. FOLLESDAL, *ibid*, p. 41(notre traduction).

[4] M. CAHILL, « Subsidiarity as the Preference for Proximity », *op. cit.*, p. 130 (notre traduction).

151. Cette logique systémique est lourde d'enjeux. Cela signifie en clair que les compétences en matière d'action internationale des entités subétatiques jouissent d'une autorité spécifique que leur attribue d'autres compétences. Ces dernières ne font que constater le fait que les premières existent parce que les entités subétatiques bénéficient d'une expertise dans l'aide au développement des activités spatiales rentables. Il s'agit d'une démarche d'échanges d'expérience. L'expérience est appropriée dans la phase d'impulsion de l'action internationale parce qu'elle la précède de manière informelle ce qui revient à transformer les acteurs locaux en décideurs de l'action internationale.

152. L'élément décisionnel rappelle les contraintes de l'action internationale, surtout quand elle se réfère à un niveau hiérarchique et que l'on place la décision au sommet de l'échelle hiérarchique. Il est évident que ce positionnement est porteur de sens surtout quand on affirme qu'il est excellent en raison de la qualité des entités subétatiques. On passe à une autre logique selon laquelle, le système mérite d'être approuvé parce qu'il porte en lui-même un critère de reconnaissance qui sous-tend les mesures qui doivent être prises afin d'évaluer la qualité de l'action internationale. Précisément, pour satisfaire ce critère de reconnaissance, il est nécessaire de réserver une place centrale à la question des sources du droit. Cette question situe l'expertise des entités subétatiques au premier stade de l'action juridique internationale. Considérée comme ce qui est conforme à ce que l'on attend d'elle, la question des sources du droit renvoie au critère de la bonne gouvernance pour les États qui se l'approprient et qui acceptent une autre conception de la création du droit à partir d'un travail institutionnel décentralisé qui ne consiste qu'en des règles primaires.

Conclusion de la section

153. L'institutionnalisation d'un partenariat au niveau national à l'ère du *New Space* débouche sur un type d'organisation permettant à des partenaires étatiques et non étatiques d'atteindre des objectifs communs. Ce partenariat qui sert à initier des actions renvoie à un mode de gestion de l'intérêt public sur la scène internationale. Le mode de gestion envisagé offre des perspectives en termes de reconnaissance des qualités institutionnelles des acteurs privés. La reconnaissance saisit une identité qui sert à confronter une position qui projette l'acteur privé dans un espace de construction sociale dans lequel l'identité

institutionnelle de l'Etat se pose surtout quand il est confronté à des pratiques de *marketing* territorial. De là, apparaît le concept de territoire « local » : En se situant dans une perspective constructiviste, ce concept est susceptible de faire évoluer le principe de subsidiarité pour tendre vers un autre principe qui est celui de « bonne gouvernance ». Ce dernier constitue un espace de régulation conçu dans un rapport de domination, il implique la non-ingérence de l'autorité supérieure étatique dans les affaires locales.

Section II - Le partenariat institutionnalisé au niveau supra-étatique comme conséquence de la mise en œuvre des politiques spatiales

154. Au niveau supra-étatique, le partenariat institutionnalisé se matérialiserait sous la forme « d'organisations internationales ». Si ce terme est habituellement utilisé pour décrire une organisation mise en place par convention entre deux ou plusieurs Etats[1], l'acte constitutif de l'organisation qui l'a créé, définit ses moyens et ses compétences, limitant son action à un domaine[2]. Le caractère institutionnel est déterminé par ce domaine d'action. Dans le domaine spatial, très tôt des initiatives de pays arabes ont été lancées *via* la Ligue des Etats arabes (dans le domaine des télécommunications avec Arabsat). Mais la démocratisation de l'accès à l'espace et les effets du *New Space* ont accéléré le phénomène[3]. Le *New Space* révèle le potentiel de croissance qu'offre l'espace. Par sa capacité à mener des actions de coordination, comme la mentionner le premier paragraphe de l'article 189 du Traité sur le fonctionnement de l'Union européenne (TFUE) l'Union possède désormais un mandat explicite pour élaborer une politique spatiale[4].

155. Cela dit, si l'on se situe dans une perspective réaliste, les formes de partenariats institutionnalisés comporteraient un enjeu du point de vue de la reconnaissance du contexte factuel auquel s'applique la

---

[1] A. ORAKHELASHVILI, *Akehurst's Modern Introduction of International Law*, Routledge 2022, 9è éd., p. 77 (notre traduction).

[2] W. TAMZINI, C. ROCHE, L'essentiel du droit essentiel public, op. cit., p. 74.

[3] B. HAINAUT, « La "conquête de l'espace" par les Etats arabes », DSI 2019, n° 144, pp. 38-43.

[4] O. DONGAR, « La compétence de l'Union européenne dans le secteur spatial. La traduction juridique d'un volontarisme politique », *RFDAS* 2014, vol. 270, n° 2, pp. 125-137.

catégorie idéelle qu'il saisit. Ainsi, la possibilité de construire le contenu factuel d'une nouvelle forme de catégorie juridique qui serait constituée par les organisations internationales qui agissent dans le domaine spatial mérite l'attention. En effet, la distinction entre le cas réel et la situation idéelle ne peut être maintenue s'agissant de décrire le contenu factuel de la catégorie juridique car le cas réel fait lui-même l'objet d'une représentation idéelle[1]. L'interprétation qui peut en être donnée serait l'assise factuelle de la catégorie juridique (§1). L'objectif de cette réflexion pourrait servir à élargir le répertoire de la catégorie juridique en droit international public. Le débat sur l'élargissement de cette notion offrirait une opportunité de penser la relation entre la spécificité et l'efficacité (§2).

§1 - L'assise factuelle comme outil de reconnaissance d'une catégorie juridique restreinte

156. Madame le Professeur Raphaële Rivier a rappelé que pour que l'on puisse conclure à l'existence d'une catégorie juridique et non pas seulement à la présence plus ou moins organisée d'une multitude d'organisations au sens d'institutions internationales, il faudrait pouvoir dénicher un ensemble articulé autour d'une règle d'identification unique et d'un statut type[2]. Il n'y aurait catégorie juridique « organisation internationale » que si les entités répondant à la définition générale se voyaient automatiquement dotées d'une condition statutaire que si la satisfaction des critères définitoires déclenchait l'application d'une règle générale[3]. S'il s'agit ici de soumettre les organisations internationales à une règle générale qui serait constitutive d'une catégorie, la recherche en catégorisation des organisations du moins celles qui agissent dans la filière spatiale doit nécessairement partir des faits sociaux. Renvoyant à des représentations et à des significations que leurs confèrent les acteurs, les faits sociaux[4] permettent de démarquer des catégories. Ce

---

[1] M. CUMYN, F. GOSSELIN, « Les catégories juridiques et la qualification. Une approche cognitive », *Revue de droit de Mc Gill* 2016, vol. 62, n° 2, pp. 329-387.

[2] R. RIVIER, « L'utilité de la conceptualisation d'un genre "organisation internationale" » dans *Le Phénomène institutionnel dans tous ses états : transformation, déformation ou reformation ?* sous la direction de L. DUBIN, M.-C. RUNAVOT, Pedone 2014, pp. 19-37.

[3] R. RIVIER, *ibid*, p. 23.

[4] J. HAGE, « The Meaning of Legal Status Words », *in Concepts in Law*, dir. J. HAGE, D. VON DER PFORDTEN, Springer 2009, pp. 61-62 (notre traduction).

qu'il faut retenir, c'est que la démarcation des catégories est une question qui appartient à la structure de la réalité[1] et à cet égard, la présence du « spatial » dans la compétence de certaines organisations internationales relèverait indéniablement du social.

157. La dimension causale se retrouverait au centre d'une certaine sociologie du droit et se traduirait par la création des organisations internationales, comme l'expression de rapports librement établis et consentis par un groupe d'Etats. A titre illustratif, l'UE peut d'abord être considérée comme une organisation internationale au sens où ces Etats membres lui délèguent des pouvoirs et des compétences. Néanmoins, ses caractéristiques institutionnelles de troisième type, ni étatiques ni strictement organisationnelles ; son projet politique propre[2], notamment dans le domaine spatial, lui confère une réalité sociale. Cette réalité s'inscrit dans le cadre de la relation partenariale que l'UE entretient avec ses Etats membres[3].

158. Le point focal de ce partenariat saisit un contexte spécifique qui amène d'autres Etats à l'ère du *New Space* à se regrouper en créant des partenariats dans d'autres organisations internationales. Ces situations factuelles engendrent des règles de droit qui forment un régime juridique. Il appert que cet ensemble de règles de droit en question est lui-même une catégorie juridique[4]. Cette catégorie juridique pourrait se focaliser sur une mise en relation ramenant d'emblée à une catégorie générique qui comprend la situation factuelle de l'action fondée sur un projet. Cependant, le fait de fonder l'action sur un projet amène à retenir une définition restrictive de la catégorie juridique, ce qui n'est pas sans conséquence, du moins du point de vue théorique, sur l'appréciation des éléments du système juridique constitué par les organisations internationales. Le système est un ensemble organisé d'éléments, pour décrire la cohésion des éléments du système on trouve les adjectifs « ordonné », « structuré », l'une des caractéristiques du système est son

---

[1] J. HAGE, *ibid*, p. 56 (notre traduction).

[2] S. BESSON, *Reconstruire l'ordre institutionnel international*, Fayard 2021, p. 29.

[3] L'UE dispose à cet égard d'une compétence d'appui (article 6 du TFUE).

[4] La catégorie juridique serait définie comme un ensemble de situations factuelles soumises à un régime juridique commun : Voir M. CUMYN, F. GOSSELIN, « Les catégories juridiques et la qualification. Une approche cognitive, *op. cit.*, p. 335.

unité[1]. Si l'on considère l'unité comme le point de départ du système, elle permet de dépasser la dichotomie « Catégorie juridique/Organisation internationale » pour ne servir en réalité que des acteurs dans une perspective systémique englobante.

159. L'analyse de cette logique d'action est l'expression d'une posture qu'adopterait les organisations internationales en situation et elle s'associe à la volonté d'articuler le « comportement » de ces organisations sur la question de leur appartenance au système. De ce point de vue, l'analyse systémique tend à différencier les éléments qui appartiennent au système de ceux qui n'en font pas partie. Dès lors, il ne suffit pas dans cette analyse d'identifier les éléments de reconnaissance du système. La reconnaissance gagne à se rapprocher de la question du degré d'appartenance. Dit différemment, il existerait une théorie de l'action systémique fondée sur la logique du projet, en l'occurrence, celui qui pour mieux saisir les nombreuses potentialités de développement qu'offre le phénomène du *New Space* (situation factuelle) ne prend pas en compte les multiples dimensions de l'agir, mais la seule dimension de l'agir (régime juridique spécifique). Là serait la meilleure approche pour reconnaître une catégorie juridique restreinte. La rationalité conduirait à s'intéresser uniquement aux comportements offensifs internes aux organisations internationales, donc dans le cadre du jeu organisationnel qui se déploie entre elles et leurs Etats membres à l'ère du *New Space*.

160. En vérité, le fait de privilégier le « jeu organisationnel » comme facteur d'importance, a pour corollaire de dépasser la relation acteur/système au profit d'une logique d'action qui s'appuierait sur le lien « système-catégorie juridique ». Si ce lien naît de la similarité des projets propres aux activités spatiales, ce qui est prescrit par le système dans ce qu'il a d'unitaire et de dynamique, l'association avec le concept de catégorie juridique apporte un éclairage pertinent sur le fait qu'il existe nécessairement des contraintes dans l'appartenance au système. Ce qu'il faut retenir, c'est que l'on ne saurait entamer une recherche en catégorisation sans penser à ces contraintes qui servent à encadrer la liberté d'action des Etats membres des organisations internationales. Il

---

[1] M. CUMYN, « Les catégories, la classification et la qualification juridique : réflexions sur la systématicité du droit », *Les Cahiers de droit*, 2011, vol. 52, n° 3-4, pp. 351-378.

s'agit, non seulement de se référer à un comportement référent, mais à un système normatif qui constitue la règle d'identification unique de ce comportement. La rationalité de l'action cherche à mettre au jour les dispositions normatives qui s'inscrivent dans le paradigme de l'action, que revendique les Etats membres des organisations internationales dans les actes constitutifs de ces dernières.

161. Dans ces conditions, le contenu des dispositions normatives de référence fait place à l'idée d'un agir projectif. Outre qu'il synthétise rapidement une approche qui sert à faire reconnaître une différence, cette différence relèverait de l'existence d'une méta-règle. La méta-règle correspond à la règle de niveau supérieur qui permet à un système à base de connaissances de déterminer quand il doit utiliser telle règle ordinaire plutôt que telle autre[1]. Cependant, la méta-règle fait naître un rapport de réciprocité se présentant comme le prolongement de dispositions déjà présentes, à savoir celles qui impliquent une identité de régime, ce régime qui est constitué de règles, ainsi que d'objectifs, peut-être substantif d'un groupe unique : l'acteur. Ici, la nature conceptuelle de l'action d'agir qui révèle la présence de l'acteur est étroitement liée à sa fonction d'offrir une vue spécifique de la notion d'institution pour savoir si elle fait partie de la catégorie visée, ou si elle se situe à l'extérieur de celle-ci. Elle en fait partie dès lors qu'il s'agit d'une catégorie restreinte.

162. Chaque catégorie contient l'ensemble des situations factuelles passées ou à venir auxquelles elle est susceptible de s'appliquer[2]. L'exercice d'une compétence dans le secteur spatial est en soi une situation factuelle qui restreint le nombre des acteurs qui l'exercent. En soi, il n'y aurait aucune difficulté à associer le terme « restreint » à celui de catégorie dès lors que ce terme est synonyme de fonction spécifique. La difficulté viendrait de la portée « trop » restreinte non pas parce que cela ferait douter de l'importance de la catégorie dans la vie sociale, mais parce que cela ressemblerait davantage à un isolement. En effet, une catégorie restreinte ne permettrait pas de saisir l'identité de régime nécessaire à l'identification d'une autre catégorie juridique car, quand

---

[1] F. PARIS, N. GHEI, « The Role of Reciprocity in International Law » *Cornell International L. J*, 2003, vol. 36, pp. 93-123 (notre traduction).

[2] M. CUMYN, F. GOSSELIN, « Les catégories juridiques et la qualification. Une approche cognitive, *op. cit.*, p. 336.

on parle de « catégorie restreinte », on distingue les situations factuelles de celles visées par une autre catégorie plus générale pour ne pas leur appliquer le régime juridique de cette dernière. Le critère de l'inapplication témoigne de l'importance que revêt la notion de différence en droit. La différence comme règle permet de privilégier telle ou telle conception de la différence. La règle selon laquelle, les organisations internationales qui interviennent dans le secteur spatial et qui précisément, entretiennent avec leurs Etats membres des relations fondées sur l'exercice d'une compétence d'appui, serait particulièrement pertinente dans l'idée du rattachement à une catégorie restreinte, précisément parce qu'elle exprime une différence. La différence permettrait de s'accorder sur l'existence d'une catégorie, car elle revêt un caractère substantiel se situant au cœur des intérêts pratiques les plus concrets. La différence les enrichit également en s'attachant au-delà du contexte factuel dans lequel ils se situent, à la dimension institutionnelle de la catégorie qu'ils représentent.
Cette dimension institutionnelle sert à mettre en avant le principe d'une logique d'action. Or, dès lors que l'on conçoit cette logique d'action à l'intérieur d'un système qui s'organise autour d'un régime juridique, fait d'une règle de compétence, on apporte à la notion de catégorie restreinte une visée auto référentielle. Ici, l'auto référentialité pourrait servir à sélectionner les organisations internationales qui interviennent dans le secteur spatial à partir d'un régime de compétence. En effet, soit ce régime privilégie une logique d'action, expliquant l'octroi de compétences à certaines organisations internationales au regard d'un ensemble de situations factuelles, soit ce régime privilégie le fondement de l'aménagement de l'action qui s'appuie sur les mécanismes de domination dans le « jeu » relationnel entre l'organisation internationale et ses Etats membres. La perspective réaliste mettrait ce régime juridique propre fondé sur le fondement de l'aménagement de l'action dans une catégorie restreinte, puisqu'au-delà de son assise factuelle qui saisit un contexte, indéniablement, c'est la logique d'ordre liée au statut d'Etat qui domine.

163. On postule que les acteurs non étatiques, loin d'être rétrogradés au rang d'entités factuelles et non pertinentes dans un système à dominante états-centrée peuvent se voir confier des fonctions étendues et déterminantes en termes de conception et de compréhension du fonctionnement des règles secondaires du droit international relatives

aux sources[1]. Au-delà du fait qu'il existe un éventail d'acteurs, y compris une série d'acteurs non étatiques qui peuvent être considérés dans la lutte argumentative sur le droit international[2], l'appréhension de la question des sources peut aller dans deux directions. Ou bien l'on considère, ce qui est vrai, que les sources sont au fondement du droit, ou bien l'on considère que précisément, que parce qu'elles sont au fondement du droit, il existe des raisons de penser qu'elles constituent un « schéma de représentation » d'un ensemble de situations factuelles. Il s'agit de préciser que la qualification des conduites qui s'y attachent, est centrale.

164. La qualification consiste à retrouver dans la chose à qualifier une « essence ou structure typique », s'inscrivant dans notre répertoire des catégories[3]. L'opération de qualification est un mode de réalisation du droit en liant les faits au régime juridique correspondant. La qualification sert à reconnaître dans un ensemble de situations factuelles qui soulève la question de savoir à qui incombe la charge de représenter les intérêts d'un groupe d'Etats dans le secteur spatial, la présence d'organisation internationale. S'il s'agit ici de se représenter de façon synthétique une fonction, celle-ci suppose que les organisations internationales construisent le fondement d'une singularité dans l'exercice même de cette fonction. Cette singularité contient des informations sur la meilleure façon d'aborder la question de la crédibilité des organisations internationales. Les organisations internationales crédibles sont celles qui sont déterminantes dans l'évolution des faits sociaux. Leur présence implique de concevoir une causalité complète. Sa fonction change lesdits rapports de façon directe par la mise en œuvre d'un régime de coopération, mais aussi de manière indirecte, comme mobile de l'action sociale des Etats. Il faut comprendre le terme « mobile », comme ce qui sert à corriger l'activité d'entités qui sont rationnellement égoïstes et qui, de fait, sollicite l'action des organisations internationales comme facteur d'influence sociale.

---

[1] J. d'ASPREMONT, « Non-State Actors and the Social Practice of International Law » *in Non-State Actors in International Law*, dir. M. NOORTMANN, A. REINISCH, C. RYNGAERT, Hurt Publishing 2015, pp. 11-32 (notre traduction).

[2] J. d'ASPREMONT, *ibid*, p. 14 (notre traduction).

[3] P. AMSELEK, *Cheminements philosophiques dans le monde du droit et des règles en général*, Armand Colin 2012, p. 446.

165. Là est l'identité institutionnelle qui renvoie à une logique d'action. Sans cette logique, le concept d'identité institutionnelle serait vague. Identifié au moyen d'une interprétation « *in concreto* », le régime juridique de coopération mis en œuvre par l'organisation internationale tombe dans le champ d'application du concept. Ce n'est pas tant le caractère descriptif de ce régime qui est important, même s'il décrit une situation factuelle, que la reconnaissance d'une rationalité stratégique. Cela signifie que les organisations internationales ont de bonnes raisons d'agir dans le secteur spatial, notamment pour saisir tous les enjeux qu'offre le développement des activités spatiales à l'ère du *New Space*, parce qu'elles ont un rôle central dans le contexte dans lequel elles se trouvent. La centralité se pose d'emblée comme une posture d'ouverture théorique dans un projet affiché dès le départ. Il faut comprendre ce projet comme le façonnement conjoint d'une action et d'un contexte. Dans la mesure où le contexte n'est qu'un attribut additionnel qui caractérise l'action, à cet égard, c'est la relation entre le contexte et un régime, qui conduit à se poser la question de la nature juridique de l'action.

166. La nature juridique est ce qui constitue l'essence, la substance d'une chose au regard du droit[1]. En cohérence, la nature juridique de l'action serait celle d'un acte de volonté, dès lors, on se trouve face à une alternative. Ou bien l'on considère, ce qui est actuellement l'état de l'ordre juridique, que les organisations internationales qui interviennent dans le secteur spatial bénéficient d'une extension des pouvoirs qui leur confèrent leurs Etats membres. L'effectivité de leurs décisions repose généralement sur la volonté de leurs Etats membres. Dans ces conditions, on ne fait que décrire une situation telle qu'elle existe *de lege lata*, et l'analyse du droit positif ne peut être incohérente, ou bien l'on considère que la plénitude de l'acte de volonté impose précisément une autre cohérence qu'il s'agit de découvrir. Là, on s'attache à une analyse, telle qu'elle existe *de lege ferenda* qui plaide en faveur de la recherche d'une identité progressive en droit international public. L'acte de volonté étant l'interface entre le mécanisme identitaire qu'il saisit et la mise en œuvre du régime juridique qui lui correspond.

167. Reste à préciser que si le régime juridique est un moyen d'assimilation par lequel les organisations internationales vont s'adapter

---

[1] G. CORNU et association Henri Capitant, *Vocabulaire juridique*, op. cit., p. 680.

à une situation factuelle, le régime juridique est également un moyen de différenciation. La différenciation vis-à-vis de cette situation factuelle, étrangère à une autre action du moment. Cette lecture renvoie à l'idée de singularité car elle porte témoignage de la réalité à un moment précis. Cependant, la singularité serait susceptible de renvoyer à une catégorie d'origine identitaire qui pourrait provenir des organisations internationales, qui les premières ont reconnu la dichotomie « assimilation/différenciation ». Si d'un point de vue factuel, il s'agit de mettre en lumière « l'effet de typicalité »[1], les organisations internationales qui seraient les premières à s'en réclamer, en tant que précédent, pourraient progressivement redéfinir les contours des catégories autour de l'identité.

§2 - L'élargissement de la notion de catégorie juridique à partir d'une mise en relation entre la spécificité et l'efficacité

168. L'institutionnalisation d'un partenariat répond à la création d'une action. De plus, le statut d'un agir collectif qui s'exerce dans le cadre des organisations internationales, prend en considération une dimension sociale, celle du *New Space*. Le phénomène du *New Space* sert à analyser l'impact d'un contexte, qui forcément n'est pas neutre, sur l'action des organisations internationales, comme systèmes ouverts et sociaux, lesquels se maintiennent comme une constante interaction avec le milieu ambiant. A première vue, cette logique interactive se coule dans le moule de la spécificité, car agir pour saisir un contexte, consiste à trouver le cadre paradigmatique selon lequel cette spécificité s'exprime. Elle s'exprime d'autant mieux qu'elle est efficace.

169. L'efficacité d'une organisation qui interroge sa capacité à remplir les fins pour lesquelles elle a été instituée, reste difficilement commensurable et objectivable au regard du caractère providentiel desdites fins[2]. La mesure de l'efficacité des organisations souvent animée de finalités communes ou connexes peut notoirement s'exprimer lorsque les organisations en arrivent à rechercher un « type » de

---

[1] M. CUMYN, F. GOSSELIN, « Les catégories juridiques et la qualification. Une approche cognitive, *op. cit.*, pp. 350-351.

[2] L. DUBIN, M-C. RUNAVOT, « Représentativité, efficacité, légitimité : des organisations internationales en crise ? », dans Droit des organisations internationales, sous la direction de E. LAGRANGE, J-M. SOREL, LGDJ 2013, pp. 77-103.

résultats. Il semblerait qu'il soit motivé par la recherche d'un objectif, celui de « mieux légiférer » dans les relations internationales. Le « mieux légiférer » tient aux nombreux efforts qui ont été menés par les Etats et les organisations internationales dans le but d'améliorer les modes de création du droit international et d'assurer à la fois une meilleure efficacité et une plus grande effectivité à ses dispositions[1]. Il est certain que ce projet saisit une situation factuelle, tant il paraît évident, qu'il apparaît de manière automatique. En vérité, le phénomène du *New Space* met en lumière la nécessité de produire des normes juridiques, permettant, grâce aux activités spatiales, la mondialisation. La logique d'efficacité, donc la meilleure légifération est, certes normative. En outre, elle reste aussi un facteur de légitimation de l'action de l'organisation internationale qui la porte. La légitimation de l'action accompagne l'efficacité normative, car une action est d'autant plus légitime quand son efficacité se révèle. Ainsi, le concept de légitimation intervient surtout en aval de l'appréciation de l'efficacité des normes ; il constitue en ce sens, une opération conjointe qui amène à en tenir compte au regard de la catégorie qui semble susceptible de lui convenir.

170. Cette catégorie est représentée par un modèle circonstancié ; ce modèle n'est pas celui de l'organisation internationale qui se rattacherait à une catégorie juridique potentielle parce que le niveau de compétences qu'elle exerce dans le secteur spatial serait plus sensible au contexte du *New Space*, comme le veut la théorie du modèle. En vérité, ce modèle serait lié aux attributs que l'on octroie aux compétences exercées en tant que moyen d'appréciation de l'efficacité institutionnelle pour saisir le régime juridique qui est le plus adapté à la situation factuelle correspondante. L'intérêt de la théorie du modèle serait de consacrer un exemple à suivre, cela signifie que la théorie du modèle n'aurait de sens que quand elle s'envisage sous l'angle d'un projet réformateur. C'est en comparant l'organisation internationale qui serait la plus porteuse de ce projet aux autres organisations internationales que l'on active une réforme qui est suffisamment pertinente pour décider de son appartenance à une catégorie. Cette méthode consiste à partir du concept de réforme et à l'envisager comme

[1] R. LE BOEUF, « Peut-on mieux légiférer en droit international ? », dans *La fabrication du droit de l'Union européenne dans le contexte du Mieux Légiférer : du modèle à la réalité*, sous la direction de N. RUBIO, DICE Editions, 2018, pp. 45-62.

un « ordre de contrainte », car c'est la contrainte qui fait naître la réforme puisqu'elle est l'expression d'une nécessité. Le concept de réforme est doctrinal ; il relève avant tout d'un discours sur l'intelligence du droit, confortant ce que l'on devrait nommer par souci de précision : « droits des organisations internationales ».

171. Le droit des organisations internationales serait une discipline à part entière, il s'agirait là d'une branche du droit contenant en particulier l'ensemble des règles générales établies qui régissent la création des organisations internationales, le fonctionnement de leurs structures (à savoir de leurs organes et composantes organiques), le fonctionnement de ses organisations dans l'arène internationale, leur fonction de création du droit et partant de régulation du comportement d'autres acteurs des relations internationales (que ce soit les Etats ou les individus), ainsi que le rôle qu'elles jouent, non seulement au sein de la société internationale, mais aussi dans les systèmes juridiques nationaux[1]. Par ailleurs, si on s'attarde sur la fonction de la régulation qui participe à l'extension du champ opératoire du droit des organisations internationales, il s'avère que c'est cette fonction qui favorise l'interférence entre le droit national et le droit international. Cela dit, le droit national porte des valeurs. Notons qu'il est caractérisé par des normes qui sont favorables au secteur privé qui s'intéresse aux activités spatiales[2]. A cet égard, la prise de conscience croissante du potentiel économique de l'espace extra-atmosphérique et des corps célestes augmente les chances de forger un ordre juridique international pour l'utilisation commerciale de l'espace[3]. Si ces valeurs commerciales sont susceptibles d'être présentées dans le droit des organisations internationales, comme émanation du droit national, elles doivent être considérées comme faisant partie de la sphère d'efficacité du droit des organisations internationales. Dès lors, on peut deviner ce que recouvre

---

[1] B. KUŹNIAK, P. TUREK, « Le droit des organisations internationales : modèle et moteur du droit international », *Archiv des Völkerrechts* 2015, vol. 53, n° 3, pp. 390-399.

[2] Le domaine de l'espace s'est construit autour d'une domination par plusieurs acteurs, dont les entités privées, voir : R. NATHWANI, « Privatisation of outer space » *Jus Corpus L. J.* 2022, vol. 2, n° 4, p. 1275.

[3] S. HOPE, « The Impact of New Developments on International Space Law (New actors, Commercialisation, Privatisation, Increase in the Number of Space-Faring) », *Unif. L Rev* 2010, vol. 15, n° 4, p. 878 (notre traduction).

dans ce domaine le concept d'efficacité du droit ; il peut se traduire par la privatisation des normes générales.

172. La privatisation des normes juridiques des organisations internationales désigne une réalité bien distincte. Le terme de « privatisation » est employé tout autant dans sa dimension formelle (le recours aux formes du droit privé), que substantielle (le transfert temporaire ou définitif d'activités publiques au secteur privé), étant entendu que la mise en œuvre du transfert au secteur privé s'accompagne généralement du recours aux formes du droit privé[1]. Au-delà de faire grandir l'influence des acteurs privés dans le fonctionnement des organisations internationales, la privatisation des normes juridiques permettrait aux acteurs privés qui agissent dans le contexte de la mondialisation afférent au phénomène du *New Space* de s'intercaler entre leurs Etats et les organisations internationales auxquelles ils appartiennent. Selon la logique du fonctionnement des organisations, il faut considérer que pour pouvoir rentrer dans l'espace public, les normes internationales ne peuvent pas perdre leur particularité privée.

173. La prise en considération de la notion de particularité marque la présence des entités privées au cœur de l'action juridique. Dans ces conditions, élément le plus caractéristique de la logique d'efficacité, la particularité apparaît comme la capacité d'enrichissement de certaines normes juridiques internationales, s'inscrivant dans la stratégie du « mieux légiférer » qui peut participer dans un contexte spécifique à l'institutionnalisation des rapports internationaux. Cela voudrait dire au final, que c'est le phénomène d'institutionnalisation qui ferait véritablement l'objet de la norme, la stratégie du « mieux légiférer » n'étant que la condition *sine qua none* de celle-ci. Selon cette analyse, ce qui doit être, est bien la participation des entités privées à l'institutionnalisation des rapports. Si cette dernière constitue une mise en équivalence avec une identité organisationnelle qui peut se réclamer du rationnel, le terme « identité organisationnelle » s'oriente cette fois vers une « interprétation catégorielle ». La notion d'identité qui marque la forte présence des entités privées dans le mécanisme

[1] R. BISMUTH, « La privatisation des organisations internationales » dans *Droit des organisations internationales* sous la direction de E. LAGRANGE et J-M. SOREL, LGDJ 2013, pp. 192-198.

d'institutionnalisation des rapports internationaux, peut être abordée comme étant l'enjeu d'une catégorie dès lors qu'elle participe à une production normative identitaire. Dans ce cadre-là, l'identité s'inscrit dans une logique de transformation des modalités de gouvernance des rapports internationaux.

174. Il s'agit de préciser, s'agissant de la transformation, que la notion d'identité normative peut-être proposée pour tenir lieu de support d'identification des organisations internationales de manière à convertir leurs identités individuelles en identités collectives prescrites par les valeurs de performance pour saisir l'objet de l'enjeu de la mondialisation dans le secteur spatial. La mondialisation exacerbe un besoin de coopérer. Alors que la communauté internationale a besoin de plus et non de moins de coopération, il est également clair que les règles de fond et les modalités de gouvernance qui sous-tendent le système existant ont besoin d'être réformées[1]. La réforme est censée mettre en place, au-delà de sa logique de transformation, une stratégie d'amélioration du système de gouvernance quand l'identité normative apparaît comme le « moteur » de la représentation sociale du système. Or, cette dernière doit pouvoir s'appréhender dans sa totalité et de façon réactive pour dissocier parmi les intervenants du système ceux qui ont un rôle passif ou actif.

175. Il faut reconnaître aux intervenants actifs certains attributs. Est actif celui qui a un rôle prépondérant dans le régime de coopération qui matérialise les relations internationales. En cela, l'intervenant actif constitue le niveau de base du régime qui saisit une situation factuelle qui n'est pas neutre. Si l'identification de l'intervenant actif s'opère en raison du premier niveau de construction des normes, c'est à partir de ce niveau que l'on peut créer une catégorie dont on manipule les attributs caractéristiques pour vérifier le degré d'intervention dans le régime de coopération. En effet, les organisations internationales ont pour fonction d'agréger les préférences, de favoriser la coopération, en créant des possibilités dans ce domaine[2]. Cette création à un effet systémique dont le centre de gravité requiert un effort de

---

[1] S. HAGAN, « International Organizations and the Development of International Law », *Georgetown JIL* 2021, vol. 52, n° 4, pp. 863-864 (notre traduction).

[2] S. PAQUIN, « Les organisations internationales dans la théorie des relations internationales », *RQDI* 2021, p. 18.

particularisation. Cela signifie qu'en créant des possibilités de coopération dans le secteur spatial, la mondialisation constitue la situation factuelle la plus adéquate pour saisir le niveau de base, autrement dit pour le rattacher aux acteurs privés. Toutefois, si l'on doit rattacher le concept d'efficacité au niveau de base du régime de coopération mis en œuvre par les organisations internationales, c'est que l'on considère que les Etats membres de ces dernières ont finalement un rôle passif au sein d'un niveau de construction qui privilégie comme point d'entrée de la construction du régime, le niveau de base. Il appert que la construction de ce régime ne peut échapper à la nécessité d'une rationalisation, car le niveau de base apporte un élément de concrétude que ne partage pas un autre niveau. Cet élément de concrétude est le point d'entrée d'une classification catégorielle qui se fonde dans sa totalité sur le caractère analogique propre à l'exercice pratique d'un mode de création du droit. Cela revient à restructurer les identités portées par certains intervenants des relations internationales pour vérifier le champ d'extension des catégories spécifiques dans une logique d'efficacité.

176. On retrouve des traces contemporaines de l'omniprésence de la présence des organisations internationales dans le discours sur le développement et la gouvernance qui imprègne et se déploie dans la législation internationale[1]. Une telle omniprésence pourrait correspondre à la vision juridique de ce que pourrait être une extension des pouvoirs des organisations internationales à l'ère du *New Space*. Les pouvoirs sont l'instrument juridique de l'exercice d'une fonction[2]. Appréhender dans sa plénitude, l'élément fonctionnel constituerait pour certaines organisations internationales un cas concret d'extension de leur pouvoir au-delà des actes constitutifs[3]. A titre illustratif, l'UE a développé une industrie spatiale qui occupe une position importante sur le marché des lanceurs et des satellites générant des milliards d'euros de

---

[1] G. VASCONCELOS VILAÇA, « To Reform the World: International Organizations and the Making of Modern States », *International Organizations L R* 2018, vol. 15, n° 1, pp. 221-230 (notre traduction).

[2] G. CAHIN, « La variété des fonctions imparties aux organisations internationales » dans *Droit des Organisations internationales*, sous la direction de E. LAGRANGE, J.-M. SOREL, LGDJ 2013, pp. 671-704.

[3] Il existerait des règles souples, dures, mobilisées et opérationnelles qui expliqueraient l'extension des pouvoirs des Organisations internationales, voir : G. VASCONCELOS VILAÇA, *ibid*, p. 672 (notre traduction).

chiffre d'affaires[1]. A travers sa politique spatiale dans le secteur industriel, l'UE contribue à préserver les intérêts commerciaux de ses Etats membres. Cette réalité pourrait participer à expliquer l'interprétation extensive de la compétence externe de l'Union fondée sur la politique commerciale commune[2]. Quoi qu'il en soit une telle extension doit s'inscrire globalement dans l'exercice des fonctions des organisations internationales, car elles se présentent avant tout comme un acteur fonctionnel au sens où son rôle se définit non par la défense de ses intérêts propres, mais par rapport à une fonction ou à un ensemble de fonctions qui leur sont assignées et qui, dans une large mesure la dépassent[3]. Ici la logique de dépassement s'attache à rendre l'organisation internationale plus efficace, l'efficacité étant « l'outil d'évaluation » d'une fonction. L'évaluation vise à comprendre pourquoi et dans quelle mesure des résultats voulus et non voulus sont atteints [...], elle offre un moyen important d'établir le degré de réalisation des résultats et le rendement institutionnel[4].

177. En reconnaissant cette logique du dépassement, on en arrive à expliquer l'importance que revêt le concept d'efficacité dans une situation factuelle spécifique, précisément quand il porte sur des faits qui rendent compte des conditions nécessaires pour éviter la rigidité du droit, autrement dit, pour éviter l'encadrement strict des pouvoirs des organisations internationales par leur acte constitutif. L'un des résultats de l'absence de rigidité consiste à dire que l'extension des pouvoirs fonctionne, à la fois et dans le même temps, comme un outil de production d'une identité spécifique pour les organisations internationales qui font face à des situations factuelles similaires, mais aussi comme un moyen de construction de nouvelles règles de relations entre elles. Dans la mesure où l'efficacité décide des situations factuelles auxquelles elle s'applique et des effets juridiques qui leur sont associés, à savoir les règles qu'il est permis d'outrepasser, la possibilité

---

[1] La lettre de la Direction des Affaires Juridiques (DAJ) du Ministère français de l'économie des finances et de la souveraineté industrielle et numérique portant sur l'industrie spatiale européenne le 23 janvier 2024 fait état d'une industrie spatiale européenne qui génère un chiffre d'affaires d'environ 8 milliards d'euros.

[2] Cette politique repose sur l'article 207 du TFUE.

[3] G. CAHIN, *ibid*, pp. 673-674.

[4] J. CAZALA, « L'appréciation de l'efficacité de l'Organisation internationale » dans *Droit des organisations internationales*, sous la direction de E. LAGRANGE, J.-M. SOREL, LGDJ 2013, pp. 968-992.

pour un ensemble d'organisations internationales d'étendre leur pouvoir constitue le témoignage de leur appartenance à une catégorie juridique. Il en est ainsi, parce que la maximisation du pouvoir constitue le repère collectif d'une identité dans de nouvelles pratiques relationnelles.

178. Les organisations internationales jouent un rôle central à l'appui de la coopération réglementaire internationale[1]. C'est la raison pour laquelle, l'OCDE mène une réflexion sur les politiques réglementaires dans ces Etats membres depuis près de trente ans. C'est dans ce cadre qu'est apparu le « Recueil de pratiques des organisations internationales. Œuvrer à l'élaboration d'instruments internationaux plus efficaces » (ci-après le Recueil). Le Recueil apparaît de prime abord comme une contribution inédite à la connaissance des pratiques des organisations internationales dans un domaine d'une importance majeure pour le droit international, puisqu'il s'agit de sa production et de sa mise en œuvre[2]. Pour prendre la mesure de l'entreprise, le Recueil se présente comme une tentative de transposer dans l'ordre juridique international le concept de gouvernance réglementaire[3]. La notion de réglementation au sens retenu par l'OCDE renvoie au droit dans une acception très extensive, la gouvernance réglementaire est aussi une gouvernance du droit recouvrant autant le droit édicté par les personnes publiques que celui que produisent les acteurs privés comme les entreprises, vraisemblablement des instruments de *soft law*[4].

179. Le *soft law* occupe une position centrale dans le spectre des instruments réglementaires internationaux et les règles de *soft law* couvrent le champ des normes techniques, telles que celles de l'organisation internationale de normalisation (ISO)[5]. Les normes ISO sont un ensemble de normes internationalement reconnues qui ont été

---

[1] OCDE, *Recueil de pratiques des organisations internationales : œuvres à l'élaboration d'instruments internationaux plus efficaces*, Editions OCDE 2022, p. 15.

[2] G. CAHIN, « Codification ou boîte à outils ? Ecrire la pratique des organisations internationales », *RGDIP* 2022-3, t. 126, pp. 437-462.

[3] G. CAHIN, ibid, p. 452.

[4] C. GROULIER, « La gouvernance réglementaire de l'OCDE : vers une "globalisation légistique" ? », *RDP* 2015, pp. 763-784.

[5] L.-J. SMITH, « L'espace un nouveau champ pour la *soft law* » dans *L'espace extra-atmosphérique et le droit international*, colloque de Toulouse, Pedone 2021, pp. 171-181.

créées dans le but d'aider les entreprises à établir des niveaux d'homogénéité en matière de gestion de prestation de services et de développement de produits dans le secteur industriel[1]. Certains États membres de l'ISO sont tous membres du Comité européen de normalisation (CEN). Si les normes produites par le CEN sont reconnaissables à leur préfixe EN, dans certains cas les normes du CEN sont utilisées dans le cadre des directives européennes dites « Directives nouvelle approche ». Ces directives énoncent des exigences essentielles auxquelles les produits qui sont notamment propres au secteur de l'espace doivent obligatoirement satisfaire pour être mis sur le marché[2]. Cela dit, en retenant une conception extensible de leur champ d'intervention, la relation que l'OCDE souhaite établir à partir d'elle et d'autres institutions internationales portant sur la coopération réglementaire, répond à deux logiques. La première saisit une situation factuelle spécifique d'irruption d'intérêts économiques dans l'industrie spatiale, ce qui a pour effet d'ouvrir à l'efficacité de la réglementation qui s'y rapporte. Ici la qualité de la réglementation rapportée à la rationalité économique prend un sens déterminé. La deuxième logique porte sur l'analyse conceptuelle de la qualité du droit, étant entendu qu'elle correspond à l'idée d'acculturation. L'acculturation renvoie notamment au processus par lequel un individu apprend les modes de comportements, les modèles et les normes d'un groupe de façon à être accepté par ce groupe, ce qui n'est pas sans intérêt pour tenter de qualifier l'effet produit par les représentations et références que véhicule la démarche de l'OCDE[3].

180. On ne peut exclure la possibilité de trouver dans la démarche de l'OCDE, le rappel des impératifs de la mondialisation. Quand on parle d'impératifs, on revendique une réaction collective allant dans le sens d'une revendication identitaire d'un groupe d'acteurs privés qui se manifeste par l'intermédiaire d'Etats membres de certaines organisations internationales. Cette manifestation se relève d'office, l'importance de sa portée dans le droit des activités spatiales est

---

[1] Elles ont pour objectif de permettre aux entreprises de réduire les erreurs de fabrication en vue d'une meilleure qualité des produits.

[2] *Communication de la Commission*, au Conseil et au Parlement européen – Améliorer l'application des directives « nouvelle approche », COM (2003) 0240 final.

[3] C. GROULIER, « La gouvernance réglementaire de l'OCDE : vers une "globalisation légistique" ? », op. cit., p. 773.

spécifique à la mondialisation, traduisant les normes de *soft law* en politique réglementaire. Telle est la représentation que l'on doit avoir du *soft law* dans une entreprise d'instrumentalisation du droit qui s'opère par identification. Or, le rapport entre l'identification d'un groupe d'acteurs privés et la stratégie d'acculturation qu'il met en œuvre, incite les Etats membres des organisations internationales à revendiquer à un moment donné des éléments d'influence propres à un ordre auquel ils s'identifient. Cet ordre peut être l'objet d'une catégorisation, car l'acculturation qui sert à réformer le contenu du droit en l'augmentant, renvoie à un aspect de l'efficacité entre ceux (les Etats membres) qui en ressentent les effets et ceux (les acteurs privés) qu'ils les ont provoqués dans le contexte dans lequel ils s'inscrivent. Dès lors, c'est parce que l'acculturation s'attache à une culture relationnelle qu'il convient de se poser la question de l'appartenance à une catégorie. Ainsi, la recherche sur le concept de catégorie qui s'étudie à partir de l'institutionnalisation d'un partenariat afférent aux enjeux du *New Space* est avant tout une recherche sur l'existence d'un projet que les acteurs avaient en vue pour aboutir à un ensemble d'actes-conditions similaires, à savoir l'existence d'un régime commun.

Conclusion de la section

181. L'institutionnalisation du partenariat à l'ère du *New Space* est le moyen d'exercice d'une fonction. A cet égard, les organisations internationales qui s'intéressent au secteur des activités spatiales en sont l'exemple. Cependant, l'assise factuelle de l'institutionnalisation peut s'analyser sur un plan conceptuel. Il appert que celui-ci ferait intervenir le concept de catégorie juridique. On parle de catégorie juridique quand il existe un lien entre un ensemble de situations factuelles et le régime juridique commun qui lui correspond. Cependant, le concept de catégorie juridique se décline par son appartenance à un système. Une telle appartenance permet une recherche en catégorisation dès lors que l'on joint un mode d'action au même contexte. Parce que l'institutionnalisation d'un partenariat génère une action, il convient de rechercher son efficacité. Ce concept doit s'envisager sous un angle réformateur. Quand on parle de réforme ou désigne l'intelligence du droit pour mettre en exergue, grâce au secteur spatial, le projet identitaire qui correspond à l'existence de catégorie juridique. Ce projet porte les enjeux de la mondialisation étant entendu qu'elle constitue le phénomène le plus adéquat pour identifier ceux (les acteurs privés) qui

sont en position d'autorité. Cette position serait susceptible de créer une catégorie juridique dès lors que les règles visées par leur présence expliquent l'usage, non pas d'une règle unique, mais d'un ensemble de règles similaires. Par ailleurs, le partenariat pour l'efficacité des instruments internationaux qui a pour objectif d'améliorer l'efficacité des normes internationales s'appuie sur l'expertise de la politique de l'OCDE pour améliorer la gouvernance réglementaire[1]. Celle-ci ferait appel à l'idée d'acculturation qui amènerait des groupes d'intérêt privé à privatiser le droit international. L'acculturation renseigne sur l'origine de la norme et entretient un rapport inversement proportionnel à la présence des Etats membres des organisations internationales dans l'espace de production normative. L'analyse systémique des catégories renvoie à la place qu'on leur assigne dans le système.

Conclusion du second chapitre

182. Afin de mieux saisir les enjeux de l'exploitation de l'espace à l'ère du *New Space*, les États ont fait des acteurs privés qui s'intéressent à ce domaine, des partenaires. On retrouve dans la notion de partenariat, la recherche de synergies entre des acteurs étatiques et non étatiques qui s'organisent juridiquement pour saisir une réalité sociale. Cette dernière est présente dans le processus d'institutionnalisation du partenariat qui est mis en œuvre. Le processus d'institutionnalisation ne fait surgir aucun nouvel acteur, il n'est qu'une modalité des rapports établis entre au moins deux acteurs et ne débouche sur l'apparition d'aucune forme nouvelle évoquant de près ou de loin un organisme[2]. Cela dit, la notion de partenariat autorise une certaine plasticité qui est inhérente au phénomène institutionnel. Il s'agit de noter qu'il offre une perspective réaliste, en aménageant les rapports d'influence entre les partenaires engagés, il accroît la possibilité pour les acteurs privés d'agir en capacité.

---

[1] Le partenariat pour l'efficacité des instruments internationaux qui rassemble depuis 2014 de façon informelle une cinquantaine de partenariats d'organisations internationales s'appuie sur l'expertise du « Comité de la Politique de la Réglementation » de l'OCDE, voir : N. BONUCCI, M. KARTTUNEN, « Le partenariat pour l'efficacité des instruments internationaux : efforts collectifs pour l'amélioration des processus normatifs internationaux », *RGDIP* 2022, n° 3, t. 126, pp. 411-436.

[2] Voir les conclusions d'Evelyne LAGRANGE dans *Le phénomène institutionnel dans tous ses Etats ; transformation, déformation ou reformation ?*, déjà cité p. 263.

183. Le concept de capacité soulève la question de savoir si le caractère institutionnel du partenariat ne consacre pas une logique d'ordre. Celle-ci permettrait aux partenaires d'adopter des stratégies de positionnement dans l'action extérieure de l'Etat. Toutefois, à ce niveau, tout positionnement adéquat est celui qui imprime sa marque identitaire dans l'élaboration des normes juridiques. De plus, il faut tenir compte du partenariat qui s'opère dans le cadre des organisations internationales entre elles et leurs Etats membres. Ces dernières sont guidées par leur culture institutionnelle. La culture institutionnelle au sein des organisations internationales qui s'intéressent au secteur spatial pourrait être déterminante dans le choix en faveur de leur appartenance à une catégorie juridique. Ce choix vient après l'établissement des faits qui sont mis en relation avec un régime juridique propre qu'elles auraient en commun.

Conclusion du premier titre

184. Le phénomène du *New Space* n'est que la traduction dans le secteur des activités spatiales de la mondialisation. La mondialisation confronte l'ordre juridique international à sa réalité, celle d'un droit des activités spatiales qui utilise la technique normative et l'idéologie qui sous-tend la norme comme l'outil de sa réalisation. L'idéologie désigne les bénéficiaires réels des normes qui ne sont pas tant les Etats que leurs partenaires privés. En mettant en exergue le caractère idéologique de la norme, cette dernière devient un vecteur d'efficacité. La norme efficace est précisément celle qui fait appel au concept de souveraineté privée dans les accords internationaux afférents au phénomène du *New Space*. Ce concept permettrait de subjectiviser la cause objective dans les relations internationales, car la subjectivisation a un rôle régulateur. La régulation ne porte pas tant sur la nécessité de rendre présents les acteurs privés dans l'espace de production normative, que d'inscrire le concept de souveraineté privée dans les moyens du droit international. La stratégie qui est mise en place plaide pour l'émergence d'un droit international des civilisations.

185. Le droit international des civilisations porterait les critères de reconnaissance de la norme impérative. La dimension purement idéologique des normes du droit international des civilisations mais en exergue la conception d'un droit qui s'appréhende comme un phénomène de construction sociale. L'idée de construction s'impose

comme la cause de « l'indérogeabilité » des normes juridiques. En outre, le degré d'appartenance au système normatif met en évidence l'importance du précédent. Au-delà de la nécessité d'obtenir deux ensembles normatifs similaires entre deux situations juridiques, l'une précédente l'autre, le précédent constitue un modèle normatif qui peut servir à entretenir le dialogue entre les sujets de droit qui signifient aussi une façon de construire le droit international. Cependant, la technique du précédent met à jour les déterminants qui la constituent.

186. Le phénomène du *New Space* crée un partenariat entre les entités étatiques et non étatiques publiques ou privées. A ce niveau, l'institutionnalisation du partenariat est un moyen d'expression et de revendication. On parle d'expression d'une action qui invite à reconnaître les qualités de celui qui la porte. Dans le contexte de mondialisation dans lequel se situe le phénomène du *New Space*, la notion de qualité participe au renouvellement de la stratégie étatique en matière d'action extérieure. Dans un tel schéma stratégique, l'expression peut vite devenir le moyen de revendiquer la défense d'un intérêt national. Celui-ci peut vite devenir particulier tant il est vrai que le particularisme ramène à l'instrumentalisation du partenariat pour confondre « intérêt privé/intérêt national ». De plus, le concept d'intérêt territorial national autorise les entités subétatiques sur le territoire desquels il existe une activité spatiale à dégager de nouvelles perspectives sur l'exercice pratique de la souveraineté. La question consiste à savoir s'il faut reconceptualiser ce concept. Cela dit, la diversité des institutions de droit international fait partie intégrante du défi conceptuel et normatif à relever, ce n'est que sur la base de liens juridiques entre les Etats et les autres institutions par lesquels ils se réinstituent ensuite qu'on peut envisager un « ordre » institutionnel[1]. Il semblerait que le concept de catégorie juridique ait un rôle à jouer, parce que, si la logique d'ordre prend en considération une dimension sociale, cette dimension détermine la recherche en catégorisation parce qu'elle lie les organisations internationales entre elles. Cette liaison est spécifique de l'appartenance à un ensemble qui appréhende juridiquement le même cadre contextuel.

[1] J. BESSON, *Reconstruire l'ordre institutionnel international*, *op. cit.*, p. 29.

TITRE II
DES EXEMPLES JURIDIQUES STANDARDS COMME MANIFESTATION TANGIBLE DU PHÉNOMÈNE DU *NEW SPACE*

187. Exercer un jugement normatif ne signifie pas évaluer la qualité d'un ensemble de normes juridiques à travers une perception objective de ce qu'elles devraient être. Concrètement, il ne s'agit pas de porter un jugement sur le rapport que les normes du droit international entretiennent avec le phénomène du *New Space*. On doit exclure de l'analyse l'idée de normalisation, c'est-à-dire la capacité des normes du droit positif à saisir un contexte pour savoir si elles sont en adéquation ou en décalage avec lui. Disons d'emblée, que le concept de jugement normatif porte sur ce qui est normativement prévisible compte tenu du phénomène du *New Space*. L'idée de prévisibilité est liée à l'arrivée dans le secteur spatial d'acteurs qui n'en sont pas originaires et leur impact dans le processus de création de nouveaux rapports entre le droit et l'économie. Ainsi, à l'ère du *New Space*, l'économie est de plus en plus à la portée des entrepreneurs privés et les normes juridiques aussi, tant elles s'inscrivent dans un nouveau paradigme de valeurs.

188. Ces valeurs se matérialisent dans de nouvelles normes juridiques par un « jeu » complexe qui fait le lien entre la libéralisation des activités spatiales, c'est-à-dire le retrait de l'intervention de l'Etat et son effet inverse, à savoir sa présence comme autorité de régulation[1] ou comme vecteur d'une politique de préférence nationale. Il est certain qu'il existe un Etat qui optimise ce rapport entre la libéralisation et la préférence nationale : les Etats-Unis. Aux Etats-Unis, la conquête de l'espace s'est libéralisée ; ce domaine est hautement concurrentiel et a conduit l'entreprise *Space X* à devenir le premier fournisseur de fusées pour les vols habités vers la Station spatiale internationale (ISS) pour la NASA, l'ESA et les autres[2]. Aux Etats-Unis, la préférence nationale a redéfini

[1] La régulation s'opère à travers les différentes législations spatiales nationales qui servent à encadrer les activités spatiales nationales publiques et privées.

[2] Synthèse des activités de Space X au premier janvier 2022 issue du Service pour la Science et la Technologie (SST) de l'Ambassade de France aux Etats-Unis, consultable sur :

les liens traditionnels entre les sphères publiques et privées à travers de nouvelles politiques d'accompagnement des entreprises américaines du spatial dans les étapes de leur développement, la NASA, le Département de la défense (DOD) ont permis le développement d'un marché institutionnel conséquent et l'éclosion d'un nouvel écosystème privé concurrentiel[1]. Le lien établit entre libéralisation et préférence nationale s'appuie sur un modèle dont le critère fondamental renvoie à une « architecture » en bloc fonctionnel avec des rôles bien définis. Cette « architecture » repose d'abord sur l'Etat ; son rôle se conçoit en tant que facilitateur de l'activité. Le concept de facilitation renvoie aux normes juridiques étatiques qui constituent un avantage comparatif par rapport à d'autres acteurs institutionnels publics qui n'iraient pas aussi loin dans la mise en œuvre de la préférence nationale. L'avantage comparatif est susceptible de se transformer en avantage compétitif, les entrepreneurs privés bénéficiant des conditions favorables au développement de leur activité. Cette logique de transformation d'un avantage en un autre avantage constitue un mode de gestion opérationnelle de la connaissance qui s'oppose au droit de l'Organisation mondiale du commerce (OMC) (Chapitre I). Par ailleurs, le paradigme de l'action qui saisit uniquement l'avantage compétitif recherché par les entrepreneurs privés du spatial par rapport à leurs concurrents, les incite à implanter leurs activités dans des Etats dont ils ne sont pas nécessairement les ressortissants. L'implantation dans un Etat étranger peut renforcer la compétitivité dès lors qu'elle offre des possibilités qui sont les plus susceptibles de profiter aux propres intérêts des entreprises. La recherche de la compétitivité représente l'unité entre un Etat et un investisseur étranger parce qu'elle sert de fondement à un ensemble de règles de droit qui prendrait un caractère effectif de « transnationalité » (Chapitre II).

[https://france-science.com/synthèse-des-activités-de-spacex-au-1er-janvier-2022], consulté le 01 juin 2024.

[1] D. ZAJACKOWSKI, N. MAUBERT, « L'émergence et le développement du New Space aux Etats-Unis », consultable sur : *[https://france-science.com/wp-content/uploads/2022/07/Note-thematique_Emergence-et-developpement-du-New-Space-aux-Etats-Unis]*, consulté le 01 juillet 2023.

CHAPITRE I
LA GESTION OPÉRATIONNELLE DU SECTEUR SPATIAL EN MARGE DU DROIT DE L'OMC

189. L'OMC a été instituée par l'Accord de Marrakech qui est entré en vigueur le premier janvier 1995[1]. L'article XII paragraphe 1 du présent Accord dispose que « Tout Etat ou territoire douanier distinct jouissant d'une entière autonomie dans la conduite de ses relations commerciales extérieures et pour les autres questions traitées dans le présent accord et dans les Accords commerciaux multilatéraux pourra accéder au présent accord à des conditions à venir entre lui et l'OMC ». Ici, le lien entre la politique de la concurrence de l'OMC et l'adhésion d'un Etat à cette institution est clairement affiché. Dans la grande majorité des cas, le pays accédant a dû fournir des informations sur le régime national applicable en matière de concurrence, ce qui montre clairement que les membres de l'OMC voient la politique de la concurrence comme un outil économique important[2].

190. En vérité, la politique de la concurrence de l'OMC est au service d'une stratégie. Elle consiste à garantir l'avantage concurrentiel dans les échanges entre les acteurs économiques internationaux. Cette stratégie apparaît comme une norme de commandement, illustrée par le paragraphe I de l'article XII de l'Accord de Marrakech précitée et ses conditions d'adhésion particulières. A cela s'oppose la gestion opérationnelle de la concurrence, elle repose sur un élément de concrétude basé sur la réalité des accords commerciaux générés par les accords de partenariat entre les Etats et leurs entreprises privées qui s'intéressent au secteur spatial du *New Space*. L'objectif étant de mener

---

[1] *Accord instituant l'Organisation mondiale du commerce*, conclu à Marrakech le 15 avril 1994, entré en vigueur le premier janvier 1995.

[2] D. ANDERSON, A.-C. MULLER, N. SEN, « Competition policy in WTO accessions: filling in the blanks in the international trading system » *in Trade Multilateralism in the Twenty-First Century Building The Upper Floors of the Trading System Through WTO Accessions*, dir. A. KIREYEV, C. OSAKWE, Cambridge University Press 2018, pp. 299-319.

une action de régulation face à la politique de la concurrence de l'OMC. La fonctionnalité de l'action de régulation répond à une certaine logique qui est déterminée par la notion de préférence nationale.

191. La préférence nationale est d'abord une notion politique ; elle exprime la volonté de réserver certains avantages à des personnes physiques ou morales sur des critères de nationalité : Le champ d'application de la préférence nationale est relativement large, il peut notamment s'appliquer au secteur spatial des Etats. Quelques exemples peuvent l'illustrer. La préférence nationale s'exprime à travers les programmes spatiaux institutionnels des Etats-Unis qui s'appuient sur l'entreprise américaine *Space X* qui œuvre dans le cadre du programme de ravitaillement de la Station spatiale internationale (ISS)[1]. On peut qualifier cet aspect de la préférence nationale de « directe » entre un Etat et une société privée qui a sa nationalité. Mais, la préférence nationale peut être qualifiée « d'indirecte », ainsi l'UE s'en prévaut comme l'atteste le « Rapport d'office parlementaire du 7 novembre 2012 portant sur les enjeux et perspectives de la politique spatiale européenne » qui indique que « l'Union applique la préférence européenne pour les systèmes critiques et les lancements de l'ensemble des missions institutionnelles menées en Europe[2]. La préférence nationale est un enjeu de compétitivité, en cela si la compétitivité repose en partie sur les stratégies commerciales mises en œuvre par les entrepreneurs privés du secteur spatial, ces stratégies seraient vaines sans une politique d'accompagnement des acteurs institutionnels publics.

192. Cela dit, parce que la politique de préférence nationale confère un avantage compétitif, elle peut être perçue comme une politique discriminatoire qui entrave la politique de la concurrence de l'OMC. La préférence nationale peut rendre certains marchés captifs, on pense notamment à celui du lancement spatial ou de la fabrication des objets

---

[1] R. DECOURT, « Une image qui résume le chemin parcouru par Space X pour arriver jusqu'à l'ISS », consultable sur : *[https://www.futura-sciences.com/sciences/breves/acces-espace-image-resume-chemin-parcouru-spacex-arriver-jusqua-liss]*, consulté le 27 mars 2023.

[2] Rapport n° 114 (2012-2013) du 7 novembre 2012 de l'Office parlementaire d'évaluation des choix scientifiques et technologiques, *les enjeux et perspectives de la politique spatiale européenne*, p. 14, consultable sur : *[https://www.senat.fr/rap/r12-114/r12-1141.pdf]*, consulté le 01 août 2023.

spatiaux. A cela, on peut rétorquer que le rôle du marché n'est pas d'être concurrentiel. Dès lors que l'on privilégie le concept d'efficience du marché, on conçoit ce dernier comme un espace commercial à conquérir et la préférence nationale est un moyen d'y parvenir. L'approche opérationnelle suivie ici consiste à établir un droit uniforme au moyen de la régulation de la concurrence. Le droit uniforme est l'ensemble des dispositions législatives adoptées par les Etats avec la volonté commune de soumettre à la même réglementation certains rapports juridiques[1]. Cependant, en étant susceptible d'être spécialement adapté pour servir l'ensemble des intérêts commerciaux propres au secteur spatial, le droit uniforme s'attache à distinguer la transparence concurrentielle de l'OMC de la transparence substantielle des marchés nationaux, voire régionaux issus des organisations internationales régionales.

Cette distinction permettrait de mettre en exergue « L'Etat de droit libéral ». L'expression « État de droit libéral » indique que l'Etat se contente de garantir la liberté juridique formelle et la sécurité juridique[2]. Reste à préciser que « l'Etat de droit libéral » interroge les règles juridiques de l'OMC portant sur la liberté du commerce (Section I). Par ailleurs, l'ère du *New Space* est favorable aux investissements privés à l'étranger. Sur le plan juridique, le régime de protection peut être celui qui s'applique aux activités économiques. Mais, le caractère des investissements qui sont réalisés dans le secteur spatial rend difficile l'application d'un tel régime (section II).

Section I - Les règles juridiques de l'OMC portant sur la liberté du commerce sous l'influence de « l'Etat de droit libéral »

193. La corrélation étroite entre la liberté juridique et la liberté économique se traduit dans les piliers de « l'Etat de droit libéral » que sont la liberté commerciale[3]. Cette dernière est un principe économique qui s'inscrit dans le jeu de la concurrence. La façon de la concevoir dans un « Etat de droit libéral » signifie que l'Etat entend s'imposer des

---

[1] M. MATTEUCCI, « Introduction à l'étude systématique du droit uniforme », RCADI, 1957-1, vol. 91, pp. 383-443.

[2] N. LE BOUËDEC, « De l'Etat de droit libéral à l'Etat de droit social : critique et transformation de l'Etat du droit chez Hermann Keller », *Jus politicum* 2019, n° 23, pp. 73-88.

[3] N. LE BOUËDEC, *ibid*, p. 76.

normes juridiques qu'il a préalablement adoptées et qui interfèrent dans la politique de la concurrence de l'OMC. En soi, le terme « libéral » se confond avec la liberté d'être, d'abord celle de l'Etat et du système de satisfaction de ses propres intérêts économiques dans le secteur spatial. Cette liberté d'être marque une préférence pour une organisation autoritaire du système de concurrence à partir de laquelle l'Etat entend garder la maîtrise de la façon de concevoir les échanges économiques internationaux.

194. Cela dit, le terme « libéral » est repris par le positionnement d'un Etat souverain qui, de façon plus marquée, peut-être celui du droit des relations entre Etats souverains, constituant l'un des aspects les plus saillants d'un droit réglementaire. Réglementaire signifie qui encadre le marché[1]. Or, la politique commerciale de l'OMC n'est qu'un aspect d'un problème plus général d'encadrement de la liberté de choix d'Etats souverains en faveur du contenu normatif de la réglementation tant en matière d'accès au marché dans le secteur spatial que de positionnement sur le présent marché. Ainsi, l'échelon national pourrait se concevoir en termes d'opposition à la politique commerciale de l'OMC (A), quant à l'échelon régional des normes du droit réglementaire, on pourrait l'envisager dans son aspect institutionnel (B).

§1 – L'approche nationale des normes réglementaires du marché du spatial conçue en termes d'opposition à la politique commerciale de l'OMC

195. L'accord sur les marchés publics (AMP) est un traité international qui a été conclu en 1994 dans le cadre de la création de l'OMC. Cet instrument normatif vise à ouvrir les marchés publics aux entreprises des autres Etats signataires sans discrimination de manière transparente et ouverte. Sur ce point, l'article III paragraphe 1 de l'accord dispose que « En ce qui concerne toutes les lois, tous les règlements ainsi que toutes les procédures et pratiques concernant les marchés publics visés par le présent accord, chaque Partie accordera immédiatement et sans condition aux produits et services des autres Parties et à leurs fournisseurs qui offrent ces produits ou services un traitement qui ne

---

[1] H.-W. MICKLITZ, « La transformation du droit privé par la concurrence », *RIDE* 2018, pp. 181-210.

sera pas moins favorable a) que celui qui est accordé aux produits, aux services et aux fournisseurs nationaux »[1].

196. Cette disposition tend à lutter contre toutes les discriminations donc pourraient pâtir des sociétés privées dans l'accès au marché du spatial dans des Etats étrangers. Il est bien évident que le droit réglementaire de la concurrence relatif au concept de préférence nationale symboliserait une forme de discrimination systémique à l'encontre d'une catégorie d'acteurs économiques. En effet, la discrimination systémique plaiderait en faveur d'une politique sélective reposant sur la figure de l'Etat et son autorité pour générer une inégalité de traitement à l'endroit de ceux qui seraient potentiellement ses partenaires commerciaux. La question qui se pose est celle de savoir quel est son objectif, sinon qu'il s'agit d'entraver le principe du libre-échange par une politique protectionniste dans le secteur spatial (A). De plus, la préférence nationale est une théorie du « pouvoir de marché » dans le secteur spatial qui s'oppose à la politique commerciale de l'OMC (B).

A - La discrimination systémique dans le marché du spatial comme obstacle au principe du libre-échange posé par l'OMC

197. Les dynamiques engendrées par l'innovation transforment le secteur spatial en un marché mature et viable, ce marché vecteur de croissance a permis le développement de nouveaux modèles de contractualisation entre la sphère publique et le secteur privé. Aux Etats-Unis, ces modes de relation traduisent une redistribution des coûts et risques entre autorités publiques et acteurs industriels américains. Ainsi, c'est en remportant des appels d'offres que *Space X* a imposé *Falcon 3* comme lanceur de référence[2]. En France, le Ministère de l'économie, des finances et de la souveraineté industrielle et numérique a annoncé les lauréats de l'appel d'offres « Catalogue des données pour la surveillance de l'espace », lancé le 29 avril 2022 et confié au CNES,

---

[1] V. Art. 3, § 1 de l'Accord révisé du 15 avril 1994 sur les marchés publics (AMP) consultable sur :
[https://www.wto.org/french/docs_f/gp2-94_01_f.htm], consulté le 17 août 2023.

[2] E.-A. MARTIN, « Le secteur spatial européen dans la compétition internationale », consultable sur :
[https://www.vie-publique.fr/parole-dexpert/284780-le-secteur-spatial-europeen-dans-la-competition], consulté le 02 juillet 2023.

avec pour objectif d'accroître significativement la sécurité des opérations spatiales grâce à la collecte des données[1]. Cet appel d'offres qui s'inscrit dans le volet spatial de France 2030, répond aux conditions de plénitude de la territorialité. Ici, le concept de plénitude a un aspect identitaire à partir duquel la territorialité de l'appel d'offres permettrait de construire une réalité de cohérence politique pour donner plus d'épaisseur à ce que l'on pourrait nommer « environnement ». L'environnement est ce qui entoure l'appel d'offres dans une acception globale dans laquelle les entreprises nationales ont un rôle à jouer.

198. Le contrôle que l'Etat peut exercer sur les activités économiques en général, est à son marché territorial. La territorialité serait une notion protectrice, la protection et donc, dans un certain sens, la discrimination, permet à l'Etat de se protéger en appliquant un traitement différent dans la procédure de commande publique. La protection se construit à travers l'analyse systémique de la territorialité. Fait particulier, c'est seulement dans le contexte de la création d'un système de territorialité qu'on rejette ce qui n'en fait pas partie. Par conséquent, ce qui en est exclu est la notion d'espace de libre-échange que soutiendrait la fiction de la nature marchande de l'ensemble des produits et services du spatial. En vérité, dans certains secteurs, leur valeur n'est pas que marchande. Dans le secteur spatial, les produits et services fournis dans le cadre de la commande publique étatique se distinguent par le fait qu'ils se situent au contact réel des enjeux stratégiques et d'autonomie des Etats. Ils s'appuient sur l'intention des acteurs étatiques, intention qui en font des éléments qui ne sont pas neutres du point de vue de l'appartenance au système. En cela, si l'absence de neutralité rétroagit sur le découpage stratégique d'un espace de libre concurrence, le concept de rétroaction fait du territoire un système, ce qui suppose de mettre en évidence les limites fixées par une conception « unitaire » des produits et services, dès lors qu'on les ramène au territoire systémique.

199. Certes, de nombreuses dispositions relatives à l'article XX de l'Accord général sur les tarifs douaniers et le commerce (GATT)

---

[1] Direction générale des entreprises « France 2030 : Les lauréats de l'appel d'offres pour la surveillance de l'espace », consultable sur : *[https://www.entreprises.gouv.fr/actualites/france-2030/france-2030-laureats-de-l-appel-d-offres-pour-la-surveillance-de-l-espace]*, consulté le 02 juillet 2023.

permettent aux Etats de faire valoir des exceptions dans le commerce international des marchandises[1]. Cependant, il s'agit de préciser que, si cet article représente la seule garantie actuelle contre une vision absolutiste du commerce international qui représenterait un danger pour le socle de valeurs qui constitue les fondements d'un pays[2], l'Etat qui adopterait des mesures protectrices pour son marché national pour protéger ses intérêts stratégiques ne chercherait pas directement à entraver la liberté du commerce international. Il ne ferait que donner de la lisibilité au protectionnisme qui est un sous-système du territoire dans la mesure où il produit des interrelations entre les acteurs de la sphère publique et de la sphère privée du monde de l'entreprise dans le secteur spatial. Ceci implique qu'il n'y ait pas de logique de commandement, ni d'influence d'un droit conventionnel[3] « externe » correspondant au libre-échange à un droit conventionnel « interne » correspondant à la mise en œuvre du sous-système[4]. On retrouve donc bien ici le protectionnisme qui est enfermé dans un espace approprié qui rejette à la marge les enjeux qui ne sont pas les déterminants du choix, c'est-à-dire ceux qui n'amènent pas au résultat recherché qui est l'organisation d'un espace juridique protecteur. Cet espace juridique protecteur, qui est le territoire national, autoriserait une certaine discrimination envers tous ceux dont on pose que les références sont non systémiques.

200. La territorialité fait référence à l'exercice d'une autorité par une certaine entité sur un territoire donné. La territorialité est concevable au-delà des termes statiques de la territorialité moderne et elle englobe plus d'une manière de lier l'autorité au territoire[5]. L'autorité confère au territoire une force de production juridique. En tout état de cause, derrière la référence commode aux « territoires du droit », ce ne peut

---

[1] H. ASCENSIO, *Droit international économique*, PUF 2018, 2è éd., pp. 201-205.

[2] R. WITMEUR, « L'article XX A) du GATT : L'exception de moralité publique dans le commerce international », RIDE 2012/3, pp. 237-268.

[3] Dans le langage juridique commun une convention est un accord de deux ou plusieurs personnes portant sur un fait quel que soit leur statut juridique.

[4] C. TRAN, Les manifestations juridiques et fiscales du protectionnisme de l'Union - Essai sur un mode durable de régulation du libre-échange, Thèse droit de l'Université de Rennes, 13 juin 2019, 466 p.

[5] A. ARCURI, F. VIOLI, « Reconfiguring Territoriality in International Economic Law », *NYIL* 2016, pp. 1-54 (notre traduction).

être que de juridicité dont il est question[1]. En étant le socle de la juridicité, le concept de territorialité a pour fonction de créer encore plus de potentiel pour la création d'un espace *offshore*. Si dans un sens élargi le terme « *offshore* » désigne l'ensemble des activités qui jouent de l'existence de territoire[2], le couple territoire-domaine réservé de l'Etat prend son point d'appui traditionnel sur la notion de souveraineté. Directement fondé sur le droit international et la souveraineté étatique, le « domaine réservé » est un concept juridique et non politique ; il a été défini par l'Institut de droit international comme « celui des activités étatiques où la compétence de l'Etat n'est pas liée par le droit international »[3]. S'il n'y a pas de domaine réservé par nature, l'étendue du domaine réservé dépendant des obligations contractées par chaque Etat[4], l'Etat qui a contracté des obligations à l'égard de l'OMC pour promouvoir le libre-échange ne saurait faire valoir dans ce domaine, notamment dans son application dans le domaine spatial, l'exception du domaine réservé. Nonobstant cela, certains Etats pourraient être enclins à évoquer le concept de domaine réservé en s'appuyant sur une extension de la notion de « raison d'Etat ».

201. La raison d'Etat est une notion qui agit au-dessus du droit au prétexte du bien commun[5]. En agissant dans l'intérêt suprême des pays, l'Etat qui évoque la raison d'Etat pourrait être amené à prendre des décisions qui sont contraires à d'autres considérations telles que les lois internationales. La raison d'Etat se rattacherait au concept de pouvoir. C'est toujours le besoin dans lequel est autrui qui justifie la naissance

---

[1] C. GALLO, « Recherches sur la territorialisation du droit », *Jurisdoctoria* 2013, n° 10, pp. 21-45.

[2] A. GRONDIN, « Panama Papers » : les sociétés offshore, forcément illégales ? », consultable sur : *[https://www.lesechos.fr/2016/04/panama-papers-les-societes-offshore-forcement-illegales-206107]*, consulté le 11 septembre 2023.

[3] M. FORTEAU, A. MIRON, A. PELLET, *Droit international public*, *op. cit.*, pp. 626-627.

[4] M. FORTEAU, A. MIRON, A. PELLET, *ibid*, p. 627.

[5] R. BINSARD, A. BOUSQUET, S. BRIHI, G. MARTINE, « Secret défense : la raison d'Etat et le droit », consultable sur : *[https://www.dalloz-actualite.fr/note/secret-defense-raison-d-etat-et-droit]*, consulté le 28 juillet 2023.

d'un pouvoir[1]. Le marché des produits et services spatiaux et hautement concurrentiel, l'ensemble des acteurs privés de ce domaine sont confrontés à cette réalité. La raison d'Etat apparaît comme une technique du pouvoir étatique qui prend en compte cette situation de concurrence dans laquelle des intérêts économiques des acteurs privés sont en jeu. Toutefois, la relation établie entre l'Etat et ses sociétés privées s'inscrit dans un cadre systémique, puisque le pouvoir n'est pas tant focalisé sur son titulaire qu'est l'Etat, que sur ceux qui s'en remettent à lui pour défendre leurs intérêts. A ce sujet, Monsieur le Professeur Emmanuel Gaillard insista sur le fait que le pouvoir est conféré à celui qui va l'exercer au moins en partie au bénéfice de l'autre, quand bien même, il aurait un intérêt personnel à agir[2]. Ainsi, dans un cadre systémique dans lequel le rapport institué défini le degré d'application du pouvoir, le pouvoir aurait pour principal effet d'éliminer les sociétés étrangères du marché national. Là se situe la discrimination sachant qu'elle place les sociétés privées nationales au centre d'un système de représentation qui organise le déplacement du domaine économique vers le domaine identitaire dans l'optique de revendiquer un « droit à la différence ». Or, ce qu'il faut relever, c'est que la politique du libre-échange telle que la conçoit le droit de l'OMC, ne reconnaît à aucun moment au territoire la capacité d'influer sur le contenu organique de l'accès aux marchés nationaux. En cela, il faut éviter de renforcer le pouvoir régulateur de l'Etat, c'est-à-dire sa capacité à structurer le pouvoir en système, parce que c'est cette structuration qui est censée maintenir le système efficient afin de le faire perdurer.

202. Au cours des dernières décennies, il existe des preuves d'un abandon du modèle des sphères d'autorités publiques territorialement limitées ; un élément central est le passage des frontières territoriales aux frontières fonctionnelles dans la réglementation des diverses questions sur la scène mondiale[3]. Dans un sens général, l'espace

---

[1] M.-A. FRISON ROCHE, « Concevoir le pouvoir », consultable sur : *[https://mafr.fr/fr/article/le-pouvoir-pour-mieux-servir]*, consulté le 13 septembre 2023.

[2] E. GAILLARD, *Le pouvoir en droit privé*, Economica 1985, p. 11.

[3] C. BRÖLMANN, « Perspectives on the Divide Between National and International Law » in *Deterritorialization in international law: Moving away from the Divide Between National and International Law*, dir J.-E. NIJMAN, A. NOLKAEMPER, Oxford University Press 2007, pp. 84-109 (notre traduction).

fonctionnel non territorial est le lieu d'ancrage de la société internationale[1]. Dans un sens moins général, il s'agit très certainement de déclarer que les pouvoirs réglementaires des Etats sont devenus interdépendants et doivent être complétés par ceux d'une autorité de nature conventionnelle, c'est-à-dire fondée sur le consentement mutuel des Etats[2].

203. Cette autorité peut être l'OMC ; il est certain que le concept de frontière fonctionnelle peut-être saisi dans une perspective d'optimisation du choix des Etats. On peut parler d'optimisation quand on utilise, dans un contexte de libéralisation des échanges internationaux, le terme « frontière » signe tangible de l'appréhension d'un contexte qui a un caractère flexible (ici frontière temporelle) dans lequel la notion de libéralisation doit être forte ou moins forte. La fluctuation du degré de la force renseigne sur le caractère mouvant de la frontière ; le problème vient du fait que le passage des frontières territoriales aux frontières fonctionnelles a un caractère abouti qui ne renseigne pas sur le processus de réversibilité de la frontière. En effet, conçue dans une perspective explicitement dynamique, la frontière fait ressortir l'importance des possibilités que souhaite s'octroyer l'Etat : agir selon des considérations qui lui sont propres pour agir en marge du droit international en faisant valoir des stratégies protectionnistes. Par exemple, la politique d'indépendance quant à l'accès à l'espace pourrait être l'élément déclencheur d'une utilisation optimale du terme de « frontière », c'est-à-dire du retour aux données de la souveraineté. Il convient de dire par là que le territoire est un cadre pour l'organisation spatiale de la souveraineté[3], il est un espace qui est défini politiquement et juridiquement[4]. Dans cet espace l'Etat n'abandonne pas ses prérogatives.

204. N'abandonnant pas ces prérogatives, on revient à l'idée d'une hiérarchie des objectifs de l'Etat en raison d'un facteur de spécificité

---

[1] C. BRÖLMANN, *ibid*, p. 86 (notre traduction).

[2] H. ULLRICH, « La mondialisation du droit économique : vers un nouvel ordre public économique », *RIDE* 2003, n°3, pp. 291-311.

[3] G. LYTHGOE, « The changing "Landscape" of Sovereignty Viewed through the Lens of International Tax: Reterritorialization the Offshore », Can.Y.B.Int'l. L 2011, p. 171-199 (notre traduction).

[4] C. BRÖLMANN, *ibid*, p. 85.

caractérisant les phases cruciales d'évolution des sociétés privées qui s'intéressent au secteur spatial au cours de leur existence. C'est le moment bien connu du processus de compétition entre les différents acteurs économiques du spatial qui assure, *ex ante*, l'optimalité du passage des frontières fonctionnelles aux frontières territoriales et qui peut déboucher, *ex post*, sur une politique protectionniste. Néanmoins, ce passage à rebours de frontières semble offrir un cadre d'analyse intéressant quand on le ramène à la notion de communauté.

205. Cette notion peut distinguer les Etats qui s'intéressent aux activités spatiales de ceux qui s'y intéressent, au point de faire valoir une politique protectionniste pour saisir l'ensemble des enjeux économiques afférents au phénomène du *New Space*. Donc il existerait, à l'intérieur de cette « première » communauté d'Etat, une sous-communauté qui entendrait « traiter les droits nationaux comme des produits en compétition sur un marché international des normes »[1]. Cette représentation juridique d'un groupe à l'œuvre maintient le primat de la territorialité d'un système en soumettant le groupe que constitue la sous-communauté au même traitement au-delà de son appartenance à tel ou tel Etat. La similarité du traitement repose sur de « nouveaux territoires » qui constituent l'élément qui induit le concept de discrimination.

B - L'antinomie entre la théorie du « pouvoir de marché » dans le secteur spatial et la politique commerciale de l'OMC

206. Les économistes universitaires soutiennent souvent les acheteurs en imaginant que le pouvoir de marché est à la base de la discrimination par les prix [...], l'élimination du pouvoir de marché est une voie plus sûre vers l'efficacité[2]. Cela dit, une firme dispose d'un certain pouvoir de marché si elle peut influencer le prix de son produit[3]. Reste à préciser

---

[1] A. SUPIOT, « The Territorial Inscription of Law » *in Soziologische Jurisprudenz - festschrift für Gunther Teubner*, herausgegeben von G-P. CALIESS, A. FISCHER-LESCANO, D. WIELSCH, P. ZUMBANSEN, De Gruyter Berlin 2009, pp. 375-393 (notre traduction).

[2] P. REGIBEAU, « Pouvoir de marché », consultable sur : *[https://www.concurrences.com/fr/dictionnaire/pouvoirdemarche]*, consulté le 04 août 2023.

[3] M. E. LEVINE, « Price Discrimination Without Market Power », *Yale J. Regul* 2002, vol. 19, n° 1, pp. 1-36 (notre traduction).

que pour qu'une entreprise puisse relever et maintenir ses prix au-dessus du niveau de concurrence, elle peut bénéficier d'une politique de financement public. A l'ère du *New Space*, il existe de nombreuses législations nationales qui permettent de renforcer la position de leurs entreprises nationales sur le marché du spatial[1]. Il va sans dire que, si les modes et l'origine du financement sont divers et variés, le financement public consenti aux industriels est régulièrement dans le viseur de l'OMC et constitue l'essentiel du contentieux porté devant les organes de l'institution[2]. Ce qui semble contrarier la politique de la concurrence de l'OMC, c'est que l'on trouve dans la théorie du « pouvoir de marché », le terme « pouvoir ».

207. Le terme « pouvoir » se définit comme le fait d'avoir la possibilité de faire quelque chose[3]. Cette définition met l'accent sur un rapport de domination qui s'accompagne de conséquences, en l'occurrence, s'il s'agit d'un marché, on s'intéresse à l'état du marché. Ainsi, quand on emploie l'expression « pouvoirs de marché », on fait référence à un marché dont l'état est imparfaitement concurrentiel à cause de l'action d'un ou de plusieurs acteurs économiques, en position de domination, qui peuvent s'approprier ou bénéficier d'une part « indue » du marché. Indue, parce que différente de la part normale que leur aurait octroyée le jeu de la concurrence s'il n'existait pas de barrières à l'entrée[4]. Les barrières à l'entrée du marché dépendent de différents paramètres. Précisément, dans la structure de suivi de la politique de préférence nationale à l'ère du *New Space*, on peut citer la politique de financement par la sphère publique du secteur privé. Cette politique de financement est en soi un obstacle pour l'entrée sur le marché des entreprises de pays tiers. Dans ce contexte qui fausse la concurrence, l'aspect commercial de l'échange ne repose pas sur les « mérites » de l'entreprise, il est biaisé.

---

[1] « L'adoption d'une législation nationale est conçue comme un outil pour booster l'industrie spatiale naissante et pour donner plus de sécurité juridique aux entités non gouvernementales », voir : T. CAKIR, « Les législations nationales relatives aux opérations spatiales comme concrétisation d'une politique juridique », *op. cit.*, p. 20.

[2] S. HAMDOUNI, « Le financement du secteur aérospatial à l'épreuve du droit : le point de vue de l'Organisation mondiale du Commerce » dans *L'espace-extra atmosphérique et le droit international*, SFDI, Colloque de Toulouse, Pedone 2011, pp. 407-423.

[3] *Supra* n° 201.

[4] M.-E. LEVINE, « Price discrimination Without Market Power », *op. cit.,* 2002, vol. 19, n° 1, p. 3.

Cela a pour conséquence de définir les conditions des échanges commerciaux sur la scène internationale.

208. Les financements versés dans le cadre d'une politique publique sont des subventions. Les subventions relèvent de la catégorie des mesures économiques d'incitation et peuvent donc prendre une forme budgétaire et fiscale[1]. Ainsi, les pouvoirs publics recourent aux subventions par un souci de protection de leurs industries naissantes qui ne peuvent faire jeu égal avec les producteurs étrangers établis de longue date[2]. Pour l'essentiel, les règles en matière de subvention figurent dans l'Accord sur les subventions et les mesures compensatoires (ci-après : « Accord SMC ») qui a été adopté lors de la conclusion des Accords de Marrakech. L'article 1.1 de l'Accord SMC dispose « qu'aux fins du présent accord une subvention sera réputée exister : 1.1-a) s'il y a une contribution financière des pouvoirs publics ou de tout organisme public du ressort territorial d'un Membre (dénommés dans le présent accord les « pouvoirs publics ») ; 1.1-b) si un avantage est conféré »[3]. L'avantage existe dans le contexte de l'article 1.1-b) lorsqu'il offre un avantage à son bénéficiaire. L'existence de tout avantage quantifiable est déterminée en comparant la position du bénéficiaire dans le contexte de l'article 1.1-b) avec et sans la contribution financière pour fournir un contexte à l'article 1.1-b)[4]. Certes, si le contexte est le mécanisme qui génère la subvention des pouvoirs publics pour créer un rapport de force sur le marché, le contexte amène à saisir la situation de ceux qui sont impactés par ce rapport de force, on pense justement à ceux qui sont de l'autre côté du marché, les autres Etats, qui sont susceptibles d'adopter des mesures antisubventions.

---

[1] D. FORNAZIERO SEGURA RAMOS, *La réglementation multilatérale des subventions et son application au regard de l'évolution du concept de développement durable*, thèse de doctorat en cotutelle - Université Paris 1 - Panthéon-Sorbonne et Universidade de São Paulo, 2021, 693 p.

[2] S. HAMDOUNI, *ibid*, p. 411.

[3] Voir l'Accord sur les subventions et les mesures compensatoires, adopté le 15 avril 1994 et entré en vigueur le premier janvier 1995.

[4] M. D'ORSI, « Heated skirmishes in the Solar Sector: Do Solar-Pv Feed-In Tariffs Constitute Trade-Related Investment Measures and Subsidies Prohibited under The WTO Regime », *AM-U-Int'l L. Rev* 2014, vol. 29, n° 3, p. 694.

209. Les mesures antisubventions visent à rétablir des conditions de concurrence équitables lorsque des producteurs étrangers ont bénéficié de subventions ciblées leur donnant un avantage par rapport aux producteurs nationaux[1]. L'article 10 de l'Accord SMC dispose que « Les Membres prendront toutes les mesures nécessaires pour faire en sorte que l'imposition d'un droit compensateur à l'égard de tout produit du territoire d'un Membre qui seraient importé sur le territoire d'un autre Membre soit conforme aux dispositions de l'article VI du GATT de 1994 et aux conditions énoncées dans le présent accord. Il ne pourra être imposé de droits compensateurs qu'à la suite d'enquêtes ouvertes... »[2]. Si l'imposition d'un droit compensateur fait partie de l'arsenal réactif que l'on oppose à la mise en œuvre de la théorie du « pouvoir de marché », la question centrale qui se pose serait fonction des caractéristiques de la réaction car l'adoption de droits compensateurs s'inscrit dans une stratégie où les priorités sont hiérarchisées. Selon cette approche, cette hiérarchisation limite concomitamment le cadre du marché.

210. Le cadre du marché suppose, en effet, que l'entreprise privée qui bénéficie des droits compensateurs de son Etat soit prête à s'engager dans une relation commerciale avec l'Etat-Tiers qui est à l'initiative de la subvention assimilée à une pratique anticoncurrentielle. Ici, le bon déroulement du marché apparaît comme processus correcteur de gestion des tensions et des désaccords, seule logique, qui minimise la portée réelle de la gravité de l'altération de l'échange. Cependant, la théorie du « pouvoir de marché » qu'il faut appréhender dans ses conséquences comme ce qui amène à « réagir à », atteste que c'est la politique de subvention qui détermine un à-côté du marché. Ce dernier semble mettre en évidence la nécessité de protéger un secteur clé de l'économie nationale, par exemple celui de l'industrie spatiale, les

[1] Voir la page 10 (définition du terme « subvention ») du Rapport d'information déposé par la Commission des affaires européennes de l'Assemblée nationale française portant sur la politique de défense commerciale de l'Union européenne et enregistré à la Présidence de l'Assemblée nationale le 24 février 2022, consultable sur :
[https://www.assemblee-nationale.fr/dyn/15//rapports/due/115b5125_rapport-information], consulté le 25 septembre 2023.

[2] « Accord sur les subventions et les mesures compensatoires », consultable sur : *[https://www.wto.org/french/docs_f/legal_f/scm_f.htm#fntext-37]*, consulté le 03 août 2024.

acteurs privés qui s'intéressent à ce secteur bénéficieraient d'une autorité pour déclencher des droits de compensations à leur endroit. Dans le jargon de l'autorité, l'on fait de l'entrepreneur un créancier résiduel qui capte à son profit des mesures. Or, ces mesures conduisent non pas tant à une logique de fonctionnement du marché mais à la possibilité qu'ont ces entrepreneurs de se positionner en dehors finalement de tout échange international. Dès lors que l'on se focalise uniquement sur les droits compensateurs, on perd de vue la réalité des à-côtés du marché qui est celle qui révèle la présence d'une institution, à savoir l'entreprise. Dans un rapport hiérarchique, l'institution est celle qui cherche à faire valoir ses priorités en marge du marché.

211. On ne peut que songer ici, selon cette approche institutionnelle, au rôle de l'entreprise qui sert à déclencher une relation de pouvoir avec l'Etat dont elle a la nationalité. En effet, l'entrepreneur institutionnel tire parti des structures du pouvoir pour mettre en œuvre un changement institutionnel conforme à ses intérêts. Si ce changement est le résultat d'une construction sociale, d'où l'approche institutionnelle, cette construction consiste à faire du secteur de l'industrie spatiale, un secteur stratégique. Dans cette perspective, l'accent est mis sur la thèse stratégique des subventions communément rassemblées au sein de l'*Ecole politique commerciale stratégique* qui montre le caractère agressif des subventions à l'exportation et ses effets stratégiques négatifs pour les pays importateurs[1]. Toutefois, perçues comme partie intégrante d'un environnement institutionnel, les subventions révèlent la capacité des acteurs économiques privés qui s'intéressent au secteur spatial à avoir un impact sur la condition des échanges internationaux. En cela, la notion de la légitimité est bien évidemment centrale, puisqu'elle peut servir à expliquer la capacité des entreprises à avoir une influence sur leur environnement, montrant par là même que l'influence sert d'outil d'évaluation pour modifier la perception des autres Etats « co-échangistes » de l'environnement du marché.

212. Cela pourrait vouloir dire que les mesures antisubventions feraient partie de la stratégie légitimante de l'action des entreprises privées parce qu'en définitive, elles apparaîtraient comme la capacité à créer une structure de suivi pour le secteur économique qui enclenche

---

[1] Y. SHANG, « Le droit antisubvention : Une protection commerciale à la chinoise ? », *RIDE* 2012, vol. 64, n° 3, pp. 645-662.

le mécanisme du pouvoir sur le marché. Si cette structure consiste à faire prendre conscience de l'importance stratégique du secteur spatial, de façon régulière, le pouvoir conduit à une situation dont l'issue est prévisible. Les subventions restreignent le champ du possible tant elles mettent l'accent sur la mesure qui serait la moins élevée, c'est-à-dire le droit anti-subvention qui serait le plus adéquat pour corriger les effets anticoncurrentiels des subventions et permettre la poursuite de l'activité commerciale. Ici, une mesure s'impose, c'est celle du « droit moindre ». L'OMC n'impose pas l'application de la règle du « droit moindre », cette règle propose de retenir la méthode qui amène au droit supplémentaire qui intègre les pertes subies par le pays importateur[1]. A cet égard, le régime de la preuve figure dans l'accord SMC[2]. Reste à préciser que ce régime ferait naître une symétrie entre l'élément factuel que constitue l'indice du pouvoir de marché et l'élément de droit qui renvoie au droit compensateur. Cela dit, on ne peut prendre argument de l'existence de ce régime pour nier la manière dont la symétrie de fait se construit au point d'autoriser le dépassement du niveau qui est nécessaire pour le rétablissement des conditions normales de concurrence[3]. Cela prouve que la théorie du « pouvoir de marché » pourrait ne pas apparaître au même niveau d'action que la règle du droit moindre. Or, c'est le concept de nivellement qui fixe une règle de conduite qui a pour objet le bon fonctionnement du marché.

§2 – L'approche régionale des normes réglementaires du marché du spatial conçue en termes de positionnement institutionnel

213. La stratégie de Lisbonne qui tire son nom du Conseil européen qui l'a définie en mars 2000, visait à faire de l'Union, l'économie « la

---

[1] *Rapport de la Commission au Parlement européen et au Conseil* du 19 septembre 2022 sur les activités antidumping, antisubventions et de sauvegarde de l'Union européenne et sur l'utilisation d'instruments de défense commerciale par des pays tiers ciblant l'Union en 2020, COM (2022) 470 final, p. 10.

[2] L'article 11.2 de l'Accord SMC dispose qu' « Une demande présentée au titre du paragraphe 1 comportera des éléments de preuve suffisante de l'existence a) d'une subvention et, si possible de son montant, b) d'un dommage au sens où l'entend l'article VI du GATT de 1994 tel qu'il est interprété par le présent accord et c) d'un lien de causalité entre les importations subventionnées et le dommage allégué... ».

[3] Développement inspiré de la non-application de la règle du droit moindre, voir Y. SHANG « Le droit antisubvention : Une protection commerciale à la chinoise ? », déjà cité p. 650.

plus compétitive et la plus dynamique au monde, capable d'une croissance économique durable, de plus d'emplois de meilleure qualité et de plus de cohésion sociale »[1]. La réalisation de cet objectif constitue une ligne d'action. La politique de la concurrence de l'UE fait naturellement partie intégrante de ce processus, le souci de prendre un avantage compétitif dans une économie mondialisée est au cœur des réformes récentes du droit des pratiques anticoncurrentielles[2]. On compte parmi les pratiques anticoncurrentielles l'application du principe du favoritisme national aux Etats-Unis. En effet, en adoptant leur *Inflation Reduction Act* (IRA) et ses conditions de production locale, les Etats-Unis repensent leur rapport au libre-échange mondial[3]. Dans de telles circonstances, le secteur spatial est un moyen pour l'UE de façonner un nouvel arsenal juridique notamment pour mieux défendre les intérêts de l'industrie européenne.

214. En avril 2021, le Conseil et le Parlement européen ont adopté un règlement établissant le nouveau programme spatial de l'UE pour la période 2021-2027. Le point 7 de ce Règlement énonce qu' « Afin de renforcer la compétitivité de l'industrie spatiale de l'Union et d'accroître les capacités dans la conception, la construction et l'exploitation de ses propres systèmes, l'Union devrait soutenir la création, la croissance et le développement de l'industrie spatiale tout entière. L'émergence d'un modèle favorable aux entreprises à l'innovation devrait également être appuyée au niveau européen [...]. L'Union devrait favoriser la création et l'expansion d'entreprises spatiales établies dans l'Union, afin de les aider à prospérer notamment en les aidant à accéder au financement à risque, étant donné que dans l'Union, les start-ups, dans le domaine de l'espace, ne disposent pas d'un accès approprié au capital-investissement, et en soutenant la demande, ce qu'on appelle l'approche

---

[1] V. Le point 5 des conclusions de la présidence du Conseil européen de Lisbonne des 23 et 24 mars 2000, consultable sur : *[https://www.consilium.europa.eu/ueDocs/cms_Data/docs/pressData/fr/ec/00100-21.f0.htm]*, consulté le 3 août 2023.

[2] H. KAZZI, « Aides d'Etat et compétitivité des entreprises communautaires », *RIDE* 2007, vol. 4, n° 4, p. 443.

[3] L'IRA concerne indirectement le secteur de l'industrie spatiale, en adoptant « un impôt minimum alternatif sur les sociétés » (Section 10101), elle se veut attractive pour les entreprises étrangères qui pourraient s'implanter aux Etats-Unis : voir, *HR-5376 Inflation Reduction Act*, 16 août 2022.

du premier contrat »[1]. Il est certain que l'aide au financement s'inscrit dans le Programme « Horizon Europe » dédié à la recherche et à l'innovation pour la période 2021-2027. En couvrant le domaine de la Recherche et développement en innovation (R&D&I) de la recherche fondamentale jusqu'à la mise sur le marché, « Horizon Europe » cherche à stimuler la compétitivité de l'industrie spatiale européenne (l'espace fait partie de ces six pôles thématiques). Ce soutien prend la forme de subventions[2].

215. Le plan d'action visant à faciliter l'accès des entreprises, qui s'intéressent au secteur spatial, aux subventions, dépend largement de leur croissance. En cela, les entreprises peuvent bénéficier d'une zone de libre-échange. L'instauration de cette dernière entre les Etats membres est l'un des principes fondateurs de l'Union, la notion de logique d'action qui l'accompagne a abouti à la création du marché intérieur. Or, cette création resterait avant tout comme un processus de centralité du commerce international. Ce processus pourrait apparaître comme un renforcement de l'UE sur l'échiquier institutionnel du commerce international dans le secteur spatial (A). Cela dit, le renforcement institutionnel de l'UE dans le secteur spatial commercial serait générateur d'un droit de la compliance. Il convient de prendre acte des facteurs de son évolution (B).

A - La centralité de l'UE dans le secteur spatial commercial comme renforcement de sa position sur l'échiquier institutionnel du commerce international

216. Il semble naturel que le voisinage joue pour chaque Etat un rôle singulier. Les obstacles aux échanges commerciaux sont plus faibles entre Etats géographiquement proches. La création de la Communauté économique des Etats de l'Afrique de l'Ouest (CEDEAO) en 1975,

---

[1] *Règlement (UE) n° 2021/696 du Parlement et du Conseil* du 28 avril 2021, établissant le programme spatial de l'Union et l'Agence de l'Union européenne pour le programme spatial et abrogeant les règlements (UE) n° 912/2010, (UE) n° 1285/2013 et (UE) n°377/2014 et la décision n° 541/2014/UE, JOUE L 170/69 du 12 mai 2021, p. 69.

[2] Portail de la Direction générale des entreprises (DGE) « Le Programme Horizon Europe », consultable sur : *[https://www.entreprises.gouv.fr/aides-et-financement/programmes-europeens/programme-horizon-europe]*, consulté le 03 août 2023.

l'illustre. Le développement d'une stratégie d'intégration régionale par laquelle deux ou plusieurs Etats-nations sont d'accord pour travailler ensemble avec pour objectifs des relations socio-politique et économique, fut actée par quinze Etats d'Afrique de l'Ouest[1]. D'un point de vue purement économique, la polarisation forte et croissante des échanges au sein des grandes régions manifeste la régionalisation du commerce international[2]. Sur le plan institutionnel, le « régionalisme » débouche sur la construction de relations commerciales ; cela dit, à l'ère du *New Space*, les relations commerciales dans le secteur spécifique des produits et services spatiaux induisent forcément un questionnement sur la dimension fonctionnelle des ensembles régionaux. S'agissant de l'UE, la question qui porte sur sa fonction s'inscrit dans le dépassement du dualisme « acteur-système commercial international » pour expliquer le rôle central qu'occupe l'acteur commercial, quand on l'associe aux poids des normes juridiques auxquelles il participe et des structures institutionnelles comme moyen d'action. En conséquence, de façon très étroite, le concept de centralité, quand on le situe dans la perspective d'un agir projectif, en matière de commerce international, pose le problème des frontières (ici verticales) envers l'OMC, perçues en termes de capacité de l'UE et non de celles d'autorité normative de l'OMC.

217. En aménageant le régime d'intervention de l'UE vis-à-vis de ses Etats membres, le premier paragraphe de l'article 189 du TFUE, exprime la nécessité de préserver la diversité et la spécificité des stratégies spatiales de chacun de ces Etats. Il est certain que la logique d'optimisation retenue pour l'élaboration d'une politique commerciale commune, qui concerne les relations de l'Union avec les pays tiers, repose sur la Commission européenne. Cette dernière est responsable de la définition et de la conduite de la politique commerciale ; elle est chargée de conduire les négociations commerciales aux niveaux multilatéral et bilatéral ; elle est aidée dans cette fonction par la Direction générale du Commerce (DG commerce)[3]. En outre, il

---

[1] ANIEKAN-IBORO U., « Trade integration in a layered system of International law », AFR. J. INT'l & COMP. L. 2017, vol. 25, n° 4, pp. 561-578 (notre traduction).

[2] G. GAULIER, S. JEAN, D. ÜNAL-KESENCI, *L'économie mondiale 2006*, éd. La Découverte 2005, coll. Repères, p. 84.

[3] La DG Commerce (TRADE) a pour but de développer et de mettre en œuvre les politiques européennes de commerce et d'investissement.

convient de rappeler que l'Accord qui institue l'OMC est un texte qui est avant tout institutionnel ; il définit l'OMC comme un « cadre institutionnel commun pour la conduite des relations commerciales entre ses membres »[1]. Donc, le versant institutionnel des fonctions de l'UE et de l'OMC agit comme un processus d'engagement collectif fondé sur une capacité. Dans la vision analytique qu'offre cette capacité, on trouve la rationalité de l'action, de nature alternative.

218. Le terme « alternatif » sert à concevoir autrement le système commercial international, précisément pour corriger ses défaillances. Le système commercial international est défaillant quand les stratégies protectionnistes nationales se manifestent en entravant le bon fonctionnement du marché des produits et services spatiaux. Face aux stratégies protectionnistes, l'UE peut externaliser sa politique commerciale commune au regard de ce qu'elle est, à savoir un acteur commercial international de premier plan qui reflète la conformité et l'influence des enjeux qui sont afférents au phénomène du *New Space*, lesquels consistent à gagner des parts de marché. Dans la mesure où d'autres acteurs commerciaux partagent pour chacun d'eux la même ambition, la centralité du rôle de l'UE est au cœur d'une stratégie de partage. Cette stratégie est considérée comme l'élément le plus distinctif de l'Union parce qu'il met en évidence le versant auto-référentiel des échanges commerciaux dans le secteur spatial. En outre, si l'autoréférentialité adhère aux prescriptions institutionnelles du libre-échange, elle s'inscrit également dans une perspective dynamique, de nature à transformer le libre-échange en juste échange. Quand on énonce la notion de juste échange, on fait clairement appel à l'exigence d'une juste réciprocité dans l'accès aux différents marchés[2].

219. Le juste échange serait une mesure de correction du protectionnisme, signe d'une politique commerciale ouverte. Cette ouverture serait affichée dans l'article 217 paragraphe 1 du TFUE qui dispose que « La politique commerciale commune est fondée sur des principes uniformes [...] la conclusion d'accords tarifaires et commerciaux relatifs aux échanges de marchandises et de services [...].

---

[1] Art. II de l'Accord OMC.

[2] J. CAGE, « Juste échange ou libre échange ? », consultable sur : *[https://www.latribune.fr/opinions/tribunes/20120326trib000690368/juste-echange-ou-libre-echange-.html]*, consulté le 07 août 2023.

La politique commerciale commune est menée dans le cadre des principes et objectifs de l'action extérieure de l'Union ». S'agissant de ces principes et objectifs, l'article 3 paragraphe 5 du Traité sur l'Union européenne (TUE) énonce que « dans ses relations avec le reste du monde [...], l'Union contribue au strict respect et au développement du droit international ... ». Si cette contribution sert notamment à respecter le droit de l'OMC, l'exercice pratique du juste échange favoriserait l'émergence d'un nouveau pacte institutionnel entre l'UE et l'OMC. La notion d'émergence saisirait selon un ordre logique les valeurs du juste échange ; l'institution quant à elle concourt substantiellement à leur donner une existence concrète. Reconnaître cette existence revient à considérer que l'entité qui les défend le mieux est celle que l'on perçoit en termes de capacité d'action à limiter les effets pervers du protectionnisme, dans le cadre de la mise en œuvre de sa politique commerciale commune. Ce qui tendrait à démontrer que le bloc institutionnel du commerce international ne peut être celui d'une totalité intégrée, car seule compte en réalité, la mise en ordre d'un mécanisme de consolidation du droit du commerce international par l'action. Or précisément, la voie de la consolidation par l'action procède d'un travail institutionnel correctif.

220. Aux Etats-Unis, le secteur privé participe au financement de la conquête spatiale, mais il n'en demeure pas moins que ce sont les fonds publics qui approvisionnent les projets des entreprises privées[1]. Cet effort pour accroître le rôle de l'industrie spatiale américaine n'est pas pour rien dans l'effort de commercialisation et les services liés à la fusée *Falcon Heavy*, qui est un lanceur spatial super lourd développé par la société *Space X* (concurrente directe d'Ariane 6)[2]. Par extension, avec pour objectif d'éviter les distorsions de concurrence causées par les aides d'Etat, la Commission européenne a adopté le 17 juin 2020 le Livre Blanc qui concerne l'égalité des chances en matière de subvention[3]. Le Livre Blanc répond au danger posé par les pratiques

---

[1] S. HAMDOUNI, « Le financement du secteur aérospatial à l'épreuve du droit : le point de vue du droit de l'Organisation Mondiale du Commerce », *op. cit.*, p. 420.

[2] A. SAUZAY, « Espace : l'Europe contre-attaque ? », consultable sur : *[https://www.institutmontaigne.org/ressources/pdfs/publications/espace-europe-contre-attaque-note_0.pdf]*, consulté le 01 août 2023.

[3] *Communication de la Commission Livre Blanc* « relatif à l'établissement de conditions de concurrence égales pour tous en ce qui concerne les subventions étrangères », adoptée par la Commission le 17 juin 2020, COM (2020) 253 final.

commerciales déloyales soutenues par des Etats qui ignorent les forces du marché et abusent des règles internationales existantes en vue d'établir une position dominante dans divers secteurs de l'activité économique[1].

221. Quoi qu'il en soit, l'objectif du Livre Blanc est de démontrer l'expertise de l'UE à saisir des domaines d'intérêts publics. En cela, en matière de commerce international, l'intérêt public sert à dissocier l'aide au développement qui ne constitue pas une distorsion aux règles de la concurrence du développement de l'aide qui fait plutôt ressortir les problèmes liés à l'établissement d'un avantage qui serait l'élément déterminant de l'atteinte à la concurrence. Pouvant servir, sans nécessairement viser une « œuvre réformatrice » à l'échelle internationale, le Livre Blanc constituerait l'esquisse d'une approche servant à faciliter le rappel du cadre juridique existant en matière de subvention publique, à la fois dans leur application rationnelle, mais aussi dans leur effet préjudiciable. Ainsi, le Livre Blanc participerait aux avancées fonctionnelles de la politique commerciale commune de l'UE dans son volet externe, tout en constituant une avancée significative en faveur d'une défragmentation du droit antidiscrimination dans l'accès au marché des produits et services du secteur spatial.

222. Il convient d'abord de préciser que la « fragmentation » est discutée principalement dans le contexte du droit international, la complexité des réglementations et la multiplicité des institutions dans un ordre hiérarchique conduisent à une fragmentation des systèmes juridiques nationaux, ainsi qu'au niveau du droit international[2]. Par ailleurs, il est certain que les accords commerciaux régionaux (ACR) qui ne se bornent pas à décliner régionalement les règles de l'OMC mais posent d'autres normes dont certaines entrent en concurrence avec celles de l'OMC accentuent le phénomène de fragmentation du droit du commerce international[3]. Cela dit, si la « fragmentation » est ce qui

---

[1] I.-N. CSONGOR, « Foreign Subsidies Distorsions and Acquisitions: Can the playing Field Be Levelled ? », *CEJCL* 2021, vol. II, n° 1, pp. 147-162 (notre traduction).

[2] P. ONDREJEK, *Defragmentation of law - Reconstruction of Contemporary Law as a System*, Larcier Intersentia 2023, 1ère éd., p. 15 (notre traduction).

[3] J.-M. THOUVENIN, « OMC et conflits de normes. Le regard de l'internationaliste publiciste » dans *La fragmentation du droit applicable aux relations internationales.*

divise, la « défragmentation » est ce qui rassemble, or la convergence entre le Livre Blanc et le droit de l'OMC s'observe, le Livre Blanc identifie les conséquences des pratiques discriminatoires sur le commerce international[1]. Le « danger » qu'elle constitue est la conséquence indispensable, suffisamment représentative, de ce que seraient les pratiques déloyales dans le contexte afférent au phénomène du *New Space*. Donc, la nécessité d'œuvrer à une défragmentation du droit constitue le travail institutionnel de l'UE, dont le facteur de reconnaissance s'appuie sur la fonction paradigmatique de l'action géopolitique de l'UE. Ce pluralisme ontologique qui renforce la présence de la Commission européenne sur les relations économiques pourrait être qualifiée de positivisme de méthode. Le positivisme de méthode revient à accepter un texte comme base argumentative, destinée à renforcer le droit de l'OMC.

B - Le renforcement institutionnel de l'UE générateur d'un droit de la compliance dans le secteur spatial commercial

223. Dans le secteur du commerce des produits et services du secteur spatial, le rôle institutionnel de l'UE serait de conforter, en prolongeant au niveau régional, le droit de l'OMC. Pour y parvenir, l'UE doit pouvoir disposer d'un corpus normatif destiné aux acteurs économiques. Le corpus normatif peut être regroupé au sein d'un droit de la compliance. Le droit de la compliance est défini comme une simple méthode d'efficacité des réglementations, dès l'instant que toute règle de droit doit être efficace, c'est alors l'ensemble des règles, de la plus petite à la plus grande, qui devrait être saisie par cette pur et simple logique d'efficacité, sans qu'aucune règle n'y échappe[2]. Par exemple, en matière de commerce dans le secteur spatial, le droit de la compliance serait porté par les entreprises qui s'intéressent à ce secteur, puisque ce sont elles qui, en réalité, exercent des actes de commerce. Ces derniers concrétisent le bon fonctionnement du marché et à travers lui, l'objectif

---

Regards croisés d'internationalistes privatistes et publicistes, sous la direction de M. FORTEAU, éd. Pedone 2011, coll. Cahiers Internationaux, pp. 29-47.

[1] Voir en particulier le §4 de l'introduction.

[2] M.-A. FRISSON-ROCHE, *Le déploiement du Droit de la Régulation par le Droit de la Compliance dans un projet européen*, document de travail, juillet 2023, consultable sur : *[https://mafr.fr/article/le-deploiement-du-droit-de-la-regulation-par-le-dr/#3*, consulté le 17 août 2023.

que constitue la normativité du droit de la compliance. Cet objectif servirait à permettre aux entreprises européennes d'internaliser le processus de régulation des pratiques commerciales déloyales. L'internalisation qui porte l'ambition de construire un espace d'intervention des entreprises dans les secteurs régulés, sert à élargir les frontières fonctionnelles des entreprises européennes, dès lors qu'elle s'appuie sur une forme de légitimité factuelle. Celle-ci prolonge la notion de contrôle qui s'est elle-même substituée à celle de réglementation.

224. La notion de contrôle offre une vision positive de l'action des entreprises européennes dans le processus de régulation des pratiques commerciales déloyales. En conséquence, on pourrait considérer que l'UE n'a plus besoin de réglementer le commerce dès lors que les entreprises peuvent en contrôler le résultat. La recherche du résultat a une fonction de comparaison avec la qualité de la réglementation qui n'apparaît pas comme l'unique composante du système de régulation. Cela dit, l'action des entreprises trouve son sens dans l'activité commerciale dans laquelle elles s'insèrent, les composantes essentielles de l'action sont construites en fonction d'un contexte d'incertitude. Si ce contexte apparaît sous l'angle d'un motif à agir, celui-ci intervient dans le prolongement de la régulation, les entreprises européennes développant leur contrôle *ex post* au regard de la façon dont l'atteinte aux règles du commerce international est susceptible d'évoluer. Considérant que l'atteinte est susceptible d'évoluer vers un différent, la logique du contrôle autoriserait les entreprises à entrer dans le contentieux de la cessation du différend. Cela reviendrait certes à leur conférer de manière détournée et informelle, le bénéfice que procure la qualité de membre de l'OMC.

225. Pour rappel, le mécanisme de règlement des différends de l'OMC porte sur la cessation du différend. La finalité est le retrait de la mesure prise par un autre membre, qui serait génératrice du différend. Si la finalité est le retrait de la mesure en cause, cela ne signifie pas qu'il s'agit de sanctionner un membre ne respectant pas le droit de l'OMC, mais d'obtenir qu'il le respecte à l'avenir[1]. C'est l'Organe de règlement des différends (ORD) qui incarne ce mécanisme. L'ORD n'est pas une juridiction, mais un organe politique composé de tous les membres de

---

[1] H. ASCENSIO, *Droit international économique*, *op. cit.*, p. 121.

l'OMC, que sont les Etats et les territoires douaniers, comme l'UE[1]. La qualité de membre de l'ORD n'est donc pas extensive et ne saurait concerner les entreprises européennes, notamment celles qui s'intéressent au secteur spatial commercial, car c'est la qualité de membre qui est source de transformation du contexte relationnel en procédure contentieuse. Il est certain que le droit de la compliance n'a pas pour objet de transformer le contexte relationnel en procédure contentieuse, d'abord parce qu'il correspond à un domaine de validité qui se situe à l'extérieur de l'approche systémique du contentieux lié au statut de membre de l'ORD, ensuite parce que le droit de la compliance constitue le niveau intermédiaire entre le droit de la régulation et le contentieux de la cessation du différend. Or, l'idéologie qui prédomine à ce niveau intermédiaire est la prévention. Cette dernière ne sert qu'à amener les entreprises des autres membres de l'OMC qui sont précisément engagés dans le même secteur des activités commerciales à intérioriser la régularité ou la réglementation, afin d'éviter le recours aux procédures contentieuses.

226. Il existe un large consensus sur le fait que le droit international s'est énormément développé depuis la seconde guerre mondiale et la restriction de plus en plus de la souveraineté des Etats ou leur domaine réservé[2]. La plupart des spécialistes établissent une distinction entre l'ancien droit de coexistence, deuxièmement le droit de coopération, troisièmement le projet global de vie sociale et quatrièmement le droit international d'une communauté internationale[3]. Différents régimes du droit international poursuivent des buts différents, par exemple le droit de l'OMC poursuit la liberté du commerce[4]. Comprendre le régime implique, non seulement une connaissance de ces normes substantielles, mais aussi une certaine conscience des pratiques de compréhension des normes informelles qui sont reflétées dans les textes

[1] H. ASCENSIO, *Droit international économique*, *op. cit.*, p. 89.

[2] A. VAN AAKEN, « Defragmentation of Public International Law Through Interpretation: A Methodological Proposal », *IJGLS* 2009, vol. 16 n° 2, pp. 483-512 (notre traduction).

[3] A. VAN AAKEN, *ibid*, p. 488 (notre traduction).

[4] A. VAN AAKEN, *ibid*, p. 484 (notre traduction).

juridiques, ainsi que dans les déclarations ou lignes directrices de droit non contraignant[1].

227. Le cercle du droit de la compliance comprendrait des « Buts Monumentaux »[2]. Ces derniers sont posés par le Politique. S'ils sont divers, de manière spécifique, le champ des « Buts monumentaux » inclurait la construction de l'économie européenne. Ce domaine qui repose sur les entreprises européennes dont le rôle est déterminant et qui sont en position d'y contribuer en participant à un acte de régulation, a trait aux formes propres à la compliance, que sont les actes de droit souple. Compte tenu de l'importance du versant institutionnel du droit de la régulation portant sur le commerce international des produits et services du secteur spatial, les actes de droit souples pourraient être relatifs aux bonnes pratiques issues de l'activité commerciale des entreprises européennes, dont la méconnaissance est susceptible de donner lieu à une action par l'UE devant l'ORD pour faire cesser les comportements contraires. Ici, l'action en cessation des pratiques commerciales déloyales se trouverait à la frontière du droit international public (le Mémorandum d'accord concernant les règles et procédures régissant le règlement des différends de l'OMC a pour mission de préserver les droits et les obligations résultant pour les Membres des accords visés et de clarifier les dispositions existantes de ces accords conformément aux règles coutumières d'interprétation du droit international public)[3] et d'une contradiction. Quand on parle de contradiction, on pense à la possibilité qu'ont les entreprises européennes, qui s'intéressent notamment au secteur spatial, d'être les référents du droit de la compliance pour mettre en œuvre une politique publique, par opposition à son résultat.

228. A ce titre, il est nécessaire de préciser que l'objectif normatif du droit de la compliance est de conférer une fonction aux entreprises européennes qu'elles ne peuvent dépasser. Cette fonction leur permettrait uniquement d'opérationnaliser l'activité de régulation par

[1] R. HOWSE, « The World Trade Organization 20 Years on: Global Governance by Judiciary », *EJIL* 2016, vol. 27, n° 1, pp. 8-78 (notre traduction).

[2] Cette expression a été utilisée par Madame le Professeur Marie-Anne Frison Roche dans le document de travail précité qui a pour titre : *Le déploiement du Droit de la Régulation par le Droit de la Compliance dans un projet européen.*

[3] K. KUGLER, « The World Trade Organization's appellate body melee: How did we get here ? », *Int'l Bus LJ* 2019, n° 3, p. 270 (notre traduction).

des actes de droit souple. La perfectibilité qui procède de l'opérationnalisation de l'activité de régulation des pratiques commerciales déloyales dans le secteur spatial, ramène à une approche téléologique du droit de la compliance. Cette approche est téléologique car elle consiste à placer les outils de la compliance dans leur contexte global, autrement dit, à prendre en considération leur objectif qui est de conforter le système commercial international afférent au secteur spatial. Cette approche téléologique sous-tend une méta-régulation qui s'opère à deux niveaux. Le premier niveau met en perspective le travail institutionnel de l'UE, le rôle des entreprises européennes est de hausser le degré d'exigence pour l'atteindre. Cependant, à travers leur intervention, le travail institutionnel est intériorisé dans le système commercial international, comme un outil de consolidation systémique. On ne retiendra ici que l'intervention qui sert à synthétiser l'ensemble des actions de régulation et qui se rattache au thème de l'efficience. Ce thème a pour socle une théorie de l'action, fondée en réalité sur un mécanisme de représentation de l'entité qui est la plus efficiente pour signifier la politique européenne en matière de lutte contre les pratiques commerciales déloyales. Cependant, à un autre niveau, cette sorte de déterminisme rationnel se fonde sur une pratique discriminatoire institutionnalisée qui a pour source une régulation structurale d'un pan du système commercial international. La lecture rationaliste de l'action est avancée parce qu'elle peut servir à mettre en œuvre le projet institutionnel de référence.

Conclusion de la section

229. A l'ère du *New Space*, les intérêts économiques des Etats dépendent des nombreuses possibilités d'exploitation de l'espace extra-atmosphérique. Ils seraient déterminants dans l'émergence d'un droit réglementaire. Si ce dernier encadre le marché des produits et services spatiaux, cet encadrement dépend des enjeux de l'exploitation de l'espace. A ce niveau, les intérêts de l'Espace souverain déterminent la façon dont il va se comporter sur la scène internationale, notamment face aux droits de l'OMC qui libéralise le commerce pour lutter contre les pratiques commerciales déloyales. La mise en œuvre de la politique de préférence nationale serait une pratique commerciale déloyale restreignant l'accès à certains marchés internes aux entreprises de pays tiers. Dans le secteur spatial commercial, la politique de préférence nationale s'exprime notamment par les subventions consenties aux

industries cruciales. Si ces subventions, sans être interdites, sont encadrées par l'Accord SMC, l'entreprise nationale qui bénéficie de subventions modifie l'environnement du marché international. Une même action peut avoir les mêmes motifs de réciprocité de la part des autres acteurs économiques. Un exemple en est donné avec la mise en œuvre du droit antisubventions. En outre, l'ère du *New Space* voit s'affirmer des acteurs régionaux, l'UE compte parmi les puissances spatiales. Sa puissance ne tient pas tant à sa présence dans les secteurs clés du secteur spatial qu'à son travail institutionnel, dès lors que l'on considère qu'il conforte le droit de l'OMC. En cela, la notion de juste échange adhère aux potentialités que leur confère ce travail institutionnel. C'est dans ce cadre que l'UE participe à la régulation des pratiques commerciales déloyales provenant de ses concurrents étrangers. Dans l'activité de régulation, on trouve le droit de la compliance qui se structure autour des entreprises européennes. Par leurs actes de commerce, les entreprises sont chargées de consolider le système commercial international. Cependant, ce rôle génère une certaine autorité. Le critère d'autorité choisi se situe sur l'échelle des discriminations institutionnalisées quand on l'insère dans l'activité de régulation de l'UE.

Section II - Le régime juridique de protection des investissements à l'étranger et les difficultés relatives à son application dans le secteur spatial

230. Le phénomène du *New Space* est marqué par la privatisation d'un grand nombre de secteurs de l'activité spatiale conduisant à un accroissement des flux d'investissements dans des Etats. Pour l'illustrer, on peut donner l'exemple de Konnect Africa qui fournit des services de télécommunications spatiales. Konnect Africa est une filiale d'Eutelsat, depuis juin 2017. Konnect Africa est implantée dans plusieurs Etats d'Afrique subsaharienne[1]. L'Etat qui accueille l'investissement étranger est « l'Etat hôte » ; ce dernier est défini par le droit des investissements

---

[1] C. COLLARD, « L'utilisation des satellites privés pour lutter contre la fracture numérique dans les Etats en développement : les enjeux pour le droit international des investissements », dans *Droit de l'espace extra-atmosphérique. Questions d'actualité*, sous la direction de C. BORIES, M. EUDES, L. RAPP, L. RASS-MASSON, Presses de l'Université Toulouse 1 Capitole 2021, p. 59.

comme celui sur le territoire duquel se trouve l'investissement[1]. Cependant, l'avènement du *New Space* et les nombreuses perspectives de conquête économique de l'espace rendent indispensables un droit des investissements spatiaux[2]. Ce dernier concerne la protection de l'investissement étranger ; d'ailleurs, le régime juridique de protection tient aux accords de protection qui mettent en relation l'Etat hôte et l'Etat dont l'investisseur étranger est le ressortissant. Cela dit, les accords de protection matérialisent les attentes légitimes de l'investisseur étranger. Ces attentes sont par définition fondées sur ce que l'investisseur est en droit d'attendre, à partir de sa relation avec l'Etat hôte[3]. En outre, la relation envisagée prend en considération l'intérêt général de l'Etat hôte qui serait à l'origine de la fabrication d'un standard international.

231. Le concept de standard renvoie à une norme impliquant l'idée d'un « niveau » à atteindre ou d'un « modèle » auquel il faut se conformer et par rapport auquel l'évaluation d'une situation ou d'un comportement doit être opérée[4]. De même, il semblerait que l'intérêt général se définisse par sa contribution au développement de l'Etat hôte, en distinguant l'investissement purement financier et l'investissement qui crée effectivement de l'activité ou de la richesse sur le territoire de l'Etat[5]. L'intérêt général renverrait à la notion d'intérêt public. L'intérêt public déterminerait le rang que l'investisseur étranger occuperait dans la stratégie de développement de l'Etat contractant, en cela, l'intérêt public peut être brandi par l'Etat contractant en vue de la protection des valeurs et intérêts communs à la collectivité nationale au détriment des

---

[1] A. IGLESIAS, « L'exploitation des ressources de l'espace extra-atmosphérique à des fins commerciales : une activité couverte par le droit des investissements ? », *op. cit.*, pp. 67-82.

[2] S. ROBERT CUENDET, « Le droit international des investissements et l'espace » dans L'espace extra-atmosphérique et le droit international, SFDI Colloque de Toulouse, Pedone 2021, p. 289-313.

[3] V. en particulier P. ACCAOUI LORFING, A. DE NANTEUIL, « The role of domestic Law in assessing the inventor's legitimate expectation: *Sunreserve V Italy and PV Investors V Spain* », *Int'l Bus L.J.* 2021, n° 4, p. 578 (notre traduction).

[4] A. OUEDRAOGO, « Standard et standardisation : la normativité variable en droit international », *RQDI*, 2013, vol. 26, n° 1, p. 169.

[5] On s'intéresse de plus en plus à un rééquilibrage éventuel du système ou au renforcement de la position de l'Etat. Voir : S-EL BOUDOUHI, « L'intérêt général et les règles substantielles de protection des investissements », *AFDI*, 2005, vol. 51, p. 543.

intérêts privés de l'investisseur étranger[1]. Cela dit, la politique des Etats hôtes à l'ère du *New Space* serait incluse dans le champ de l'intérêt public. En y participant, les investisseurs étrangers deviendraient l'un des éléments d'un mécanisme de standardisation faisant place à certains seuils de normativité et se concevant du point de vue de l'épistémologie de la consolidation des droits internes des Etats hôtes dans les traités d'investissements internationaux. La question qui se pose est celle de savoir : qui représente le mieux l'intérêt public propre au secteur spatial, tel que le conçoivent les Etats hôtes dans leurs rapports internationaux, sinon que c'est l'investisseur étranger. Dans ces Etats hôtes approche relationnelle, est marquée par un fort sentiment de représentation, on ne peut occulter la possibilité de parvenir à des traités d'investissement différents du contenu du régime de protection des investissements qu'ils entendent saisir (§1). En outre, à l'ère du *New Space*, la notion de nationalité est susceptible d'être habilement utilisée par les investisseurs pour bénéficier des dispositions normatives les plus adaptées à leur stratégie de développement. Toutefois, l'exercice pratique des avantages de la nationalité fait appel au concept d'efficacité qui est contraire à la théorie des valeurs juridiques du rattachement à un Etat (§2).

§1 - Un *instrumentum* différent du régime de protection des investissements étrangers qu'il entend saisir

232. La notion de représentation qui tient à l'action de représenter quelqu'un s'intéresse aux interactions avec les autres. A l'ère du *New Space*, l'investisseur privé étranger qui investit dans un pays hôte

---

[1] S. EL BOUDOUHI, « L'intérêt général et les règles substantielles de protection des investissements, *op. cit.,* pp. 543-545 ; La culture du secret peut s'opposer à la transparence de certaines informations. L'équilibre entre le secret et la transparence des informations est difficile à trouver. L'intérêt général qui serait l'équivalent de la notion anglo-saxonne de " *public interest*" pourrait être opposé par un Etat aux investisseurs étrangers. Il convient de préciser qu'aux Etats-Unis, par la réglementation fédérale sur les acquisitions (Federal Acquisition Regulation - FAR), le FAR est un ensemble complexe de lignes directrices pour les propriétaires d'entreprises qui cherchent à se développer sur le marché fédéral. Dans plusieurs affaires, il est impossible d'obtenir le texte des contrats passés par le gouvernement fédéral en Irak pour des raisons de sécurité, voir L.-A. DICKINSON, « Public Values in the Privatized World », *Yale J. Int'l L* 2006, vol. 31, n° 2, p. 383-426 (notre traduction).

représente les intérêts de l'Etat dont il est le ressortissant[1]. Cet Etat est représenté par l'investisseur parce que ce dernier intervient dans le processus d'appropriation de la réalité extérieure de son Etat, celle qui se construit à partir des accords d'investissements internationaux (AII). Cependant, l'étude des représentations à partir des AII permet de comprendre également la façon dont l'Etat hôte se représente lui-même. Le concept de représentation permettrait d'analyser d'un point de vue épistémologique, ce qui motive la relation conventionnelle qu'il établit à partir des AII. Cette représentation n'a pas le même statut que dans le premier cas, puisqu'elle tente d'expliquer par une analyse, non directement accessible, les motivations profondes de l'Etat hôte. Celui-ci apparaîtrait comme une ressource pour l'action, un point d'appui à partir duquel l'investisseur étranger intervient et avec lequel il interagit. Ici, il ne s'agit nullement pas de saisir les raisons qui sous-tendent le cadre juridique de la coopération, mais de saisir ces raisons comme autant d'instruments de modélisation. Un modèle est une construction qui peut servir à aménager le cadre juridique de protection de l'investisseur étranger.

233. Le tribunal arbitral dans l'affaire *Sun Reserve Luxco Holdings SRL. c. Italie* du 25 mars 2020 a considéré que « dans le cadre de circonstances générales, il est important de souligner que le devoir de l'Etat hôte de se comporter de manière transparente et cohérente ne doit pas être pris au pied de la lettre, et ne devrait donc pas imposer aux Etats hôtes des obligations qui seraient inappropriées et irréalistes [...]. Cela est particulièrement vrai lorsque les normes de transparence et de cohérence sont examinées indépendamment de toute attente légitime qui peut être soutenue dans des engagements contractuels ou autres spécifiques »[2]. En résumé, la violation des attentes légitimes de l'investisseur étranger s'inscrit dans un rapport pragmatique, commandé par les impératifs d'intérêts étatiques de l'Etat hôte. Néanmoins, il faut considérer que si ces intérêts sont placés sous l'emprise du droit, puisque dans le cas contraire, on ne pourrait pas évoquer la protection des attentes légitimes de l'investisseur devant le tribunal arbitral, le contenu juridique de la protection serait souple. En tant qu'instrument

---

[1] Ces intérêts sont garantis par les accords sur la protection des investissements dans les Etats d'accueil respectifs.

[2] *Sun Reserve Luxco Holdings SRL. c. Italie*, Affaire CCS n° 132/2016, Sentence, 25 mars 2020, §734.

de modélisation, la souplesse servirait à aménager un cadre juridique. En cela, la question se pose de savoir s'il n'y a pas un risque de dissocier *l'instrumentum* de l'AII, c'est-à-dire le contenant de l'acte juridique protecteur en tant que tel, de son *negotium*, donc en l'espèce de certaines de ses dispositions qui seraient qualifiées de *« soft law du negotium ».*

234. Dans le domaine spatial, les coopérations actuelles s'avèrent fructueuses tant qu'elles sont choisies et non forcées, au-delà des simples applications militaires, la coopération de la France, avec des partenaires cibles dont les intérêts convergent comme l'Allemagne ou l'Italie, doit être envisagée de manière plus approfondie[1]. Toutefois, le fait que ces coopérations entre Etats soient « choisies et non forcées » laisse supposer que les cadres juridiques qui les matérialisent, peuvent être vidés de leur substance, dès l'instant où ils n'apparaissent que comme des textes-cadres marquant une dichotomie avec les conditions de leur réalisation. Or, ces conditions seraient, en réalité, étroitement liées au contenu du texte juridique, donc à l'existence de dispositions normatives non contraignantes.

235. Le terme « *soft law* » peut désigner le contenu d'une convention, bien qu'elle soit un instrument de *hard law*, la convention peut présenter des éléments de *soft law*[2]. En vérité, les auteurs d'un acte juridique peuvent décider de recourir à un instrument juridique à part entière, tout en adoucissant le contenu[3]. Plus précisément, ils peuvent adopter un instrument juridique non normatif, c'est-à-dire un texte qui doit fournir une directive précise sur le comportement auquel ses auteurs se sont engagés[4]. Cette réalité témoigne de ce que peut-être le *soft law* du *negotium*, c'est-à-dire le contenu de l'acte dont les obligations sont imprécises, qui de ce fait desserre l'engagement des parties. Un exemple nous en est donné avec le traité bilatéral d'investissement (TBI) Ethiopie-Qatar du 14 novembre 2017. L'article 4 paragraphe 4 de ce TBI dispose que « Chaque Partie contractante s'efforcera

---

[1] M. FONCK, « Le sursaut de la France dans le domaine spatial de défense », *Revue Défense Nationale* 2019, vol. 4, n° 819, pp. 114-118.

[2] I. DUPLESSIS, « Le vertige et la *soft law* : Réactions doctrinales en droit international », *op. cit.*, p. 249.

[3] J. d'ASPREMONT, « Softness in international law: A Self-Serving Quest for New Legal Materials », *EJIL* 2008, vol. 19, n° 5, pp. 1075-1093. (notre traduction).

[4] J. d'ASPREMONT, *ibid*, p. 1084 (notre traduction).

progressivement d'améliorer la transparence [...] de ses processus législatifs, réglementaires, administratifs et judiciaires, conformément à ses lois et règlements nationaux respectifs[1].

236. Généralement, d'après l'analyse de la pratique et de la rédaction de ce traité, une chose est sûre : l'utilisation de termes non contraignants, comme « s'efforce progressivement », tend à démontrer qu'elle n'est pas un obstacle à la création d'un acte juridique. Toutefois, l'idée selon laquelle le *soft law* du *negotium* peut être mis en œuvre témoignerait de la possibilité dont dispose l'Etat hôte de s'engager dans une relation avec l'investisseur d'un autre Etat en problématisant le rapport du juridique au politique. Précisément le *soft law* du *negotium* qui sert à problématiser ce rapport en « mesurant » le degré de protection accordé à l'investisseur est le moyen qui permet à l'Etat hôte de préciser que la norme employée n'équivaut pas aux attentes légitimes. Plus subtilement, la logique qui s'attache au *soft law* du *negotium* assure que l'*instrumentum* ne pèse pas sur l'Etat hôte comme contrainte, dès lors que le *negotium* lui accorde une destination propre avec la possibilité éventuelle d'émettre des réserves pour rendre l'instrument conventionnel plus *soft*.

237. Il existerait de nombreux enjeux afférents à l'engagement juridique des Etats dans le secteur spatial à l'ère du *New Space*. Ces enjeux, faut-il le rappeler, peuvent par exemple s'exprimer dans la politique de préférence nationale, privilège dont peuvent bénéficier les investisseurs nationaux dans le cadre de l'action publique. L'action publique ne saurait être envisagée seulement dans sa dimension instrumentale visant à l'inculcation de certaines valeurs et modèles de conduite, l'action publique peut exercer une action en profondeur en favorisant l'apprentissage de nouveaux comportements[2] destinés à éviter que l'investissement étranger n'entrave, voire ne concurrence, l'investissement national. On compte parmi ces comportements, au

---

[1] « Agreement between the government of the Federal Democratic Republic of Ethiopia and the government of the State of Qatar for the promotion and Reciprocal protection of investissements », consultable sur : *[https://edit.wti.org/document/show/f9b5906b-2715-4bd7-Pd53-7cdaf2d7dff2]*, 14 novembre 2017, consulté le 15 août 2023.

[2] J. CHEVALLIER, « Droit et action publique » dans *Le droit figure du politique - Etudes offertes au professeur Michel Miaille*, sous la direction de J-L. AUTIN, L. WEIL, éd. Université Montpellier 1, 2009, pp. 1-9.

niveau des rapports juridiques que l'Etat entretient avec d'autres sujets de droit international, l'émission de réserves qu'il agence selon le contexte factuel. Il est certain que la possibilité pour un Etat d'émettre des réserves dans un traité auquel il est partie, reste un moyen d'exclure ou de modifier l'effet juridique de certaines dispositions du traité à son égard[1]. Les réserves dans un traité portent manifestation de l'exercice de la volonté souveraine de l'Etat. La souveraineté peut être interprétée de diverses manières en droit international public. Par exemple, la souveraineté s'exerce lorsque les l'Etats hôtes consentent aux normes de protection des investissements étrangers, contenues dans les accords internationaux d'investissement. Le concept de souveraineté est flexible[2]. Un Etat peut interpréter la souveraineté de manière à justifier son comportement[3]. De plus, l'exercice de la souveraineté conférerait à l'Etat qui s'en prévaut un pouvoir discrétionnaire d'appréciation des situations concrètes : La protection conventionnelle des attentes légitimes de l'investisseur qui s'intéresse notamment au secteur spatial, ne comporterait qu'une contrainte de but, l'exercice pratique et discrétionnaire de la souveraineté de l'Etat hôte lui permettrait de choisir les normes les plus appropriées pour l'atteindre.

238. L'analyse de la relation entre l'utilisation des réserves et les attentes légitimes de l'investisseur étranger tend à montrer qu'elle est marquée par l'ambivalence. D'abord, parce que la protection des attentes légitimes se déploie dans l'*instrumentum* du traité, ensuite, parce que ce cadre peut comporter des réserves. A cet égard, le tribunal arbitral dans l'affaire *EDF (Services) Limited. c. Republic of Romania* du 8 octobre 2009 a considéré que « L'idée selon laquelle les attentes légitimes et donc un traitement juste et équitable impliquent la stabilité du cadre juridique et commercial, peut ne pas être correcte si elle est formulée dans une formulation trop large et sans réserve... »[4]. Il semblerait que la possibilité d'émettre des réserves, qui serait un autre exemple de normes donnant lieu à des interprétations, participerait à la

---

[1] V. W. TAMZINI, C. ROCHE, *L'essentiel du droit international public*, *op. cit.*, pp. 23-24.

[2] E. GUNTRIP, « Self-determination and foreign direct investment: Reimagining sovereignty in international investment law », *ICLQ* 2016, vol. 65, n° 4, pp. 829-857 (notre traduction).

[3] E. GUNTRIP, *ibid*, p. 831 (notre traduction).

[4] *EDF (Service) Limited. c. Republic of Romania*, CIRDI n° ARB/05/13, Sentence, 8 octobre 2009, §217.

métamorphose de l'*instrumentum.* De manière générale, une métamorphose peut se définir comme le changement de nature ou d'état d'un être, d'une chose ou d'une situation, d'une ampleur telle que l'être, la chose ou la situation d'origine ne sont plus identifiables, d'un point de vue juridique. La métamorphose serait donc la transformation d'un mécanisme, voire d'un droit subjectif induisant l'apparition d'une nouvelle figure[1]. Celle-ci porterait sur la métamorphose de l'*instrumentum.* Il convient de déterminer de quel *instrumentum* il doit s'agir. En d'autres termes, est-ce un *hard instrumentum* ou est-ce un *soft instrumentum* ?

239. La réponse à cette question fait appel à la théorie des contraintes juridiques. Cette théorie doit être comprise d'un point de vue épistémologique, comme une théorie explicative du processus de production du droit[2]. Les orientations données à l'explication sont variées. Quoiqu'il en soit, l'insertion de réserves dans un AII, donc dans un instrument de production du droit, doit être nécessairement appréhendée comme moyen d'évaluation du degré de performance de ce même droit. Ici, le concept de performance sert à saisir les effets potentiels des réserves, ceux qui accentuent la différence entre les attentes légitimes de l'investisseur étranger et le régime juridique correspondant. L'accentuation de la différence qui marque l'imprécision dans la détermination de la norme protectrice qui sera finalement applicable, renvoie elle-même à l'existence d'un instrument de type déclaratif, exprimé par le terme « *soft instrumentum* ». Reste à préciser que compte tenu de sa capacité à orienter le droit vers les intérêts de l'Etat hôte, le terme « *soft instrumentum* » donne paradoxalement la priorité à l'option conventionnelle qui fait référence à la protection des attentes légitimes. Cette option ne se réduit pas au droit puisqu'elle entend englober l'aspect relationnel réduit à une simple ressource pour l'action. Aussi est-il risqué de considérer rétrospectivement l'AII comme un moment dans la construction d'un régime de protection, tant la contrainte juridique portant sur l'importance de cette construction s'en trouve atténuée.

---

[1] M. ATTAL, « Le droit international privé implique-t-il une métamorphose de l'acte juridique ? dans *Métamorphoses de l'acte juridique* », sous la direction de M. NICOD, éd. Presses de l'Université Toulouse 1 Capitole - LGDJ 2011, pp. 217-225.

[2] P. BRUNET, V. CHAMPEIL-DESPLATS, « La théorie des contraintes juridiques face à la théorie des sources du droit », *op. cit.*, p. 2.

240. D'un point de vue général, l'inhérence est ce qui appartient essentiellement à un être, à une chose, qui lui est joint inséparablement[1]. En droit international, cette notion serait illustrée par certaines inhérences étatiques découlant nécessairement du statut étatique, par extension ou par limitation[2]. L'autorité politique centrale de l'Etat, reste en tant que moyen d'identification de l'Etat, l'un des critères de son existence, en cela elle lui est inhérente. L'inhérence, consacrée par l'exercice de compétences souveraines qu'exerce cette autorité politique, serait le socle même du processus de conclusion des AII dans le secteur spatial. Toutefois, dans la mesure où la conclusion de tels accords naît de la rencontre des volontés de sujets de droit international, le consentement pourrait être qualifié d'institution conventionnelle pour prendre en considération le degré le plus élevé de protection des attentes légitimes de l'investisseur étranger. Nonobstant cette qualification qui offre une vision symétrique du contenant et du contenu de l'AII, de sorte que le régime de protection retentit sur la création de l'accord, indissociable de cette protection, au vu des effets attendus, le degré de protection est susceptible d'évoluer.

241. Cette possibilité a été mise en exergue par un tribunal arbitral dans l'affaire *CMS (Gas transmission company). c. Argentina* du 12 mai 2005. Le tribunal a considéré « qu'il ne s'agit pas de savoir si le cadre juridique (de l'accord) pourrait devoir être gelé, car il peut toujours évoluer et s'adapter à des circonstances changeantes... »[3]. Il s'agit de faire valoir, sans nier ces circonstances, que l'investisseur étranger doit aussi pouvoir bénéficier d'une norme minimale de traitement (NTM) mise en évidence par l'Accord Canada-Etats-Unis-Mexique (ACEUM) entré en vigueur le premier juillet 2020. L'article 14.6 qui a pour titre « Norme minimale de traitement » dispose :
1. « Chacune des Parties accorde aux investissements visés un traitement conforme au droit international coutumier y compris un traitement juste et équitable ainsi qu'une protection de sécurité intégrales.

---

[1] S. SUR, « L'inhérence en droit international », *RGDIP* 2014, vol. 4, t. 118, pp. 785-798.
[2] S. SUR, *ibid*, p. 787.
[3] CMS (Gas transmission company). c. Argentine, Affaire C/RDI n° ARB/01/8, Sentence 12 mars 2005, §277.

2. Il est entendu que le paragraphe 1 présente la norme nominale de traitement des étrangers en droit international coutumier comme norme de traitement à accorder aux investissements visés. Les concepts de « traitement juste et équitable » et de « protection et sécurité intégrales » n'exigent pas de traitement supplémentaire ou supérieur à celui exigé par cette norme ni ne créent de droits substantifs additionnels... »[1].

242. Il est bien évident que ce type de formulation tend à réduire l'écart entre le traitement réservé aux investisseurs étrangers et celui qui est réservé aux investisseurs nationaux. Si on prend l'exemple des investissements étrangers afférents au phénomène du *New Space*, donc des entrepreneurs qui investissent à travers leurs filiales dans plusieurs Etats, la NTM ne peut être indépendante du régime de protection que le droit interne de chacun de ces Etats accorde à ses investisseurs nationaux. En vertu de cette exigence, l'équité dans le traitement est requise, comme l'a énoncé l'article 14.6 paragraphe 2 de l'ACEUM. Cependant, cette équité est diversement appréciée car le tribunal arbitral dans l'affaire *El Paso Energy International Company. c. Argentine Republic* du 31 octobre 2011, a considéré que « [...) si le droit national ou le traitement national accordé à certains étrangers dépasse la norme internationale minimale, c'est le premier qui doit être appliqué. Dans un sens, on pourrait dire que l'investisseur étranger a droit au traitement le plus favorable, qu'il s'agisse de la législation nationale des règles appliquées à certains étrangers ou de la norme minimale de traitement inscrite dans le droit international »[2].

243. Si ce raisonnement du tribunal arbitral peut favoriser le développement de l'investissement international dans le secteur spatial, la direction vers laquelle semble s'orienter le tribunal est ambivalente, car le traitement juste et équitable en tant que standard de la NTM ne prévoit pas de traitement supérieur ou supplémentaire au bénéfice de l'investisseur étranger, puisqu'il est évident qu'il ne serait plus équitable. De plus, le fait que le « traitement juste et équitable (TJE) soit un standard signifie qu'il prend en considération des intérêts pluriels dans

---

[1] V. Art. 14.6 de l'Accord Canada-Etats-Unis-Mexique (ACEUM) du premier juin 2020, consultable sur : *[https://www.international.gc.ca/trade-commerce/trade-agreements-accords-commerciaux/agr-acc/cusma-aceum/text-texte/toc-tdm]*, consulté le 6 juin 2023.

[2] *El Paso Energy International Company. c. Argentine Republic*, CIRDI n° ARB/03/15, Sentence 31 octobre 2011, §337.

la formulation de la NTM, donc forcément, les intérêts des investisseurs nationaux. La pesée des intérêts contraires doit permettre de poser le régime de protection des investissements étrangers dans le secteur spatial, sous peine de le priver de toute possibilité d'application au profit d'un autre cadre, donc d'un *instrumentum* qui évite toute référence au TJE. Cette analyse permet de mettre en évidence les écueils qui seraient liés à un accroissement des mesures de protection de l'investissement étranger tels que portés par le développement de la filière spatiale à l'ère du *New Space*. Lorsqu'il s'agit du contenu de ce régime de protection, il est fait aussi référence à un *instrumentum* qui ne peut se situer en dehors du domaine du droit.

244. La circulation des biens, des capitaux, de la technologie et des personnes peut fournir une forte impulsion et un vaste espace pour la croissance économique ; ces mots ont été prononcés par le Président chinois Xi Jinping à l'occasion du deuxième forum de la « Ceinture de la Route »[1]. Dans toute une série de secteurs, on pense notamment au spatial ; les investissements chinois à l'étranger sont un vecteur de croissance[2]. Généralement, la Chine fait largement appel à ses entreprises publiques, l'UE et ses Etats membres sont une destination privilégiée pour de tels investissements, cela a soulevé plusieurs inquiétudes concernant la réglementation des investissements chinois[3]. L'UE s'est dotée d'un nouveau mécanisme de contrôle de ces investissements. Le règlement 2019/452 du Parlement européen et du Conseil du 19 mars 2019 établit un cadre pour le filtrage des investissements directs étrangers dans l'Union[4]. Il indique que « Conformément aux engagements internationaux pris dans le cadre de l'Organisation mondiale du commerce (OMC) et de l'Organisation de coopération et de développement économique, ainsi que dans les accords sur le commerce et l'investissement conclus avec des pays tiers,

---

[1] W. VAN ZON, « The Application of Regulation 452/2019 in Response to Chinese Foreign Direct Investment», LIEI Journal 2023, vol. 50, n° 2, pp. 129-164 (notre traduction).

[2] La croissance serait un vecteur de modernité et de puissance de la Chine, voir à ce sujet : I. SOURBÈS VERGER, « La Chine dans l'espace et le rêve chinois », Monde chinois, Nouvelle Asie, 2021, n° 64, p. 1.

[3] W. VAN ZON, *ibid*, p. 130 (notre traduction).

[4] *Règlement (UE) n° 2019/452 du Parlement européen et du Conseil* du 19 mars 2019 établissant un cadre pour le filtrage des investissements directs étrangers dans l'Union, *JOUE* L 79 du 21 mars 2019, p. 1.

l'Union et les Etats membres ont la possibilité dans certaines conditions d'adopter des mesures restrictives concernant les investissements directs étrangers pour des motifs de sécurité ou d'ordre public... »[1].

245. Les notions de sécurité ou d'ordre public servent d'abord à filtrer les investissements étrangers pour assurer, par ailleurs, l'efficacité du mécanisme de coopération internationale. En cela, ces notions seraient susceptibles de constituer des seuils de normalité dans les AII conclus par l'Union, en s'insérant dans le *negotium* de ces accords. Au-delà de cette possibilité, c'est tout le problème de l'objectivation du seuil de la normativité qui se pose. La frontière entre le droit et le non-droit représenté par ce qui serait une atteinte à la sécurité ou à l'ordre public est présente. L'appréciation est une donnée politique, constituant l'expression d'une normativité dans le droit international des investissements, le rôle du droit étant de réduire cette expression à une simple mesure de la normalité. Dans ces conditions, il peut devenir normal d'utiliser la notion d'intérêt public comme la traduction des notions de sécurité ou d'ordre public pour filtrer l'investissement étranger et indirectement éviter l'application de la NTM dans certains secteurs sensibles comme le spatial. En réalité, cette stratégie peut être interprétée comme une volonté d'exclure le recours à un *instrumentum* dur dont l'objectif est de densifier le régime de protection des investissements en en faisant un impératif.

§2 - L'émergence du concept de « nationalité efficace » dans le secteur spatial, face à la théorie des valeurs juridiques de rattachement à un Etat.

246. Parmi les affirmations qui semblent aujourd'hui définir ce qu'est le *New Space*, on trouve l'apparition de l'innovation. Lors de son discours de présentation de « France 2030 », le Président de la République française Emmanuel Macron a annoncé un plan d'investissement de trente milliards d'euros sur cinq ans, dont deux milliards d'euros qui se répartiront entre le secteur de l'innovation dans la culture, l'exploitation des fonds marins et le domaine spatial[2]. Si

---

[1] §3.

[2] P.-F. MOURIAUX, « Emmanuel Macron compte investir dans le secteur spatial », consultable sur : *[https://air-cosmos.com/article/emmanuel-macron-compte-investir-dans-le-secteur-spatial-25435]*, consulté le 10 septembre 2023.

l'innovation se saisit du domaine spatial, c'est sans doute pour rendre le territoire national, lieu d'implantation des investissements innovants, attractif. L'attractivité est le caractère de ce qui est attrayant, c'est-à-dire qui attire, qui suscite l'engouement et qui ne laisse pas indifférent, voire silencieux[1]. En cela, l'attractivité pourrait être un standard. Ici, le concept de standard prendrait la signification d'un outil de tracé d'une grande précision[2]. Pour l'investisseur étranger qui souhaiterait investir dans un Etat hôte, la formalisation du standard d'attractivité serait destinée à prendre les traits d'une nationalité précise. Un exemple l'illustre, il tient aux potentialités de la loi française du 7 mars 2016 relative au droit des étrangers en France[3].

247. On trouve dans cette loi du 7 mars 2016 un nouveau dispositif : « La carte de séjour pluriannuelle portant la mention passeport talent ». L'article L. 313.20 dispose que « La carte de séjour pluriannuelle portant la mention « passeport talent », d'une durée maximale de quatre ans, est délivrée dès sa première admission au séjour : alinéa 7 à l'étranger qui procède à un investissement économique direct en France ». Il faut bien reconnaître que ce dispositif offre à l'investisseur étranger et à ses investissements dans le secteur spatial, une force d'expansion économique. Cela dit, au-delà de cette réalité, l'article précité procède d'une stratégie qui tend vers une immigration choisie, d'ailleurs l'accès à la nationalité française après cinq années de résidence régulière, sous couvert d'une carte « passeport talent » est toutefois possible[4]. En exprimant le lien économique entre l'Etat français et l'investisseur étranger, « talentueux », la carte passeport talent permettrait de tendre vers une perspective opportuniste. Dès lors, la question se pose de savoir si cette perspective qui est centrée sur une approche « utile » dans la nationalité, n'affecte pas sa signification ?

---

[1] E. DEWEDI, « Réflexion critique sur l'attractivité du groupement d'intérêt économique (GIE) en droit de l'Organisation pour l'harmonisation du droit des affaires en Afrique (OHADA) », *Les cahiers de droit* 2016, vol. 57, n° 1, pp. 131-172.

[2] A. OUEDRAOGO, « Standard et standardisation : la normativité variable en droit international », *op. cit.*, p. 155.

[3] Loi n° 2016-274 du 7 mars 2016 relative au droit des étrangers en France, *JORF* n° 0057 du 8 mars 2016, texte n° 1, p. 6.

[4] C. COUTAZ, « Comment garder les "talents étrangers" en France », *Les affiches de Grenoble et du Dauphiné*, sept. 2020, pp. 6-8.

248. La notion de nationalité se définit comme le lien juridique et politique défini par la loi d'un Etat, unissant un individu audit Etat[1]. La notion de nationalité est utile en droit international parce qu'elle crée un lien de droit. Ce lien définit la population même d'un Etat et participe donc des conditions d'existence de l'Etat à côté du territoire et du gouvernement[2]. Si localement ce lien définit l'appartenance à un Etat, il est donc censé refléter le haut degré d'intégration d'un individu donné à une communauté particulière, la communauté nationale[3]. Ainsi, au regard des principes proprement juridiques conférés à la notion de nationalité, son acquisition doit être conforme à la lettre, du moins à l'esprit du concept d'appartenance à une communauté nationale. En effet, c'est à partir de ce concept que s'organise le lien entre les modes d'acquisition et les fins poursuivies. Dans ce cadre-là, la nationalité serait conçue de manière normative. La normativité juridique se définit comme « une forme institutionnelle particulière, c'est-à-dire une création discursive humaine dotée d'une rationalité propre[4]. L'exigence de nationalité permet de mettre l'accent sur l'impossibilité de réduire le lien d'appartenance à la communauté nationale à l'unique gestion du lien. En vérité, toute stratégie de gestion affaiblirait le degré d'appartenance à la communauté nationale qui serait de manière à conférer un caractère accessoire à la dimension symbolique du droit de la nationalité. Ainsi, la conséquence de l'approche gestionnaire de la nationalité renverrait à un changement de paradigme, celui d'une « nationalité efficace ».

249. La notion d'efficacité mesure un résultat à partir de l'objectif poursuivi. La norme juridique destinée à attirer les investisseurs étrangers dans un Etat hôte serait efficace, si elle produit des effets réels se traduisant par l'implantation d'activités de développement comme ceux du secteur spatial et de l'acquisition pour ceux qui investissent de la nationalité par naturalisation. La naturalisation étant son objectif final. Il faut bien évidemment constater que la nationalité par naturalisation peut se mesurer à sa rentabilité, interrogeant le mécanisme représentatif qui pourrait affecter sa signification.

---

[1] G. CORNU, Vocabulaire juridique, op. cit., p. 684.

[2] E. PATAUT, « La nationalité un lien contesté », dans *Les nouveaux rapports de droit*, sous la direction de E. JEULAND, S. MESSAI-BAHRI, éd. IRJS 2013, p. 154.

[3] E. PATAUT, ibid, p. 154.

[4] F. BRUNET, *La normativité en droit*, Mare & Martin 2012, p. 165.

250. L'acclimatation définitive de la nationalité en droit positif se fera par le droit international : c'est le fameux principe des nationalités qui s'empare du terme[1]. Cela dit, l'acquisition ou la perte de la nationalité est un domaine qui est réservé à l'Etat, ce domaine relève de sa compétence exclusive. La loi française du 7 mars 2016 n'y déroge pas puisque dès lors que l'on admet cette exclusivité, toutes les combinaisons sont possibles pour faciliter et développer l'intégration d'une catégorie d'individus donnés à la communauté nationale. Reste à préciser que l'idée même d'intégration est frappée d'un certain discrédit. Elle serait proposée à l'investisseur étranger, car elle permet de fonder d'autant mieux sa propre prétention sur l'utilité. L'enjeu de l'utilité est de permettre à l'Etat d'actionner le « levier » de la naturalisation en en faisant une théorie normative. Cette théorie aurait pour fonction de réguler le critère du déclenchement du droit de la nationalité, uniquement en fonction de l'intensité du degré d'appartenance à une catégorie d'investissement. En l'occurrence, la question du degré d'appartenance serait par essence discriminatoire, puisqu'en prenant pour point de départ la loi française de 2016, être un « français naturalisé » suffirait à prendre du recul par rapport au rattachement d'autres personnes avec l'Etat français. Il n'en reste pas moins vrai que si la discrimination par la recherche de l'efficacité conduirait à faire de l'acquisition de la nationalité la donnée déterminante du statut ou certaines personnes, le régime qui serait issu de la participation de ces personnes aux affaires de l'Etat, conférerait un privilège d'émancipation par rapport au concept de nationalité.

251. En droit interne, la nationalité permet à un Etat de choisir ceux qui sont ses nationaux. Ce choix ne saurait se réduire uniquement à un critère d'efficacité : La complexité du concept de nationalité le rattache à des valeurs qui constituent un savoir de l'application des droits de la nationalité. On parle de savoir parce que la fonction de l'application du droit est de concevoir la nationalité en termes de valeurs qui la sous-tendent. La norme qui décrit ces valeurs affirme la volonté d'appartenir à la communauté nationale. Le concept d'appartenance permet de concevoir la nationalité de façon normative. Ici, on conçoit un système

---

[1] E. PATAUT, « La nationalité un lien contesté », *op. cit.*, p. 157 ; Le principe des nationalités consisterait dans le lien spécial entre une personne physique et un Etat qui peut être considéré comme éclairant les choix concernant les modes d'acquisition de la nationalité ; voir : K. HENRARD, « The Shipping Parameters of Nationality », *NILR* 2018, vol. 65, pp. 269-297 (notre traduction)..

dont l'appartenance constitue le niveau requis de reconnaissance des finalités assignées à la norme. C'est une tout autre perspective qui s'ouvre quand on réduit la nationalité par naturalisation à une simple technique de gestion de l'efficacité des investissements étrangers puisqu'elle révèle, au-delà du contexte dans lequel se déploie la pratique juridique, une attention pour la recherche de solutions. Les solutions réduisent la nationalité par naturalisation de l'investisseur étranger qui s'intéresse au secteur spatial à une forme de raisonnement purement déductif qui entend rendre compte de l'élaboration de la norme juridique « en contexte », sans qu'il soit utile de la soumettre à une analyse du moins critique de l'importance de ses valeurs d'appartenance ou, pour le dire autrement, à une forme d'exercice du concept de nationalité à l'aide d'un langage normatif.

252. De nombreux Etats ont aujourd'hui adopté des législations spécifiques régissant l'arbitrage, aucune d'entre elles ne s'aventure réellement à en donner une définition[1]. Il faut se tourner vers la doctrine. Les définitions doctrinales, sans être totalement identiques, toutes s'accordent pour retenir que l'arbitrage est un mode de résolution des litiges par lequel les parties, d'un commun accord, décident de soustraire l'examen de leur litige aux juridictions étatiques et d'en confier le règlement définitif à une ou plusieurs personnes privées qu'elles choisissent et qui sont investies pour la circonstance, de la mission de juger[2]. Cela dit, si dans un souci louable de protéger les investissements internationaux, les TBI établissent des mécanismes d'arbitrage, un des critères communément admis permettant d'identifier les investisseurs bénéficiaires, est le lien de nationalité entre l'investisseur et l'Etat signataire[3]. En vérité, c'est ce lien de nationalité qui peut poser problème car les investisseurs non admissibles à la protection d'un AII peuvent évoquer la « nationalité utile » pour bénéficier du régime de protection de l'AII dans lequel l'Etat hôte des investissements est Etat partie. La nationalité utile par changement de domicile, dont peuvent bénéficier les investisseurs qui n'ont pas la

---

[1] C. SERAGLINI, J. ORTSCHEIDT, *Droit de l'arbitrage interne et international* 2019, 2è éd. LGDJ, p. 19.

[2] C. SERAGLINI, J. ORTSCHEIDT, *ibid*, p.19.

[3] Q.-C. NGO, V-A. LY, « Le chalandage de traités à l'épreuve des accords d'investissement de nouvelle génération », *RIDE* 2017, vol. 3, t. 1, pp. 85-108.

nationalité de l'Etat hôte est appréhendée par le terme anglais de « *Treaty Shopping* », appelé aussi « chalandage de traité »[1].

253. En droit commun, la notion de domicile sera définie par la loi française, dès lors qu'il s'agit d'établir la compétence des juridictions françaises[2]. Il sera donc fait application en matière internationale aux articles 102 et suivant du Code civil qui se réfèrent au lieu où le défendeur à son principal établissement. Ce dernier s'entend comme le lieu où il réside et dont il a l'intention de faire le centre de ses intérêts[3]. Le domicile serait nécessairement, et par définition, unique. Cela pourrait vouloir dire que le « domicile utile » serait un concept indéterminé qui servirait, dans le cadre du régime de protection des investissements internationaux, uniquement à satisfaire aux exigences de la protection des investisseurs étrangers, tout en consacrant d'une certaine façon leur « errance ». Le concept « d'errance » révélant un choix artificiel en faveur d'un lien de rattachement circonstanciel à l'Etat hôte, sans que soit pour autant signifié le schéma normal des interactions entre un Etat et celui envers lequel, il décide d'accorder sa protection juridique. Dans ce cas, la posture provenant de la recherche des meilleures conditions de protection des investissements dans le secteur spatial porte la dimension utilisatrice du régime de protection. L'utilitarisme n'est pas une notion juridique. Toutefois, la dimension utilitariste de la nationalité utile s'inscrit dans une stratégie qui peut convenir à d'autres investisseurs. D'où l'idée que la stratégie utilitariste de certains ne vaut que si on l'accueille dans une autre stratégie similaire. De là à affirmer que la nationalité utile est d'autant plus pertinente qu'elle est susceptible de concerner d'autres investisseurs, on en arrive au fait que dans chacune de ses stratégies individuelles, la circonstance de l'utilité personnelle est toujours principalement en vue. Cependant, la question se pose de savoir si l'utilitarisme ne ramène pas à une forme de normativité informulée qui a pour unique fondement la « source causale » ?

254. Quand on parle de « source causale », on procède à une analyse sociologique des relations juridiques entre les investisseurs étrangers et les Etats hôtes. Cette analyse sociologique relève en réalité plus de la

---

[1] Q.-C. NGO, V-A. LY, *ibid*, p. 86.

[2] D. BUREAU, H. MUIR WATT, Droit international privé, *op. cit.*, p. 186.

[3] D. BUREAU, H. MUIR WATT, *ibid*, p. 186.

possibilité de dresser « l'inventaire » des AII les plus avantageux en termes de protection des investissements en cas de litige. La source causale exige nécessairement que chaque AII soit présenté au moins théoriquement comme un système normatif dans lequel la dimension utilitariste de la nationalité n'est jamais conçue comme une donnée qui sous-tendrait des formulations explicites, variées selon les cas. En d'autres mots, elle pourrait être à la base d'un processus de prise de décision consistant à se servir des Etats hôtes, à partir d'un positivisme logique.

255. Par positivisme logique, on prétend que toute connaissance qui n'est pas analytique est fondée sur l'expérience et donc dans un sens vérifiable ou falsifiable[1]. Le concept de nationalité utile s'appréhende à partir de cette forme de positivisme ; il exprime l'idée que l'on peut concevoir le régime de protection des investissements comme constitué par l'expérience de la manipulation de l'acquisition de la nationalité par le changement de domicile. Ici, le rattachement à l'Etat hôte et le régime de protection sont sur le même plan logique. D'après celui-ci, l'investisseur étranger intervient sur la scène spatiale, bénéficiant des règles de la nationalité sans pour autant adhérer aux règles en question. Or, si le critère du bénéfice « individuel » de l'investisseur se situe précisément sur un plan factuel, au nom d'une rationalité et d'une logique de type idéologique, seraient ainsi condamnées toutes les pratiques factuelles par rapport à cette norme que constitue la rationalité. Cette dernière ne peut être transformée en autorisation pour que les normes afférentes à l'acquisition de la nationalité soient exploitées dans leur contexte et transformées en proposition.

256. Il n'est pas rare qu'une personne ait plusieurs nationalités car bon nombre d'Etats reconnaissent et tolèrent la double nationalité, ce qui fait qu'un investisseur peut avoir plusieurs nationalités en même temps[2]. Sur la scène spatiale, l'entrepreneur et investisseur Elon Musk a trois nationalités : Sud-Africaine, Canadienne et Américaine. Rien d'étonnant à cela, car la binationalité, voire la plurinationalité découle de la compétence bien établie en droit international que possède chaque

---

[1] E. MILLARD, « Positivisme logique et réalisme juridique : La dichotomie faits / valeurs en question », *op. cit.*, p. 178.

[2] Q.-C. NGO, V.-A. LY, « Le chalandage de traités à l'épreuve des accords d'investissement de nouvelle génération », *op. cit.*, p. 89.

Etat de déterminer qui sont ces nationaux ; il est donc inévitable que la question de la protection des individus doubles-nationaux ait surgi relativement récemment dans le contentieux arbitral fondé sur les traités de promotion et de protection des investissements[1]. En effet, afin d'obtenir la protection d'un TBI et dans une ère de globalisation, les investisseurs chercheront à manier à leurs intérêts le critère de la nationalité[2]. La double nationalité donne un avantage certain à l'investisseur, car il a alors une opportunité supplémentaire de voir l'un de ses deux Etats accepter de lui accorder une protection[3]. L'appréciation du rattachement par la nationalité comme indice de proximité figure à titre d'exemple dans l'article 10.28 de l'Accord de libre-échange entre l'Amérique centrale, les Etats-Unis d'Amérique et la République dominicaine (si après « DR-CAFTA ») du 5 août 2004. Cet article dispose que « L'investisseur d'une partie désigne une partie ou une entreprise d'Etat de celui-ci ou un ressortissant ou une entreprise d'une partie qui tente de réaliser, réalise ou à réaliser un investissement sur le territoire d'une autre partie, étant entendu [...] qu'une personne physique qui possède une double nationalité sera considérée comme étant exclusivement un ressortissant de l'Etat de sa nationalité dominante et effective »[4]. Agissant sur le fondement du DR-CAFTA dans l'affaire *Ballantine c. République Dominicaine* du 3 septembre 2019, un tribunal a considéré que si « Le mot dominant véhicule la notion de force et de procédure d'une chose par rapport à une autre et que la proximité entre un individu et un Etat peut indiquer de tels attributs, le mot efficace en revanche semble faire référence à quelque chose qui est réellement opérationnel ou fonctionnel... »[5]. La corrélation

---

[1] M. FRAPPIER, « La protection des individus binationaux par les traités et l'arbitrage d'investissement », consultable sur : *[https://publication.ut-capitole.fr/id/eprint/44530/1/Chronique%2020%20/u%20protection%20des%20br-nationaux.pdf]*, consulté le 15 août 2023.

[2] R. EL-ISSA, La place contestée de l'arbitrage international en droit de l'investissement, Thèse de doctorat de l'Université Paris-Saclay, 10 février 2023, p. 53.

[3] R. EL-ISSA, *ibid*, p. 56.

[4] *Dominican Republic - Central America - United States Free Trade Agreement*, 5 août 2004, consultable sur : *[https://www.sice.oas.org/trade/cafta/caftadr_e/chapter6_12.asp#Article10.28]*, consulté le 18 août 2023.

[5] *Michael Ballantine et Lisa Ballantine. c. République dominicaine*, CPA n° 2016-17, sentence finale, 3 septembre 2019, §538-539.

entre le critère de la « nationalité dominante » et de « l'effectivité » serait « l'efficacité », le concept « d'efficacité » rendrait la nationalité dominante, effective. Sur ce point, il serait intéressant de considérer que le concept « d'efficacité » permettrait, du seul point de vue de l'investisseur bi-national qui s'intéresse au secteur spatial, de choisir la nationalité dont il souhaite se prévaloir, d'après un critère d'évaluation. De la nationalité qu'on évalue, on débouche sur une assimilation de la nationalité « efficace » à la nationalité « efficiente ».

257. Notion économique, l'efficience a été longtemps synonyme d'efficacité, appliquée au droit, l'efficience consiste à vérifier que les objectifs assignés à la règle de droit ont été atteints au meilleur coût[1]. L'objectif mesurable de l'efficience permettrait de comparer les alternatives qui s'offrent à l'investisseur quant à la possibilité de se prévaloir d'une nationalité adéquate pour la protection de ses intérêts. Dès lors, c'est plus l'efficience que l'efficacité qui conditionnerait le choix en faveur d'une de ses nationalités, puisque l'efficience à valeur de référence conformément aux objectifs poursuivis : favoriser le *forum shopping*.

258. Le *forum shopping* est une pratique de droit international privé. Elle consiste à choisir le tribunal le plus favorable devant lequel une réclamation peut être entendue[2]. Le *forum shopping* ne se limite pas au choix d'une nationalité appropriée, mais inclut par exemple, un accord de sélection du *for* invoquant certaines dispositions contenues dans le document pour faciliter le cas d'un investisseur concernant des questions de procédure ou de juridiction, la sélection du siège du choix de l'arbitrage[3]. Il s'agit là d'une pratique marquant une certaine proximité avec l'intervention d'un tribunal. Cette proximité se mesure à la défense des intérêts propres de l'investisseur bi-national, c'est-à-dire ceux qui sont exposés avec une certaine autorité. Mais, l'autorité se réclame d'un statut que l'on comprend d'autant mieux, si on l'accepte comme une source du droit. Le mot source ne se rapporte pas seulement

---

[1] F. RANGEON, « Réflexions sur l'effectivité du droit » dans *Les usages sociaux du droit*, sous la direction de D. LOCHAK, PUF 1989, pp. 126-149.

[2] B.-P. EBERT, « Forum shopping, Treaty shopping, Nationality Planning, and International Investment Law: Quo Vadis ? », *ZDAR Abschied Shift* 2018, vol. 41, pp. 27-45 (notre traduction).

[3] B.-P. EBERT, *ibid*, p. 27 (notre traduction).

à l'origine (causale) du choix du tribunal qui mènera à la loi nationale adéquate, il incorpore une typologie *a posteriori* sur la façon dont on en extrait l'objet, à savoir l'arbitrage d'investissement le plus favorable. Cet objet s'éloigne de la théorie des valeurs, cette dernière montre que certaines normes ne doivent pas être acceptées comme source du droit si on les repense sous la forme de l'efficacité du droit positif.

Conclusion de la section

259. Le droit international des investissements constitue l'ensemble normatif qui vise à assurer un traitement protecteur à un investisseur confronté à l'ordre juridique d'un Etat étranger. Le régime de protection, dont bénéficie l'investisseur étranger dans le cadre d'un AII, repose sur des standards de protection. Toutefois, en intervenant dans l'espace de représentation des intérêts de l'Etat hôte de ses investissements, l'investisseur étranger qui s'intéresse au secteur spatial pourrait être conduit inévitablement à dissocier l'instrument conventionnel de protection du régime qui lui correspond. Dès lors, le concept de représentation permettrait d'analyser d'un point de vue épistémologique ce qui motive la relation conventionnelle qui est établie à partir d'un AII. En outre, à l'ère du *New Space*, les investisseurs pourraient chercher à manier à leurs intérêts, la nationalité en en faisant une nationalité « efficace ». Le concept d'efficacité est accompagné d'un langage normatif qui serait susceptible de s'opposer à celui qui tient au traitement juridique des valeurs de rattachement à l'Etat. A cela s'ajoute le fait que l'inefficacité exprime au contraire un défaut dans l'acquisition effective de la nationalité. De là, l'efficience intervient comme un moyen de correction de ce défaut.

Conclusion du premier chapitre

260. Le concept de « préférence nationale » est pluridimensionnel ; appliqué au secteur spatial à l'ère du *New Space*, il porte les enjeux et les perspectives des différentes politiques spatiales. Il expliquerait à la fois la volonté d'un Etat isolé ou d'un groupe d'Etats de coopérer, tout en se gardant du régime qui pourrait nuire à leurs intérêts. Cela ramène à la relation qui peut exister entre la liberté juridique et la liberté économique. Elles se fondent sur « l'Etat de droit libéral ». Les dynamiques engendrées servent à observer la distance qui peut exister entre les normes juridiques du libre-échange et le système de

représentation que l'Etat organise pour faire valoir un « droit à la différence ». Le mécanisme par lequel il s'exprime, fait intervenir la notion de régulation dont l'application est susceptible de degrés, car la régulation met l'accent sur la reconnaissance de formes normatives dynamiques et formalisées. Par ailleurs, le positionnement de l'UE dans le secteur spatial s'accompagnerait du renforcement de sa position sur l'échiquier institutionnel du commerce international. Dans sa version analytique, on trouve la consolidation du droit du commerce international par l'action. En outre, tous les procédés de consolidation dans ce domaine servent à élargir les frontières fonctionnelles des entreprises européennes, l'autorité dont elles disposent, s'appuie sur un projet institutionnel de référence.

261. L'investissement dans le secteur spatial participe à l'augmentation exponentielle des AII. Les investisseurs étrangers qui s'intéressent à ce secteur, représentent d'abord les intérêts des Etats dont ils sont les ressortissants. Mais, ils créent de la richesse pour les Etats dont ils n'ont pas la nationalité, qui les accueillent. Ici la question du degré de représentation est importante, un « fort » degré permettrait de dissocier l'*instrumentum* du traité d'investissement de son *negotium* qui pourrait avoir pour fonction de tempérer un régime de protection qui serait bien trop favorable à l'investisseur. Dans de nombreuses affaires, les tribunaux arbitraux qui interviennent en cas de litige entre l'investisseur étranger et l'Etat hôte sur la base de l'instrument conventionnel, ont montré qu'il ne s'agit nullement pas de saisir les raisons qui sous-tendent le cadre juridique de la coopération, mais de saisir ces raisons comme autant d'instruments de modélisation. De plus, si la notion de nationalité porte des valeurs juridiques, comme celle d'appartenance à la communauté nationale qui crée un lien de droit entre un individu et un Etat, ou plusieurs Etats, la nationalité « efficace » est davantage basée sur un régime juridique de protection que de rattachement à un Etat. La protection distend ce lien d'appartenance puisque, poussée à son paroxysme, on aboutit à rendre l'effectivité des mesures de protection, efficiente.

CHAPITRE II
LA TRANSNATIONALITÉ À L'ÈRE DU NEW SPACE EN TANT QUE LANGAGE JURIDIQUE A DESTINATION DES ETATS

262. La révolution industrielle concerne le secteur spatial, dans celui-ci les investissements dédiés à l'innovation constitueront la richesse de demain. En réalité, les investissements dans les secteurs innovants de la filière spatiale s'inscrivent sans doute dans le phénomène du *New Space*. Ce phénomène doit être considéré pour ses spécificités propres issues de la rencontre entre des processus technologiques et des modes d'industrialisation d'exploitation commerciale qui n'existaient pas il y a encore dix ans[1]. La concentration des grands groupes industriels et financiers a donné naissance à de nouvelles entités économiques et financières qu'on appellera les Grandes Sociétés Transnationales (GST)[2]. Par « société transnationale », on entend une entreprise publique, privée ou autre composée d'entités économiques qui opèrent dans deux pays ou plus, quels que soient la structure juridique et le secteur d'activité de ces entités, selon un système de prise de décision (dans un ou plusieurs centres) qui permet l'élaboration de politiques cohérentes et d'une stratégie commune et au sein duquel ces entités sont liées, que ce soit par des liens de propriété ou autres, de telle façon que l'une ou plusieurs d'entre elles (puissent exercer) une influence importante sur les activités des autres et, notamment, mettre en commun avec ces autres entités des informations, des ressources et des responsabilités[3]. Le terme « transnational » reste évidemment pour l'essentiel un droit étatique, mais un droit qui n'est plus seulement national ou international, car également, au-delà du national[4], autrement

---

[1] X. PASCO, « Faire converger spatial et numérique : quels enseignements pour la constellation satellitaire européenne ? », *Défense & Industries* 2021 n°15, pp. 21-26.

[2] P. de VARAX, « Les Grandes Sociétés Transnationales en mutation », *Finances et Bien commun* 2005, vol. 3, n° 3, pp. 45-55.

[3] Y. KERBRAT, « Les manifestations de la notion d'entreprise multinationale en droit international » dans *L'entreprise multinationale et le droit international* sous la direction de L. DUBIN, P. BODEAU-LIVINEC, J.-L. ITEN, V. TOMKIEWICZ, SFDI Colloque de Paris 8 Vincennes - Saint-Denis, Pedone 2017, pp. 57-72.

[4] G. LHUILLIER, *Le droit transnational*, *op. cit.*, p. 9.

dit, un droit qui ne rentre pas dans la dichotomie entre le droit national et le droit international[1]. Dans le secteur spatial, particulièrement dans le contexte du *New Space*, on compte parmi les entreprises transnationales qui passent à travers les frontières pour optimiser les bénéfices de leurs activités, Thalès Alenia Space[2] et les GAFAM[3].

263. En réalité, si ces GST facilitent l'interconnexion des espaces économiques désormais organisés en réseaux d'échanges transnationaux par la convergence du spatial et du numérique[4], dans ce contexte spécifique, le terme « interconnexion » renvoie à l'existence d'une « communauté d'intérêts ». La notion de « communauté d'intérêts » est un mode original d'appréhension du groupe dans ses rapports avec les tiers, pris dans ce sens cette notion permet de démontrer l'existence d'unités économiques et relationnelles[5]. Les sociétés transnationales qui s'intéressent au secteur du numérique sont susceptibles de constituer un groupe unitaire qui rentre en relation avec les Etats en raison des avantages bien connus de la technologie numérique. Cependant, la notion de « groupe » tendrait à s'imposer précisément là où la relation avec les tiers ne la prend pas forcément en considération. Dès lors, l'appartenance à la notion de groupe, c'est-à-dire à la communauté numérique rendrait compliquée son assimilation à la notion de « communauté d'intérêts », qui paraît donner une certaine unité au cadre relationnel avec les Etats (Section I). Cela dit, la mise en avant de l'appartenance à une communauté numérique dans le secteur spatial, permettrait d'envisager la possibilité d'accorder aux sociétés

[1] K. TUORI, « Vers une théorie du droit transnational », *RIDE* 2013, pp. 9-36.

[2] Thalès Alenia Space est une co-entreprise franco-italienne, il s'agit d'un fabricant de satellites implanté dans plusieurs pays, principalement en Europe, fournissant des solutions spatiales destinées notamment au domaine des télécommunications.

[3] GAFAM est un acronyme reprenant l'initiale des plus puissantes multinationales présentes dans le secteur des technologies de l'information et de la communication. Ces lettres font référence aux entreprises du secteur : « Google, Apple, Facebook, Amazon et Microsoft.

[4] Le numérique recouvre à la fois les sciences et technologies de l'information et de la communication, il rentre dans le champ d'application du spatial, composant la nouvelle économie du *New Space*.

[5] J. THERON, « De la communauté d'intérêts », consultable sur : *[https://publications.ut-capitole.fr/id/eprint/3583/1/3983_Theron.pdf]*, consulté le 10 novembre 2023.

transnationales de nouveaux droits. Les derniers seraient susceptibles de faire évoluer l'ordre juridique international (Section II).

Section I - Une communauté numérique irréductible à la « communauté d'intérêts »

264. Les communautés numériques représentent un ensemble d'initiatives et de valeurs qui se sont développées très tôt sur internet autour de la liberté de partages et d'échanges de données, de contenus...[1]. Bien entendu, ces communautés numériques sont d'abord une communauté d'acteurs qui vont faciliter la circulation de l'information dématérialisée à travers un réseau de télécommunication ou informatique (si après *DATA*)[2], notamment par la technologie satellitaire. Ce type d'information relève du choix d'une relation à l'autre. Ne serait-ce pas une façon de considérer qu'il s'agit là d'une certaine forme d'expression de la notion de souveraineté qui signifie « une situation avec une interdépendance plus intelligente et plus construite »[3]. Certes, la souveraineté telle qu'elle s'inscrit dans la notion de communauté numérique s'inscrit dans une perspective qui implique la reconnaissance du concept de « liberté », celle des entreprises transnationales du numérique qui décentralise l'information. Cependant, la souveraineté telle qu'elle s'inscrit dans la notion de « communauté d'intérêts », implique la reconnaissance du concept « d'ordre ». Car, le débat sur la souveraineté devient aigu dès lors qu'il permet d'appréhender la relation avec les acteurs publics qui souhaitent établir une nouvelle façon d'affirmer leur autorité dans l'espace numérique. Cette affirmation serait la cause finale se traduisant par la capacité de la puissance publique à agir dans l'espace numérique. En tant qu'elle tend à être opérationnelle, ce désir d'opérationnalité est antinomique avec la possibilité d'accorder un poids grandissant aux acteurs transnationaux qui détiennent un pouvoir sur les réseaux. Ce

---

[1] D. BOURCIER, P. de FILIPPI, « Les communautés numériques : Objectifs, principes et différences », *Les cahiers français : documents d'actualité* 2013, n° 372, pp. 37-43.

[2] OECD, *Glossary of Statistical Terms*, OECD 2008, p. 119, terme « DATA ».

[3] En plus de cette définition, « être souverain signifie aussi produire tous ses outils et être totalement en situation d'autarcie », voir à ce sujet : D. FILIPPONE, « Le cloud souverain est mort, vive le cloud de confiance », consultable sur : [*https://www.lemondeinformatique.fr/actualites/lire-le-cloud-souverain-est-mort-vive-le-cloud-de-confiance-89226.html]*, consulté le 17 novembre 2023.

pouvoir suppose qu'on prête un sens défini à la présence des acteurs transnationaux de telle façon que la notion d'autorité des acteurs publics n'apparaît pas. Dès lors, cette présence tend à être reformulée en tant qu'elle constitue un pouvoir instituant (§1). Reste à préciser que l'incarnation de ce pouvoir dans le droit ramène à un phénomène de globalisation (§2).

§1 - La présence des acteurs transnationaux du numérique en tant que pouvoir instituant

265. Peut-être considérée comme souveraine la société politique qui choisit ses propres lois sans qu'on les lui impose et qui, à partir de cette primauté, se trouve capable de structurer son espace propre[1]. Formuler un ordre juridique et coercitif incontestable où force reste toujours à la puissance publique[2]. Ces caractéristiques qui sont héritées de la souveraineté amènent à considérer ce concept comme un processus allant du début à la fin. Celui d'un pouvoir institué tel qu'il cherche à se conserver en posant des bornes à sa transformation. Or, la technologie satellitaire qui reste l'un des principaux supports du numérique, ignore les frontières territoriales en créant un autre modèle d'organisation entre les différents acteurs publics et privés qui sont présents dans le cyber espace. Ce dernier tend à faire évoluer les « bornes » de la souveraineté, l'amenant à adopter une autre caractéristique : celle de la gestion d'un espace commun. Si le terme « gestion » correspond à la présence des acteurs transnationaux au niveau du fonctionnement social de l'espace numérique, il entretient une logique d'ordre qui se revendique comme souverain (A). De plus, si cette présence entend s'imposer comme un autre aspect de l'internationalité, elle appréhende différemment le concept de transnationalité (B).

A - La méthode fonctionnaliste de la gestion de l'espace numérique, une autre façon d'appréhender le concept de souveraineté

266. La communauté numérique qui met en scène les acteurs étatiques face à certains grands acteurs transnationaux contemporains qui sont

---

[1] T. MENISSIER, « Les formes imparfaites de la souveraineté numérique » dans *Monnaie, Souveraineté et démocratie* sous la direction de T. BOCCON-GIBOD, A. MATHIEU, éd. Le Bord de l'eau 2022, pp. 211-228.

[2] T. MENISSIER, *ibid*, p. 213.

représentés par les GAFAM ou les BATX (acronyme pour désigner quatre géants de la technologie chinoise : Baidu, Alibaba, Tencent, Xiaomi), pose la question de la « souveraineté numérique ». Ce terme désigne une forme de dépossession que l'émergence desdits acteurs et surtout leur pouvoir sur les réseaux fait subir à des Etats qui peinent à asseoir leur autorité sur les plateformes dans le contexte d'un rapport de force constant avec ces géants technologiques[1]. La conceptualisation de la souveraineté numérique européenne ne consiste pas à projeter la théorie de l'Etat au niveau européen, mais à penser l'interdépendance, voire la mise en capacité d'agir de la puissance publique européenne dans une situation mondiale dans laquelle elle n'a pas trouvé sa place[2]. Il convient de préciser que la « souveraineté numérique » renvoie à des questionnements paradigmatiques sur la représentation du rôle des acteurs transnationaux, celui-ci se retrouve dans une dimension de puissance.

267. Le terme « puissance » ramène à une perspective réaliste de la souveraineté. Exprimé sommairement, ce constat peut tenir en une expression : peut être souverain celui qui en a les moyens de puissance[3]. Si la puissance s'exprime, comme il convient de le rappeler « dans la dépossession que l'émergence des acteurs transnationaux du numérique font subir aux Etats », la puissance recèlerait le levier d'une fonction d'appartenance à la souveraineté dans une perspective de co-construction d'une réalité organisationnelle. Cette dernière permet d'illustrer l'importance des acteurs transnationaux. L'importance se mesure à leur avance technologique, parce qu'elle est indéniable, elle crée un lien d'interdépendance. L'interdépendance se définit comme une situation dans laquelle les acteurs sont liés, de telle sorte que ce qui

---

[1] F. G'SELL, « Remarques sur les aspects juridiques de la souveraineté numérique », *La Revue des Juristes de Sciences Po*, septembre 2020, n° 19, consultable sur : *[https://www.sciencespo.fr/public/chaire-numérique/2020/07/09/quest-ce-que-la-souverainete-numerique]*, consulté le 02 décembre 2023.

[2] B. BERTRAND, « La souveraineté numérique européenne : « une pensée en acte » ?, *RTD Eur* 2021, vol. 57, n° 2, pp. 259-278.

[3] P. VERCAUTEREN, « Souveraineté *vs* interdépendance : que révèle l'interdépendance sur la souveraineté » dans *Dynamiques de la souveraineté - Communautés et organisations politiques face à la souveraineté*, sous la direction de G. BLOUIN GENEST, Y. PALAU, P. VERCAUTEREN, éd. EMS Editions 2022, pp. 25-45.

affecte l'un d'eux affecte tous les autres[1]. Autrement dit, la singularité créatrice de « l'interdépendance » implique le surgissement d'une réalité qui vient bouleverser le rapport que le sujet étatique entretient avec ses prérogatives régaliennes, telles qu'elles sont communément instituées. A ce niveau, les acteurs transnationaux du numérique agissent comme une force instituante qui cherche à créer des significations nouvelles au concept de souveraineté. Ils sont aussi susceptibles de faire appel à une méthode fonctionnaliste.

268. Le fonctionnalisme est un ensemble de pensées, de domaines qui privilégient et mettent en avant les différentes fonctions d'un système pour leur analyse[2]. La méthodologie fonctionnaliste suppose qu'on prête un sens défini à la notion de fonction du système numérique. Si ce système met en relation des acteurs publics et privés, la présence des seconds permet aux premiers d'être en capacité de projeter leur présence sur la scène mondiale. S'il s'agit, par l'intermédiaire des acteurs transnationaux, d'appréhender le résultat recherché à la lumière des difficultés ressenties dans la phase qui précède la création du cloud souverain, il est intéressant de noter que la projection d'un futur immédiat, tout en tenant compte de la dialectique fins/moyens, peut transformer le concept de souveraineté, le laissant apparaître comme un système de rôles.

269. Pour le montrer, on rappellera tout d'abord que les acteurs transnationaux qui sont présents dans le cyber espace offrent des solutions de collaboration qui répondent aux besoins des administrations publiques. Ainsi, en se positionnant sur les marchés numériques, les grandes sociétés de l'internet ne cherchent pas à différencier tel marché national de tel autre marché national[3]. Cette absence de différenciation se définit d'une certaine manière, car si on

[1] P. VERCAUTEREN, *ibid*, p. 28.

[2] Définition de « fonctionnalisme » accessible sur : *[https://www.universales.fr/dictionnaire/fonctionnalisme]*, consulté le 22 septembre 2023.

[3] Cette analyse doit être nuancée suite aux menaces de Google de cesser ses activités en Chine à cause des filtres internet visant les comptes Gmail qui seraient jugés contraires à la Déclaration universelle des droits de l'homme, voir l'article sur France 24 « Clinton hausse le ton au sujet du différend entre Google et Pékin », consultable sur : *[https://www.france24.com/fr/20100121-clinton-hausse-le-ton-sujet-diff-rend-entre-google-p-kin]*, consulté le 19 septembre 2023.

renverse l'ordre de l'analyse, on peut dire qu'elle exerce une fonction négative dans un ordre relationnel qui se veut neutre. A première vue, il s'agirait d'une neutralité subie dès lors que l'on considère qu'est « neutre », celui qui n'arrive pas à s'opposer à un pouvoir extérieur. Ce pouvoir étant incarné par les acteurs transnationaux et, étant jugé exact, dès lors qu'il ne se trouve pas en contradiction avec la réalité, on utilise la neutralité dans le sens d'une meilleure connaissance d'une situation de gestion de l'autorité de l'Etat. La démarche mobilisée semble indiquer qu'il n'y a pas lieu de rechercher les critères de l'autorité. En cela, on peut apparemment conclure qu'elle est indéfinissable et se reconnaît simplement à ce qu'elle s'impose : être non souveraine. Ainsi, dans un système de rôle dans lequel la méthode fonctionnaliste est contraignante, la dimension formelle de la souveraineté incarnée dans le droit ne saurait être prescrite.

270. La réponse nationale trop souvent insuffisante aux menaces transnationales est liée à trois causes distinctes mais liées : le manque de capacité de gouvernance nationale, un manque de volonté nationale d'agir et de nouveaux problèmes qui dépassent la capacité ordinaire de l'Etat à les résoudre[1]. Déclinée dans le secteur du numérique et appliquée aux firmes et aux entités publiques, la souveraineté devient une autonomie stratégique numérique qui permet de prévenir ou de remédier à une situation de dépendance vis-à-vis d'un partenaire commercial ou technologique[2]. La souveraineté numérique semble plutôt renvoyer à une souveraineté à l'envers, c'est-à-dire à l'idée que la souveraineté de l'Etat est de multiples façons mise en cause par la transition numérique et que seule l'échelle européenne peut limiter, peut-être corriger ses atteintes[3].

---

[1] A.-M. SLAUGHTER, W. BURKE-WHITE, « The Future of International Law is Domestic (or European Way of Law) », *Harv. Int'l L. J.* 2006, vol. 47, pp. 327-352 (notre traduction).

[2] F. MARTY, « Les politiques publiques européennes en faveur de cloud souverain : fondements, modalités de mise en œuvre et évaluation critique », Document de travail du Groupe de Recherches en Droit, Economie et Gestion (GREDEG) de l'Université Côte d'Azur 2023, n° 3, consultable sur : *[https://www.gredeg.cnrs.fr/working-papers/GREDEG-WP-2023-03.pdf]*, consulté le 30 décembre 2023.

[3] B. BERTRAND, « La souveraineté numérique européenne : une pensée en acte ? », *op. cit.*, p. 251.

271. Si l'autonomie stratégique européenne devient la condition de l'intégrité des souverainetés nationales[1], les nouvelles technologies satellitaires pourraient permettre de réinventer ce concept au sein de l'Union. En agissant comme une autorité souveraine pour déterminer sa propre politique spatiale, l'Union a la capacité de structurer son espace propre. C'est en fonction de cette dimension institutionnelle, que peuvent se jouer des rapports de force avec les acteurs transnationaux du numérique, tels qu'issus des puissances étrangères. En effet, en favorisant la circulation des *data* dans un espace transfrontalier, les acteurs transnationaux participeraient à transformer le concept de souveraineté des Etats européens. La question se pose de savoir comment ils y arrivent, à partir de quels leviers ?

272. Pour y arriver, il faut se pencher sur la nature des plateformes numériques qui seraient, dans l'économie collaborative actuelle à laquelle participent les acteurs transnationaux et les Etats, des « communs ». La littérature sur les communs distingue habituellement les communs naturels (l'environnement) des communs informationnels, on parle aussi de « communs numériques » qui, par nature semblent tous destinés au partage[2]. Le concept de souveraineté numérique qui semble fonder l'autorité des entités publiques (Etat-UE) à agir dans le cyberespace ne serait donc plus indispensable aux démonstrations « fonctionnalistes » du partage. Dans une société de l'information où les entités publiques tendent de répondre à un besoin collectif, il y a toute chance de voir ces leaders être satisfaits par la capacité technologique des acteurs transnationaux. Ici le concept de souveraineté ne peut se passer de la notion de partage surtout quand, par un attachement difficile à rompre avec les concepts d'une épistémologique spontanée, il se déclare « fonctionnaliste ». Cependant, l'hypothèse fondamentale du partage est que la fonction des acteurs transnationaux qui sont présents dans le secteur numérique, a un sens intuitivement clair, elle intervient à l'intérieur d'un espace de souveraineté de telle sorte que la notion d'autorité par la limite ne se pose pas.

---

[1] B. BERTRAND, *ibid*, p. 255.

[2] A. STROWEL, « Les commerces numériques et les outils juridiques de la transition », dans *Le droit en transition, les clés juridiques d'une prospérité sans croissance*, sous la direction de A. BAILLEUX, Bruxelles, Presses de l'Université Saint-Louis, 2020, pp. 285-330.

273. Le cloud computing est un concept englobant un écosystème multicouche de services informatiques qui connecte les utilisateurs à une variété de ressources via des outils et des applications web[1]. Outre le fait qu'il s'agisse d'un modèle permettant un accès réseau omniprésent et pratique à la demande[2], la sécurisation des données personnelles stockées sur le cloud reste un objectif atteignable. En vérité, depuis 2000, les pays d'Amérique Latine adoptent des lois complètes sur la protection des données, ces lois varient considérablement, elles contiennent généralement des restrictions pré-cloud sur l'utilisation et le transfert des données exigeant le consentement exprès des personnes concernées avant le traitement permettant aux individus d'accéder et de corriger chaque itération possible[3]. Le lien qu'il y a entre la protection des données et la capacité des acteurs publics à agir dans le cyberespace est évident. Il s'agit d'une forme d'expression de la souveraineté ; selon que l'on se place dans une perspective stratégique, politique, économique, les définitions de la souveraineté peuvent varier, mais un sens demeure, il s'agit d'une action autorisée dans le cadre d'interdépendance maîtrisée et non de développement autarcique[4]. A cet égard, les Etats européens ont accepté l'européanisation de la politique numérique car le transfert de données personnelles vers les États-Unis et la nécessité de l'encadrer ne sont pas nouveaux. L'adoption par l'UE en 1995 de la directive 95/46/CE l'atteste[5], comme l'application du Règlement général sur la protection

---

[1] K. BENZINA, « Cloud Infrastructure-as-a-Service as an Essential Facility: Market Structure, Competition and the Need of Indust and Regulatory Solutions » *Berkeley Tech L. J* 2019, vol. 34, n° 2, pp. 119-142 (notre traduction).

[2] G. YIJUAN-TIAN, « Current Issues of Cross Border Personal Data Protection in the Context of Cloud Computing and Trans Pacific Partnership Agreement: Join or Withdraw », *Wisconsin I. L. J* 2016, vol. 34, n° 2, pp. 367-408 (notre traduction).

[3] H.-E. GUTIERREZ, D. KOM, « Facilitando the Cloud: Data Protection as a Driver of National Competitiveness in Latin America », *U. Miami Inter-Am.L.Rev* 2013, vol. 45, n° 1, pp. 33-62 (notre traduction).

[4] F. MARTY, « Les politiques publiques européennes en faveur d'un cloud souverain : fondements, modalités de mise en œuvre et évaluation critique », *op.cit.*, pp. 4-5.

[5] Art 25 §1 qui dispose que « Les Etats membres prévoient que le transfert vers un pays tiers de données à caractère personnel [...] ne peut avoir lieu que si, sous réserve du respect des dispositions nationales prises en application des autres dispositions de la présente directive, le pays tiers en question assure un niveau de protection adéquat » : *Directive 95/46/CE du Parlement européen et du Conseil*, du 24 octobre 1995, relative à la protection des personnes physiques à l'égard du traitement des

des données (RGPD) qui est entré en application le 25 mai 2018, abrogeant ladite Directive. Le RGPD qui garantit la protection des données personnelles, reste le « texte le plus exceptionnel à ce titre »[1], conditionne le transfert desdites données vers les pays tiers par le niveau de protection adéquat[2]. L'adéquation ainsi recherchée par les autorités de l'UE renvoie à une ressource numérique qui introduit la question centrale de l'ordination de nouvelles pratiques relationnelles, via les acteurs transnationaux, au bien commun.

274. La notion de bien commun, de communs se définit comme constituant des ressources collectivement gouvernées dans le but de permettre un accès partagé dont ils sont l'objet[3]. La question de la gouvernance est centrale parce qu'elle revient à mettre en avant l'arrangement institutionnel autour des communs[4]. L'arrangement institutionnel constitue précisément le pôle au sein duquel le partage de la ressource numérique prend tout son sens, celui d'une construction sociale. Le numérique est un espace de construction sociale dans la mesure où il fait intervenir des acteurs publics et privés qui interagissent entre eux, condition *sine qua none* pour qu'on puisse parler d'espace de construction. L'important ne réside pas tant dans l'interactivité des acteurs que dans la fonction sociale qui s'exprime par la notion d'intérêt général. L'analyse fonctionnaliste du concept de construction sociale est finalisée en ce sens qu'elle doit poursuivre l'intérêt général.

---

données à caractère personnel et à la libre circulation de ces données, *JO L*281 du 23 novembre 1995, page 46.

[1] D. BAUER, « Vers une souveraineté numérique européenne ? », LPA 1er avril 2021, n° 65, pp. 3-7.

[2] Art 45 §1 dispose qu'« Un transfert de données à caractère personnel vers un pays tiers ou à une organisation internationale peut avoir lieu lorsque la Commission a constaté par voie de décision que le pays tiers, un territoire ou un ou plusieurs secteurs déterminés dans ce pays tiers, ou l'organisation internationale en question assure un niveau de protection adéquat » : *Règlement (UE) 2016/679 du Parlement européen et du Conseil* du 27 avril 2016, relatif à la protection des personnes physiques à l'égard du traitement des données à caractère personnel et à la libre circulation de ces données et abrogeant la directive 95/46/ce (règlement général sur la protection des données) *JOUE L*127 2 du 23 mai 2018, page 61.

[3] M. CORNU, « Le bien commun, nouvelle catégorie juridique ? », *Revue CMH* 2019, n° 19, pp. 1-11.

[4] A. STROWEL, « Les communs numériques et les outils juridiques de la transition », *op. cit.*, p. 289.

275. L'intérêt général est une notion inventée pour limiter l'action des pouvoirs publics ; la référence à cette notion est destinée à cantonner l'action du pouvoir et plus particulièrement de l'administration qui en est l'expression concrète[1]. Cela change considérablement la fonction des acteurs transnationaux du numérique, peut-être même en profondeur, d'abord parce qu'il apparaît que les acteurs publics n'ont pas le monopole de l'intérêt général ; cette notion serait évolutive[2]. Les résultats de cette évolution sont toujours positifs, chacune des parties en présence est satisfaite du bénéfice retiré, qu'il s'agisse du développement d'une économie de la donnée pour les acteurs transnationaux ou de la numérisation des économies nationales ou régionales. A ce stade, le réflexe qui consisterait à vouloir la souveraineté numérique est peu probable, la caractéristique essentielle, dans une dimension fonctionnaliste de la souveraineté, est d'être neutre, il s'agit d'organiser l'intérêt général. On le voit, l'argument fonctionnaliste consiste à montrer que la notion d'intérêt général implique l'existence d'un espace numérique, tandis que la fonction de cet espace reste un moyen de maximiser ses effets positifs. Dès lors, la prise en considération de l'intérêt général met en exergue l'idée d'un « principe évolutif supérieur » qui permettrait d'aller vers une convergence des représentations des différents acteurs, en d'autres termes un accord implicite, pour reconnaître que dans le domaine numérique, la souveraineté consiste moins en la résolution d'un problème qu'en la mise en forme d'un processus indivisible.

B - L'apparition d'un autre aspect de l'internationalité dans l'espace numérique, une autre façon d'appréhender le concept de transnationalité

276. La notion d'internationalité désigne le caractère de ce qui est international, de ce qui concerne plusieurs nations, elle est en des termes plus contemporains la matière qui contient l'ensemble des règles de droit applicables aux personnes privées dans les situations présentant

[1] J.-M. PONTIER, « Bien commun et intérêt général », *Les Cahiers Portalis* 2017, vol. 1, n° 4, pp. 39-42.
[2] J.-M. PONTIER, *ibid*, p. 43.

un caractère international[1]. L'internationalité est une notion heuristique qui permet de décrypter les logiques d'affiliation à l'ère du *New Space*. Elle offre une autre perspective aux nouvelles applications qui permettent les échanges sur la scène spatiale qui n'est plus seulement territoriale.

277. Dans ce domaine, les échanges font appel à la *blockchain*. Il s'agit d'une technique de registre partagé ou Distributed Ledger Technology (DLT) qui permet à la fois de stocker et de transmettre des informations de manière transparente et sécurisée[2]. Si la particularité de la *blockchain* tient au fait qu'elle est capable d'attribuer un actif à un utilisateur sans avoir besoin d'intermédiation[3], le stockage des enregistrements de propriété d'actifs et de transactions utilise la version d'un grand livre distribué[4]. La technologie de la *blockchain* permet de stocker des transactions en *bitcoins*. Créé en 2008, le *bitcoin* est la première crypto monnaie décentralisée au monde qui fonctionne comme un réseau de transaction de pair à pair qui ne dépend d'aucune autorité gouvernementale centrale ou d'institution financière établie[5]. L'objectif du *bitcoin* est de faciliter et de moderniser les échanges entre acteurs économiques d'un réseau. Cet univers indépendant de tout ancrage territorial ne s'intéresse pas aux frontières étatiques. Ce désintéressement qui invite à prêter attention au phénomène d'internationalité, génère un nouveau concept de transnationalité.

278. La transnationalité ne peut générer un nouveau concept que s'il porte une « singularité créatrice ». Autrement dit, s'il constitue un

---

[1] L. STARK, *L'internationalité en droit international privé*, Thèse de doctorat en droit de l'Université Bourgogne Franche-Comté en cotutelle internationale avec l'Université Johannes Gutenberg de Mayence, 28 octobre 2020, pp. 1-2.

[2] M. AUDIT, « Le droit international privé confronté à la *Blockchain* », *RCDIP* 2020, pp. 669-692.

[3] H. de VAUPLANE, « Blockchain and conflict of laws », *RTDF* 2017, n° 4, pp. 50-52.

[4] S.-J. HUGUES, « Do Blockchain Technologies Make Us Shafer ? Do Cryptocurrencies Necessarily Make Us Less Safe ? », *Tex. Int'l L. J* 2020, vol. 55, n° 3, p. 375 (notre traduction).

[5] R. XIE, « Why China had to "Ban" Cryptocurrency but the U.S. did not: A Comparative Analysis of Regulations on Crypto-Markets Between the U.S. and China », *Wash. U. Global. Stad L. Rev* 2019, vol. 18, n° 2, pp. 457-492 (notre traduction).

nouvel espace de souveraineté qui contient la revendication d'une originalité qui lui serait propre. Celle-ci passe par une évolution de la notion de frontière qui ne peut que se situer dans une autre perspective. En effet, il convient de retenir que la notion de frontière désigne la ligne déterminant où commencent et où finissent les territoires relevant de deux Etats voisins, au sens strict, c'est la fin d'un Etat et le commencement d'un autre[1]. Sur leurs territoires respectifs, les Etats sont souverains, donc la souveraineté de l'un s'arrête avec la frontière territoriale qui « déclenche » la souveraineté de l'autre. On compte parmi les nombreuses dimensions de la souveraineté de l'Etat, la souveraineté monétaire. On la désigne comme le droit de battre monnaie qui est l'apanage exclusif de l'Etat moderne, car c'est à lui et à lui seul qu'il appartient de choisir l'unité monétaire, le signe qui va circuler sur son territoire, il va lui donner cours légal, voire cours forcé[2]. En ne pouvant pas être qualifiée de monnaie au sens où l'entend cette définition le *bitcoin* qui est susceptible de mettre en scène les échanges économiques entre les grandes entreprises technologiques présentes dans le cyberespace, n'a pas seulement pour caractéristique principale d'opérer dans un cadre déterritorialisé, mais de révéler un « système transnational ». Ici, le fait d'utiliser le terme « système » ramène à une démarche déductive qui découle des limites concrètes de la notion de frontière étatique car la frontière sépare deux systèmes, celui de l'Etat et celui du « monde transnational » qui met en présence des acteurs non étatiques.

279. En conséquence, la transnationalité serait une instance de représentation. La représentation n'est nullement pas ce qui permet de découvrir une quelconque présence des acteurs de la technologie *blockchain bitcoin,* mais ce qui produit le système qui génère cette technologie et qui est de fait porteur d'une identité. Dans le dictionnaire usuel, « l'identité » peut se définir comme le caractère permanent et fonctionnel de quelqu'un, d'un groupe qui fait son individualité, sa singularité[3]. Définir en ce sens le fondement de l'identité, reviendrait à

---

[1] J.-M. SOREL, « Le droit des frontières : Panorama en 3D », *Pouvoirs* 2018, vol. 2, n° 165, pp. 27-38.

[2] J.-B. BERSAC, « La monnaie souveraine », consulté sur : *[https://frappermonnaie.wordpress.com/2011/12/06/1-la-monnaie-souveraine]*, consulté le 15 novembre 2023.

[3] *Le Petit Larousse illustré*, Paris, Larousse 2025, p. 601, terme « identité ».

isoler les entreprises transnationales et les manifestations qui leur servent de cadre, donc qui servent de repères au système transnational, le temps, par exemple, de vérifier que ce système permet aux Etats d'exister. Ils existent parce qu'ils sont considérés comme neutres, c'est-à-dire dépourvus d'effets sur le comportement desdites entreprises. La neutralité ainsi conçue relève de l'ordre de la légitimité qui cherche à reconnaître la capacité des entreprises à être pleinement souveraine dans la gestion de leur identité numérique. Toutefois, la reconnaissance de cette plénitude s'oppose à ce que la souveraineté monétaire soit un absolu pour gouverner les échanges économiques contemporains. En cela, elle porte un potentiel de singularisation très développé qui revient à poser ce par quoi les États peuvent s'identifier en propre, les cantonnant à une logique de spectateurs de l'organisation d'un système de gestion du numérique. Cette qualité de spectateur offrirait pourtant un retour conscient des Etats sur eux-mêmes pour changer la doctrine de base de l'organisation des échanges économiques internationaux basés sur l'exercice de la souveraineté monétaire, face à l'émergence de la cryptomonnaie. Or, c'est précisément cette perspective de changement qui serait susceptible de mettre en œuvre le moyen dur de l'internationalité contenu dans le concept de transnationalité.

280. Les catégories d'appartenance sont définies comme des classifications ou des types sociaux qui peuvent être utilisés pour décrire des personnes, des collectivités, des objets[1]. En étant appareillées, ces catégories forment des systèmes catégoriels d'appartenance[2]. Par exemple, les grandes entreprises transnationales qui sont présentes dans le secteur du numérique, appartiennent au système catégoriel d'appartenance « communauté des acteurs économiques ». Une des propriétés majeures de ce système catégoriel tient au fait que les transactions qui sont opérées entre ces acteurs à l'ère de la cryptomonnaie, ne seraient pas enregistrées dans un compte au sens de débit/crédit[3]. La caractéristique de la technologie *blockchain*, étant l'absence de fournisseur de compte, elle renverrait à un

[1] J. COLEMANS, B. DUPRET, « Présentation du dossier thématique “Droit, Justice et catégorisations” », *RIEJ* 2021, pp. 17-18.

[2] J. COLEMANS, B. DUPRET, *ibid*, p. 18.

[3] H. de VAUPLANE, « Blockchain and conflict of laws », *op. cit.*, p. 50.

« écosystème »[1]. En conséquence, l'aspect communautaire qui est étroitement enchaîné dans une organisation spécifique se trouve inexorablement lié à ce qu'il peut faire. En effet, à l'aune de ce constat, il semble possible d'affirmer que la logique communautaire répond à un « code », à savoir qu'elle se suffit à elle-même. Ainsi, le concept de communauté qui s'accompagne d'un réseau et d'un certain type de relations permettrait d'évaluer la place que ce réseau de relations occupe par rapport à celui qui s'établit entre les Etats.

281. La souveraineté s'exprime dans l'indépendance d'un Etat par rapport aux autres[2]. Toutefois, la souveraineté conservera un sens, ne serait-ce que parce que, juridiquement, elle implique toujours un minimum de pouvoir et par là, un minimum d'autonomie de gestion, les deux étant exprimés dans la « faculté de contracter des engagements internationaux »[3]. Si cette faculté met en évidence la volonté souveraine étatique, il semble évident de montrer l'existence d'une société étatique. Le droit international constitue la règle du jeu de ce qu'il est préférable de nommer « société » plutôt que « communauté » internationale, la « communauté » est un espace homogène dont les membres poursuivraient des buts collectifs, auraient des intérêts similaires et coopéreraient en bonne harmonie vers un bien commun[4]. Par conséquent, lorsqu'il est question de tendre vers un bien commun, il s'agit de démontrer l'existence d'une internationalité. En ce sens, l'internationalité se définit comme un phénomène social où les personnes, les biens et les services circulent ou sont appelés à circuler[5]. Le concept « d'internationalité » fixe en conséquence un impératif révélé par le terme de « circulation » qui permet de démontrer l'existence d'unités économiques et sociales. Les entreprises transnationales qui bénéficient de l'exploitation de la technologie

[1] R. XIE, « Why China had to "Ban" Cryptocurrency but the U.S. did not : A Comparative Analysis of Regulations on Crypto-Markets Between the U.S. and China », *op. cit.*, p. 18 (notre traduction).

[2] M. CHEMILLIER-GENDREAU, *Un autre droit pour un autre monde : Comment sortir des impasses du droit international contemporain*, *op. cit.*, p. 18.

[3] M. CHEMILLIER-GENDREAU, *ibid*, p. 21.

[4] C. KESSEDJIAN, A-T. NORODOM, « Qui fabrique le droit international », Le Monde diplomatique, mai 2023, p. 22.

[5] J.-S. BERGÉ, « La double internationalité interne et externe du droit communautaire et le droit international privé » dans *Droit international privé - Travaux du Comité français de droit international privé*, 17e année, 2004-2006, pp. 19-62.

satellitaire, qui constitue une plateforme pour le lancement des applications de la *blockchain*[1], seraient ces unités. De par cette qualité, la gestion de leur espace numérique ramènerait à une logique d'ordre. Cette dernière doit être caractérisée de manière plus précise afin de circonscrire les effets qui peuvent lui être attachés.

282. La logique d'ordre dont il est question ne consiste pas uniquement dans la présentation des faits pertinents, ceux qui correspondraient aux pratiques réelles des entreprises transnationales, elle porte sur la qualification des faits pertinents. L'opération de qualification des faits pertinents organise le passage des faits au droit[2] et s'opère par l'intermédiaire de ce que lesdites entreprises peuvent considérer comme un système juridique. Il est vrai que par son fonctionnement la *blockchain* repose sur des règles posées par un code, c'est-à-dire un langage de programmation dont les utilisateurs sont contraints de respecter ces mêmes règles[3]. Cette technologie reste la condition de ce qui est, c'est-à-dire une structure de l'internationalité qui peut servir à faire abstraction des éléments non pertinents, liés à l'exercice pratique de la souveraineté étatique susceptible d'entraver le « phénomène social »[4] que constitue l'internationalité. Cela permet de considérer que la relation qui peut exister entre le concept de transnationalité et une certaine structure de l'internationalité est celle qui apparaît comme une contrainte d'ordre pour éviter les situations d'autorité de l'Etat. L'exigence liée à la contrainte d'ordre est en effet de refuser les attributs, les pouvoirs liés à la qualité d'Etat qui serait inversement proportionnelle au rôle qu'elle joue pour contenir les effets de la transnationalité. En vérité, l'internationalité serait synonyme « d'unicité qualitative », ce concept est subordonné à une instance ontologique supérieure, la communauté transnationale qui en oriente le sens dans

---

[1] R. MITAL, J. de La BEAUJARDIERE, R. MITAL, M. COLE, C. NORTON, « Blockchain application within a multi-sensor satellite architecture », consultable sur : *[https://ntrs-nasa.gov/api/citations/20180006549/downloads/20180006549.pdf]*, consulté le 18 novembre 2023.

[2] J. COLEMANS, B. DUPRET, « Présentation du dossier thématique "Droit, Justice et catégorisations" », *op. cit.*, p. 20.

[3] M. AUDIT, « Le droit international privé confronté à la *Blockchain* », *op. cit.*, p. 672.

[4] L'internationalité en tant que phénomène social, tient à la notion de circulation des personnes, des biens et services.

une direction déterminée, refusant par-là de lui faire correspondre un équivalent qui serait la gestion de la société internationale.

§2 - Du pouvoir instituant des acteurs transnationaux au droit global

283. La globalisation est un concept flou qui englobe les développements objectifs dans les domaines économique, culturel, politique et technologique[1]. Cependant, telle qu'elle est définie dans le *Dictionnaire de la globalisation*, elle désigne un ensemble de dynamiques de transnationalisation des activités et des structures économiques dont les principales sont notamment la montée en puissance des firmes multinationales[2]. Par ailleurs, l'ère du *New Space* est marquée par la commercialisation des activités spatiales, on peut compter parmi les acteurs qui évoluent dans cet espace commercial, les entreprises transnationales qui seraient à l'origine d'une nouvelle *lex mercatoria*[3]. L'émergence de cette *lex mercatoria* moderne est née de l'expansion du commerce international, elle a créé ses propres règles de « droit spontané », développé à partir des usages, coutumes et principes généraux[4]. Dès lors, l'on peut raisonnablement affirmer que le « droit spontané » peut contribuer à instaurer de nouvelles normativités qui ne relèveraient plus forcément de l'institution législative et par conséquent de la souveraineté de l'Etat, fondement de son autorité à maintenir une dynamique instituée. On veut dire par là, celle qui correspond à l'effectivité de son ordre juridique.

284. L'ordre juridique se caractérise par un enchaînement logique de règles qui le constituent, qui permet d'envisager l'ensemble dans sa cohérence propre[5]. Le concept de régulation témoigne de l'existence d'un ordre juridique. En effet, en offrant de nouvelles modalités d'intervention aux Etats dans l'économie, la régulation renvoie à une

---

[1] R. CRANSTON, « Theorizing transnational commercial law », *Tex Int'l L. J* 2007, vol. 42, n° 3, pp. 597-618 (notre traduction).

[2] T. DELPEUCH, « Une critique de la globalisation juridique de style civiliste. Etat des réflexions latines sur la transnationalisation du droit à partir du *Dictionnaire de la globalisation* », *Droit et Société* 2012, vol. 3, n° 82, p. 736.

[3] A. LEJBOWICZ, *Philosophie du droit international. L'impossible capture de l'humanité*, Coll Fondements de la politique, éd PUF 1999, p. 77.

[4] G. LHUILIER, *Le droit transnational*, *op. cit.*, p. 114.

[5] B. BONNET, « Introduction générale » dans *Traité des rapports entre ordres juridiques* sous la direction de B. BONNET, LGDJ 2016, pp. 33-39.

logique d'ordre. S'il s'agit de poser son extériorité, ce qui revient à affirmer la présence d'un autre ordre juridique étatique, le concept d'extériorité peut être générateur de conflit de lois. Cette notion naît de la volonté concurrente de diverses lois étatiques à appréhender une situation juridique[1]. Néanmoins, le caractère opérationnel de cette notion pourrait se heurter aux règles de fonctionnement de la transnationalité, c'est-à-dire aux règles voulues par la communauté des entreprises qu'elle représente. Si ces règles portent en elles-mêmes une dynamique instituante tenant à l'affirmation sur le plan des rapports juridiques, d'une singularité nouvelle, l'absence de conflit de lois témoignerait dans un certain sens d'un effacement de l'Etat. Cependant, contrairement à ce que l'on peut penser, cet effacement pourrait lui être salutaire, dès lors que l'on considère qu'il est un vecteur de globalisation. Le terme « global » désigne un changement d'échelle dans une perspective conformiste où les entreprises transnationales cherchent à se différencier, cette différenciation entraîne un changement d'objet qui doit se comprendre comme la volonté de réduire la distance avec l'Etat. Ainsi, le pouvoir instituant concevrait la théorie de la globalisation comme le résultat d'un processus de « reterritorialisation ». La « reterritorialisation » rend possible l'analogie structurelle entre la présence physique sur un territoire étatique et le phénomène de création d'un espace normatif qui lui est associé. La nécessité d'enclencher ce processus permettrait d'infléchir la « désétatisation » dans de nombreux espaces réels. Or, ces derniers offrent une autre façon de penser le global.

285. La souveraineté des Etats-nations est souvent considérée comme synonyme de souveraineté westphalienne. La souveraineté westphalienne suppose le contrôle absolu des Etats-nations sur tout ce qui se passe sur leur territoire[2]. Cela consisterait à dire que la souveraineté westphalienne est la traduction sur un espace géographique donné, délimité par des frontières, de la puissance étatique. Les concepts de souveraineté et de puissance occupent une position cardinale dans la plupart des théories de l'Etat[3]. Pour

---

[1] D. BUREAU, H. MUIR WATT, *Droit international privé - Tome 1*, *op. cit.*, p. 30.

[2] J. KU, J. YOO, « Globalisation and Sovereignty », *BJIL* 2013, vol. 31, n° 1, pp. 210-235 (notre traduction).

[3] B. BARRAUD, « Souveraineté de l'Etat et puissance de l'Etat », *RRJ* 2017, vol. 1, n° 165, p. 124.

comprendre ce qu'est l'Etat, il faut comprendre ce que sont sa souveraineté et sa puissance, ces dernières permettraient de saisir la pensée de l'Etat[1]. Il se pourrait que cette pensée soit la version théorique d'une sorte de manifestation de l'exclusivité dans la fabrication du droit international. En effet, c'est parce que l'Etat se pense, donc se conçoit comme une entité souveraine et puissante qu'il peut être enclin à reléguer à la périphérie d'un espace normatif donné des acteurs non étatiques. Ainsi, prendre en considération la souveraineté westphalienne, c'est adopter une perspective épistémologique singulière sur des objets juridiques singuliers considérés à l'échelle étatique. Mais l'émergence de nombreuses entreprises transnationales à l'ère du *New Space* semblent réhabiliter la « périphérie » du droit international[2]. Ce terme renvoie à quelque chose de lointain et la réhabilitation revient à rapprocher la périphérie du centre. Dès lors, il s'agit de penser le concept de réhabilitation en termes de degré car un degré de réhabilitation important peut servir à se rapprocher du « centre étatique », voire même dans le cadre d'une perspective instituante à prétendre occuper un nouveau centre, permettant de négocier sa position initiale dans un contexte global.

286. Il y aurait en conséquence une stratégie qui se réaliserait dans une conception plus complexe de la globalisation, celle qui porte la reconnaissance d'un ordre juridique transnational autopoïétique. Selon la présentation faite des ordres juridiques, deux conditions doivent être remplies pour identifier un ordre juridique autopoïétique : il doit disposer de sources autonomes et d'un « appareil de contrôle et d'exécution forcée »[3]. Concrètement, il y aura lieu d'établir l'existence de droits transnationaux indépendants des droits étatiques, mais aussi un fonctionnement autopoïétique, c'est-à-dire sans apport extérieur, donc sans utiliser l'appareil étatique[4]. Cet aspect du fonctionnement

[1] B. BARRAUD, *ibid*, p. 124.

[2] On peut parler de « périphérie du droit restauré » si on l'envisage dans une ère post-moderne qui pose la question d'une transition paradigmatique et historique qui verrait les conditions du savoir et de la régulation du réel modifiées. Cette analyse s'inspire du travail de P. MAISANI, F. WIENER, « Réflexions autour de la conception postmoderne du droit », *Droit et Société* 1994, n° 27, pp. 443-464.

[3] P. AURIEL, *Les ordres juridiques transnationaux : Conditions et concrétisations des droits hors de l'Etat*, Mémoire du Certificat de Recherche Approfondie, Université Paris II 2013-2014, p. 16.

[4] P. AURIEL, *ibid*, p. 16.

autopoïétique suppose la création d'une justice arbitrale commerciale transnationale qui écarte d'emblée tant les lois nationales que l'appareil judiciaire de l'Etat. Reconnaître le fonctionnement autopoïétique de l'ordre juridique transnational revient à expliquer ce que peut-être la permanence de cet ordre puisque ces caractéristiques sont fondées sur un noyau dur, le concept d'indépendance. Cependant, s'il s'agit d'une forme indépendance qui reste d'ordre formel, c'est-à-dire légale qui met en évidence les limites de la régulation juridique des deux façons qui attestent de la présence d'un ordre juridique étatique, l'indépendance est un phénomène qui peut être de nature institutionnelle. Le sens institutionnel de l'indépendance confère un statut hégémonique à une représentation de cette nature qui s'en remet à une homogénéisation du « nous transnational ». Le « nous transnational » aurait la propriété d'un système autopoïétique qui existe par lui-même pour valoriser le principe d'une autonomie normative servant à réguler la sphère des échanges. Il est certain que ce principe serait susceptible de prendre en considération des exigences formulées en termes d'intérêts définis pour l'essentiel du droit des affaires.

287. En vérité, s'il s'agit de créer un environnement juridique favorable aux intérêts commerciaux des entreprises transnationales, cette création résulte d'un impératif. Celui-ci implique que la recherche de normes juridiques à travers le désir de transformation du droit qui consiste à savoir comment mettre en œuvre son sens instituant, débouche sur une exigence de conformation qui aboutirait à décloisonner l'intérêt privé de l'intérêt public. L'intérêt privé relève des strictes relations d'échanges entre les acteurs économiques non étatiques, l'intérêt public cherche à réguler ces échanges sur la scène internationale. Le décloisonnement de ces deux intérêts a un sens instituant dès lors qu'il aboutit à une « constitutionnalisation de l'intérêt général ». Par déduction et sans doute parce qu'il ouvre une perspective dont il n'est pas irréaliste de discuter la pertinence, on trouve à travers le concept de « constitutionnalisation instituante » la base d'un phénomène de globalisation. On en conclura qu'à l'appui du droit relatif aux affaires, la théorie de la globalisation s'appuie sur une ambition normative qu'elle arrange et fait évoluer.

288. A un univers dans lequel la production des normes est pour l'essentiel monopolisée par les acteurs étatiques et interétatiques, elle substitue un autre dans lequel des régulateurs non étatiques

internationaux et internes émergent significativement comme lieux originaux de sécrétion des normes[1]. Il s'agit là d'une des caractéristiques essentielles de la globalisation qui diversifie notamment le positionnement des producteurs de normes[2]. Ce positionnement pourrait largement excéder l'entreprise de justification rationnelle des régulateurs non étatiques au sens où il s'appliquerait à la pensée contre son objet. L'objet de la notion de régulation est de permettre à un système de maintenir son état stationnaire, en annulant l'effet des perturbations extérieures, comme on l'a déjà précisé[3]. L'objet contraire est de faire évoluer l'état du système en l'ouvrant sur son environnement. Cependant, cette ouverture serait susceptible de positionner la notion de régulation sous un angle plus sociologique que juridique perçu dans son application réelle comme la volonté d'intégrer dans un système institué des visées instituantes. Or, dès lors que l'on considère que le système institué est celui du commerce international sous surveillance de l'Etat, les visées instituantes permettraient de faire croître les normes issues des entreprises transnationales au sein du système considéré à l'ère du *New Space*.

289. Il convient en effet de préciser que ces visées instituantes n'ont pas pour effet de créer des règles internationales fixes et non consensuelles. C'est l'adaptabilité qui deviendrait le maître mot de la production du droit en matière de régulation. Porté par ce schéma d'adaptabilité lié à l'idée de performance normative, c'est-à-dire conforme aux attentes des entreprises, le *soft law* qui est fondé sur des normes évolutives, fait son apparition. S'il est certain que les acteurs non étatiques en arrivent à influencer le contenu et la portée de nombreuses et différentes sortes de droit international[4], l'idée de performance normative qui voit là une simple manifestation du *soft law* fait allusion à une pratique juridique impliquant la présence d'un ordre juridique. L'ordre juridique est un phénomène normatif et symbolique[5], sa présentation dans un cadre institutionnel particulier, tel que le

[1] J.-B. AUBY, « Repenser le droit à l'aune de la globalisation juridique ? » dans *Traité des rapports entre ordres juridiques*, sous la direction de B. BONNET, LGDJ 2016, pp. 261-277.

[2] J.-B. AUBY, *ibid*, p. 265.

[3] *Supra* n° 24.

[4] J. KU, J. YOO, « Globalisation and Sovereignty », *op. cit.*, p. 225 (notre traduction).

[5] K. TUORI, « Vers une théorie du droit transnational », *op. cit.*, p. 18.

processus normatif au sein de l'OMC contiendrait les critères d'un système. Du fait de son agencement en système, le sens instituant des normes de *soft law* serait surdéterminé par la logique d'ensemble qui gouverne l'ordre juridique dans lequel elles s'insèrent. Cette surdétermination repose sur une certaine version de la puissance.

290. Les registres de la puissance s'intéressent aux objets sur lesquels elle porte ; on compte parmi les registres de la puissance, la puissance sur les esprits que l'on persuade d'adhérer à des projets définis ou que l'on convainc intellectuellement par la supériorité du raisonnement[1]. Ce niveau de puissance s'inscrit dans ce qui constitue l'une des théories de l'Etat. La puissance de l'Etat signifie puissance unilatérale de commandement et est donc synonyme de souveraineté[2]. L'absence de puissance étatique s'inscrit dans une volonté de maximisation de la force instituante des entreprises. Un partage voulu de souveraineté peut être envisagé pour admettre l'éventualité d'une corégulation comme mode d'élaboration des normes alternatives. Mais, la corégulation s'élabore au plan global, puisqu'en tout état de cause, au-delà des questions relatives à l'évolution des relations socio-économiques à l'ère du *New Space*, il convient d'en déterminer le processus. En ce sens, on pourrait dire que la théorie de la globalisation juridique est déjà construite, précisément parce qu'elle porte sur l'émergence d'une normativité équilibrée.

Conclusion de la section

291. La revendication d'une excellente technique dans le secteur spatial afférent au *New Space* s'accompagne du développement de nombreuses constellations satellitaires ; on peut par exemple citer le géant du web, Amazon, qui compte aussi déployer plus de trois mille deux cents satellites en orbite[3]. Amazon, ainsi que les autres GAFAM qui utilisent la technologie satellitaire pour l'exploitation commerciale des orbites basses sont les parties intégrantes d'une communauté

---

[1] S. SUR, « ThucryBlog n° 169 - Souveraineté, capacité, puissance dans le contexte international contemporain », consultable sur : *[https://www.afri-ct.org/2021/ThucryBlog-n-169-souverainete-capacite-puissance-dans-le-contexte-international-contemporain-1-3]*, consulté le 10 novembre 2023.

[2] B. BARRAUD, « Souveraineté de l'Etat et puissance de l'Etat », *op. cit.*, p. 126.

[3] M. FORTEAU, A. MIRON, A. PELLET, *Droit international public*, *op. cit.*, p. 895.

numérique. Le lien avec la notion de souveraineté étatique est affiché dès lors que l'Etat se manifeste pour affirmer son autorité dans un espace qui reste fondamentalement transnational. Cet espace est porteur de significations nouvelles parce que le régime de sens qui est celui du numérique qui constitue le nouveau cadre de développement de la transnationalité sous-tend la présence du concept de créativité. La créativité a un sens instituant qui tient à la fonction du système numérique. L'idée défendue est que ce système constitue le véritable moyen de gestion de l'autorité de l'Etat. Toutefois, la gestion de cette autorité porterait en elle-même les « germes » d'une reconceptualisation de la souveraineté de l'Etat. La souveraineté permet à tout le moins, si on la remplace dans sa généalogie historique, de faire corps contre un pouvoir extérieur[1]. Que reste-t-il de cette fonction d'opposition qui fait face à une réalité basée sur l'interaction/évolution avec les entreprises transnationales qui constitue un aspect de l'internationalité. Cela dit, la relation entre l'internationalité et la perspective dynamique de la normativité se rattache à une conception de la globalisation. De là, toute réflexion sur les capacités normatives des entreprises transnationales à visées instituantes ne peut être à l'avant-garde que d'un nouveau modèle de rapport de droit post-étatique.

Section II - Les nouveaux droits des sociétés transnationales comme facteur d'évolution de l'ordre juridique international

292. L'évolution des normes juridiques internationales dans le secteur spatial avec l'arrivée des entreprises privées a constitué un changement majeur des intérêts liés à l'espace. L'activité majeure commerciale du *New Space* soulève la question du renouvellement des sources du droit au sens de facteur de production des normes juridiques. Mais, en vérité, la question de la place des personnes privées et tout particulièrement des individus dans l'ordre juridique international fut l'objet de controverses doctrinales très vives, dès lors que l'on considère que l'ordre juridique international a été créé par et pour les Etats[2]. Cela comporte bien des conséquences pour les acteurs non étatiques que sont

---

[1] J. WOUTERS, A.-L. CHANE, « Multinational Corporations in International Law *in Non-State Actors in International Law* », dir M. NOORTMANN, A. REINISCH, C. RYNGAERT, London Hart Publishing, Bloomsbury Collections, 2015, pp. 225-252 (notre traduction).

[2] J. WOUTERS, A.-L. CHANE, *ibid*, p. 228 (notre traduction).

les individus et les entreprises transnationales. L'ordre juridique international ne leur reconnaît pas la personnalité juridique que confère la qualité de sujet de droit. En effet, le débat central sur les sociétés multinationales en droit international se concentre sur la question de savoir si elles sont ou non des sujets de droit international, c'est-à-dire si elles sont capables ou possèdent des droits et devoirs internationaux et ont la capacité de faire valoir leurs droits en présentant des réclamations internationales traditionnelles[1]. Toutefois, seuls les Etats peuvent, en tant que principaux sujets de droit international, octroyer cette qualité de sujet, les acteurs non étatiques tirent ainsi leur subjectivité des Etats et dépendent de leur reconnaissance[2]. Le verbe pouvoir ouvre une option, on se situe sur le registre de la volonté souveraine, à ce niveau le volontarisme juridique repose sur un schéma incitateur qui amène à réfléchir sur la modification des relations existantes qu'entraîne la reconnaissance de droits subjectifs. Ces droits pourraient constituer une forme de normativité informulée conduisant à la légitimation des acteurs transnationaux (§1). En outre, il semblerait que le concept de légitimation conduise à faire émerger un droit relationnel dans l'ordre international, institué sous l'égide d'un tiers de référence (§2).

§1 – Une normativité informulée pour la légitimation des acteurs transnationaux

293. Dans un certain sens, la légitimité est la qualité de ce qui est équitable[3]. Le terme « d'équité » semble approprié pour attribuer une importance à une conception sociologique des normes juridiques. Cette conception qui s'appuie sur la théorie des sources ne rend pas moins essentielle la norme qui n'apparaît pas de manière évidente ou en toute transparence, bref qui serait formulée. Au contraire, les normes informulées sont précisément celles qui ménagent l'ordre juridique international, c'est-à-dire celles qui permettraient à l'Etat de partager un espace normatif sans que cette action ne soit considérée comme un

---

[1] Voici le sens littéraire du mot « légitimité » dans *Le Robert dico en ligne*, consulté sur : *[https://dictionnaire-lerobert.com/definition/legitimite]*, consulté le 25 novembre 2023.

[2] G. LHUILIER, *Le droit transnational*, *op. cit.*, p. 34.

[3] B. BARRAUD, « Les nouveaux défis de la recherche sur les sources du droit », *RRJ* 2016, vol., 4, n° 164, pp. 1499-1535.

abandon de sa souveraineté. Ainsi, les normes informulées doivent se percevoir en termes de « résultat », non pas tant celui qui sert à construire un droit influent, mais celui qui sert à interpréter les raisons de cette influence. Il existerait deux raisons. La première porte sur la réclamation d'un espace de représentation normatif qui correspond à la présence des sociétés transnationales dans le contexte du *New Space* (A). En second lieu par sa pertinence analytique, le concept de « représentation » faciliterait la reconnaissance de la qualité de sujet de droit international (B).

A - La réclamation d'un espace de représentation normative

294. A l'ère du *New Space*, de nombreux acteurs économiques conçoivent l'espace extra- atmosphérique comme une ressource. Le terme « ressource » est ici synonyme d'exploitation commerciale. En tant que processus de mobilisation des règles de droit, l'exploitation commerciale du milieu spatial incarne un espace de transnationalité. La transnationalité est un droit créé par les Etats vers un droit mobilisé par des acteurs qui créent des espaces de normes applicables à leur relation[1]. L'espace normatif qui permet de constater à la fois l'initiative étatique et la capacité des sociétés transnationales pour en assumer l'effectivité, constituerait une possibilité de réclamation qui serait potentiellement génératrice d'une théorie explicative du processus de production du droit. Un positionnement par rapport à cette théorie explicative est important dans la mesure où il induit une réflexion sur la théorie des sources juridiques.

295. Les sources du droit désignent ainsi les origines (formelles ou matérielles) des normes juridiques, le fait d'être une source du droit se rapproche de la création du droit, la fonction principale d'une théorie des sources du droit et de permettre de repenser les prescriptions juridiques au sein de multiples productions sociales[2]. L'argument en faveur d'une source du droit justifie une action en montrant qu'elle a pour base la meilleure interprétation d'une règle, d'un principe ou d'une

[1] J. BELL, « The sources of Law », *CLJ* 2018, pp. 40-71 (notre traduction).
[2] *Supra* §289.

valeur identifiée comme une source matérielle du droit[1]. Au-delà du fait de retrouver dans le terme « interprétation » un aspect cognitif lié à la connaissance d'un processus qui aboutit à reconnaître une source, l'interprétation crée une « image » d'un environnement afin de mieux agir sur celui-ci et à ce titre, elle joue un rôle essentiel, par exemple, dans l'attitude des Etats dans l'environnement transnational. De cette analyse, il ressort que le concept d'interprétation est en relation avec les représentations que les Etats se font d'eux-mêmes et la « posture » dominante de la figure étatique dans l'espace normatif transnational qui porterait connaissance d'une réalité ultime est imposable. Cela ne peut consister qu'à considérer que l'Etat acquiert une autonomie de ses propres représentations dans cet espace et que la façon dont il se représente la source de cet espace varie, allant d'une source à une autre plus performante.

296. Le critère de la performance ne serait pas fondamentalement celui de la création du droit, compte tenu de la définition de la transnationalité qui s'appuie d'abord sur la création du droit par l'Etat[2], mais celui qui tient à en assurer l'effectivité. L'Etat pourrait donc se servir de la théorie des sources juridiques dans l'environnement transnational pour construire de nouvelles représentations normatives en un tout fonctionnel. La logique du « tout fonctionnel » permet d'identifier à l'intérieur de cet ensemble, l'élément qui le rend fonctionnel, il semblerait que cet élément est celui qui précisément relève de « l'implicite ».

297. L'implicite peut se révéler dans ce que l'Etat a établi même s'il n'a pas été expressément mentionné[3]. Autrement dit « l'implicite » s'exprime dans la volonté de créer le droit, donc dans la création du « droit effectif » par l'entremise des sociétés transnationales. Dès lors,

---

[1] Sur l'interprétation de « l'implicite » en tant que déterminant du contenu du droit, voir : M.-G. SCATAGLINI, « Conventions interprétatives et positivité juridique », *RUFUS*, 2022, p. 103.

[2] Cette analyse met l'accent sur l'interdépendance de communication qui peut être mise en lien avec l'interdépendance économique, voir : P. VERCAUTEREN, « Souveraineté *vs* interdépendance : que révèle l'interdépendance sur la souveraineté ? », *op. cit.*, pp. 34-35.

[3] Liée à la notion de catégorie qui désigne un ensemble, un groupe distinctif d'éléments présentant des caractères semblables, voir : G. CORNU, *Vocabulaire juridique*, *op. cit.*, p. 153.

la phase de création du droit correspondrait à une « normativité de surface » là où l'effectivité qui sert en toute logique à matérialiser la création du droit s'attache à une « normativité de profondeur », parce qu'elle met l'accent sur la volonté de l'Etat de créer le droit. L'implicite servirait à identifier la théorie de la source du droit descriptivement. La source du droit transnationale ne relève pas tant de l'origine étatique du droit, mais de la volonté souveraine de l'Etat d'adhérer à l'inclusion d'un positivisme d'exclusion, c'est-à-dire d'écarter la conception qui voudrait que les normes créées apparaissent comme des sortes de *métarègles* déterminant la relation juridique entretenue par l'effectivité de la norme. Or, si l'on envisage un acte épistémique en considérant le fait que l'identification de la source du droit transnational présuppose l'hypothèse d'une « fondation normative », alors, il semble tout à fait raisonnable d'envisager que l'intelligibilité du concept de source du droit qui ramène au contexte particulier du *New Space* a pour objectif de faire des sociétés transnationales des objets institutionnels.

298. L'objet institutionnel tire son origine des croyances qui conditionnent son exercice pratique dans la relation juridique entre l'Etat et certaines sociétés transnationales. Ces dernières deviendraient des objets institutionnels parce que l'Etat les utilise pour rejeter le positivisme d'exclusion. Selon ce qui précède, il faut conclure que du point de vue de l'interprétation, en leur qualité d'objets institutionnels, les sociétés transnationales serviraient à utiliser la volonté souveraine de l'Etat comme une sous théorie, conséquence d'un positivisme logique, à savoir recourir au réflexe souverainiste pour déterminer ce qui est nécessaire. En effet, il importe de souligner combien l'expression « créateur de droit » n'est pas autre chose que ce qui appartient à la sphère de l'effectivité du droit. Toujours est-il que la mainmise des sociétés transnationales sur la pensée des sources du droit se concentre sur la notion d'interdépendance comme moyen de minimisation de la présence de l'Etat en tant qu'autorité régulatrice des normes transnationales. Ainsi, la qualité d'objet institutionnel expliquerait le double statut de l'acte de création de certaines normes juridiques. D'une part, un statut de régulateur pour un certain type de conduite étatique, statut qui dérive de la nécessité de reconnaître la valeur des normes informulées. D'autre part, un statut proprement normatif si l'on accepte de le considérer comme constitutif d'une relation d'interdépendance dans un rapport où les échanges économiques et commerciaux transnationaux peuvent révéler de manière indéniable la capacité de

l'Etat de recourir à sa souveraineté dans sa dimension formelle en réaction aux conséquences de l'interdépendance[1]. En cela, l'interdépendance est assez semblable à l'objet institutionnel présenté qui consisterait à envisager la création du droit transnational dans un cadre conceptuel de sorte qu'il peut inclure un mécanisme régulateur qui servirait à catégoriser les enjeux relatifs au domaine extra juridique.

299. Dans sa version élémentaire, la catégorisation revient à ranger des objets, des personnes de même nature[2]. Les entreprises transnationales sont catégorisées par ce qu'elles sont des instruments économiques pour les Etats dans lesquels leur siège est implanté. Il est important de noter que ces catégories d'entreprises seraient susceptibles de représenter des catégories juridiques seulement si on fait correspondre à la situation factuelle considérée, qui est d'ordre instrumental un ensemble de règles. Par exemple, la coopération transnationale entre acteurs publics et privés n'est pas une catégorie juridique, alors que le développement du droit de la coopération en est une. Cependant, en droit, la coopération aurait un effet normatif parce qu'elle paraît renvoyer à des normes de comportement par lesquelles les acteurs mettent en œuvre des relations et des échanges de manière non concurrentielle. On retrouve ici la force juridique des normes informulées d'origine privée qui sont à l'intérieur du processus de création du droit.

300. Toujours est-il qu'en tant que catégorie juridique, le droit de la coopération donne l'opportunité à l'Etat d'accorder de la valeur aux normes informulées. De toute évidence, le concept de valeur est « modélisé » parce qu'il révèle la relation inégale entre acteurs, fondée sur des inégalités de ressources dans la mesure où elles préexistent à tout contexte d'action coopérative. A partir de là, le choix épistémologique de la conceptualisation du terme « valeur » pourrait bien reposer sur une posture opportuniste qui pourrait amener l'autorité étatique qui crée le droit transnational à vouloir se confondre avec l'autorité qui le rend effectif, puisque compte tenu des enjeux liés au développement d'un mécanisme de coopération normative, il n'y a pas d'autre issue que l'unité. En ce sens, l'unité peut se présenter comme une

---

[1] L. BINET, « Le droit comme système social ou la méthode systémique appliquée au droit », *Les Cahiers de droit* 1991, vol. 32, n° 32, n° 2, pp. 436-456.

[2] J. COMBACAU, « Par une puissance, une liberté : La souveraineté internationale de l'Etat », *op. cit.*, pp. 47-48.

articulation entre la coopération et le travail normatif, car de cette articulation surgit un modèle marqué par la notion d'imbrication, ce qui s'apparente au processus de transformation, prémices d'un espace de représentation normative.

301. La transformation renvoie à l'action de passer d'une forme à une autre, ou d'une situation à une autre. Ainsi, le résultat normatif recherché sous-tend une action de transformation, dès lors qu'il s'apparente en fait à tout changement observable dans le temps. Pourtant, le critère temporel de la transformation n'est pas une évidence car entre la création et l'effectivité du droit, il y a matière à expliquer la constitution d'un espace normatif, sa condition de continuité ou de changement. Or, précisément, pour que le processus transformationnel apparaisse et afin qu'il corresponde à un espace de représentation normatif qui serait réclamé par le contexte dans lequel évolue les entrepreneurs privés du *New Space*, il semble qu'il faille tendre vers une continuité dans le changement. Ainsi, est-ce bien dans le cadre de cette perspective de poser le concept de conformité. La dualité de la conformité relie alors, dans l'interaction, l'élément extra juridique de la transnationalité, à savoir les intérêts économiques et commerciaux, de l'élément juridique de la transnationalité, marqué par la présence des entreprises privées, conduisant les acteurs étatiques à mobiliser les modalités de cette présence. Par voie de conséquence, on en arrive à faire émerger une nouvelle forme d'explication, celle qui porterait davantage sur une approche systémique.

302. Contrairement à l'ordre juridique qui est conçu comme un ensemble clos qui ne se confond pas avec son environnement, de manière ontologique, le système juridique a toujours interagi avec son environnement[1]. Point n'est besoin d'insister sur le fait que le système traduit le contexte, il s'agit de prendre en considération l'objet du contexte. Dès lors, la norme juridique qui le reçoit peut servir à interchanger la place des composantes du système, concrètement dans un système transnational qui serait le plus perméable au contexte du *New Space*, c'est la vision de l'Etat et de son positionnement dans le

---

[1] P. SANDS, « La société civile internationale et la mise en œuvre du droit international : Le droit international, le praticien et les acteurs non étatiques » dans *L'émergence de la société civile internationale, vers la privatisation du droit international ?* sous la direction de H. GHERARI, S. SZUREK, Pedone 2003, pp. 85-103.

système qui pourrait être modifié. L'idée du *continuum* entre le système contextualisé, les normes qui s'y attachent et le positionnement étatique tendrait à démontrer que l'Etat peut être un acteur du système avant d'exister juridiquement pour lui, c'est-à-dire d'affirmer sa liberté. La liberté serait la base légale de l'Etat qui sous-tend la possibilité de faire ce qui est en son pouvoir[1], autrement dit de refuser d'appartenir au système pour ne pas prendre en compte les évolutions liées à la fonction de son objet. Cette fonction ramène à l'invisibilité de l'Etat, dont dépend la place dans le fonctionnement des systèmes. Cependant, si le concept d'invisibilité met en pratique l'idée d'un espace de représentation, la projection des normes d'invisibilité ne sert qu'à circonscrire la validité des propres constructions du système. A partir de là, s'engager dans l'appréhension des aspects transversaux de l'espace de représentation normative pour en identifier le plus petit dénominateur commun : l'invisibilité, revient à construire un univers juridique dans lequel la composante étatique du système doit être rangée au sens propre du terme.

B - L'attribution de la qualité de sujet de droit comme conséquence d'un espace de représentation normative

303. L'arrivée des entreprises privées sur la scène spatiale pourrait servir à créer des conditions favorables à l'adoption de normes internationales régissant des activités liées à des intérêts considérés comme relevant auparavant de la souveraineté étatique. En effet, cette mise en évidence de la participation des acteurs non étatiques au niveau international atteste que la communauté internationale comprend une gamme beaucoup plus étendue d'acteurs parmi lesquels figurent les entreprises[2]. Cela signifie inévitablement l'amélioration de l'état de droit au niveau international dans la mesure où les acteurs premiers et originaux de l'ordre juridique international sont de plus en plus appelés à rendre compte de leurs actes, par référence à des standards internationaux[3]. Les standards constituent une norme de conduite

---

[1] P. SANDS, *ibid*, p. 91.

[2] E. ROUCOUNAS, « *A Landscape of Contemporary Theories ok International Law* » Brill Nijhoff 2019, p. 580 (notre traduction).

[3] F. DREYFUS, « Rendre des comptes - Rendre compte : des notions ambiguës », *RFAP* 2016, n° 160, p. 1001.

sociale qu'on peut ajuster aux particularités de chaque cas[1]. La norme de conduite fixée sous-tend la présence d'un standard de responsabilité. Il y a lieu de préciser qu'au regard de ce standard, cette situation de rendre compte présente une réalité objective. « Rendre compte » revient à s'expliquer de son action et d'en assumer la responsabilité[2]. Il s'agirait pour l'Etat d'assumer une responsabilité devant une entité qui n'est pas un sujet du droit international pour défaut de performance quant à la qualité attendue du droit à l'aune de la réalisation d'une relation circonstanciée. En vérité, L'effectivité de l'expression « rendre des comptes » reviendrait, pour le dire autrement, à tendre vers une différence spécifique, imprimer l'orientation à la norme afin qu'elle prenne des valeurs de performance qui soient favorables aux acteurs non étatiques.

304. Par analogie, au sens strict du droit international public, les Etats sont susceptibles de rendre des comptes parce qu'ils sont les sujets d'un ordre juridique. Ici, cette expression dépasse le simple cadre de la responsabilité, elle identifie des sujets soumis à un espace de juridicité. La différence essentielle entre les deux ordres juridiques, international et transnational, est que le premier n'accorde aucun privilège aux acteurs transnationaux pour avoir la qualité de sujets de droit, à partir de laquelle la possibilité de demander des comptes aux Etats prend sa consistance. Il s'avère que dans l'ordre juridique transnational, on se situe dans une conception étroite de l'évolution du droit suffisamment réductrice pour ne pas emprunter au droit international ces catégories habituelles. D'une certaine manière, cette visée réductrice présenterait des caractères que ne peuvent emprunter les acteurs non étatiques qui les rendraient *a priori* catégorisables avec les Etats. Cela dit, les valeurs de performance dans un espace de normativité serviraient à confondre la création de la norme de son effectivité avec pour résultat de confronter les Etats à la figure du « vis-à-vis » qui fait des acteurs non étatiques les dépositaires du pouvoir de demander des comptes, pas tant au niveau de la création de la norme juridique internationale, que de son contenu souhaitable. Cette figure du « vis-à-vis » consiste à partir d'une

---

[1] A. MICHOUD, « La notion de sujet de droit international ou le défi de sa réforme à l'aune de la responsabilité sociale des entreprises commerciales », *RDUS* 2018, vol. 48, pp. 243-275.

[2] D. BATTISTELLA, « Transnationalisation des relations internationales et rapport public/privé dans la définition de l'intérêt national ».

logique factuelle pour la soumettre à la règle permettant d'identifier un sujet de droit.

305. La qualité de sujet de droit est liée à trois conditions. Le sujet de droit a d'abord des devoirs, ce qui l'oblige à assumer la responsabilité de tout comportement qui serait contraire aux règles du système auquel il appartient, ensuite le sujet de droit doit être capable de revendiquer certains droits, enfin, il doit être capable de nouer des relations juridiques avec d'autres sujets reconnus comme tels dans leur système juridique d'appartenance[1]. Il est certain que le droit appréhende la qualité de sujet qu'il régit selon des représentations. Tantôt, la présence d'un système à valeur de modèle. Les acteurs transnationaux qui se verraient octroyer la qualité de sujet de droit appartiendraient à un système parce qu'ils seraient en capacité d'agir sur l'orientation des normes qui sont conformes à leurs intérêts. Alimentant ainsi la réflexion sur leur positionnement dans un système normatif dans lequel la capacité de l'Etat à créer des normes efficaces est posée, et par conséquent, sur le rôle de ces acteurs pour peser sur cette efficacité. Pour y parvenir, l'interrogation sur la notion d'obligation de rendre des comptes peut servir de critères d'évaluation des performances d'un effet normatif dans lequel la qualité de la norme et les moyens d'aller vers cet objectif « millitent » pour une définition unitaire de la qualité de sujet de droit.

306. Le terme « unitaire » se justifie par ce qu'il présente l'avantage de contribuer à réduire l'autonomie des Etats face aux entreprises transnationales. Dans cette optique, la nécessité de réduire cette autonomie est un « fait » dont le droit peut tenir compte parce que les entreprises apparaissent comme les auteurs des normes juridiques. Une norme juridique informulée qui se matérialise par un acte de création ne sert pas à autre chose qu'à définir une catégorie qui concerne l'activité normative autant que les entités qui la génèrent. La norme sociale intervient dans l'espace transnational ainsi que l'atteste des conditions d'intérêt. Le terme « d'intérêt » peut s'imposer parce qu'il a été contaminé par le concept de raison d'Etat qui met l'accent sur l'avantage que les Etats peuvent tirer d'une telle conduite guidée par

[1] H. RUIZ FABRI, « Les catégories de sujets du droit international » dans *Le sujet en droit international*, SFDI Colloque du Mans, Pedone 2005, pp. 55-71.

l'intérêt[1]. L'avantage qu'a précisément la raison d'Etat, c'est qu'elle permet de légitimer la présence des entreprises transnationales. Le concept servirait à savoir surtout de quelle fiction les Etats sont capables pour servir leurs intérêts. En cela, la présence des acteurs non étatiques dans un espace normatif transnational, qu'ils tendent à influencer, présente un autre « visage » car la dimension fictionnelle dépend moins de l'artificialité d'un champ catégoriel qui rassemblerait les sujets de droit, que de son renouvellement, c'est-à-dire la façon de se représenter son objet.

307. Ce qui fait par contraste le caractère spécifique de cet objet, est de chercher dans la catégorie du sujet de droit ce que le sujet possède d'unique, c'est-à-dire son « aptitude » à être titulaire de droit et/ou d'obligation « ou comme le fait d'être titulaire de droit et/ou d'obligation[2]». Ce singularisme qualitatif qui met l'accent sur ce que la catégorie de sujet de droit a de spécifique, n'occulte pas pour autant ce qui est proprement singulier à l'ordre juridique auquel elle se rattache. L'ordre juridique international confère un pouvoir aux Etats. Ce sont eux qui décident d'ouvrir la catégorie de sujet de droit international à des acteurs privés. Le concept d'ouverture tire sa pertinence du singularisme qualitatif qui fonde la raison d'Etat. Ainsi, le singularisme qualitatif ne s'identifie pas au type générique représenté par le terme de « catégorie », mais plutôt sur la manière de penser la condition juridique de la création d'un type de normes internationales à l'ère du *New Space*. Pour y arriver, il apparaît nécessaire de se cantonner à un mode d'appréhension de la subjectivité internationale.

308. La justification du pouvoir des Etats en droit international public tient au peuple qu'ils représentent et constitue la base principale de tout le droit des traités, y compris la Charte des Nations-Unies[3]. La force de ce dispositif rhétorique dépend de la perception que le droit et les Etats existent tous deux pour servir la personne, c'est-à-dire un peuple collectif qui évoque des individus et un ensemble de droits et de devoirs

---

[1] M. N. S. SELLERS, « International Legal Personality », U. Balt. L. Rev 2005, vol. 11, pp. 67-78 (notre traduction).

[2] M-N-S. SELLERS, *ibid*, p. 69 (notre traduction).

[3] A. MICHOUD, « La notion de sujet de droit international ou le défi de sa réforme à l'aune de la responsabilité sociale des entreprises commerciales », *op. cit.*, p. 267.

protégés par le système juridique dans lequel ils vivent[1]. L'expression « peuple collectif » saisirait également les entreprises transnationales. En effet, il y a de nombreuses règles internationales qui prévoient des droits au bénéfice des individus et des entreprises[2]. La nécessité de déterminer les entités qui ont des droits et des devoirs, conduit de manière juridiquement pertinente à employer la notion de personnalité juridique[3]. Cette notion emporte bien des conséquences qui font intervenir la notion de sujet de droit. A n'en pas douter, cette dernière dépend de l'aptitude à traduire en normes juridiques certains effets économiques liés au phénomène du *New Space*. Cependant, la relation qu'entretiennent la notion de sujet et de personnalité juridique pose l'étude du « droit en contexte » et amène à déterminer son autonomie face à un ordre juridique international qui peut lui être d'emblée hostile pour consacrer des droits immédiats à des sociétés transnationales sans intermédiaire étatique. En effet, la fonction du contexte consiste à légitimer l'immédiateté des droits des sociétés transnationales dans un espace normatif qui est hiérarchisé. L'immédiateté hiérarchise la place des sociétés transnationales parce qu'elle fait référence à un ordre substantiel préexistant ou seul compte la raison sans que les Etats ne puissent lui opposer une argumentation contraire étayée sur une justification objective. En vérité, l'impuissance des Etats ne les autoriserait pas à se poser la question de savoir si une société transnationale est un sujet de droit, sous peine d'écarter le contexte de la création du droit. Or, si tel était le cas, le droit cesserait d'être lui-même.

309. A travers les flux transnationaux, la mondialisation a permis l'émergence des entités subétatiques qui sont amenées à créer des relations entre elles, en utilisant des réseaux internationaux sous la « chape de plomb » de la souveraineté étatique[4]. Créatrices notamment

---

[1] R. PORTMANN, *Legal Personality in International Law*, Cambridge University Press 2011, p. 8 (notre traduction).

[2] J. VILAR, « Protection des investissements locaux et conquête de nouveaux marchés : le rôle "complémentaire" de la région Occitanie au cœur de l'industrie spatiale européenne », *op. cit.*, p. 34.

[3] A. MICHOUD, « La notion de sujet de droit international ou le défi de sa réforme à l'aune de la responsabilité sociale des entreprises commerciales, » *op. cit.*, p. 266.

[4] J. VILAR, « Protection des investissements locaux et conquête de nouveaux marchés : le rôle "complémentaire" de la région Occitanie au cœur de l'industrie spatiale européenne », *op. cit.*, p. 34.

d'emplois dans les Etats, les entreprises transnationales essaient désormais de concilier deux impératifs liés à la valeur sociétale de leurs activités et aux intérêts de leurs actionnaires. Pour illustrer cela, on peut citer la *Compagnies Act* adoptée le 29 août 2013 par l'Inde, qui oblige les sociétés à tenir compte d'autres intérêts que ceux de leurs actionnaires[1]. Par ailleurs, la modification de l'article 1833 du Code civil français par la loi du 22 mai 2019, met en concordance les deux impératifs susmentionnés. Elle dispose que « La société est gérée dans son intérêt social, en prenant en considération les enjeux sociaux et environnementaux de son activité »[2]. L'aspect sociétal est un moyen d'élever le degré de conscientisation des entreprises, mais aussi pour le droit de l'Organisation internationale du travail (OIT) de fixer des principes directeurs aux entreprises[3].

310. La force de ses principes directeurs est qu'ils apparaissent comme autant de ressources qui peuvent servir à canaliser l'activité des entreprises face à des enjeux qui dépassent les seuls intérêts privés, ainsi à partir de ces intérêts, on peut affirmer l'autonomie du fait transnational parce qu'il correspond à un espace primaire qui apporte aux enjeux sociétaux une certaine visibilité. Cela ne pourrait-il pas vouloir dire que les Etats auraient l'obligation de traduire en norme cet espace primaire dans la mesure où il a théoriquement un effet utile ? « L'utilité » a une fin pratique, en vérité les normes qui se rapportent au droit transnational pourrait servir à justifier l'attribution de la qualité de sujet de droit à certaines entreprises. Une reconnaissance à la « carte » qui se mesure à l'aptitude « à devenir titulaire de droits et d'obligations immédiats trouvant leur source dans l'ordre international »[4]. Il appert que la notion d'aptitude n'est pas saisie par la causalité qui ferait intervenir les Etats, ni saisie par l'utilité qui reste un principe pour la construction d'un espace normatif. L'aptitude intervient dans une perspective horizontale car elle est une faculté qui passe par l'action qui la reconnaît à partir

---

[1] Cf section 135 of the Companies Act n° 18 of 2013 (29th August 2013).

[2] Modifié par la loi n° 2019-486 du 22 mai 2019 - art. 169.

[3] Le §2 « Objet et champ d'application » de la Déclaration de principes tripartite sur les entreprises multinationales et la politique sociale, sixième session 2022 de l'OIT énonce « La présente déclaration a pour objet d'encourager les entreprises multinationales à contribuer positivement au progrès économique et social et à la concrétisation du travail décent pour tous… ».

[4] M. COSNARD, « Rapport introductif » dans *Le sujet en droit international*, SFDI Colloque du Mans, Pedone 2005, pp. 13-53.

d'un état de potentialité, lui-même plus ou moins abouti qui consacre tous ceux qui participent à la visibilité sociale d'un espace normatif. Ici, le concept de potentialité prédispose à l'effectuation d'une action par laquelle les Etats décident d'ouvrir la catégorie de sujet de droit international dès lors qu'on considère que c'est l'appartenance à cette catégorie qui permet d'achever l'instrumentalisation d'un espace de représentation normative.

§2 - L'émergence d'un droit relationnel dans le droit international ou la présence d'un « tiers de référence »[1]

311. L'activité juridique des Etats dans l'ordre international n'est pas spécifiquement publique, si l'on s'accorde pour rattacher ce qualificatif à une situation sociale organisée, c'est-à-dire une situation de suprématie et inversement de subordination, ils contractent davantage d'obligations qu'ils ne posent des règles générales[2]. Un secteur serait susceptible de le confirmer : le secteur spatial. Dans le contexte afférent au développement du *New Space*, qui renforce la collaboration entre les entreprises transnationales et les Etats, la collaboration ne pourra générer des obligations pour les Etats que parce que ces dernières jouent un rôle dans l'élaboration des normes du droit international. Il est certain que la présence des entreprises transnationales dans les systèmes juridiques internationaux rend chimérique la distinction entre « sujets » et « objets » du droit international[3]. En effet, contrairement au statut « d'objet de droit » qui renvoie à une soumission au droit, donc qui se situe plutôt dans la situation où l'entité est dominée par le droit, le statut de « sujet de droit » reste fondamentalement dynamique et relationnel. L'approche relationniste du droit tient compte du fait que les relations ne sont durables que si elles sont instituées par des symboles et encore

[1] L'expression « tiers de référence » se décline sous des figures très diverses : une autorité instituée, à savoir un juge, un arbitre, un législateur, mais aussi une fonction tierce intériorisée par les individus qui deviennent de la sorte des sujets de droits, voir : F. OST, *Le droit ou l'empire du tiers - Les sens du droit* Dalloz, Coll Les sens du droit, Dalloz 2021, page 15.

[2] E. JEULAND, « L'école relationniste du droit : la nouaison ? », *Archives de Philosophie du droit*, 2011, n° 54, pp. 373-387.

[3] R. HIGGINS, *Problems and Process: International Law and How We Use It*, Oxford, Clarendon Press 1995, pp. 39-40 (notre traduction).

la relation juridique reste en équilibre toujours instable car elle implique la reconnaissance des parties entre elles et leur juste distance[1].

312. Notre hypothèse générale est qu'il existe un paradigme relationnel dans le contexte du *New Space*. On nommera « paradigme relationnel », l'ensemble des règles, qui sont mobilisées par les acteurs, privées et publiques pour construire un espace normatif[2]. On commence par un objectif limité de construction pour rechercher l'intention du créateur de la norme juridique. De cette approche téléologique, on peut tirer des conclusions concrètes, à partir de la primauté du rapport au droit sur la norme. Le rapport juridique se pense davantage en termes d'égalité et de réciprocité, ou pour le formuler autrement sur le registre de l'identité plutôt que sur celui de la différence[3]. Cependant, si le rapport au droit sert à construire un espace normatif, il oblige l'Etat à se situer dans un ensemble plus large. Il s'ensuit que son positionnement dans cet ensemble amène à réduire la distance avec l'entreprise transnationale. En réalité, le terme de « distance », étant par essence étroitement associé à tout ce qui empêche une relation, impose dans le même souffle, l'obligation de tenir compte du rôle joué par les entreprises transnationales dans l'élaboration des normes du droit international. Cela dit, ce rôle qui désigne un rapport au droit tendrait à déplacer la relation entre l'Etat et l'entreprise sur une autre scène, précisément celle qui consisterait pour l'Etat à faire fi du risque qui serait de nier l'importance des entreprises transnationales dans le renouvellement de l'ordre international. De cette manière, le rapport au droit est certainement celui qui tient compte de l'existence du risque, et à partir de là, l'épistémologie du risque invite à penser l'approche relationnelle dans l'espace de création de la norme internationale sous l'angle du concept de vulnérabilité.

313. L'étymologie de la notion de vulnérabilité comprend deux volets. *Vulnerabilis* désigne autant celui qui est blessé que celui qui risque de l'être parce qu'il doit faire face à l'adversité, autrement dit, la

[1] J. VAN MEERBEECK, « La relation au cœur du droit et de la transition » dans *Le droit en transition - Les clés juridiques d'une prospérité sans croissance* sous la direction de A. BAILLEUX, éd Presses universitaires Saint-Louis 2021, pp. 109-147.

[2] Le concept de « paradigme relationnel » est inconnu du droit, néanmoins en conciliant l'idéologie aux actions humaines, il peut se décliner juridiquement.

[3] Sur la possibilité de reconnaître les entreprises transnationales comme sujets de droit international public, voir : le §303 et s.

vulnérabilité articule d'un côté une propriété (la faiblesse, la fragilité) et d'un autre côté une situation (l'exposition aux risques)[1]. Dans la mesure où est vulnérable celui qui peut être blessé, singulièrement, un Etat « blessé » et celui qui peut être soumis à l'élaboration des normes juridiques internationales par les acteurs transnationaux dans l'hypothèse qu'ils seraient sujets de droit[2]. En cela, la soumission peut être vécue comme une blessure, ce qui pose la question de l'égalité qui n'existe pas en fait, puisqu'en tant qu'entités publiques, les Etats ne sont pas conçus pour appréhender les intérêts subjectifs des entreprises transnationales dans les nouvelles normes qu'ils induisent. L'égalité est donc toujours relative à des situations qui peuvent réduire la vulnérabilité ou l'accentuer. Or, l'approche relationnelle qui met forcément l'accent sur la réduction de l'inégalité dans le processus d'élaboration de la norme juridique internationale sert à rendre l'Etat moins vulnérable grâce à la construction d'une catégorie intermédiaire qui privilégie le couple Etat/entreprises transnationales, au lieu d'avoir deux pôles distincts ou c'est finalement l'entreprise transnationale qui revendique son propre rôle normatif. Ainsi, l'accent mis sur la dimension relationnelle du droit oblige à une sorte de conversion de l'ordre international qui ne repose plus sur l'autorité de l'Etat à qui il serait laissé la discrétion de ne pas se confronter à des formes particulières de vulnérabilité, autrement dit qui serait vécu comme un handicap dans le champ de l'ordre juridique international. Le droit relationnel renverrait à un tiers de référence : « le facilitateur » en tant que celui-ci est l'apanage du sujet de droit international qu'est l'Etat. En effet, contextualisé dans une situation normative et une temporalité précise, le « facilitateur » est apte à faire évoluer l'ordre juridique international subjectif vers un ordre social objectif.

314. Par définition, le rapport de droit n'est pas le rapport de force et il implique de renoncer au pouvoir en tant que propriété mais peut tout à fait conduire à un investissement politique reposant sur le dialogue[3]. Le dialogue serait le point de départ d'un système relationnel issu du paradigme de la confiance. La confiance se définit comme un pari sur

[1] B. EYRAUD, P. VIDAL-NAQUET, « La vulnérabilité saisie par le droit », *Revue Justice Actualités*, 2013, p. 4.

[2] J. VAN MEERBEECK, « Le cas, la relation et la confiance : la face cachée du droit moderne », *Revue juridique de la Sorbonne* 2022, n° 5, pp. 66-82.

[3] H. RUIZ FABRI, « Les catégories de sujets de droit international », *op. cit.*, p. 60.

un comportement attendu, ce qui met en évidence ces deux caractéristiques majeures : une relation à l'action et une relation au futur sous la catégorie du comportement attendu[1]. Les catégories ont un double rôle « tendanciellement contradictoire », puisqu'il s'agit de « différencier l'unité et d'intégrer la prolifération des différences »[2]. Destinée à différencier l'unité, la catégorie des comportements attendus génère des attentes normatives.

315. L'accent mis sur les attentes normatives découle de la théorie moderne du positivisme juridique présentant une version subtile de ce que peut être le droit relationnel. C'est cependant une façon de tenir compte de l'approche factuelle du droit. Aussi, prendre pour exemple le secteur spatial en considérant que les entreprises transnationales ont un rôle à jouer dans l'élaboration de certaines normes du droit international, revient à consacrer leur autonomie dans la relation normative qu'elles entretiennent avec les Etats d'après la représentation que s'en font ces derniers. De plus, la réflexion sur l'autonomie contribue également à montrer que les entreprises transnationales ne sont autonomes que parce que seul compte le « rôle à jouer » plutôt que la norme élaborée. De ce rôle à jouer se produit une logique de décantation qui ramène l'autonomie à la question des sources du droit pour passer du fait au droit. Il convient de mettre l'accent sur un processus chronologique de création normative par l'Etat qui s'inscrit dans une perspective descendante qui va de la création à la source. Donc, si pour certaines normes juridiques qui sont conçues dans le contexte du *New Space*, les Etats sont amenés à juridiciser une conduite corporative, la création de ces dernières serait liée à la présence des entreprises transnationales. La description de la perspective descendante de la relation normative ferait intervenir un tiers de référence, consacré par la figure institutionnelle des entreprises transnationales. Par conséquent, la théorie de la relation juridique présenterait un intérêt en assignant à la création de la norme une cause finale en référence à un apport institutionnel, c'est-à-dire qui cherche à mettre à la première place l'entreprise transnationale et son droit. Toutefois, lorsqu'il s'agit de s'exprimer sur un positionnement qui

---

[1] E. GAILLARD, « L'ordre juridique arbitral : réalité, utilité et spécificité », *Revue de droit de McGill* 2010, vol. 55, n° 4, pp. 892-907.

[2] C. VELEANU, « Le Dit et le Non-Dit dans le langage juridique » dans *Le Dit et le Non-Dit, Langage (s) et Traduction*, sous la direction de S. BERBINSKI, Peter Lang Edition 2016, pp. 225-251.

renvoie à une approche institutionnelle, c'est pour mieux faire ressortir sa valeur. Ici, la relation normative qui est valorisée sous l'angle d'un ordre international, est précisément celle qui fait de la dimension institutionnelle le fondement de la prévisibilité absolue.

316. S'il est vrai qu'« être c'est être perçu », on peut dire que l'ordre juridique arbitral existe parce qu'il est perçu de manière souvent intuitive par des arbitres[1]. L'essentiel est de comprendre que l'on fait appel ici à la notion de perception parce qu'il n'est pas question d'aborder la logique d'ordre simplement par la fonction de trancher les litiges entre un Etat et une société transnationale. Certes, c'est sur cette base logique que la juridicité de l'ordre peut se comprendre. Si en un mot la juridicité de l'ordre découle de la sentence que prévoit la convention d'arbitrage entre un Etat et une entreprise transnationale, l'exercice pratique de la juridicité est perçu par ce qu'il existe des rapports de droit qui font intervenir l'arbitre. Le rapport juridique se pense davantage sur le mode de la « raison pure » et l'arbitre devient nécessaire en sa qualité de tiers de référence.

317. En sa qualité de tiers de référence, l'ordre juridique arbitral confère à l'arbitre une réelle autonomie. L'autonomisation de la sentence arbitrale est porteuse d'effets juridiques. La sentence rendue en temps qu'énonciation de l'autorité de l'arbitre ne porte pas tant sur la figure de ce dernier, mais sur la raison de l'arbitrage qui fait référence à la conception normative d'une forme d'organisation dans le secteur spatial commercial qui serait la source du droit. Le raisonnement juridique devient plus subjectif car la variante de la raison ne s'intéresse pas au rapport juridique de cause à effet qui apparaît comme un ordre logique entre la relation commerciale internationale, la convention d'arbitrage et la sentence arbitrale qui procède au règlement de litige. La variante de la raison renvoie à quelque chose d'implicite qui tient à l'impartialité de l'arbitre. Dire que l'arbitre est impartial est truisme, néanmoins, l'impartialité de l'arbitre participe à en faire un tiers de référence qui servirait à instaurer la confiance entre les opérateurs du commerce international dès le stade de la création de la relation juridique, donc des attentes formées par ceux-ci sur la base du droit existant.

---

[1] G. BOURGEAULT, « L'éthique et le droit aujourd'hui : quand les fondations sont ébranlées », *Les Cahiers de Droit* 1993, vol. 34, n° 2, pp. 517-547.

318. Sous l'angle de la relation juridique entre les opérateurs du commerce international, la confiance correspond dans une certaine mesure, à la notion de contrat « implicite ». Un contrat peut être exprès, tacite ou implicite. Il ne faut pas confondre tacite et implicite ; est tacite ce qu'on peut déduire d'un comportement, d'un fait ; l'implicite englobe en plus ce qui peut découler de la loi ou de la raison[1]. Le contrat implicite est celui dans lequel n'est digne d'intérêt que l'instant où la relation juridique prévoit l'intervention d'un tiers de référence pour en faire la base d'une théorie d'ensemble qui porte sur l'éthique.

Le mot « éthique » désigne ce qui, échappant aux systèmes et aux codes tout en y inscrivant en partie les résultats de ses démarches, oriente néanmoins par ses questions et ses propositions, plus que par l'imposition de règles précises, les conduites[2]. L'éthique déploie de nouveaux horizons qui tiennent à l'extension, à l'ère du *New Space*, de la puissance des entreprises transnationales, révélée par l'importance des flux transnationaux dans le commerce international. L'application de cette notion assigne à l'Etat un rôle supplémentaire en en faisant le principal responsable de l'anticipation des litiges potentiels propres aux transactions internationales. Un recours prudent à un type de comportement étatique est une manière d'encadrer tout en précisant à l'avance, certes de façon implicite, les règles de conduite attendues des Etats. Un recours à la prudence privilégie surtout un droit substantiel dont l'arbitre international devient l'expression, l'idée étant que si l'on peut faire l'économie du règlement d'un litige, l'objectif d'une justice restaurative n'en est pas moins atteint. Dès lors, l'arbitre devient le troisième intervenant d'une relation juridique qui s'appuie sur une conduite codifiée. En bref, une situation susceptible d'inscrire la relation juridique entre opérateurs du commerce international au sein de la philosophie même du développement d'un nouvel ordre international.

---

[1] X. PASCO, « Faire converger Spatial et Numérique : quels enseignements pour la constellation satellitaire européenne », *op. cit.*, p. 21.

[2] G. BLOUIN GENEST, Y. PALAU, P. VERCAUTEREN, « Conclusions » Port souveraineté ? Souveraineté et innovations politiques dans *Dynamique de la souveraineté - Communauté et organisations politiques face à la souveraineté*, sous la direction de G. BLOUIN GENEST, Y. PALAU, P. VERCAUTEREN, EMS Edition 2022, pp. 230-234.

Conclusion de la section

319. Le phénomène du *New Space* participerait à mettre en évidence le rôle des entreprises transnationales dans l'élaboration de certaines normes internationales. A cet égard, par leur capacité à être les auteurs des normes juridiques informulées, autrement dit, par leur intervention dans la phase de création de la norme juridique par les Etats, la valeur des normes informulées est propice à une étude du droit en contexte. Cela emporte bien des conséquences, car le débat central qui accompagne à la fois une typologie de normes et l'application de cette typologie normative en droit comme produit institutionnel représenterait la dynamique où seule compte l'extension de la catégorie de sujet de droit. Il semble inadmissible de prétendre que les entreprises transnationales puissent bénéficier du privilège d'être sujet de droit, d'autant plus quand on se réfère à l'ordre juridique international qui consacre le monopole d'accorder ce privilège à l'Etat. Par ailleurs, la dimension relationnelle du droit procède de l'interdépendance. La notion d'interdépendance est mise en évidence sous forme notamment d'un droit dit objectif pour dégager une théorie de l'institution[1]. Cette théorie qui permet de voir un nouveau paradigme en droit, place les relations juridiques instituées entre Etats et entreprises transnationales sous l'égide d'un tiers de référence, le concept de tiers de référence n'est pas la simple forme symbolique du rapport de droit entre entités différentes mais ce qui la constitue.

Conclusion du second chapitre

320. Le phénomène du *New Space* est propice à l'arrivée de sociétés transnationales sur la scène spatiale internationale. La transnationalité qui signifie à travers les Etats, nous invite à évaluer la place que les entreprises transnationales occupent dans un réseau de relation avec les Etats. En effet, si la transnationalité mobilise un espace normatif, à aucun moment cet espace ne peut se concevoir sans référence à l'Etat, la transnationalité n'est pas une forme traduisant la mise à l'écart de l'Etat sur la scène spatiale internationale. Cela signifie que l'importance des flux transnationaux ne peut être considérée comme « neutre ». Il en est ainsi parce que la transnationalité dans le secteur spatial s'accompagne de situations d'extraversion.

---

[1] E. JEULAND, « L'école relationniste du droit : la nouaison ? », *op. cit.*, p. 373.

321. Ces situations ont permis de réfléchir d'une façon plus générale sur la modification des relations existantes entre acteurs étatiques et non étatiques (entreprises transnationales) formant une communauté. La logique communautaire débouche sur un processus normatif reconnaissable, dès lors qu'elle génère une normativité informulée qui procure auxdites entreprises un champ d'action riche en possibilité de création de normes. Ce champ d'action tient plus au rôle des entreprises dans l'élaboration des normes, qu'aux normes élaborées, étant entendu que le « rôle » qui se mesure au degré d'importance ou d'influence des entreprises transnationales reste le premier stade d'un *continuum* normatif, d'où l'idée d'un positivisme institutionnel. Le positivisme institutionnel plaide pour remettre les intérêts commerciaux des entreprises transnationales au centre des préoccupations normatives des Etats. Abordé sur un plan conceptuel, le positivisme institutionnel amène nécessairement l'Etat à se soucier des conséquences de ses actions dans la relation juridique qu'il va entretenir avec les entreprises transnationales concernant le règlement des litiges commerciaux. Il serait au centre d'un système de droit qui fait intervenir les règles de l'arbitrage commercial.

322. Selon la doctrine la plus classique, un système de droit complet repose sur deux types de règles. Il doit exister en premier lieu des règles primaires qui édictent des conduites entre les individus, ce sont des règles d'obligation entre des sujets de droit et il doit exister en second lieu des règles dites secondaires qui comprennent l'organisation de la section en cas de non-respect[1]. La dimension liée à la sanction demeure une pure dimension d'autorité entre les pôles d'une relation juridique, témoignant de l'existence d'un ordre international.

Conclusion du second titre

323. L'ère du *New Space* est porteuse de nombreux enjeux. D'abord, des enjeux commerciaux liés aux nombreuses potentialités qu'offre l'exploitation de l'espace extra-atmosphérique. Le positionnement de constellations satellitaires au service d'activités terrestres rentables, l'atteste. En réalité, l'offre commerciale et le mode industriel nouveau ont trouvé un écho particulier notamment aux Etats-Unis, démocratisant

[1] E. GAILLARD, *Aspects juridiques du droit de l'arbitrage international*, éd. Martinus Nijhoff, Coll Académie de Droit International de La Haye, 2008, p. 23.

encore un peu plus le secteur spatial. Cela dit, la conversion à l'égard d'un outil spatial « commercial » explique les rapports entre acteurs étatiques et non étatiques. Les premiers se servent des seconds pour mener à bien certains de leurs grands programmes institutionnels, les seconds utilisant ces programmes au service de leurs intérêts commerciaux. C'est à la fois de cette relation et des enjeux auxquels elle renvoie qu'est issu le concept de préférence nationale. C'est peut-être bien à cette conclusion que conduit l'engagement de l'Etat sur la scène spatiale internationale qui fait de la liberté économique et du régime qui l'organise la manifestation d'un droit à la différence dans les relations juridiques qu'il entretient avec les autres sujets du droit international. Cependant, ce droit à la différence peut vite aboutir à une différenciation de droits dans les relations commerciales que l'Etat va établir avec certaines entreprises étrangères. Bien opportunément, toute tentative de différenciation de droits dans le secteur spatial commercial lié aux investissements étrangers plaide pour une dissociation *de l'instrumentum* d'un AII de son *negotium*. Mais l'analyse ne serait pas complète si l'on omettait de préciser que la nationalité qui est le symbole de l'appartenance à la communauté nationale, fait aussi intervenir le concept d'efficience. Le national « efficient » peut être l'entrepreneur qui se sert d'une opportunité pour bénéficier de la relation entre le droit de la nationalité et le contexte économique.

324. Au-delà de l'optimisation commerciale de l'espace extra-atmosphérique, certaines entreprises transnationales sont susceptibles de façonner les normes juridiques internationales, d'où l'expression le « droit en contexte ». Les enjeux d'une approche du « droit en contexte » tiennent au rôle des entrepreneurs dans l'élaboration des normes internationales, plus le degré est important, plus les repères du mécanisme de création normative changent. Ce changement qui facilite l'arrivée des normes informulées fait des entrepreneurs les auteurs des normes dans une logique qui cherche à hiérarchiser les situations factuelles de droit réel. En outre, parce qu'ils en sont les auteurs, les Etats doivent leur « rendre des comptes ». Nonobstant le fait que cette expression pourrait signifier une perte de l'autorité de l'Etat, donc d'une altération de sa souveraineté, il ne faut pas prendre cette expression au premier degré, celui qui est assorti d'une sanction. A titre d'exemple, la variante conflictuelle fait place de manière quasi systématique à la coopération et invite, par voie de conséquence, à en expliciter le poids explicatif dans la légitimation des sociétés transnationales. On

comprend dès lors mieux le concept de positivisme institutionnel tant sur la dynamique juridique qui consiste à élargir le champ de représentation des sujets de droit international, qu'à envisager au sein d'un rapport de droit la présence d'un « tiers de référence ». Il est parfaitement possible d'assigner aux relations juridiques une « cause finale » dans laquelle la création de la norme n'est que la « phase intermédiaire ».

Conclusion de la première partie

325. Le droit privé des activités spatiales doit permettre de concilier deux intérêts contradictoires : l'équité et l'efficience dans la mesure où il s'agit de ne plus continuer à ignorer les phénomènes de commercialisation et de privatisation des activités spatiales[1]. En effet, le secteur spatial est entré depuis quelques années dans une période de mutation profonde, en termes d'acteurs, de gouvernance, mais aussi d'activités[2]. Désigné par le terme « *New Space* », le marché spatial est compétitif, cet aspect est pris en considération par les Etats, l'exemple qui l'illustrerait peut-être le mieux tend à l'élaboration de la politique spatiale des Etats-Unis, en particulier dans le secteur du lancement spatial. La réduction des coûts d'accès à l'espace fait intervenir *Space X*, la société d'Elon Musk.

326. Cela dit, si l'élaboration de ces politiques spatiales nationales se réalise et intervient en réponse aux enjeux économiques de l'activité spatiale contemporaine, l'ensemble normatif propre à l'internationalisation des activités spatiales est le *continuum* des législations spatiales nationales. L'idée est de développer un « microsystème » dans lequel se jouent des interdépendances entre transition et transformation à l'occasion d'actions de coopération mettant en jeu des modes de relation entre acteurs étatiques et non étatiques. Cependant, ces actions de coopération qui président à la relation institutionnelle constituent autant d'exemples juridiques standards en référence d'abord aux pratiques qui ont cours dans le champ coopératif propre. On pense notamment au commerce

[1] O. DONGAR, *L'évolution de la finalité des activités spatiales - Un défi pour le droit de l'espace*, Pedone 2020, p. 260.

[2] L. SUCHET, « Avant-propos » dans *L'espace extra-atmosphérique et le droit international*, SFDI, Colloque de Toulouse, Pedone 2021, pp. 7-9.

international et aux enjeux qui l'accompagnent. De même, la globalisation et les crises financières à répétition [...] ont réduit la capacité des Etats à affronter les défis liés à la présence des grandes entreprises commerciales et financières[1]. Cette réalité offre une autre vision des entreprises multinationales. Une remise en cause des repères habituels et des fondements dans une expérience relationnelle du droit sert à dégager une théorie de l'institution. Si cette théorie constitue la mesure de l'efficacité prônée par la nouvelle économie qu'induit l'arrivée des entreprises dans le secteur spatial commercial, le versant institutionnel de la relation juridique permet de référencer une structure. Cette dernière donne une ampleur nouvelle au phénomène du *New Space*.

---

[1] J.-M. RODRIGUEZ OLMOS, « Etica del contrato y contratos de duración para la existencia de la persona », una entrevista al profesor Andrea Nicolussi, *Rev Derecho Privado* 2022, n° 42, pp. 361-376 (notre traduction).

DEUXIÈME PARTIE
L'ÉVOLUTION DES CONDITIONS D'ENGAGEMENT DE LA RESPONSABILITÉ INTERNATIONALE À L'ÈRE DU *NEW SPACE* OU LA RECHERCHE DE NOUVEAUX ÉQUILIBRES AVEC LES SITUATIONS FACTUELLES INÉDITES

327. Depuis quelques années, l'espace est devenu accessible à la grande majorité des Etats par la mise au point de petits satellites moins complexes et à la baisse des coûts de lancement[1]. Il s'agit là d'un phénomène de démocratisation de l'activité spatiale qui est un aspect du *New Space*. Le *New Space*, c'est également le développement de nouvelles activités, autres que les activités classiques, telles les télécommunications, le positionnement par satellite, ou l'observation de la Terre et de l'espace ; il inclut notamment l'accès à l'espace, y compris dans les zones suborbitales à des fins touristiques ou du transport ou encore des services en orbite, incluant le nettoyage en orbite[2]. Ces nouvelles activités révèlent la présence d'autres acteurs spatiaux, les organisations régionales, comme l'UE, qui interviennent sur la scène spatiale par l'intermédiaire de programmes institutionnels d'envergure, mais aussi les acteurs privés. L'implication du privé dans le spatial confirme que l'exploitation de l'espace est un enjeu de compétitivité économique, le financement par les Etats des programmes spatiaux publics ferait face au partenariat avec des entreprises privées. L'explosion du trafic spatial ainsi générée aurait des conséquences sur le plan juridique et la notion de risque de dommages et globalement l'accroissement de nouveaux litiges liés à l'intérêt pour l'espace sont l'occasion de renouveler les garanties de la légalité internationale. Ce renouvellement serait susceptible de faire intervenir la notion de satisfaction.

---

[1] P. ACHILLEAS, « Le New Space ou la privatisation des ambitions spatiales des Etats. Réflexion sur le droit de l'espace à l'heure de l'innovation entrepreneuriale », *op. cit,* p. 500.

[2] C. GAUBERT, « Le New Space et les services en orbite sont-ils légalement encadrés ? », consultable sur : *[https://blog.predictice.com/actualites-juridiques/cadre-legal-newspace-orbite],* consulté le 05 décembre 2023.

328. Il est fréquent, tant dans la doctrine que dans la jurisprudence, de voir l'objet de la satisfaction défini par référence aux notions de « dommage moral » et de « préjudice juridique », sachant que le dommage est une donnée de fait qu'il est possible de constater de manière objective et que le préjudice juridique consiste, quant à lui, en une atteinte à la sphère juridique de l'Etat », c'est-à-dire à ses droits[1]. Cependant, la mesure de la satisfaction en droit serait susceptible de renvoyer à la notion d'obligation. Aujourd'hui comme hier, l'obligation en droit international demeure consentie parce que fondée sur l'accord conclu entre ses sujets primaires, formellement égaux les Etats[2]. Si le rôle des Etats demeure essentiel pour faire évoluer la notion d'obligation dans la théorie de la responsabilité internationale afférente au phénomène du *New Space*, être dans l'obligation de satisfaire un droit, par exemple, celui d'obtenir la réparation d'un préjudice à la suite d'un dommage, résulte du mécanisme de la contrainte, pour conceptualiser la fonction de la responsabilité.

329. L'approche conceptuelle de la fonction de la responsabilité est de tendre vers ce qui est prescrit. La théorie prescriptive porte sur les énoncés d'une action, autrement dit, sur ce qu'il faut faire, par exemple, « L'exploitation et l'utilisation de l'espace extra-atmosphérique, y compris la Lune et les autres corps célestes, doivent se faire pour le bien et dans l'intérêt de tous les pays... »[3]. Il apparaîtrait que ce n'est pas tant l'exigence de conformité à la norme juridique qui est importante, que ce qu'elle recèle, c'est-à-dire les droits qui seraient potentiellement impactés et qui existent en dehors de toute relation juridique entre l'auteur du dommage et les victimes intéressées. L'appréhension de l'importance qui est donnée aux droits impactés constitue un moyen permettant d'évaluer le degré de responsabilité que l'auteur du dommage doit ou ne doit pas assumer. Du terrain de la responsabilité on passe à celui de la réparation car il est aussi nécessaire de montrer le *continuum* qui existe entre la responsabilité et la réparation d'un préjudice qui se comprend en raison d'un intérêt légitime protégé (Titre I). En outre, la responsabilité politique première des Etats qui ont une

---

[1] C. BARTHE-GAY, « Réflexions sur la satisfaction en droit international », *op.cit.*, pp. 105-106.

[2] P.-M. DUPUY, « L'obligation en droit international », *Arch. phil. droit* 2000, n° 44, p. 217.

[3] V. art. 1er §1 du Traité sur l'espace extra-atmosphérique de 1967.

activité spatiale est qu'elle doit se faire « pour le bien et dans l'intérêt de tous les pays ». C'est une manière de traiter collectivement et le plus concrètement possible les enjeux de satisfaction globale. En tout état de cause, envisager ces enjeux suppose de montrer que le droit positif contient des principes politiques qui relèvent d'une certaine idée de la justice. De là, la responsabilité peut favoriser le régime de la justice dans la fonction (Titre II).

TITRE I
L'INTÉRÊT LÉGITIME JURIDIQUEMENT PROTÉGÉ DANS LE DROIT DE LA RESPONSABILITÉ INTERNATIONALE LIÉ À L'EXERCICE DES ACTIVITÉS SPATIALES

330. En identifiant la catégorie d'intérêt légitime et en s'efforçant de lui reconnaître des effets juridiques spécifiques, on s'attache à une prétention bénéficiant d'une manière de reconnaissance normative : aussi bien l'intérêt est-il dit légitime[1]. L'exigence de légitimité renvoie à la responsabilité *ex ante* découlant de la conformité aux normes juridiques. Précisément, la formule impérative de l'article premier paragraphe 1 du Traité sur l'espace de 1967 n'a de sens qu'à travers la notion de responsabilité de l'Etat[2]. En réalité, en droit de l'espace, l'examen de la question de la responsabilité peut révéler des traductions contentieuses de l'irresponsabilité factuelle[3], voir fonctionnelle[4] de l'auteur du dommage. C'est à ce niveau que l'intérêt légitime juridiquement protégé peut intervenir parce qu'il permet de poser des

---

[1] P. GERARD, « Avant-propos » dans *Droit et intérêt - vol. 1 : Approche interdisciplinaire* sous la direction de P. GERARD, F. OST, M. VAN de KERCHOVE, Presses universitaires Saint-Louis 1990, pp. 7-24.

[2] L'art 6 du Traité sur l'espace extra-atmosphérique dispose : « Les Etats parties au Traité ont la responsabilité internationale des activités nationales dans l'espace extra-atmosphérique, y compris la Lune et les autres corps célestes, qu'elles soient entreprises par des organismes gouvernementaux ou par des entités non gouvernementales... ».

[3] L'irresponsabilité factuelle est liée au mécanisme d'imputation quand il n'est pas possible de faire le lien entre l'identité du responsable et l'identité de l'auteur, notamment si le dommage est causé par la collision avec un débris spatial non identifié.

[4] Le régime du fait de la fonction se distingue de celui du fait de la personne. Notons que le fait de la fonction est susceptible de provoquer l'irresponsabilité de l'agent selon deux modalités différentes. Dans une première hypothèse, la victime se verra opposer le fait que seule la responsabilité de l'Etat du fait de son agent est susceptible d'être engagée, ce qui conduit à rendre ce dernier responsable. Dans une seconde hypothèse, l'agent bénéficiant d'une immunité attachée à ses fonctions, pourra l'opposer à la victime qui recherche sa responsabilité : Voir N. THIEBAUT « Le fait de la fonction dans le droit public de la responsabilité », *Les annales de droit* 2019, n° 13, pp. 216-256.

règles primaires d'obligation mieux à même de saisir la fonction du droit de la responsabilité internationale dans le secteur spatial quand on l'envisage dans sa fonction réparatrice qui intervient *a posteriori*. Ces règles primaires d'obligation apparaissent d'abord en termes de structuration des relations que promeut le principe fondamental de liberté d'utilisation et d'exploration de l'espace extra-atmosphérique et des corps célestes (Chapitre I), ensuite en termes d'interdiction des pratiques déstabilisatrices conformément à certains principes du droit international public (Chapitre II).

CHAPITRE I
LA STRUCTURATION DES RELATIONS ENTRE LES DIFFÉRENTS ACTEURS DE LA SCÈNE SPATIALE EN CONSIDÉRATION DU DROIT DE LA RESPONSABILITÉ RÉPARATRICE

331. La responsabilité réparatrice désigne l'ensemble des techniques juridiques permettant la réparation d'un préjudice par nature ou pas équivalent de dommage. Il est certain qu'elle permet d'offrir une meilleure protection aux intérêts légitimes de l'intéressé parce qu'ils ne sont pas neutres sur le plan axiologique. Ainsi, l'action en réparation qui serait issue d'un processus de mise en œuvre de la responsabilité de l'auteur du dommage n'est pas neutre parce qu'elle s'appuie sur la notion d'intérêt lésé en droit. En effet, l'accent mis sur un rapport d'influence droit substantiel/droit processuel présenterait au sein de chacun des litiges afférents à l'exercice des activités spatiales une exigence relative à la recherche de garanties. Cela dit, le fait de se situer sur le terrain des garanties liées au droit processuel, est guidé par la recherche de certaines finalités.

332. Tout d'abord, elles semblent faire référence à l'objet du droit de la responsabilité qui combine le mécanisme de la réparation à la représentation d'un écosystème juridique. Dans le secteur spatial, le recours au concept d'écosystème juridique aurait pour principal objectif d'intégrer la sphère juridique à la nouvelle ère représentée par le phénomène du *New Space* et d'optimiser les synergies entre ces deux univers. La recherche de synergies renvoie à la théorie relationnelle du droit qui va s'exercer à partir d'un rapport de droit personnel. Ce dernier relèverait d'une forme de construction et partant de sélection d'un espace de rationalité sociale qui se construit de manière singulière, suffisamment pour susciter des interrogations juridiques quant à sa nature même. L'ontologie proposée ici a pour but de lui donner une substance propre (Section 1). Cela dit, le rapport de droit personnel constitue effectivement la mesure de la reconnaissance du droit substantiel. Il faut relever à juste titre que la notion de réparation permet d'affirmer, de manière concrète, que l'essentiel réside dans la réalisation du droit. Le droit qui se réalise est celui qui aboutit à protéger

l'environnement dans l'espace des externalités négatives de l'activité spatiale. La protection est objectivée car elle sert à instrumentaliser le droit de la réparation (Section II).

Section I - De l'ontologie du droit applicable à l'espace de rationalité sociale

333. L'exploitation des propriétés immatérielles de l'espace interstellaire et matérielles des corps célestes à l'ère du *New Space* s'appuie sur des actions qui la rende possible fixant un cadre juridique qui produit les résultats escomptés à partir d'une organisation sociale dans laquelle apparaissent les Etats et certaines grandes entreprises et secteurs privés spécialisés. Cet aspect de l'organisation sociale qui constitue une ressource productive pour tous les acteurs correspond à un espace de rationalité qui impose des contraintes spécifiques dont le champ est celui du droit.

334. Le statut ontologique du droit porte sur la nature et l'objet du droit. Les arguments ontologiques sont relatifs à la construction la plus plausible d'un ensemble d'objets et aux intérêts de la plausibilité invoquée, des arguments « théoriques » développant les conséquences de l'ontologie proposée et les arguments « matériels » ou « scientifiques » concernant les problèmes internes à un domaine déterminé[1]. Cependant, dans un espace de rationalité sociale considérée, afférent aux activités spatiales, le passage de l'ontologie au droit renvoie à l'idée de transition et suppose de se pencher sur les propriétés constitutives de cet espace. On entend par « propriétés constitutives », l'ensemble des garanties qui vont précisément rendre cet espace rationnel, sachant qu'il ne peut l'être que dans son rapport à la réparation d'un préjudice. Sur le registre de la réparation, on trouve la nécessité d'aménager conventionnellement les rapports sociaux de telle sorte qu'ils aient de la valeur juridique. La valeur juridique confond volontairement identification du droit et légitimité du droit, elle invite à une approche évaluative de la juridicité[2]. L'approche évaluative sert à

---

[1] O. PFERSMANN, « Arguments ontologiques et argumentation juridique », dans *Raisonnement juridique et interprétation* sous la direction de O. PFERSMANN, G. TIMSIT, éd. de la Sorbonne 2001, pp. 11-34.

[2] B. BARRAUD, *Qu'est-ce que le droit ? Théorie syncrétique et échelle de juridicité,* L'Harmattan Coll Le Droit d'aujourd'hui, 2017, p. 53.

constater que les rapports sociaux qui sont au fondement du droit de la réparation et qui sont perçus comme un réceptacle de connaissances rationnelles, ne sont pas discriminatoires, la non-discrimination présente la garantie de tout ce qui peut être réparable. Pour cela, il faut s'appuyer sur les acteurs de la réparation pour que leur comportement ait une valeur déontique. Il ne peut l'être qu'en présentant les supports à partir desquels l'action de réparer trouve sa place. Il suffit pour cela de partir des actions observables découlant de l'augmentation du trafic spatial (§1) et de la généralisation des zones de sécurité autour des installations spatiales (§2).

§1 – Les supports juridiques de la réparation face aux effets négatifs du trafic spatial

335. Le *New Space* se manifeste à travers l'augmentation du trafic spatial. En l'absence d'un cadre réglementaire international pour parvenir à une utilisation sécurisée de l'espace, l'UE intervient en matière de gestion du trafic spatial qu'elle définit « comme les moyens et les règles permettant d'accéder à l'espace extra atmosphérique, d'y mener des activités et d'en revenir de manière sûre, viable et sécurisée »[1]. La gestion du trafic spatial a trait à la réduction des débris spatiaux qui sont liés à la mission libérés intentionnellement par le lancement, les débris liés à la mission libérés intentionnellement par les étages orbitaux des lanceurs et les engins spatiaux et débris produits par la rupture accidentelle ou intentionnelle d'objets spatiaux[2]. La collision avec les débris spatiaux est du ressort des risques spatiaux. Dans ce domaine, le marché de l'assurance propose principalement deux types de garantie, d'une part les assurances de dommages aux biens spatiaux et d'autre part les assurances de responsabilité civile du fait des engins spatiaux[3].

336. La Convention sur la responsabilité internationale pour les dommages causés par les objets spatiaux, précise que les Etats parties à

---

[1] Communication conjointe au Parlement européen et au Conseil, « *Une approche de l'UE en matière de gestion du trafic spatial. Une contribution de l'UE pour faire face à un défi mondial* », 15 février 2022, JOIN (2022) 4 final, pt 2.1.

[2] P. MARTINEZ, « The role of soft law in promoting the sustainability and security of space activities », JSL 2020, vol 42, n° 2, pp. 522-564 (notre traduction).

[3] C. GAUBERT, « Gestion et partage des risques dans les projets d'exploitation des ressources planétaires », *RFDAS* 2020, vol 293, p. 34.

la présente Convention « Reconnaissant la nécessité d'élaborer des règles et procédures internationales efficaces relatives à la responsabilité pour les dommages causés par des objets spatiaux et d'assurer, en particulier, le prompt versement, aux termes de la présente Convention, d'une indemnisation totale et équitable aux victimes de ces dommages »[1]. Avec une interprétation large, cette disposition pourrait inciter les Etats à faire évoluer le dispositif assurantiel pour que les dommages causés par les débris spatiaux, résultant des activités d'exploitation ne conduisent pas à une discrimination des risques, opposant les risques non assurables aux risques assurables, susceptibles d'être garantis. La nécessité de garantir le risque de sinistre, donc nécessairement d'éviter de discriminer les risques dans le secteur de l'assurance spatiale, fait intervenir la notion de *liability*. Cette notion renvoie à la survenance d'un dommage qui donne lieu à une indemnisation ou à une réparation[2]. La *liability* se concentre sur le dommage existant précisément celui qui met en évidence la nécessité qu'il y a d'appréhender les enjeux de la réparation dans la conduite des activités spatiales (A). Dans ce domaine, il faut chercher à appréhender les causes de l'apparition de la pollution du milieu spatial. Les liens entre leur manquement de l'Etat d'une part, entre le dommage et un autre sujet du droit international d'autre part, sont dilués[3]. Cela dit, le principe de précaution est un principe fondamental qui est évocable pour saisir un contexte, il serait susceptible de s'organiser autour du concept d'ensemble (B).

A – L'approche pluridimensionnelle de la notion de liability dans la conduite des activités spatiales

337. On prétend que l'assurance a considérablement aidé les secteurs des applications spatiales à se développer car elle couvre les risques que les entreprises spatiales ne sont pas à même de réduire ou d'éliminer par d'autres moyens. La mise en place d'une couverture d'assurance efficace est une condition préalable à de nombreux projets financiers, en fait, elle est perçue comme un facteur de stabilisation pour une activité

---

[1] V. le §4 du Préambule de la Convention sur la responsabilité de 1972.

[2] M. MEJIA, S. KAISER, « Responsabilidad internacional : Un término, dos conceptos, una confusión », *AMDI*, 2004, vol IV, p. 417 (notre traduction).

[3] M. FORTEAU, A. MIRON, A. PELLET, *Droit international public*, *op. cit.*, p. 1774.

commerciale risquée[1]. Il est certain que les assureurs ne se contentent pas d'être de simples distributeurs de moyens financiers et s'efforcent d'aller plus loin dans leur rôle social[2]. S'il s'agit précisément d'affirmer leur rôle social qui est de prendre en charge les conséquences des sinistres[3], cette prise en charge se retrouve dans la notion de *liability*. L'assurance spatiale en tant que mécanisme permettant d'assurer la responsabilité *(liability)* a vu le jour en 1965 pour couvrir la responsabilité civile et les dommages causés aux satellites[4]. Généralement, en droit international, la responsabilité apparaît dans le contexte d'activités ultra-dangereuses mais qui ne sont pas en soi illégales[5]. Le débat sur ces activités est nécessairement lié aux risques de collisions qui tiennent à la création et à la prévalence croissante des débris spatiaux. Ce débat soulève des enjeux environnementaux importants, l'évaluation des risques qu'ils comportent doit être prise en compte dans le processus de décision de l'assureur. A cet égard, l'intégration des critères environnementaux, sociaux et de gouvernance (ESG) rentre dans ce processus de décision.

338. Dans le paysage en constante évolution des affaires, l'acronyme ESG est présent. Les critères ESG permettent de garantir la prise en compte du développement durable et des règles éthiques au sens large dans l'activité des différents acteurs économiques[6]. Pour être précis, la prise en compte du critère environnemental s'inscrit dans le mouvement de responsabilisation de l'assuré, dans le secteur spatial, ce mouvement de responsabilisation permettra à l'assureur d'apprécier si le constructeur de l'engin spatial a utilisé les bonnes pratiques pour réduire le risque de défectuosité d'un produit qui serait la cause d'un dommage. En vérité, le rôle de l'assureur ne consistera pas uniquement à

[1] K. MALINOWSKA, « Insurance of Risks in Space Activities », *Prawo Asekuracyjne*, 2016, vol. 4, n° 89, pp. 31-49 (notre traduction).

[2] J. YEATMAN, *Manuel International de l'Assurance*, Economie 2000, p. 11.

[3] J. YEATMAN, *ibid*, p. 41.

[4] B.-B. SANDEEPA, « Space Liability Insurance: Concerns and Way Forward », *AJL*, 2020, vol. 6, n° 1, pp. 37-50 (notre traduction).

[5] J.-A. DENNERLEY, « State liability for space object collisions the proper interpretation of "fault" » for the Purposes of International *EJIL*, 2018, vol. 29, n° 1, p. 287 (notre traduction).

[6] Il s'agit d'internaliser les externalités environnementales, voir : D.-C. ESTY, « Maîtriser le labyrinthe de la durabilité : Vers un nouveau fondement pour l'économie de marché », RED 2022, vol. 1, n° 4, p. 138.

« obtenir » l'intégration du critère environnemental dans la gestion de l'activité de l'assuré, il servira surtout à rappeler le droit positif en matière de protection « élevée » de l'environnement spatial. Une protection « élevée » est porteuse de signification et permet de rappeler que cet objectif figure dans le droit de l'environnement terrestre.

339. La consécration de la recherche d'un niveau de protection élevé dans le droit primaire de l'Union apparaît comme la seule logique de ce processus en faveur des considérations environnementales[1]. L'article 3 paragraphe 3 du TUE dispose que « L'un des objectifs de l'Union est de garantir un niveau élevé de protection et d'amélioration de la qualité de l'environnement ». Cet objectif de l'UE est également présent dans le droit dérivé, il figure dans la directive 2001/42/CE du Parlement européen et du Conseil du 27 juin 2001 relative à l'évaluation de certains plans et programmes sur l'environnement[2]. En droit international public, la Déclaration de Rio sur l'environnement et le développement qui a été adopté en 1992 souligne l'enjeu de la préoccupation de la communauté internationale, car il s'agit de concilier « développement et environnement »[3]. Ainsi, la gestion environnementale est susceptible de transcender les distinctions du droit public et du droit privé quand l'assureur va appliquer dans le secteur des activités spatiales le critère environnemental de l'ESG. Si cela signifie que les assureurs ne peuvent plus exercer leur mission sans connaître et appréhender la problématique liée à la pollution orbitale, dire qu'il existe en la matière un « droit privé de l'environnement »[4] ne relève pas de la gageure, étant entendu que l'ESG contribue à réduire la *summa divisio* qui contribue à une séparation du droit public et du droit privé.

---

[1] L. PEYEN, « Y a-t-il une identité environnementale de l'Union européenne ? », *RGD* 2021, pp. 1-31.

[2] *Directive n° 2001/42/CE du Parlement européen et du Conseil* du 27 juin 2001 relative à l'évaluation des incidences de certains plans et programmes sur l'environnement, JO L 197 du 21 juin 2001, p. 30.

[3] Le principe 3 énonce que « Le droit au développement doit être réalisé de façon à satisfaire équitablement les besoins relatifs au développement et à l'environnement des générations présentes et futures ».

[4] Voir la partie 2.1 « Privatiser l'environnement ? » du chapitre 2 de l'ouvrage de Corinne GENDRON, *Vous avez dit développement durable*, éd. Presses Polytechnique de Montréal 2007, p. 12.

340. Il convient en effet, de préciser que « le droit de l'environnement ne peut être limité à une dimension du droit et n'a que faire des cloisonnements disciplinaires d'une autre époque », « droit carrefour », il se trouve au carrefour du droit interne et du droit international, mais aussi au carrefour du droit privé et du droit public[1]. Dans le droit de l'environnement, il existe des règles qui régissent les rapports entre particuliers (par exemple des contraintes environnementales inscrites dans des rapports de droit privé) ainsi que des règles qui régissent les deux types de rapports, on pense en particulier aux principes généraux du droit de l'environnement, comme le principe de responsabilité, dont le caractère horizontal n'est plus à démontrer[2]. L'intérêt pour le principe de responsabilité au sens de *liability*, ouvre des possibilités en ce qu'il permet de corroborer l'idée selon laquelle le droit privé de l'environnement est susceptible de se déployer dans un contexte précis qui est celui de la pollution des orbites terrestres. A l'aune de ce contexte, le principe de responsabilité requiert de lui donner la priorité en droit public de l'environnement si l'on considère que la notion de priorité est inclusive parce qu'elle permet de saisir les processus qui sont en faveur de l'intégrité environnementale des orbites terrestres. Dans ce contexte, « l'intégrité » est dessinée par une démarche pragmatique, savoir comment dans l'utilisation de l'espace extra-atmosphérique, on cerne le domaine de l'efficience du régime de protection de l'environnement. Par ailleurs, il s'avère que la référence à l'utilisation de l'espace interstellaire est cruciale, dans la mesure où le droit de l'environnement exige que soit développé, dans le contexte de la dimension publique du droit de l'environnement, la protection des droits de l'homme.

341. S'il est vain pour ne pas dire absurde aujourd'hui de nier l'existence du droit international dit de l'homme (DIDH) comme branche spécialisée du droit international général, au point de pouvoir affirmer qu'il s'est transformé en une discipline à part entière, il est tout aussi vain et absurde de clamer sa cohérence[3]. Quoiqu'il en soit, on

---

[1] A. VAN LANG, « La doctrine environnementale doit-elle inévitablement s'inscrire dans la *summa divisio* ? », *RJE*, 2015, n° 2016, n° spécial, pp. 60-71.

[2] A. VAN LANG, *ibid*, p. 70.

[3] L. BURGORGUE LARSEN, « Le droit international des droits de l'homme existe-t-il ? », *Le droit des libertés en question (1) - Colloque des 5 ans de la* RLDF, 2017, chron. n° 8, p. 13.

trouve dans le champ du DIDH les éléments caractéristiques d'un domaine particulier, celui du Pacte international relatif aux droits économiques sociaux et culturels (PIDESC) du 16 décembre 1966. En effet, l'article 15 paragraphe 1b) dispose que « les Etats parties au présent Pacte reconnaissent à chacun le droit de bénéficier du progrès scientifique et de ses applications ». Cette dimension relative à la promotion des droits économiques permet de souligner l'aspect pluridimensionnel des externalités négatives des activités spatiales sur l'environnement orbital. L'objectif du PIDESC peut servir à régir le traitement des questions environnementales globales. Dans la mesure où l'article 15 paragraphe 1b) du PIDESC précité, autorise le passage des questions environnementales dans l'espace au respect des droits économiques à partir de ce milieu, il constituerait une norme de connectivité. C'est là que réside tout son intérêt qui peut se comprendre comme un exemple paradigmatique de la construction juridique d'une chaîne de valeur globale.

342. On associe généralement « la chaîne de valeur globale » à l'infrastructure de l'économie mondiale, elle en serait une pièce maîtresse. Elle est communément définie comme « l'ensemble, des processus et des informations associés en vue de l'approvisionnement, la détention, la circulation et la mise à disposition des produits depuis leur conception jusqu'au client final[1]. A partir des éléments susmentionnés, le concept de « chaîne de valeur globale » serait susceptible d'être saisi de la façon suivante : « une disposition normative de premier ordre, qui porte sur les droits économiques, résolument tournés vers l'encadrement des externalités négatives des activités spatiales, qui sont elles-mêmes appréhendées par l'application de critères ESG, en amont du processus de décision de l'opérateur d'assurance afin de garantir financièrement la survenance d'un sinistre causé par l'assuré ». Cette chaîne causale donne la priorité à une nouvelle compréhension de certaines clauses du contrat d'assurance, en les concevant comme des instruments de réalisation d'un droit global assurantiel, tellement important à l'heure où l'appréhension des conséquences environnementales du *New Space* fait appel à un autre type de responsabilité : la *liability*.

[1] F. KJAER, « L'idée sociologique de "connectivité" et le droit international privé. Vers une architecture constitutionnelle au-delà de l'Etat ? », *RCDIP* 2019, p. 936.

343. Le droit global comprend tout type de droit, quel que soit son origine ou son domaine d'application, qui possède, en principe, une portée effective ou simplement potentielle, illimitée[1]. Il s'ensuit que le « droit global assurantiel » pourrait prétendre à cette qualité de globalité parce qu'il se caractérise, non seulement par la fixation d'un domaine limité fonctionnellement, on pense à l'assurance d'un engin spatial, mais aussi une superposition par strates successives du droit de l'environnement dans ses deux dimensions privée et publique et du DIH. De cette globalité naît le rôle que jouent les assureurs, qui se conjugue avec l'affirmation de leur capacité à demeurer les garants de l'exercice de la *liability*, en se contraignant eux-mêmes à avoir un comportement environnemental irréprochable dans la phase de conclusion du contrat d'assurance. Ainsi, la *liability* serait dans ses conséquences, que l'on perçoit en termes de réparation d'un sinistre, l'opération d'un système d'interaction. Ainsi, en prenant la décision d'assurer un engin spatial, l'assureur régulerait son comportement en fonction de la façon dont l'assuré le perçoit. Si celui-ci le perçoit comme celui qui l'oblige à avoir un comportement environnemental responsable, compte tenu de l'inclusion des critères ESG dans la gestion de son activité, cette perception de l'assureur ne peut que renvoyer aux conditions préalables qui définissent le contrat d'assurance. Il apparaît tel un concept de fermeture qui permet aux acteurs de l'interaction : assureurs et assurés, de percevoir leur environnement au sein d'un champ du savoir structuré par le risque de sinistre. Mais, il convient de relever que cet environnement se rattache nécessairement au droit positif dont le contrat d'assurance est la source du droit de la réparation. Cette dernière permet de mieux saisir le concept de *liability* qui reposerait sur une distinction entre production du droit et connaissance du droit. Notons que le terrain de la connaissance du droit de laisse aucune marge de manœuvre, aucune liberté à l'opérateur d'assurance au sein de laquelle il leur serait possible d'agir de manière autonome en limitant les clauses de garanties de manière discriminatoire, puisque le concept de *liability* est une communication sur la problématique des débris spatiaux. Cette problématique est ainsi conceptualisée comme un fait objectif qui doit servir à déterminer la conduite rationnelle optimale à adopter dans son contexte d'application.

---

[1] F. KJAER, *ibid*, p. 92.

344. La liberté accordée aux grandes sociétés par action pour atteindre leurs objectifs est de plus en plus contestée. De ce fait, il n'est pas étonnant de constater que les législations à travers le monde souhaitent que les sociétés modifient leur comportement et prennent en considération les conséquences de leurs décisions sur l'environnement ou la communauté dans laquelle elles évoluent[1]. Dans le secteur des activités spatiales, cette communauté inclut les opérateurs d'assurance car les risques élevés liés à ses activités ont été négociés en adoptant des techniques de co-assurance et de réassurance notamment par le biais d'accords de mise en commun[2]. Cependant, quel que soit le type d'accords, l'inclusion des critères ESG dans la prise de décision d'assurer un engin spatial s'avère précieuse pour ses propriétaires, car elle dissipe l'incertitude concernant la fiabilité de l'engin. En effet, l'assureur s'engage envers le propriétaire de l'engin spatial que si le risque de dommage qu'il peut provoquer est gérable. Dès lors, le rapport contractuel reposerait sur la confiance, et c'est sur le terrain de la confiance que peut se situer le point de rencontre entre sociologie et droit des assurances. Ce point de rencontre étant que la responsabilité de l'assureur, au sens de *liability,* ne peut continuer à exister que si la relation avec l'assuré lui offre une certaine prévisibilité, même si elle ne peut être que relative, car l'application des critères ESG dans la gestion de l'activité spatiale n'est pas exempte de tout événement dommageable lié à son exercice. Ce qui est décisif, c'est la confiance de l'assureur envers l'assuré quand elle se fonde sur des informations complètes qu'il lui fournit, donc sur des mesures de protection élevées conformément au critère environnemental, à partir de là, la *liability* de l'assureur pourrait être une prémisse servant de référence dans d'autres contrats d'assurance ultérieurs dans un contexte similaire. Peut ainsi se développer une approche systémique, un système étant un arrangement de composantes dont les éléments sont liés les uns aux autres d'une certaine manière. Cependant, l'intérêt d'un système est de rejeter à sa « périphérie » les contrats d'assurance qui ne seraient pas fondés sur ce rapport de confiance et ses conséquences juridiques.

---

[1] J. BIRON, V. LAVERGNE, « Vers une plus grande responsabilité des sociétés canadiennes : le rôle des parties présentes et de la divulgation des facteurs environnementaux, sociaux et de gouvernance », *Les Cahiers de droit*, 2021, vol. 62, n° 3, pp. 795-825.

[2] B.-B. SANDEEPA, « Space Liability Insurance: Concerns and Way Forward », *op. cit.*, p. 40 (notre traduction).

345. L'humanité est à la croisée des chemins de son existence et la génération actuelle est confronté au dilemme de choisir la protection de l'environnement plutôt que la croissance économique, face à l'impact irréversible du changement climatique qui se profile, les pays tentent de trouver un équilibre entre les deux[1]. Cet équilibre se mesure désormais par le biais des rapports de durabilité, et l'intégration contractuelle des préoccupations relatives à la Responsabilité sociétale des entreprises (RSE) est particulièrement vérifiable en ce qui concerne les obligations environnementales. Elles peuvent être imposées par le législateur ou légalement autorisées, en matière de marchés publics, les pouvoirs adjudicateurs peuvent dès lors prendre en considération la politique de RSE des candidats tant en ce qui concerne les critères d'attribution, qu'en ce qui concerne les conditions d'exécution du marché[2]. Cette imbrication entre RSE d'origine privée et RSE d'origine publique semble figurer parmi les objectifs de la directive européenne *Corporate Sustainability Reporting Directive* (CSRD) qui est applicable depuis le 1er janvier 2024. Dans le texte de cette directive se trouve la distinction entre les entre les missions d'assurance limitée et les missions d'assurance raisonnable. « La conclusion d'une mission d'assurance limitée est généralement exprimée sous une forme négative par laquelle le praticien, « l'assureur » déclare n'avoir constaté aucun élément lui permettant de conclure que l'objet de l'audit est entaché d'inexactitudes significatives »[3]. Quant à la conclusion d'une mission d'assurance raisonnable, elle fait intervenir de longues procédures, y compris l'examen des contrôles internes de l'entreprise déclarante et des tests de validation »[4]. Si « la conclusion d'une mission d'assurance raisonnable est généralement formulée sous une forme positive et aboutit à un avis sur la mesure de l'objet de l'audit au regard de critères préalablement définis »[5], la question de la qualité de l'audit permet d'apprécier la pertinence des mesures d'information en matière de durabilité

---

[1] A. GUPTA, « EU State Aid Rules and the European Green Deal : Will Their Stars Align ?* » *ASL* 2023, vol. 48, n° 3, pp. 353-362 (notre traduction).

[2] O. THIBOUT, « La responsabilité sociétale des entreprises : un système normatif hybride », *RJE*, 2016, vol. 41, n° 2, pp. 215-233.

[3] *Directive (UE) n° 2022/2464 du Parlement européen et du Conseil* du 14 décembre 2022 modifiant le règlement (UE) n° 537/2014 et les directives 2004/109/CE, 2006/43/CE et 2013/34/UE en ce qui concerne la publication d'information en matière de durabilité par les entreprises, *JOUE* L 322 du 16 décembre 2022, pt. 60 §1.

[4] pt. 60 §1.

[5] pt. 60 §2.

environnementale. Cette exigence de qualité permettrait d'apprécier la défaillance de l'assureur et de concevoir la mise en œuvre de sa responsabilité, au sens de *liability*, dans la mesure où il est obligé de raisonner dans le paradigme d'un ordre juridique régi par la réparation.

346. Etant susceptible d'être transposée au sein même du rapport contractuel qui lie l'acteur économique aux assureurs dans le secteur spatial, la mission d'assurance raisonnable permettrait d'inféoder le premier aux objectifs des seconds. L'audit est un contrôle à partir duquel les assureurs prennent leur décision, mesurant ainsi leurs obligations contractuelles. Ce nouveau paradigme qui est celui de l'inféodation éclaire les impasses actuelles de la responsabilité contractuelle. En effet, au lieu d'être peuplée de sujets agissants librement sous l'égide d'une loi commune qui fixe les responsabilités de chacun, la scène juridique se peuple donc de sujets inscrits dans de multiples *liens* d'allégeance[1]. Quoi qu'il en soit, le contrôle sur lequel porte l'audit renvoie à la question suivante : Comment il faut faire ? Cette question permet de définir le mieux la *compliance*. La *compliance* désigne une procédure de normalisation, c'est-à-dire une programmation du fonctionnement de l'entreprise[2]. L'essor de la *compliance* s'inscrit en effet dans le mouvement de procéduralisation du droit, lequel « vise à atteindre le résultat attendu par la garantie d'une procédure préalable la plus efficace possible »[3]. Ce en quoi, la nature procédurale de la *compliance* rejoint la question de la standardisation du dispositif de contrôle qui précède la conclusion du contrat d'assurance. A propos de la standardisation, elle se manifeste surtout à travers les obligations légales des pouvoirs publics d'établir les critères et leurs pouvoirs corrélatifs de contrôle[4]. En matière environnementale, précisément pour garantir l'intégrité des orbites terrestres, la standardisation des dispositifs de contrôle doit être adéquate par rapport aux risques de dommages et surtout à leurs conséquences, qui ne sont pas

[1] A. SUPIOT, « Face à l'insoutenable : les ressources du droit de la responsabilité » dans *Prendre la responsabilité au sérieux*, sous la direction de A. SUPIOT, M. DELMAS-MARTY, PUF 2015, pp. 9-35.

[2] M. TIREL, « RSE, ESG, Compliance : éléments pour une distinction », *RLDA* 2023, n° 2, pp. 22-30.

[3] M. TIREL, *ibid*, p. 25.

[4] L. HE, « A propos de la RSE(E) en Chine : engin vital d'un pari périlleux ? », dans *Prendre la responsabilité au sérieux*, sous la direction de A. SUPIOT, M. DELMAS-MARTY, PUF, 2015, pp. 167-181.

qu'environnementales. Il convient alors de noter que l'obligation d'établir des standards sectoriels, notamment pour l'assurance dans le secteur spatial, traduit l'exercice d'un pouvoir de réglementation qui est généralement perçu comme un acte d'application du droit. Il s'agit en l'occurrence de celui qui tient à l'application de la RSE. Il y aurait là, la description des traits distinctifs d'un système juridique. Un système juridique contient des normes conférant des pouvoirs de prendre des déterminations applicatrices obligatoires à des institutions, c'est-à-dire à des corps centralisés qui concentrent entre leurs mains l'autorité de prendre des déterminations applicatrices obligatoires[1]. S'il s'agit en l'occurrence de traduire les informations qui méritent d'être prises en considération dans un rapport contractuel, l'analyse systémique du mécanisme de la RSE dépend des règles régissant l'intervention de l'institution financière qu'est l'assurance spatiale, ainsi que son comportement effectif. En cela, c'est l'un des effets du concept de *liability* qui gouverne les activités d'organisation tenant à la limitation de la pollution orbitale.

347. L'ISO a pour objectif de réunir les experts du monde entier pour définir les meilleures pratiques à suivre, de la fabrication des biens au processus de gestion. La définition de la RSE par la norme ISO 26000 est la suivante :
La RSE est la « responsabilité d'une organisation vis-à-vis des impacts de ses décisions et activités sur la société et sur l'environnement, se traduisant par un comportement éthique et transparent qui :
- contribue au développement durable, y compris à la santé et au bien-être de la société
- prend en compte les attentes des parties prenantes
- respecte les lois en vigueur tout en étant en cohérence avec les normes internationales de comportement
- est intégré dans l'ensemble de l'organisation et mis en œuvre dans ses relations »[2].

---

[1] J. RAZ, « La nature institutionnelle du droit », *Droit & Philosophie*, 2018, n° 92, pp. 103-121.

[2] C. KESSEDJIAN, « La responsabilité sociétale des entreprises dans le cadre de la loi applicable aux sociétés commerciales », dans *Rapports généraux du XXe congrès général de l'Académie internationale de droit comparé*, sous la direction de K. BOELE-WOELKI, R. SENEGACNIK, D-P. FERNANDEZ ARROYO, Springer, 2020, pp. 221-248.

Le troisième point mérite une attention particulière, car la mise en relation du *hard law* et du *soft law* a pour caractéristique fondamentale de concilier obligation et volontariat. Si cela consiste à faire évoluer le domaine de la pratique pour encourager les acteurs économiques à s'engager, la notion de conciliation renvoie à l'importance du droit positif dès qu'il est sous l'influence d'un droit idéologique. Le droit idéologique adopte un positionnement axiomatique marqué par la présence de certaines normes de comportement qui servent davantage à influencer l'éthique et la transparence du comportement, qu'à contrôler le comportement de l'acteur économique, dont la responsabilité serait engagée suite aux effets dommageables de ces activités dans l'espace. Pourtant, le contrôle du comportement est la première phase du processus d'appréciation des conséquences de la responsabilité au sens de *liability*. Il n'est pas improbable que la transposition des principes d'organisation de la RSE dans le secteur spatial soit fonction de l'intégration du droit dur en droit souple par la régulation. La régulation pose la question de l'adaptabilité du droit dur et repose sur une typologie normative qui peut aider à généraliser la notion de *liability* mais qui peut être également source de confusion.

B - Le concept d'ensemble en tant que moyen d'organisation du principe de précaution dans la conduite des activités spatiales.

348. L'ère du *New Space* se traduit par une augmentation du trafic spatial, cette augmentation génère un risque de collision entre les engins spatiaux ou les nombreux débris spatiaux qui encombrent les orbites terrestres et génèrent une pollution orbitale. C'est dans ce prisme sécuritaire que s'inscrit la thématique du risque. La définition du risque comme un type de rationalité étroitement associé à la dangerosité de l'activité spatiale, présente l'avantage d'indiquer clairement ce qui constitue un risque. Il s'avère qu'au sens propre du mot, le « risque » est un événement prévisible dont on peut estimer les chances qu'il a de se produire et le coût des dommages qu'il entraînera[1]. Cette éruption du risque s'est effectuée par un mouvement d'objectivation des causes de danger, qui a tendu à s'intéresser moins à l'origine du danger qu'à la situation des personnes exposées à un danger ou à la cause objective et

---

[1] D. NIGET, M. MARTIN PETITCLERC, « Introduction : Le risque comme culture de la temporalité », dans *Pour une histoire du risque - Québec, France, Belgique* sous la direction de D. NIGET, M. MARTIN PETITCLERC, éd. PUR 2019, pp. 9-39.

dépersonnalisée du danger, qu'il s'agisse de situations ou de choses[1]. L'accent sur la situation des victimes prend une dimension particulière en droit de l'espace. L'appréhension du risque par la dangerosité porte la responsabilité de chaque acteur spatial de ne pas devenir un danger potentiel pour l'autre, à l'échelle individuelle, mais aussi à l'échelle collective. Elle renvoie à la gestion du risque de dommages pour ne pas compromettre les intérêts de la communauté internationale pour bénéficier des avantages de la libre utilisation de l'espace. L'objectif majeur qui consiste à ne pas devenir un danger potentiel pour l'autre, au sens large du terme, renvoie à l'énonciation du principe de précaution au sein même de la conduite des activités spatiales.

349. De manière générale, le principe de précaution est pertinent pour la réglementation des risques. La réglementation des risques peut être comprise comme l'ensemble de la réglementation concernée par la protection de l'environnement ou de la santé humaine contre les risques liés aux activités industrielles[2]. Originaire d'Allemagne dans les années 1970 et devenu populaire dans les traités de droit international de l'environnement fin des années 1980 et début des années 1990[3], l'élément central qui caractérise le principe de précaution porte sur l'absence de certitude scientifique. La précaution porte sur des risques potentiels dont l'existence n'est pas spécifiquement démontrée, c'est là que réside sa spécificité[4]. Elle serait porteuse d'enseignement dans le contexte dans lequel s'organise le régime de liberté d'utilisation de l'espace où c'est l'Etat qui a en réalité le pouvoir de déclarer que telle activité spatiale relève d'une politique de précaution, et donc de déterminer les mesures à entreprendre à l'échelle nationale ; l'on songe ici à la phase politique de l'analyse des risques. Cette dernière renvoie à la gestion des risques, laquelle consiste à fixer le niveau de risque

---

[1] D. ROMAN, « Conjurer la dangerosité ou prévenir le risque ? », *RLDF*, 2020, chron. n° 74, consultable sur : *[https://revuedlf.com/droit-fondamentaux/conjuguer-la-dangerosite-ou-prevenir-le-risque]*, consulté le 24 mai 2024.

[2] E. FISHER « Is the Precautionary Principle Justiciable », *J. Envtl L*, 2001, n° 3, p. 317 (notre traduction).

[3] E. FISHER, *ibid*, pp. 316-317 (notre traduction).

[4] J. VERHOEVEN, « Principe de précaution Droit international et relations internationales », consultable sur : *[https://www.diplomatie.gouv.fr/IMG/pdf/FD001431.pdf]*, consulté le 02 avril 2024.

acceptable[1]. C'est ainsi que l'évaluation des risques par les Etats, compte tenu des enjeux auxquels elle renvoie, doit amener l'Etat à être « auto-performant ». Si « l'auto-performance » passe par un exercice du pouvoir articulant contrainte et liberté sur la base de l'article 9 du Traité de l'espace de 1967[2], le statut juridique de la précaution est à rechercher dans le concept d'ensemble.

350. L'ensemble s'analyse en une union de règles formant un tout. En conséquence, il serait donc possible de considérer que le principe de précaution a acquis une place centrale à partir du moment où la liberté d'utilisation s'est imposée dans le droit de l'espace. L'impact juridique du concept d'ensemble sera recherché au regard de sa capacité à fusionner l'objectif du principe de précaution à la fonction de la liberté d'utilisation, autrement dit à intégrer le principe de précaution dans le droit conventionnel, c'est-à-dire dans le droit international public de l'espace, donc de la volonté des Etats parties au Traité de l'espace qui se sont engagés à le respecter. Cet engagement se déduit des limites correspondant à l'exercice du principe de liberté d'utilisation. Précisément, c'est bien la prise en compte de ces limites qui prétendent saisir le concept d'ensemble en ce que le principe de liberté d'utilisation se représente par lui-même, non pas en fonction de son contenu, mais parce qu'il pourrait bien se définir qu'en fonction de la somme des domaines, on pense spécifiquement à l'importance du principe de précaution qui ressort de l'exercice du pouvoir des Etats, dont il se serait emparé. En toute logique, il ne peut s'en emparer qu'en saisissant l'importance du discours sur le risque. Dès lors, la question cruciale des responsabilités que la société internationale attribue aux Etats quant à la gestion des risques afférents à leurs activités spatiales respectives, doit être nécessairement prise en considération. Elle ne peut l'être que parce que l'on décide d'autonomiser juridiquement le principe de précaution.

---

[1] N. de SADELEER, « Le statut juridique du principe de précaution en droit communautaire : du slogan à la règle », *Cahiers de droit européen* 2001, n° 1, pp. 6-33.

[2] L'article 9 dispose qu'« En ce qui concerne l'exploitation et l'utilisation de l'espace extra-atmosphérique, y compris la Lune et les autres corps célestes, les Etats parties au Traité [..] poursuivront toutes leurs activités dans l'espace extra-atmosphérique, y compris la Lune et les autres corps célestes en tenant dûment compte des intérêts correspondants de tous les autres Etats parties au Traité ».

351. Au sens fort, l'autonomie signifie ce qui est régi par ses propres lois, elle s'oppose à l'hétéronomie, qui se définit comme le fait pour une personne ou une chose d'être soumise à des règles d'origine extérieure[1]. A la lumière de cette définition, un droit autonome, est une matière qui trouve en elle-même sa propre source de règles, qui ne dépend d'aucun autre droit pour déterminer le contenu et le sens de ses solutions[2]. Un droit autonome s'adapte au contexte. Dans cette lignée, la reconnaissance du principe de précaution, comme règle de droit autonome, comprendrait une dimension sécuritaire qui ferait ressortir la vulnérabilité de l'espace. Il s'agirait, par là même, d'objectiver la notion de vulnérabilité sur le plan environnemental et le cas échéant, de la saisir dans une logique d'ensemble qui ne contient plus qu'une règle : l'obligation de réparation.

352. Cette obligation se découvre au moment même où l'on conçoit que l'espace extra-atmosphérique est un milieu vulnérable. La vulnérabilité renvoie à une exposition au risque et surgit dans une relation à l'autre, car l'espace extra-atmosphérique n'est pas vulnérable du point de vue environnemental en lui-même, il est devenu vulnérable quand l'activité humaine s'y est installée surtout à l'ère du *New Space*, où elle est devenue durable. Ainsi, parce que la vulnérabilité de l'espace serait coextensive de son utilisation, la vulnérabilité n'est pas seulement un terme descriptif, l'acceptation de ce terme suppose de ne pas laisser sans réparation un dommage environnemental dans une perspective de justice. Cela signifie que la valeur de la réparation n'est pas tant déterminée par son résultat, mais parce que le droit international public de l'espace renvoie à une manière d'agir qui est obligatoire par principe. En effet, l'article 9 du Traité de l'espace précité met en lumière le rapport entre la personne physique et l'institution étatique dans la manière de garantir l'exercice des normes de précaution. Bien que ce principe ne soit nullement écrit dans ce texte, il fait partie intégrante des obligations de diligence incombant aux Etats qui « patronnent » les activités spatiales. Il faut souligner que l'aspect institutionnel de la précaution constitue un élément irréductible de cette approche. S'il

[1] J.-P. CHAZAL, « Réflexions épistémologiques sur le droit commun et les droits spéciaux dans Etudes de droit et de la communication : *liber amicorum Jean Calais-Auloy* », sous la direction de C. ALBIGES, J.-F. ARTZ, J-M. BADENAS CARPIO, Dalloz 2003, pp. 280-302.

[2] J.-P. CHAZAL, *ibid*, p. 287.

s'agit d'imputer l'activité à risque à l'Etat, sujet de droit international, en vue de faciliter l'engagement de la responsabilité et de la réparation des dommages exceptionnels, on peut défendre une approche large : dès lors que l'activité à risque est située dans la sphère de compétence de l'Etat, à raison de son territoire ou de ses nationaux, elle lui est imputable[1]. A ce niveau, l'imputabilité peut s'exprimer dans le sens de justice. Ces deux concepts forment un ensemble car ils aboutissent à une compréhension de la réparation qui participe en conséquence de la spécificité des normes de précaution, c'est-à-dire dans leur pouvoir contraignant.

353. D'emblée, il semble difficile de conférer aux normes de précaution un pouvoir contraignant. Le principe de précaution est consacré dans un très grand nombre d'actes au contenu juridique un peu flou[2]. La rédaction du quinzième principe de la déclaration du 13 juin 1992 sur l'environnement et le développement, proclame que « pour protéger l'environnement, des mesures de précaution doivent être largement appliquées par les Etats selon leur capacité… ». Par ailleurs, tandis que la lecture habilitante du principe de précaution est une expression spécifique du principe de proportionnalité, la lecture restrictive entre en conflit avec la proportionnalité[3]. Le principe de proportionnalité exige que les mesures adoptées par les institutions de l'UE ne dépassent pas les limites de ce qui est approprié et nécessaire pour atteindre les objectifs légitimes poursuivis par la législation en question[4]. Nonobstant cela, la présence d'une véritable théorie des contraintes juridiques tient à l'adhésion à une théorie réaliste de la réparation. Cette dernière se concentre sur des normes de précaution qui

---

[1] M. FRAPPIER, « Le fait générateur de la responsabilité : le risque comme alternative à l'illicite ? », consultable sur : *[https://publications.ut-capitole.fr/id/eprint/44589/1/7e%20Grandes%20Pages%20L%27Illicite%20-%20Le%20risque%20comme%20fait%20%C3%A9n%C3%A9rateur%20de%20la%20responsabilit%C3%A9%20de%20l%27Etat%20-%20Version%20%C3%A9crite.pdf]*, consulté le 10 avril 2024.

[2] N. de SADELEER, « Le statut juridique du principe de précaution en droit communautaire : du slogan à la règle », *op. cit.*, p. 19.

[3] C. SOBOTTA, « Recent applications of the precautionary principle in the jurisprudence of the CJEU - a new Yardstick in EU environmental decision making ? », *ERA Journal*, 2020, pp. 723-735 (notre traduction).

[4] C. SOBOTTA, *ibid*, p. 732 (notre traduction).

ont acquis une certaine spécificité par rapport à l'intérêt qu'elles poursuivent dans le régime d'utilisation de l'espace. En vérité, la spécificité d'une activité déterminée ne peut expliquer que la nature de la dérogation, mais elle ne suffit pas à expliquer son existence, car une chose est de savoir qu'elle est la bonne règle, une autre est de savoir si on est autorisé à écarter la règle plus générale et plus abstraite qui est *a priori* applicable[1]. Or, en prenant le cas des normes de précaution, quand on dit qu'elles sont spécifiques, on signifie qu'elles s'attachent au résultat qu'on en attend et certainement pas au regard de leur présence dans les énoncés juridiques non contraignants, mais plutôt en raison de leur interprétation qui est à son tour susceptible d'être orientée vers le but poursuivi. Ici, on est bien obligé de leur conférer une portée téléologique. C'est elle qui fait autorité et qui contribue à leur autonomie.

354. Il faut y voir le sens fort de la notion d'autonomie. L'autonomie impose qu'on déroge à une règle générale quand elle ne s'inscrit pas dans la finalité recherchée. Ainsi autonomiser le principe de précaution dans la gestion des activités spatiales à l'ère du *New Space* reviendrait à en faire une règle de droit international général, c'est-à-dire une coutume. L'intérêt pour l'approche coutumière permettrait de renforcer juridiquement le principe de précaution par l'adhésion des Etats les « plus représentatifs »[2], on pense bien entendu à ceux qui ont une activité spatiale et qui promeuvent une généralisation de la prise en charge du risque environnemental alors que ce risque est rapporté à un savoir probabilitaire. A titre d'exemple, l'avis rendu par le tribunal du droit de la mer (TIDM) le premier février 2011 (avis relatif aux activités menées dans la zone), a considéré qu' « il est approprié de souligner que l'approche de précaution fait aussi partie intégrante des obligations de diligence requise incombant aux Etats qui patronnent, laquelle est applicable même en dehors du champ d'application des Règlements relatifs aux modules et sulfures »[3]. Le terme « patronnent » responsabilise les Etats ; il convient de l'analyser sous l'angle du principe de précaution qui renvoie à la due diligence qui a été consacrée

---

[1] F. GRUA, « Les divisions du droit », *RTD Civ*, 1993, p. 65.

[2] H. SIMONIAN - GINESTE, *Fiches d'Institutions internationales*, Ellipses 2018, 4è éd., p. 77.

[3] §131.

par la CIJ comme une obligation coutumière[1]. Source du droit international public, la coutume se définit comme la manière dont le droit se représente par sa force contraignante. Cette représentation constitue une alternative qui va, par rapport à l'autre source du droit international public qu'est le traité, servir à diffuser une idéologie normative la plus large possible entre les membres de la communauté internationale. De fait, l'intérêt pour la coutume réside dans la logique d'emprunt qui permettrait de transposer les normes de précaution dans l'exploration et l'exploitation des ressources des hauts fonds marins à l'exploration et à l'exploitation de l'espace extra-atmosphérique, qui est susceptible de générer les mêmes problématiques environnementales. A l'appui de cette logique d'emprunt, les divisions par l'objet du principe de précaution ne se conçoivent pas car il n'existe qu'un seul objet, aisément compréhensible qui fait le lien entre l'intégrité des milieux et la dangerosité de certaines activités. En cela, la coutume internationale permettrait au principe de précaution de s'inscrire dans la théorie des ensembles de par sa capacité à se présenter comme un corps de règles d'application générale. Cependant, l'intérêt pour la théorie des ensembles ne s'arrête pas là car il permet de nommer « ensemble » la dynamique juridique qui tend à souligner à la fois la perspective constructiviste et évolutive de la précaution pour saisir non pas des activités humaines potentiellement dangereuse pour l'environnement dans l'espace, mais bien des comportements évaluables sur l'échelle de la dangerosité. Or, cette perspective possèderait une particularité qui pourrait être trouvée dans son origine, ce qui dans le cadre de notre propos, sous-tend une origine réparatrice pour renforcer la causalité juridique. Cela dit, cette donnée ne vaut qu'à partir du moment où l'on donne une consistance juridique à la notion de spécificité de la coutume, puisque c'est à partir d'elle qu'on construit des rassemblements.

355. Les principes de précaution et de liberté sont inextricablement liés. Il faut considérer qu'au sein même du principe de liberté d'utilisation de l'espace extra-atmosphérique, il existe un équilibre à trouver entre un niveau élevé de protection de l'environnement dans ce milieu et la liberté d'entreprise. Cette dernière est rapidement parvenue à occuper une place circonstanciée à l'ère du *New Space*, à tel point qu'il est nécessaire que chaque Etat renforce ses normes nationales de

---

[1] CIJ Affaire *des usines de pâte à papier sur le fleuve Uruguay (Argentine c. Uruguay)*, arrêt du 20 mars 2010, p. 14, §101.

précaution, notamment quant à l'évaluation des incidences de la précaution sur la fabrication des engins spatiaux afin qu'elle réponde à des normes élevées de sécurité. Ici, le champ de l'approche de précaution met en exergue la capacité à agir des Etats. Il y a lieu de rappeler que cette notion semble avoir été formulée par la Déclaration de Rio sur l'environnement et le développement de 1992, de la façon suivante : « Pour protéger l'environnement, des mesures de précaution doivent être largement appliquées par les Etats selon leurs capacités ». Ayant été identifié comme venant déterminer *a posteriori* dans quelle mesure l'approche de précaution sera applicable, la notion de capacité des Etats fait entrer un facteur subjectif dans l'appréciation du principe de précaution tenant au niveau des connaissances scientifiques et aux capacités techniques de chaque Etat[1]. En vérité, la subjectivisation des capacités se trouve finalement dans l'aptitude de l'Etat à se doter objectivement d'un cadre législatif et réglementaire. C'est une façon de fusionner l'objet de la précaution à la fonction d'un juge, car l'intervention du juge procède, entre autres, de la réaction sociale face à l'éventualité d'un manquement de l'Etat. Ainsi avancera-t-on l'idée que ce qui relie le principe de précaution au juge international, ce n'est pas tant de relever d'une juridiction spécifique que d'être soumis à un régime juridique particulier organisé autour du concept d'ensemble. La réflexion sur le concept d'ensemble amènerait à se prononcer sur le régime du fait de la fonction. En réalité, à travers le processus de décision publique, on trouve les agents de l'Etat. Il est intéressant de relever que, pour n'avoir pas suffisamment donné au principe de précaution un contenu juridique utile, la responsabilité de l'argent, compte tenu du mécanisme juridique d'imputation, serait celle de l'Etat. Dès lors, l'intérêt du concept d'ensemble est de superposer les rationalités pour constater que sous l'angle de la responsabilité fonctionnelle, le critère finaliste se focalise sur la fonction de l'agent. Cette fonction a pour finalité d'apprécier l'insuffisance des moyens de précaution à partir de laquelle l'Etat est responsable de son agent au moment où l'intervention de la justice internationale les relie.

[1] Y. KERBRAT, S. MALJEAN-DUBOIS, « Les juridictions internationales face au principe de précaution entre grande prudence et petites audaces », dans *Unity and diversity of international law - Essays in honour of Professor Pierre-Marie DUPUY* sous la direction de D. ALLAND, V. CHETAIL, O. de FROUVILLE, J.-E. VINVALES, Martinus Nijhoff, 2014, pp. 929-948.

§2 - La dualité de l'objet du contentieux issue de la généralisation des zones de sécurité des installations spatiales.

356. L'histoire du tourisme spatial a débuté en 1954, date à laquelle Thomas Cook a lancé « Enregistrement pour la Lune » qui a recueilli près d'un millier de candidatures[1]. Par simplicité, le tourisme spatial consiste à s'envoler dans l'espace et se satelliser autour de la Terre pendant plusieurs jours[2]. Le séjour en 2001 à bord de l'ISS de l'américain Dennis Tito pour un coût d'environ 20 millions de dollars, correspond à une nouvelle étape du tourisme spatial qui s'ouvre davantage au monde marchand. Aujourd'hui à l'ère du *New Space*, les courts séjours d'agrément en orbite seront appelés à se multiplier grâce à la construction d'hôtels spatiaux. L'implantation de ces structures offrira indéniablement, une opportunité économique aux Etats qui organiseront à partir de leur territoire des voyages dans l'espace. Les *spaceports* témoignent de l'intérêt pour le tourisme spatial ; cette industrie est bien implantée dans l'Etat américain du Nouveau Mexique. Cela dit, un périmètre de sécurité devra être dressé autour de ces installations pour éviter tout risque de collision. De même, construits autour de l'ambition lunaire des Etats-Unis d'Amérique, les Accords Artémis qui ont été présentés par la NASA le 13 octobre 2021, prévoient la création de « zones de sécurité » sur la Lune dans le but de permettre aux Etats de mener leurs activités sans interférence. En effet, le paragraphe 7 de la Section 11 de la Partie VII qui s'intitule « garde-fous à la militarisation et à l'exploitation des ressources » des Accords Artémis énonce qu' « Afin de mettre en œuvre leurs obligations au titre du Traité de l'espace, les signataires s'entendent pour notifier leurs activités et s'engagent à se coordonner avec tout acteur pertinent pour éviter les interférences nuisibles. La zone dans laquelle cette notification et cette coordination seront mises en œuvre pour éviter les

---

[1] M. MESSAGER, *Le tourisme spatial 1954-2020*, éd. Independently Published 2021, p. 6.
[2] R. DECOURT, « Tourisme spatial : Qu'est-ce que c'est ? », consultable sur : *[https//www.future-sciences.com/sciences/definitions/vols-habites-tourisme-spatial-19909]*, consulté le 02 avril 2024.

interférences nuisibles est appelée « zone de sécurité »[1]. Quel que soit leur positionnement géographique, ces périmètres/zones de sécurité auront surtout pour objectif de garantir la sécurité des individus qui se trouveront dans les futures installations, car le risque dommageable n'est pas exclu. En outre, il faut rappeler que le *Space Act* américain de 2015 permet aux citoyens américains de s'engager dans l'exploration et l'exploitation commerciales des ressources spatiales ; ils ne pourront le faire que parce qu'il existe des « zones de sécurité » qui entoureront les futures bases lunaires. C'est ainsi que la création de zones de sécurité au sein des orbites terrestres ou sur la Lune est susceptible d'offrir une nouvelle approche à la sécurité des individus quand on intègre le fait qu'elles ne consistent pas seulement à protéger les vies en danger, mais également à sécuriser fortement les intérêts des Etats qui ont initié le développement de certaines activités économiques. Cette approche sécuritaire qui mêle les intérêts des individus à ceux des Etats repose sur l'idée centrale que ce n'est plus l'Etat qui est au centre des préoccupations, tant qu'il remplit son rôle de protection envers ses ressortissants, mais un ensemble d'activités humaines d'exploitation des ressources spatiales immatérielles et matérielles que les Etats initient. Il convient dès lors, de changer complètement le paradigme puisque c'est la théorie de la représentation qui implique une responsabilité de protéger des Etats. Le fondement de cette responsabilité s'appuie sur l'élargissement du champ de la protection diplomatique.

357. En l'absence de mécanisme permettant aux personnes privées de faire valoir directement leurs droits sur le plan international, l'exercice de la protection diplomatique permet à l'Etat dont elles ont la nationalité, d'endosser leur réclamation quand elles ont été lésées par un fait internationalement illicite d'un autre Etat ou d'une organisation internationale[2]. Elle est soumise à deux conditions qui tiennent à la nationalité de l'Etat protecteur et à l'épuisement des recours disponibles dans l'ordre juridique interne de l'Etat estimé responsable[3]. En vérité,

---

[1] Ouest france, « La France rejoint les “Accords Artémis”, le programme de la NASA sur l'exploration de la Lune », consultable sur : *[https://www.ouest-france.fr/sciences/espace/nasa/la-france-rejoint-les-accords-artemis-le-programme-de-la-nasa-sur-l-exploration-de-la-lune]*, consulté le 01 avril 2024.

[2] M. FORTEAU, A. MIRON, A. PELLET, *Droit international public*, *op. cit.*, p. 1146.

[3] M. FORTEAU, A. MIRON, A. PELLET, *ibid*, p. 1146.

les conceptions classique et moderne de la protection diplomatique ne reconnaissent l'existence que d'une seule véritable réclamation[1]. Cela dit, la prise en considération des enjeux précis d'une situation d'insécurité donnée et son indicateur de performance qui traite de la sécurité sur un plan multidimensionnel renvoient au concept de « sécurité humaine ».

358. Malgré les références fréquentes aux indicateurs de sécurité humaine, aucun consensus n'a émergé sur la manière d'opérationnaliser le concept ou sur la norme permettant de séparer les pays les plus performants en matière de sécurité humaine des pays moins performants[2]. Par ailleurs, la mesure des menaces contre la vie humaine et la vulnérabilité humaine a jusqu'à présent été caractérisée par l'absence d'une approche mondiale spécifique de la sécurité humaine indice de sécurité[3]. Toutefois, la sécurité humaine pourrait offrir une nouvelle approche de la sécurité et du développement, fondée non sur la technologie mais sur la prise en compte des nouveaux rapports de violence, elle concerne la sécurité des individus et des communautés plus que celle des Etats, et elle combine les droits de l'homme et le développement humain[4]. Cependant, quand on fait de l'indice du développement humain le critère principal de sortie du cadre strict de la protection diplomatique, on en arrive à reconceptualiser la protection par la « déshumanisation » du concept de « sécurité humaine ».

359. La protection semble aujourd'hui relever d'un discours parfaitement banal, tant la notion est d'un emploi courant. Pourtant, dans l'action en protection diplomatique, l'Etat agit en représentation de son national incapable, mais comme dans l'action directe, les droits subjectifs internationaux du sujet interne sont adjugés dans la procédure internationale[5]. Ici, dans le cadre de l'action de l'Etat, la protection du

---

[1] S. GARIBIAN, « Vers l'émergence d'un droit individuel à la protection diplomatique ? », *AFDI* 2008, vol. 54, p. 127.

[2] A. HOMOLAR, « Human security benchmarks: Governing human wellbeing at a distance », *RIS*, 2015, vol. 41, pp. 843-863 (notre traduction).

[3] A. HOMOLAR, *ibid,* p. 853 (notre traduction).

[4] M. KALDOR, « La sécurité humaine : un concept pertinent », *Politique étrangère*, 2006, n° 4, pp. 901-902.

[5] C. SANTULLI, « Entre protection diplomatique et action directe, éléments épars du statut international des sujets internes », dans *Le sujet en droit international*, SFDI Colloque du Mans, Pedone 2005, pp. 85-98.

national doit être considérée comme une donnée existant en elle-même, parce qu'elle permet d'exprimer le rapport au droit international public. En effet, si la protection du national est une notion parfaitement opératoire de l'action en représentation de l'Etat, elle permet de s'interroger sur la vulnérabilité de la personne protégée. La vulnérabilité varie selon les situations pour apparaître comme une réalité universelle de la vie sociale. Elle se conçoit, par conséquent, en termes de relation entre l'Etat protecteur et le rôle que son national est appelé à jouer dans la phase d'exploitation commerciale de certaines zones spatiales. Cette manière principale d'appréhender cette mise en relation, qui n'a de sens que parce que cette activité commerciale s'exerce en présence de zones de sécurité autour des bases sur la Lune ou des installations dans l'espace, permet d'objectiver la dangerosité de ces structures pour la sécurité des autres activités. C'est donc une façon de « déshumaniser » le concept de sécurité humaine par l'émergence de préoccupations jugées moins humaines généralement associée à une vision inhérente à la modernité et, relative aux critères du développement humain. Car, en vérité, même si la « déshumanisation » n'est pas un terme juridique et que ces conséquences peuvent-être saisies par le droit spatial international[1], il apparaît que ce terme se rapporte aux transformations contemporaines les plus inquiétantes, il consiste à faire perdre tout caractère humain[2]. Sur le fond, la « déshumanisation » consiste à remettre en question la prédominance de la sécurité de l'humain en s'intéressant davantage à la sécurité de l'Etat qui aurait, par exemple, délivré les permis d'exploitation miniers, ou autorisé selon son droit national l'implantation de structures touristiques dans l'espace interstellaire.

360. Si l'on se demande où se trouve la sécurité de l'Etat qui va utiliser le mécanisme de la protection diplomatique comme indice clé du « développement humain », l'analyse va principalement s'intéresser à la défense des droits lésés de certains nationaux, essentiellement ceux qui assurent la sécurité de l'Etat. Assurer la sécurité de l'Etat consiste à prendre en compte ses stratégies en mettant au jour les différentes

---

[1] En partant du principe que le droit pénal international serait la réponse aux crimes extrêmes.

[2] *Dictionnaire Le Robert*, terme « déshumaniser », consultable sur : *[https://dictionnaire.lerobert.com/definition/deshumaniser]*, consulté le 03 avril 2024.

trajectoires pour qu'elles atteignent leur objectif : renforcer la capacité de certains individus qui ne font qu'ajouter un « effet de réel » aux intérêts des Etats qui ne sont définies que par des données qualitatives. La méthode retenue ferait reposer l'exercice de la protection diplomatique sur un faisceau d'interactions, car si l'indice du développement humain, comme figure de la protection diplomatique varie, il ouvre un espace de liberté pour la formation d'un modèle systémique, certes économique mais surtout identitaire. La relation entre les Etats qui favorisent l'exploitation des ressources spatiales et l'identification des individus qu'il s'agit de protéger, parce que cette activité existe, constitue un préalable utile pour redessiner les contours de l'action en protection diplomatique, pas seulement parce qu'elle donne un sens aux activités singulières, mais parce qu'elle fait l'apologie de la différence entre une action en protection diplomatique « spontanée » de l'Etat et une autre qui le serait moins. La protection diplomatique « spontanée » est conçue dès le départ comme le corollaire de la compétence personnelle de l'Etat sur sa population lorsque des éléments de celle-ci ont subi un préjudice en violation du droit international. La protection diplomatique « non spontanée » met en scène les intérêts fluctuants et temporels de l'Etat dans la société internationale. Dans la protection diplomatique « non spontanée », l'action de l'Etat protecteur pourrait être pensée comme ce moment de la technique juridique qui émerge comme idéal en fixant l'indice du développement humain comme un axe prioritaire. Il serait alors indispensable à l'analyse systémique de la protection des droits individuels lésés dans la phase d'exploitation des ressources de l'espace. Et, c'est donc là que résiderait la véritable nouveauté, à savoir l'affichage d'une action en protection diplomatique qui pourrait privilégier davantage l'intérêt propre de l'Etat protecteur.

361. Il convient de préciser que l'action en protection diplomatique n'est pas automatique. Il n'est en outre pas douteux que l'Etat peut de lui-même renoncer à exercer sa protection diplomatique, soit par un traité, ou pas une déclaration unilatérale, antérieur au litige, soit *a posteriori*, le particulier peut aussi par son action, paralyser le droit discrétionnaire étatique en la matière[1]. Il y aurait également une non-automaticité dans l'appréciation de l'objet de l'action en protection

[1] S. GARIBIAN, « Vers l'émergence d'un droit individuel à la protection diplomatique ? », *op. cit.*, p. 128.

diplomatique, d'ailleurs, la Commission du droit international (CDI) a précisé dans son projet d'articles de 2006 que la formulation de l'article premier, laissant ouverte la question de savoir pour qui l'Etat exerce la protection diplomatique[1]. Sans aucun doute, la thèse mixte des deux droits ne peut être écartée. En outre, l'arrêt rendu par la CIJ le 24 mai 2017 sur les exceptions préliminaires relatives à l'affaire *Ahmadou Sadio Diallo*, a permis à la Guinée de mettre en œuvre son droit à la protection diplomatique en faveur de Monsieur Diallo. Cela dit, en adossant les revendications de son ressortissant susnommé, la Guinée prétendait défendre un certain nombre de droits de trois ordres, à savoir ses droits individuels en tant que personne, ses droits propres en tant qu'associé de sociétés qu'il tirait de la loi congolaise sur les sociétés et enfin les droits des sociétés[2]. Ainsi, lorsque l'on reprend l'énumération des droits qui sont susceptibles de fonder l'action en protection diplomatique, une chose est sûre, c'est que toute action renvoie à l'Etat et à sa souveraineté. Hormis cela, en défendant notamment les entrepreneurs dont les droits seraient lésés par d'autres Etats sur la Lune, l'Etat protecteur concerné, mettrait en avant une autre façon d'aborder le concept de « sécurité humaine ». Le noyau vital de la sécurité humaine peut varier en fonction des individus et des groupes concernés pour prendre en considération le mental ou autre problème[3]. Lorsque l'on applique la sécurité humaine comme cadre analytique, le noyau vital est interprété comme si les acteurs, cherchant à assurer la sécurité, ont souhaité consulter ou non les individus concernés sur ce qu'ils considèrent comme d'importance cruciale pour la sécurité et le bien-être[4]. Or, la notion de « bien-être » sert à articuler la description objective qui ramène à définir le national protégé comme étant un levier du développement dans la stratégie d'expansion économique de l'Etat et ce qu'il doit être, c'est-à-dire un moyen pour l'Etat protecteur de s'engager par anticipation et à titre préventif en mettant une stratégie de contre-prolifération des infrastructures étrangères et de leurs dispositifs sécuritaires qui participent à exclure d'autres activités spatiales.

---

[1] Nations-Unies, *Annuaire de la Commission du droit international* 2006, vol. 11, Partie 1, p. 25.

[2] O. de FROUVILLE, « Affaire *Ahmadou Sadio Diallo* (République de Guinée c. République démocratique du Congo). Exceptions préliminaires : Le roman inactivé de la protection diplomatique », *AFDI* 2007, vol. 53, pp. 291-327.

[3] A. GILDER, « Human Security and the Stabilization Mandate of Minusca », *IP*, 2021, vol. 28, n° 2, pp. 200-231 (notre traduction).

[4] A. GILDER, *ibid*, p. 205(notre traduction).

Précisément, la diplomatie préventive ouvre la voie à une « déshumanisation » de l'action en protection diplomatique puisqu'elle brise l'interdépendance de sens entre un particulier et ses droits lésés.

362. Dans ces conditions, il peut être difficile de distinguer les phases du conflit qui ont amené un Etat à exercer une action en protection diplomatique, précisément parce qu'il n'y a pas de début ou de fin clairement identifié. En effet, le conflit apparaît comme une valeur ultime mais toujours potentielle à concrétiser grâce à la transformation de l'environnement économique des Etats qui protègent les intérêts de leurs entrepreneurs qui mènent une activité spatiale. Se révèle, par conséquent, l'éventualité d'un artificialisme exacerbé par des valeurs de liberté. En effet, c'est l'hypothèse centrale de cette analyse, peut-être que la nécessité de tracer les nouveaux contours de l'action en protection diplomatique prend un aspect institutionnel qui porte sur les nouvelles formes de participation indirecte à certaines actions étatiques dont il s'agit d'apprécier le caractère autonome en fonction de leur objet. Cet objet qui correspond à un niveau supérieur de régulation de l'activité spatiale d'exploitation des ressources manifeste une indifférence radicale à l'égard de la fonction de l'action en protection diplomatique, basée sur les conséquences juridiques du rattachement personnel qui unit un individu à un Etat. Alors, si la division entre l'objet et la fonction se combine pour que la fonction de l'action s'applique à un objet différent, le risque est de parvenir à un droit de la protection diplomatique complètement « éclaté » car sa représentation prétend saisir une théorie des conflits qui repose sur le postulat que tout intérêt lésé, par sa nature même, appelle une règle qui relève d'une division. C'est le cas lorsque l'action en protection diplomatique se présente sans ordre, donc sans plan préétabli pour saisir prioritairement les intérêts de l'Etat sous couvert du droit lésé de l'individu dont il assure la protection en endossant la réclamation. On peut avancer l'idée que la notion de division conduirait à identifier un support « objet-fonction » vidé de tout lien de reconnaissance défini par toute relation autre qu'instrumentale qui « déshumanise » tant l'individu protégé que l'Etat protecteur en fonction des circonstances.

363. La nature du concept de « sécurité humaine » peut choquer par le parti pris constructiviste de ses concepteurs ; ces derniers prétendent en effet mesurer le degré de sécurité ou plutôt d'insécurité d'une population

et établir une sorte d'indice ou de baromètre de sa sécurité[1]. Ce qui revient à dire qu'une telle vision élargie de la sécurité répond, sans doute aussi aux attentes et aux peurs des citoyens, qui perçoivent [...], des menaces à caractère non militaire, menaces réelles ou perçues comme telles dans leur variété d'expression politique, économique, culturelle, sociétale ou environnementale[2]. Cela dit, dès lors qu'il est question de la sécurité de l'individu, on le renvoie à son droit à la réparation. Dans l'affaire *Ahmadou Sadio Diallo* portant sur la réparation du préjudice de Monsieur Diallo, la CIJ a rappelé le 19 juin 2012 le principe de droit international selon lequel « [...] la réparation d'un tort peut consister en une indemnité correspondant au dommage que les ressortissants de l'Etat lésé ont subi par suite de l'acte contraire au droit international »[3]. Le préjudice est donc un écart entre ce qui aurait dû se produire si un droit avait été respecté et ce qui s'est produit réellement à la suite de la violation de ce droit[4]. Quant au dommage, il serait synonyme de perte : perte d'une somme d'argent, d'un autre bien [...]. Une personne a subi un dommage dès lors qu'elle a perdu quelque chose [...] qui avait, à ses yeux, une certaine valeur[5]. Cela dit, le fait constitutif de la violation d'un droit ; le préjudice, et le fait constitutif d'une perte ; le dommage, sont deux faits différents[6]. La création de périmètres/zones de sécurité autour des installations spatiales supposerait d'apprécier le rapport entre le préjudice et le dommage. Les externalités négatives causées par ces infrastructures et de fait l'accroissement du risque de pollution et de contamination importante des surfaces exploitées, nous ramènent à la question de la combinaison du préjudice et du dommage. Le préjudice correspondra au point de vue du titulaire du droit d'utiliser les zones impactées, essentiellement l'Etat, dont le droit est garanti par le Traité

---

[1] J.-M. CROUZATIER, « Le concept de "sécurité humaine" un progrès de la solidarité internationale », dans Solidarité (s) ! Perspectives juridiques, sous la direction de M. HECQUARD-THERON, Presses de l'Université de Toulouse Capitole, 2009, pp. 353-354.

[2] G. ARCUDI, « La sécurité entre permanence et changement », *Relations internationales*, 2006, vol. 1, n° 125, pp. 97-100.

[3] CIJ, Affaire *Ahmadou Sadio Diallo (République de Guinée c. République démocratique du Congo*, arrêt du 19 juin 2012, Rec. CIJ 2012, p. 324, §13.

[4] H. MEUNIER, « Le fondement de la protection diplomatique : pour une nouvelle approche au moyen de la destruction entre préjudice et dommage », *AFDI*, 2013, vol. 59, pp. 223-254.

[5] H. MEUNIER, *ibid*, p. 229.

[6] H. MEUNIER, *ibid*, p. 229.

de l'espace. Le dommage pouvant être à la fois matériel ou financier, lié à l'impossibilité pour l'Etat de mener ses propres activités. En effet, les principes Artémis s'appliquent aux activités spatiales civiles menées par les agences spatiales civiles de chaque signataire et couvrent les activités sur la Lune, Mars, les comètes et les astéroïdes y compris les surfaces et sous-surfaces[1]. Mais aussi les pertes enregistrées par leurs entreprises nationales qui font de la poursuite de leurs activités un retour sur investissement des efforts qu'elles auront consentis et à travers elle, ceux de leurs Etats qui élaboreront des dispositions normatives favorables à ces activités. En définitive, ce serait une façon d'englober le dommage de l'entrepreneur privé dans un dommage subi par l'Etat, lui-même commode pour se rattacher à « l'atteinte au droit », donc pour consacrer le concept de « dommage juridique ».

364. Si le fait constitutif de la violation d'un droit est considéré comme un certain type de dommage, alors le dommage ne peut plus être défini comme une perte[2]. A vrai dire, parler d'un dommage juridique confinerait au pléonasme puisque l'arrivée d'un dommage le rattache au concept de droit. L'ordre juridique positif devient plus compréhensible quand la réparation d'un préjudice s'appuie sur un formalisme de matérialité. Se pose alors le problème concret des références plutôt subsidiaires, principalement celle de l'entité la plus dommagée dans le mécanisme de la protection diplomatique, et dans le fond plus légitime en vertu de la défense de son droit « atteint ». D'emblée on pourrait considérer qu'il s'agit du national de l'Etat, la particularité de l'action en protection diplomatique étant d'opérer une césure entre le national dommagé et l'Etat préjudicié. Mais quand l'Etat dommagé est lui-même préjudicié, on dissocie légitimité et légalité. La légitimité invoque la qualité d'une norme supérieure pour dépasser la légalité comme l'éthique transcende le juridique[3]. Or, c'est précisément ici que se situe la pierre d'achoppement. Si l'on considère que l'Etat est aussi légitime que son national dommagé, si et seulement si on partage l'idée d'une atteinte à ses propres intérêts nationaux, on instaure alors une gradation

---

[1] Y. OSADA, « Governance of Space Resources Activities: In the wake of Artemis Accords », *Georgetown JIL*, 2022, vol. 53, pp. 399-511 (notre traduction).

[2] H. MEUNIER, « Le fondement de la protection diplomatique : pour une nouvelle approche au moyen de la destruction entre préjudice et dommage », *op. cit.*, p. 235.

[3] J.-B. d'ONOFRIO, « La légitimité de quel droit ? », *Les Cahiers Portalis*, 2020, vol. 1, n° 7, pp. 93-126.

entre les dommages. Pour que le préjudice soit réparable, l'action en protection se devra toujours être proportionnée afin que seul soit légalement pris en compte l'intérêt légitime de l'Etat à obtenir réparation. Ce qui se trouve ici en soubassement, c'est le rapport de force « contextualisé » qui procède à l'autonomisation de la notion d'intérêt à agir de l'Etat. Il y a lieu de ne pas s'attarder sur le dommage du national mais d'en déduire une définition générale de l'intérêt étatique. Dès lors, il faut considérer que l'Etat va endosser la réclamation de son national que si cette action procède de la nécessité de faire en réalité émerger un impératif de protection de l'Etat contre son national, ce qui, il faut bien l'avouer, relève d'une virtualité.

Conclusion de la section

365. A l'ère du *New Space* qui se caractérise par une augmentation du trafic spatial, le premier risque de dommage dans ce milieu tient à la prolifération de débris spatiaux. La dangerosité de ces débris est avérée et leur présence renvoie à la question juridique de l'imputation qui vise à déterminer l'auteur du fait générateur du dommage. Les opérateurs d'assurance prévoient dans la relation contractuelle qui les lient au propriétaire de l'engin spatial assuré, réparer le préjudice causé à l'engin sinistré. Tel est le sens de la notion de *liability*, s'attachant à la figure de l'assureur « responsable », la responsabilité dépasse l'unique réparation d'un sinistre pour arriver à un « droit global assurantiel » qui place la réparation dans le contexte de la gestion la plus optimale et sécure du trafic spatial. En outre, le principe de précaution invite les acteurs spatiaux à intégrer la problématique environnementale dans l'espace. La force de ce principe peut résulter de son rattachement au concept « d'ensemble », car la meilleure précaution est celle qui influe sur la détermination du droit positif lorsqu'en raison de son existence même, il n'existe qu'en tant qu'ensemble autonome. Pour autant que cette autonomie se réfère à des règles d'application généralisées aptes à former un droit de la réparation. Reste à indiquer que la création de zones de sécurité entourant certaines installations qui seront implantées dans l'espace interstellaire, ou sur la Lune, décrivent une réalité observable. L'existence humaine dans l'espace est confrontée à certains risques. Le paradigme sécuritaire devra s'affirmer, cela dit il devra s'accompagner d'un dispositif visant à réparer les préjudices qui naîtront des externalités négatives de l'exploitation de ces installations. Si les Accords Artémis font intervenir les agences spatiales civiles de certains

Etats intéressés par l'exploitation des ressources de certains corps célestes, le fait qu'elles seront les propriétaires des installations qui seront construites, ramène au droit de la responsabilité des Etats. Il deviendra un impératif de protection pour les autres usagers, on pense aux nationaux des autres Etats dans leur utilisation de ces surfaces. L'action en protection diplomatique saisit cet impératif de protection. Toutefois, l'analyse du lien qui relie l'Etat à son national, permettant à ce dernier de faire valoir son droit sur le plan international, peut par un parfait renversement de perspective confondre préjudice et dommage. Le dommage devenant juridique, il a été nécessaire de construire une représentation favorable aux seuls intérêts de l'Etat qui protège.

Section II - L'instrumentalisation du droit de la réparation comme conception objective de la protection de l'environnement dans l'espace

366. L'ère du *New Space*, qui se caractérise par la multiplication des activités spatiales rentables, va de toute évidence accroître la circulation des débris spatiaux principalement sur les orbites basses de la Terre qui sont pour l'instant les zones de l'espace les plus convoitées commercialement. Or la sécurisation des activités spatiales qui nécessite d'agir en amont de tout lancement spatial permettrait de limiter les sources majeures de pollution qui seraient liées à la prolifération des déchets plastiques. En effet, par le passé, les programmes spatiaux utilisaient des composants électroniques certifiés QLM « (Qualified Manufacturers List) classe V », hermétiquement scellés en céramique, aujourd'hui, pour réduire la taille et le poids des systèmes et donc le coût des lancements, les applications spatiales orientées vers les missions courtes en orbite basse, utilisent certains boîtiers BGA plastique (PBGA) et des composants encapsulés en plastique[1]. Mais, les déchets plastiques sont durables. La durabilité des déchets plastiques dans l'environnement spatial suppose d'adopter des mesures pour réduire l'impact des déchets dans l'espace. S'il s'agit alors en limitant ces déchets d'envisager la protection optimale de ce milieu, l'optimalité sert à concilier la réparation des préjudices aux faits

---

[1] P. COUTANCE, « Composants pour le spatial : le plastique c'est formidable », consultable sur : *[https://vipress.net/composants-pour-le-spatial-le-plastique-cest-formidable]*, consulté le 02 juin 2024.

dommageables qui ne seraient pas évitables. La réparation est alors instrumentalisée, c'est-à-dire qu'on lui accorde une valeur supérieure dans la phase de prévention des risques de dommages. Compte tenu de ses objectifs qui font passer la notion de « réparation » d'une position de fin à celle de moyen, ils auraient pour fonction de faciliter la transposition du principe d'économie circulaire, que l'on trouve dans les droits nationaux, dans le droit international public en tant que principe général de droit reconnu par le juge international (§1). En outre, la réparation se définit comme une proposition qui se rapproche du modèle standard de mise en forme de normes juridiques internationales qui seraient issues de la protection de la sécurité humaine à travers celle de l'environnement. A partir de cette notion, il semble concevable de mesurer l'intérêt pour la dimension épistémologique de la protection (§2).

§1 - Le principe d'économie circulaire en tant que principe général de droit international reconnu par le juge international

367. L'article 38 paragraphe 1.c) du Statut de la CIJ dispose que « La Cour dont la mission est de régler conformément au droit international les différends qui lui sont soumis applique : Les principes généraux de droit reconnus par les nations civilisées ». Le juge doit chercher ces principes dans les règles communes aux droits internes des principaux systèmes juridiques mondiaux, il ne doit pas forcément s'agir de règles communes à tous les Etats, mais elles doivent se retrouver, du moins dans l'esprit de la plupart d'entre eux[1]. A l'issue de l'intervention du juge international, un principe pourrait s'y trouver : le principe d'économie circulaire. En France, l'article 70 de la loi du 17 août 2015 pose une définition de l'économie circulaire au travers des objectifs qu'elle recouvre : « La prévention de la production de déchets, notamment par le réemploi des produits, et, suivant la hiérarchie des modes de traitement des déchets, à une réutilisation, à un recyclage ou, à défaut à une valorisation des déchets »[2]. Cette loi a été complétée par celle du 10 février 2020, dont l'article 8 dispose qu' « Afin de lutter contre la pollution plastique dans l'environnement [...], les pouvoirs publics

[1] W. TAMZINI, C. ROCHE, *L'essentiel du droit international public*, *op. cit.*, pp. 38-39.

[2] Loi n° 2015-992 du 17 août 2015 relative à la transition énergétique pour la croissante verte, *JORF*, n° 0189 du 18 août 2015, texte n° 1.

favorisent la recherche et développement, s'appuyant chaque fois que cela est possible sur le savoir-faire et les ressources ou matières premières locales, et les substituts ou alternatives sains, durables, innovants et solidaires »[1]. L'économie circulaire en Allemagne remonte à la *Kreislaufwirtschafsgesetz* (KrWG), loi mère de l'économie circulaire de 1994. Si cette loi a été amendée le 24 février 2012, il convient de préciser que le 28 novembre 2018, la Ministre fédérale de l'environnement a présenté un plan pour réduire la quantité de plastique et favoriser le recyclage[2]. Enfin, au Japon, l'article 2 paragraphe 1 du *Basic Act on Establishing a Sound Material, Cycle* du 2 juin 2000, fait appel à l'expression « société du cycle des matières rationnelles », qui désigne une société dans laquelle les produits [...] sont empêchés ou réduisant le risque de devenir des déchets... »[3]. Ces différentes dispositions montrent l'intérêt qu'il y a à promouvoir la notion « d'économie circulaire » pour éviter le rejet massif des polluants organiques persistants (POP) dans l'environnement.

368. Pour autant, la possibilité de faire du principe d'économie circulaire un principe général de droit, pourrait avoir pour objectif de porter une certaine idée de l'écologie dans les contentieux qui feront intervenir la justice internationale. Pour illustrer notre propos, on pense au groupe Airbus qui est un groupe industriel qui a été créé par certains Etats européens dont la France, et donc l'une des divisions *Airbus Defense and Space* (ADS) dépend largement de la commande publique. ADS serait incitée à utiliser les matériaux les plus écologiques dans la fabrication des objets spatiaux, compte tenu des exigences de protection environnementale des orbites terrestres. Or, le recours au principe d'économie circulaire, en tant que principe général de droit, permettrait au juge international d'apprécier si les Etats ont fait preuve d'exemplarité dans la rédaction des clauses du cahier des charges relative à la phase de fabrication. En effet, sur le plan européen,

---

[1] Loi n° 2020-105 du 10 février 2020 relative à la lutte contre le gaspillage et à l'économie circulaire, *JORF*, n° 0035 du 11 avril 2020, texte n° 1.

[2] V. E. LAGRANDEUR-BOURESSY, E. PICAND du Service économique régional de l'ambassade de France en Allemagne, « Quelles avancées de l'économie circulaire en Allemagne ? », consultable sur : *[https://www.tresor.economie.gouv.fr/Articles/c155f638-3728-4a96-86e9-f20c5e0664d4/files/a59735a-5040-4c22-a6ef-40f5652325e9]*, consulté le 09 mai 2024.

[3] *Basic Act on Establishing a Sound Material Cycle*, Act n° 110 of june 2, 2000.

« l'économie circulaire » est définie par un plan d'action qui met l'accent sur la durabilité des produits et l'incitation à leur circularité *versus* leur linéarité, il s'agit d'une conception centrée sur la production[1]. Cette approche est ciblée sur la sécurité des produits. Cette approche sécuritaire se caractérise par l'objectif qu'elle poursuit, autrement dit, il est possible d'affirmer que dans le procès international, cette approche possède une texture téléologique. Elle sert à consolider les choix de priorité du principe d'économie circulaire. La texture téléologique serait portée par les enjeux qui sous-tendent le dispositif de la décision judiciaire. Cette décision doit être ramenée à une situation spécifique que le juge doit envisager de façon réflexive parce qu'elle permet de souligner la proximité conceptuelle entre la défense de la cause environnementale dans l'espace et le régime de la preuve existant.

369. La preuve est considérée beaucoup plus comme un élément de persuasion que comme un élément permettant d'obtenir la vérité indubitable sur les faits[2]. Les faits auxquels renvoie le jugement ne sont jamais disponibles indépendamment de notre langage, de notre interprétation car la preuve n'est pas le point de départ mais le résultat d'une interprétation[3]. Or, précisément l'interprétation des stipulations d'un cahier de charges par le juge international[4] est un moyen de savoir si l'Etat a été prévoyant quant aux exigences de sécurité requises par l'utilisation de l'espace dans cette condition, l'administration de la preuve est facilitée, le fait dommageable démontrant que l'Etat n'a peut-être pas mis en œuvre toutes les mesures qu'il devait prendre. En ce sens, la preuve serait à la base de raisonnement qui s'attache à rechercher une vérité judiciaire.

---

[1] D. HIEZ, « Les relations ambiguës du droit de l'économie sociale et solidaire et de l'économie circulaire », *RJE* 2022, vol. 1, pp. 27-32.

[2] E. JOUANNET, « La preuve comme reflet des évolutions moyennes de la société internationale » dans *La preuve devant les juridictions internationales*, sous la direction de H. RUIZ FABRI, J-M. SOREL, Coll Contentieux international, éd. Pedone, 2007, p. 240.

[3] E. JOUANNET, *ibid*, p. 241.

[4] Le juge ne peut être omniscient, si on peut lui demander d'étudier les problèmes de droit, il est impossible d'attendre de lui la maîtrise de tous les problèmes extra-juridiques dont l'appréciation lui permet de remplir son office. C'est la raison pour laquelle le juge international, comme le juge interne, recourt parfois à l'expertise. Le juge peut citer des experts à l'audience de sa propre initiative ou désigner des experts aux fins de l'éclairer sur une question déterminée, voir : L. SAVADOGO, « Le recours des juridictions internationales à des experts », *AFDI* 2004, vol. 50, pp. 231-258.

370. Si par la preuve, les acteurs du procès recherchent une vérité, cette vérité est bicéphale en ce qu'elle est découverte par le juge mais également construite par les parties[1]. La preuve judiciaire n'est sollicitée qu'en cas d'incertitude, de doute qui constitue le passage obligé de la vérité[2]. Il convient donc de considérer que le juge international qui manifeste sa propre vérité judiciaire à partir d'un ensemble d'éléments probatoires basés sur l'inclusion du principe d'économie circulaire dans les stipulations d'un cahier des charges d'achats d'objets spatiaux, va hiérarchiser la valeur du principe d'économie circulaire par la légitimité du procès. Ainsi, cette question de légitimité est précisément celle qui permet de rationaliser la valeur du principe d'économie circulaire en tant que principe général de droit. En effet, les valeurs se posent comme fondement du droit, le droit se présente comme un outil indispensable pour consolider le choix des valeurs en permettant de les mettre en œuvre (fonction judiciaire...)[3]. Ainsi, le concept de vérité judiciaire renverrait essentiellement à une vérité de valeurs. Dès lors, la transposition de la valeur du principe d'économie circulaire dans l'ordre international est utile non pas tant parce qu'elle sert à informer la communauté des Etats qu'il existe un certain nombre de valeurs qui seraient quasiment partagées par un ensemble d'Etats, et qui seraient donc diffuses, mais surtout parce que ces valeurs partagées fondent la communauté autour d'un socle commun qui serait la justice internationale. En cela, l'intervention du juge international serait essentielle pour conférer au principe d'économie circulaire une valeur d'usage, inscrivant clairement ce principe dans le champ de l'éthique. L'éthique qui devrait gouverner la conduite de l'activité spatiale et en particulier qui repose sur la qualité d'un cahier des charges qui ramène à un espace conceptuel en construction. Ainsi, par sa portée, ce document apparaîtrait comme une charte de valeur, amenant l'Etat partie au procès à prendre la pleine mesure de la signification exacte attendue de lui, celui d'être l'artisan non pas tant du pouvoir que du savoir du juge international.

---

[1] M. MEKKI, « Preuve et vérité en France », dans *La preuve - Journées Pays-Bas/Belgique*, Coll. Travaux Henri Capitant, Bruylant 2013, vol. LXIII, p. 813.

[2] M. MEKKI, *ibid*, p. 815.

[3] M. DELMAS-MARTY, *« Vers une communauté de valeurs ? »*, éd. Le Seuil, 2011, p. 20.

371. Contrairement au principe de précaution qui, comme il convient de le rappeler, vise plutôt des situations d'incertitude scientifique, le principe de prévention implique de prendre des mesures nécessaires afin d'éviter un dommage certain[1]. C'est en se fondant sur ce principe que les Etats ont adopté des lois encadrant la réalisation d'activités. C'est d'ailleurs le sens des législations nationales susmentionnées[2] qui formalisent le principe d'économie circulaire qui aurait vocation à être un principe général de droit. Cependant, la valeur d'un principe général de droit dans l'ordre international demande un effort de construction des significations, car c'est en se fondant sur sa valeur d'usage que l'on peut en faire un principe de prévention qui se situe en aval de sa consécration par le juge international. A cet égard, l'expression « principe de prévention en aval » concernerait les Etats qui n'ont pas intégré dans leur droit interne le principe d'économie circulaire qui serait devenu un principe général de droit, mais les Etats qui seraient devenus les « consommateurs finaux », prenant toutes les mesures préventives pour qu'un produit ou un objet spatial ne devienne pas un déchet. Il y aurait lieu de considérer, que le principe d'économie circulaire aurait une utilité totale supérieure grâce à son accession à la qualité de principe général de droit qui n'aurait pas été la même s'il n'avait pas atteint cette qualité, qualité qui somme toute serait inférieure, éloignée de la logique d'ordre international. Sachant que cette logique d'ordre peut révéler et stabiliser des valeurs qui n'avaient pas encore été exprimées comme telles, l'ordre porterait les germes d'une approche paradigmatique de l'économie circulaire en généralisant sa portée.

372. L'objet des principes généraux de droit consiste à fournir au juge les moyens d'apporter une solution juridique à tous les litiges qui lui sont soumis, en cas de silence du droit coutumier ou conventionnel[3]. S'il semble établi qu'ils sont transposés de divers droits internes, ils sont appelés à connaître un processus d'internationalisation qui donne à leur transposition un caractère transitoire[4]. Cependant, l'internationalisation du droit se développe au point de transformer le champ d'une discipline

---

[1] J. VERHOEVEN, « Principe de précaution, droit international et relation interne », *op. cit.*, p. 252 ; J.-M. LAVIEILLE, H. DELZANGLES, C. Le BRIS, *Droit international de l'environnement*, *op.cit.*, p. 171.

[2] *Supra* n° 367.

[3] J. COMBACAU, S. SUR, *Droit international public*, *op. cit.*, p. 108.

[4] J. COMBACAU, S. SUR, *ibid*, p. 109.

qui, ne se limitant plus aux relations entre Etats (droit international), non seulement se combine avec les droits internes (droit transnational), mais encore s'ouvre aux acteurs privés et devient opposable aux Etats (et en ce sens supranational)[1]. A l'évidence, le concept d'internationalisation organiserait le passage du pluralisme à quelque chose d'ordonné, et c'est à ce stade, celui qui amène à penser l'internationalisation en termes de structuration et d'aboutissement d'un processus que la justice internationale intervient en « dégageant » un principe général de droit. Il s'agit pour le juge de faciliter l'intégration du droit national à l'application du droit international. La notion d'intégration est suffisamment précise pour être interprétée avec précision. Ici, on trouve l'idée de marge, car le juge n'est pas tant lié par les principes présents en droit interne *stricto sensu* que par les caractéristiques des principes qui lui permettent de pallier la difficulté qu'il n'existerait pas de règles internationales pour trancher les litiges qui lui sont soumis. Dans ces conditions, l'ordonnation du pluralisme correspond au cas le plus singulier : La notion de proximité qui agit comme un *continuum* entre droits internes et règles internationales et s'attache au principe de bonne administration de la justice.

373. Le concept de la « bonne administration de la justice » est invoqué surtout par la justice institutionnelle, par la CIJ par exemple, plus que par les tribunaux arbitraux[2]. En effet, s'il est vrai que d'autres tribunaux qui traitent des différends interétatiques peuvent se référer à la bonne administration de la justice, c'est dans la jurisprudence de la CIJ que la bonne administration de la justice, est souvent apparue[3]. Le principe de la bonne administration de la justice a [...] été invoqué dans la recherche de la méthode la plus appropriée pour le bon fonctionnement de la Cour elle-même[4]. Le souci principal n'est plus ici d'assurer l'égalité des parties sans laquelle la justice administrée serait *ipso facto* défaillante, mais plutôt que la Cour puisse disposer de tous les éléments

---

[1] M. DELMAS MARTY, M.-L. IZORCHE, « Marge nationale d'appréciation et internationalisation du droit. Réflexion sur la validité formelle d'un droit commun pluralité », *RIDC*, 2000, vol. 52, n° 4, pp. 753-780.

[2] R. KOLB, « La maxime de la "bonne administration de la justice" dans la jurisprudence internationale », L'Observatoire des Nations-Unies, 2009, vol. 27, p. 5.

[3] H. SAKAI, « Bonne Administration de la Justice in the Incidental Proceedings of the International Court of Justice, », *Japanese Y. B. Int'l L*, 2012, vol. 55, pp. 110-133 (notre traduction).

[4] R. KOLB, *ibid*, p. 12.

pour trancher le litige[1]. Telle serait la fonction principale des principes généraux de droit, singulièrement celui qui porterait sur le principe d'économie circulaire qui serait appliqué lorsque la bonne administration de la justice internationale lui en fait un devoir.

374. Le devoir est d'abord celui qui porte sur l'admission des allégations de l'Etat partie au procès. La CIJ a d'ailleurs rappelé à ce sujet dans l'affaire *de certaines terres à phosphate à Nauru (Nauru c. Australie)* du 26 juin 1992 que « L'article 40, paragraphe 1 du Statut de la Cour dispose que « l'objet du différend » doit être indiqué dans la requête ; et l'article 38 paragraphe 2 du Règlement de la Cour exige que le « détail de la demande » soit précisé dans la requête. Ces dispositions sont si essentielles du point de vue de la sécurité juridique et de la bonne administration de la justice, qu'elles l'étaient déjà en substance, en dehors du texte de la Cour permanente de justice internationale adopté en 1920... »[2]. Les allégations de l'Etat partie seront d'autant mieux prises en compte si cet Etat a le sentiment que la transposition du principe d'économie circulaire, propre aux actes internes des Etats, et transposable dans l'ordre international permet d'entretenir un dialogue avec le juge international. On peut même parler de devoir de collaboration parce que le but recherché est d'aboutir à une vérité judiciaire. La notion de devoir qui reflète également la teneur spécifique des droits internes des Etats dans la décision judiciaire internationale, peut s'inscrire dans le contexte du souci de l'économie du procès. Cela signifie qu'une procédure est bonne si tout en tenant compte des exigences d'expression des parties, elle se maintient courte et légère[3]. Il est manifeste que l'économie processuelle sert la valeur de l'argumentation des parties. Il s'avère que cet objectif sera rempli si le juge international se contente de la vérité que l'Etat lui apporte. Il pourrait notamment s'agir de celle qui permet au juge d'apprécier l'application élevée du degré de prévention découlant de la mise en œuvre de l'économie circulaire, et qui tiendrait compte du bilan global de cycle de vie des produits destinés à aller dans l'espace. Certes, un faible degré de prévention emporterait la conviction du juge que le fait

---

[1] R. KOLB, *ibid*, p. 12.

[2] CIJ, Affaire *de certaines terres à phosphates à Nauru (Nauru c. Australie)*, arrêts du 26 juin 1992, *Rec*, CIJ 1992, pp. 266-267, §69.

[3] R. KOLB, « La maxime de la "bonne administration de la justice" dans la jurisprudence internationale », *op.cit.*, pp. 14-15.

dommageable environnemental dans l'espace n'a été appréhendé que parce qu'il se situe au travers du prisme de l'incitation à prendre des mesures préventives, mais qu'il ne s'est pas converti en réglementation destinée à l'amélioration du régime portant sur la prévention des risques. Ainsi, par l'un de ces aspects, la portée téléologique du principe d'économie circulaire agissant en tant que principe général de droit dans l'ordre international, serait de servir de moyen de preuve pour rejeter la prétention de la partie quant à l'effectivité de certaines mesures.

375. Souvent le principe s'incarne dans diverses concrétisations qu'il nourrit et qu'il dirige et ses caractéristiques lui permettent d'accomplir des fonctions spécifiques au sein de l'ordre juridique[1]. Si les principes font saisir les [...] piliers sur lesquels repose une matière juridique, voire l'ordre juridique dans son ensemble[2], les principes permettent de saisir le droit dans une certaine unité de ses idées et équilibres fondamentaux. Tel est le cas du développement du principe d'économie circulaire qui donne lieu au développement de normes qui abordent les questions liées au cycle de vie des produits. L'économie circulaire peut se retrouver dans les normes ISO 14004,14006, 14031 et 14062 dans lesquelles on retrouve l'ensemble des méthodes qui favorisent l'éco-conception des produits[3]. L'éco-conception est une donnée fondamentale pour réduire l'impact négatif des activités humaines, elle est également un standard qui permet de découvrir la bonne réponse à apporter pour la défense de la cause environnementale dans l'espace. Ce standard constitue un référentiel unique à partir duquel le juge international pourrait se baser pour rendre sa décision judiciaire. Ainsi, le standard d'éco-conception ferait partie des principes qui traduisent l'existence de « poches de juridicité » qui ont besoin à la fois des Etats et du juge international pour exister et produire des effets juridiques. Ce rapport à « l'interactif » concerne les valeurs constitutives de l'efficacité. Si l'on reste circonscrit au sens utilisé dans les sciences humaines, l'efficacité implique un usage des ressources de la société telles qu'elles puissent être allouées de façon

---

[1] R. KOLB, *La Cour internationale de justice*, Pedone 2014, p. 941.

[2] R. KOLB, *ibid*, p. 941.

[3] « Systèmes de management environnemental - Lignes directrices pour intégrer l'éco-conception », consultable sur : *[https://www.iso.org/obs/ui/#iso:std:iso:14006:ed-2:v1:fr:sec:8]*, consulté le 2 avril 2024.

optimale afin d'atteindre un état de bien-être.[1] Une des interprétations usuelles de l'efficacité est celle qui la lie à l'équité, l'équité pèse sur la conception du droit et suppose de rendre la justice. On se trouve dans la logique où ce sont les valeurs sociétales qui permettent la connexion des composantes d'un système juridique qui sert à limiter les effets négatifs causés à l'environnement dans l'espace.

376. Il convient de rappeler que le droit international est un système juridique, ses règles et principes, c'est-à-dire ses normes opèrent en relation avec d'autres règles et principes et devraient être interprétés dans le contexte de ces derniers[2]. Cela dit, pilier du système juridique international, les principes généraux de droit peuvent s'entendre comme des « normes juridiques non écrites, générales et impersonnelles et acceptables par les juristes formés à tous les grands systèmes de droit actuels, bien qu'elles n'aient pas encore reçu d'application concrète »[3]. Privilégiant dans un certain sens une acception fonctionnelle, on peut donc adopter une définition générique selon laquelle « est principe » la norme qu'on appelle ainsi pour lui attribuer, à tort ou à raison, une importance particulière[4]. Selon l'acception normative la transposition du principe d'économie circulaire dans l'ordre international serait un moyen de connaître le droit positif, servant évidemment à combler les lacunes normatives de l'ordre international. Ainsi, l'acception fonctionnelle serait un prélude à la construction d'une norme implicite destinée à les combler. Cette approche vise donc à reprendre l'idée du pouvoir normatif du juge dans son activité jurisprudentielle, elle doit apparaître comme étant le résultat d'un acte de manipulation créative. La question qui se pose est celle de savoir comment on peut interpréter cet acte de manipulation ?

377. La pratique juridique a besoin d'approfondir le sens littéral obtenu par le décodage du dire législatif [...], c'est-à-dire d'analyser tout ce que

---

[1] E. NGO BAHA, « Le dommage environnemental ou le préjudice écologique par : concepts juridiques ? », *RIDSP*, 2022, vol. 2, n° 10, pp. 2-21.

[2] G. DISTEFANO, P.-C. MAVROIDIS, « L'interprétation Systémique : Le liant du Droit international » dans *Pour un Droit Equitable et Chaleureux, Mélanges en l'honneur de Pierre Wessner*, sous la direction d'O. GUILLOD, C. MULLER, P-A. WESSNER, éd. Helbing Lichtenhahn 2011, p. 745.

[3] G. PROTIERE, « Les principes généraux dans la jurisprudence internationale : éléments d'une différenciation fonctionnelle », *RDP* 2008, n° 1, pp. 259-292.

[4] G. PROTIERE, *ibid*, p. 263.

recouvre le contenu de pensée qui forme la substance de la règle : l'on déborde nécessairement par là le terrain du langage et de ses règles, l'on touche à l'une des particularités ontologique de la pensée elle-même, à savoir sa propriété d'être pour ainsi dire « lourde », « profonde » d'avoir dans toutes ses séquences des segments de l'épaisseur, des implications, des prolongements d'arrière-plan, de soubassements[1]. Raisonnablement, la pratique juridique n'est pas dépourvue d'utilité heuristique, elle permet au juge international de se situer au plus près du rapport entre l'interprétation du droit positif interne et la décision judiciaire qu'il rend. En ce sens, la décision judiciaire ne peut que renforcer la crédibilité même du droit tant elle reste compatible avec la nécessité de renforcer le régime de protection de l'environnement dans l'espace. Le renforcement de la fonction juridictionnelle et l'importance de son rôle correspondent assez fidèlement au développement d'un véritable parcours d'intelligibilité, intelligibilité autour de la notion d'autorité de la justice. Expression de la contingence d'un aspect particulier de la décision judiciaire, « l'autorité » débouche sur une *praxis* opérationnelle qui repose sur l'autorité de chose jugée.

378. Il faut commencer par dire que tout Etat dispose librement du pouvoir de donner, ou non, son consentement à ce qu'un juge exerce à son égard un pouvoir juridictionnel[2]. Cependant, l'autorité de la sentence réside dans le fait que le dispositif ne peut être contesté par les parties ; en général, il consiste dans un énoncé prescriptif indiquant la conduite qu'elles devront tenir et la norme individuelle qui en résulte est obligatoire[3]. S'il s'agit bien d'un appel à la raison juridique, le caractère obligatoire de la norme individuelle montre l'importance de cette source de droit [4]qui permet de se recentrer sur le système juridique lui-même et l'une de ces déclinaisons ; le principe général de droit issu de l'économie circulaire. On pense spontanément à l'importance des droits nationaux dont l'utilité réside dans le fait qu'ils ne servent pas au

---

[1] P. AMSELEK, « La teneur indécise du droit », *RDP* 1991, n° 5, pp. 1200-1217.

[2] T.-A. DIALLO, *Regard sur l'Etat justiciable en droit international*, Thèse de doctorat en droit international public de l'Université de Limoges, 2015, p. 50.

[3] J. COMBACAU, S. SUR, *Droit international public*, *op. cit.*, p. 608.

[4] V. l'article d'Emmanuelle TOURME-JOUANNET, « Quelques réflexions sur le pouvoir normatif juridictionnel du juge international », dans *Droit international et culture juridique. Mélanges offerts à Charles LEBEN*, Pedone 2015, en particulier la partie consacrée au « Pouvoir normatif du juge et jurisprudence source de droit », pp. 209-235.

juge à produire le droit, mais plutôt à dire le droit, parce que les principes généraux de droit ne sont, en réalité, que l'observation empirique de l'hétéronomie des éléments d'un système juridique tenant à l'origine première des normes juridiques nationales qui s'entend dans le sens que leur confère les Etats plutôt que dans celui qui n'en produit aucun.

§2 – Le paradigme de la sécurité humaine sous l'angle du régime de protection de l'environnement spatial

379. D'emblée, on relèvera que le droit de l'UE a pris en considération la notion de protection de la sécurité humaine et de l'environnement. Le paragraphe 2 du Règlement du Parlement européen et du Conseil du 20 juin 2019 concernant les POP, énonce que « Les rejets continus de POP dans l'environnement constituent un sujet de vive préoccupation pour l'Union. Ces substances chimiques sont transportées loin de leurs sources, au-delà des frontières nationales et elles persistent dans l'environnement, s'accumulent dans les organismes vivants par l'intermédiaire du réseau trophique et constituent un risque pour la santé humaine et pour l'environnement... »[1]. A l'évidence, la notion de « protection de la sécurité humaine et de l'environnement » serait l'expression d'une catégorie sécuritaire qui permettrait de mieux mesurer la dimension épistémologique de la protection qui est de l'ordre du construit. La rhétorique de la construction, c'est l'art d'arpenter[2]. C'est donc assez facilement que germe l'idée d'une construction sociale de la réalité parce qu'elle ramène à une situation qui peut relever d'un paradoxe ; concilier sécurité humaine et environnement alors que le concept de « sécurité humaine » est pluridimensionnel, il est susceptible d'intégrer la dimension économique des activités humaines qui est présente à l'ère du *New Space* et qui est peu compatible avec la dimension environnementale. Cependant, la catégorie sécuritaire qui met surtout l'accent sur les menaces environnementales, privilégie en dernière analyse une approche verticale donc hiérarchique des rapports entre environnement et économie. En se manifestant dans un contexte

---

[1] *Règlement (UE) n° 2019/1021 du Parlement européen et du Conseil* du 20 juin 2019 concernant les polluants organiques persistants (refonte), JOUE L 169 du 25 juillet 2019, p. 45.

[2] N. ARANDA, Le *sui generis*. Un paradoxe pour la représentation du droit ?, dans *Les affaires de la qualification juridique*, sous la direction de M. NICOD, Presse de l'Université Toulouse Capitole, 2015, p. 145.

qui en réalité se replie sur lui-même, c'est-à-dire qui pose la hiérarchisation de certains intérêts, comme ceux qui seraient plus importants que d'autres, on évite de séparer les variables qui peuvent se concevoir en termes de confrontation. Ici, dans ce cas précis, la séparation des intérêts renverrait à une situation qui ne serait pas régulée. Il faut alors pouvoir disposer d'un modèle efficient où ce sont les Etats eux-mêmes qui ne vont pas seulement par des normes de prévention, protéger l'environnement dans l'espace. La meilleure protection consiste à mettre l'accent sur sa finalité ; faire intervenir la justice internationale. Cette intervention constitue un cadre adéquat pour théoriser les modes de régulation de certaines activités économiques par la mobilisation du concept de réparation.

380. La régulation ne désigne par elle-même aucune conception ontologique sur l'économie et l'environnement. Une approche constructiviste de la régulation renvoie à un ensemble de prescriptions qui sont favorables au levier environnemental du développement durable. La fonction de la régulation s'inscrit dans une perspective générale qui représente l'aspect le plus important de toutes les activités créatives qui concerne la capacité de réponse à apporter aux problématiques générées par l'économie. On compte parmi les activités créatives les choix méthodologiques en faveur de l'environnement du droit. Il n'est pas question d'isoler la notion de protection de l'environnement dans l'espace, mais de concevoir la construction d'un régime juridique issu d'un processus systémique. L'intérêt pour ce système est de reproduire des opérations élémentaires, comme celles qui consistent à prévoir l'intervention de la justice internationale, cette intervention étant un fait communicationnel qui est assorti de règles qui offrent une issue au concept « d'économie juridique ». Ce concept qui se propose de traduire juridiquement le traitement des conséquences de certaines activités étatiques causées à l'environnement, véhicule l'idée que le droit constitue un élément de pondération des intérêts économiques. Il s'agit de pondération car la dimension épistémologique de la notion de protection de la sécurité humaine et de l'environnement aménage des rapports constructifs pour limiter la dogmatique de l'économie. A partir de là, en servant à pondérer un type d'intérêts, l'appel au concept « d'économie juridique » dans les contentieux environnementaux internationaux marquerait la présence d'une jurisprudence d'intérêt, forme observable d'une jurisprudence de

concept[1], faite d'ouverture marquée par un savoir environnemental propre à régler les litiges qui sont liés à la conduite des activités spatiales.

381. L'ère du *New Space* qui s'inscrit dans un cadre global qui porte sur la perspective, l'exploration et l'exploitation des ressources minières des corps célestes, supposera de réglementer ces activités. Dans un tout autre milieu, l'adoption d'un code minier international fut au cœur du débat de la vingt-neuvième session de l'Autorité internationale des fonds marins (AIFM) qui s'est tenue à la Jamaïque du 18 au 29 mars 2024. L'adoption de ce document reste, quelles que soient les zones internationales concernées, une urgence d'autant plus qu'au début de l'année 2024, le Parlement norvégien a validé la protection minière de ses eaux profondes en Arctique. Dans sa résolution du 7 février 2024, le Parlement européen a condamné cette décision. Au point G de sa résolution, le Parlement européen considère « qu'il a été déterminé que les écosystèmes de l'Arctique présentent une importance environnementale capitale pour la biodiversité, les stocks halieutiques et la régulation du climat, que ces écosystèmes particulièrement vulnérables sont déjà soumis à la pression du changement climatique [...], que les écosystèmes arctiques sont très sensibles à la pollution et aux autres conséquences des activités humaines... »[2]. Ce texte exprime avec clarté que l'activité d'exploitation est risquée pour l'environnement. Par simple déduction logique, il y aurait lieu d'intégrer la notion de durabilité de certaines activités économiques dites « sensibles ». La notion de durabilité peut être transposée dans le régime d'exploitation de l'espace dans la mesure où elle correspond à l'exigence de la notion de « protection de la sécurité humaine et de l'environnement ». La durabilité est la finalité d'un rapport d'intérêt qui promeut la sécurité environnementale, autre façon de reconceptualiser la sécurité humaine.

382. De plus, le concept de construction participe donc pleinement de la démarche de protection comme cadre heuristique. Ce concept ferait

[1] Voir en ce sens G. TEUBNER, « Pour une épistémologie constructive du droit », *Annales ESC* 1992, n° 6, pp. 1149-1168.

[2] *Résolution du Parlement européen* sur la décision récente de la Norvège de se lancer dans l'exploitation minière des fonds marins, consultable sur : *[https://www.europarl.europa.eu/doceo/document/B-9-2024-0095_FR.html]*, consulté le 01 juillet 2024.

s'exprimer les impératifs environnementaux, précisément ceux qui amènent les Etats qui mènent une activité spatiale à gouverner leurs activités par l'éthique, autrement dit, à identifier les conditions de base de la situation régulatoire. Inséré dans le champ de la régulation, le concept de « construction » est un élément de compréhension de la protection issu du rapport entre l'économie et l'environnement, à partir duquel les Etats se responsabilisent eux-mêmes. Le juge international interviendrait pour mesurer l'écart entre la « responsabilisation » et la « responsabilité » des Etats. S'il s'agit pour le juge international de donner sa propre vérité judiciaire à partir d'une lecture de la responsabilisation, cette lecture veut dire quelque chose. Le fait qu'elle figure dans les motivations de la décision judiciaire témoignerait du rôle institutionnel du juge qui n'interviendrait en réalité que pour conscientiser l'Etat. La jurisprudence pose la question de la redéfinition de l'objet du procès, instance de création d'une décision qui s'adresse à d'autres destinataires par principe et surtout qui sert à anticiper leur attitude à partir d'une stratégie communicationnelle qui se construit sur le plan juridique pour qu'on lui accorde une signification factuelle.

383. Enfin, la possibilité de promouvoir l'éthique dans l'exploitation de l'espace pourrait permettre d'envisager la transposition de la notion de « protection de la sécurité humaine et de l'environnement », présente dans le droit de l'UE, dans le droit international. Le plus important ce n'est pas ce passage du droit, mais ce passage au droit qui s'attache aux conséquences juridiques qui saisissent les comportements de fait imputables aux parties au procès par méconnaissance du principe de protection de l'environnement. Ce passage au droit contient les éléments d'une nouvelle rationalité ; choisir les instruments de régulation des comportements de fait, en fonction de la relation fin/moyen qui fait intervenir le juge international dans le processus de réparation du préjudice environnemental. A cela, une raison essentielle, la réparation est envisagée comme un retour à une situation initiale, qui renvoie à la finalité première de la protection de l'environnement, à savoir celle qui permet d'éviter la réparation du préjudice en l'empêchant de se produire ; signification bien plus efficiente dans la construction du principe de protection.

Conclusion de la section

384. Le droit est caractérisé d'une part par l'établissement d'un ordre organique, il semble en effet fixer certaines valeurs, d'autre part par un ordre téléonomique, il réalise certaines fins[1]. Le droit peut par exemple, permettre au juge international de ne pas se déclarer incapable de juger au motif qu'il n'existerait pas de règle internationale applicable à un différend. Les principes généraux de droit servent à résoudre ce problème, leur finalité ne s'arrête pas là, ces principes se présentent comme des outils pour consolider certaines valeurs. La décision judiciaire internationale révèle le choix des valeurs des Etats qui se retrouvent dans les principes généraux de droit dont le juge international fait application. On peut illustrer ce propos en donnant l'exemple du principe général de droit portant sur l'économie circulaire. En outre, ce principe tendrait à préserver certains équilibres fondamentaux. Il peut donner de l'importance à l'argumentation des parties au procès international qui attesteraient de la mise en place d'un régime de prévention des risques pour contenir la prolifération des déchets spatiaux. Il s'agit de se situer sur le terrain de l'efficience dans une perspective globale de « bonne administration de la justice ».

385. La notion d'autonomie est habituellement considérée comme un principe constitutionnel de nature structurelle, existentielle, inévitable et non dérogeable, l'autonomie du droit de l'UE est souvent invoquée par la Cour de justice qui l'invoque notamment à l'égard du droit international[2]. Cela dit, les interactions du droit international et européen se présentent comme une problématique, il est donc nécessaire, ne serait-ce que d'un point de vue méthodologique et pratique, de l'appliquer à un objet[3]. Il faut alors penser l'objet de la transposition de la notion de « protection de la sécurité humaine et de l'environnement », que l'on trouve dans le droit de l'UE dans le droit international, comme étant de l'ordre du construit. Construire le rapport entre droit de l'environnement et au développement économique est une

---

[1] D. GILLES, S. LABAYLE, « L'irrédentisme des valeurs dans le droit : La quête du fondement axiologique », *RDUS*, 2012, vol. 42, pp. 309-358.

[2] J. MALENOVSKY, « A la recherche d'une solution inter systémique aux rapports du droit international et du droit de l'Union européenne », *AFDI* 2019, vol. 65, pp. 201-234.

[3] J.-S. BERGE, « Les interactions du droit international et européen. Approche du phénomène en trois étapes dans le contexte européen », *JDI* 2009, n° 3, pp .1-19.

problématique cruciale à l'ère du *New Space*, qui permet de dégager des solutions juridiques à partir du contexte dans lequel il est envisagé.

Conclusion du premier chapitre

386. L'ère du *New Space* qui crée des possibilités de croissance économique révèle que les technologies et services spatiaux sont devenus indispensables pour le développement des sociétés contemporaines. A cela s'agrègent des problématiques environnementales, principalement au niveau des orbites terrestres qui sont générées par l'augmentation du trafic spatial. C'est au sein de cette zone de l'espace interstellaire que l'on trouve la majorité des débris spatiaux. S'ils sont une source potentielle de dommages, l'imputation de la responsabilité peut s'avérer compliquée à cause de l'identification de l'auteur du fait générateur. Ces difficultés sont l'occasion d'approfondir et de renouveler les régimes de responsabilité résultant d'activités dangereuses. Par ailleurs, l'existence de périmètres ou zones de sécurité autour des installations spatiales témoigne à la fois de leur vulnérabilité et des risques qu'elles représentent pour toutes les autres activités humaines qui partagent le même espace géographique. La présence et plus largement les logiques d'action et d'intégration marquées par la présence des Etats, s'actualisent dans des interactions qui correspondraient à un principe identitaire. Ce principe invite à s'interroger sur les rapports que l'Etat entretient avec ses nationaux dans le contexte où l'identité n'est définie que par des données d'exclusion, tel est le cas de la finalité de la protection diplomatique, dont la mise en œuvre dans un contexte particulier peut refonder le rapport entre la notion de dommage et celle de préjudice, allant même jusqu'à les confondre pour sur-représenter les intérêts de l'Etat qui considère que l'exercice du mécanisme de protection se fait à l'échelle de l'Etat et surtout de ses stratégies sur la scène spatiale.

387. L'instrumentalisation du droit de la réparation est un outil d'analyse qui revient à penser ce droit sur le plan des usages. Il ne suffit pas de décrire ce qu'est ce droit ; la réparation est une remise en l'état, définir c'est aussi transformer par le savoir. C'est là qu'intervient le principe général de droit qui porte sur l'économie circulaire. C'est souvent au stade de l'examen de la compétence de la CIJ et de la recevabilité de la requête que la Cour a souvent fait référence à la bonne

administration de la justice[1]. Le principe général de droit portant sur l'économie circulaire est à ce niveau un outil de rationalisation du droit. Ce principe renvoie à un acteur institutionnel, le juge international qui participe au processus par lequel une valeur est créée grâce au « test de judiciarisation » du droit, c'est-à-dire par la recherche en droit positif d'éléments communs aux systèmes nationaux. Enfin, la notion de « protection de la sécurité humaine et de l'environnement » serait transposable pour régir l'exercice des activités spatiales. L'épistémologie de la construction renvoie ici à un « savoir-faire » environnemental. Le juge international assure une position proéminente pour en assurer la protection et est à même de révéler son régime d'action.

[1] M. SAKAI, « Bonne administration de la justice », in the Incidental Proceedings of the International Court of Justice, *op. cit.*, p. 112.

CHAPITRE II
DES PRATIQUES DÉSTABILISATRICES CONTRAIRES AUX PRINCIPES DU DROIT INTERNATIONAL PUBLIC

388. Le *New Space* se matérialise par une croissance exponentielle du secteur commercial à la fois sur le segment *upstream* du spatial (les infrastructures comme les lanceurs, les satellites…) et sur son segment *downstream* (l'utilisation des données spatiales et les applications). Le *New Space* est ainsi caractérisé par des nouvelles technologies avec l'explosion du numérique, la miniaturisation, l'intelligence artificielle (IA), le *big data*, le *cloud computing*[1]. Tel est ainsi le rapport qui existe entre le *New Space* et le cyberespace. Le cyberespace désigne « l'univers des réseaux numériques comme lieu de rencontres et d'aventures, enjeu des conflits mondiaux, nouvelle frontière économique et culturel [...], cyberespace désigne moins les nouveaux supports de l'information que les modes originaux de création, de navigation dans la connaissance et de relation sociale qu'ils permettent »[2]. Cependant, si les opportunités offertes par le monde numérique sont nombreuses, on assiste également à une multiplication des comportements malveillants dans le monde numérique[3]. Si les Etats sont des victimes régulières de ces cyber opérations malveillantes, ils sont également régulièrement pointés du doigt comme étant les auteurs de certaines cyber opérations[4]. Les cyber opérations sont des cyberattaques. Selon le Manuel de Tallinn 2.0 : « Une cyberattaque est une cyber opération, qu'elle soit défensive ou offensive, dont on peut raisonnablement s'attendre à ce qu'elle cause des blessures ou la mort

---

[1] Voir l'article de France Science : « L'émergence et le développement du New Space aux Etats-Unis », consultable sur :
[https://france-science.com/38923-2], consulté le 05 mai 2024.

[2] D. NGAMENI, « Enjeux et évolutions du droit dans le cyberespace : Quelle stratégie pour l'Afrique », *LARC*, 2021, note n° 4, pp. 1-9.

[3] F. DELERUE, « Cyber opérations : Quel régime de preuve ? », dans *Cyberattaques et droit international : Problèmes choisis* sous la direction de M. GRANGE, A.-T. NORODOM, éd. Pedone 2018, pp. 47-60.

[4] F. DELERUE, *ibid*, p. 47.

des personnes ou des dommages ou la destruction d'objets »[1]. Il convient surtout de noter que les cyberattaques ont permis de faire évoluer les relations internationales, précisément parce qu'il existe une dimension sociétale du cyberespace. Il s'agit d'en déterminer les leviers d'autant plus que ces derniers peuvent se rattacher à un champ d'exercice potentiellement différent de celui reçu de l'ordre international, renvoyant à la capacité de l'appareil étatique à garder la maîtrise de sa souveraineté (Section I). De plus, le développement du *New Space* traduit de nouvelles relations avec les entités privées, ce constat pourrait bien trouver écho aux Etats-Unis. Ces derniers sont de moins en moins réticents à bénéficier des services offerts par les firmes privées[2]. Le renforcement de la compétition stratégique entre acteurs spatiaux contribue à faire de l'espace extra-atmosphérique un milieu de rivalité et de confrontation [...] laissant augurer un durcissement de l'environnement opérationnel (essor destructif de missiles antisatellites à ascension directe, manœuvres de proximité en orbite, actions de brouillage…)[3]. Face aux nouveaux risques qui sont générés par certaines actions belliqueuses, il semble nécessaire de faire évoluer le contenu du droit pour saisir cet espace de conflictualité (Section II).

Section I – Les agissements de l'Etat dans le cyberespace

389. L'ère cybernétique est susceptible de confronter l'Etat à de nouveaux défis. Les cyberattaques représentent de nouvelles façons d'empiéter sur la prérogative souveraine des États[4]. En effet, la souveraineté est un principe fondamental de l'ordre international Westphalien qui sous-tend des normes contraignantes, telles que

---

[1] Voir le Manuel de Tallinn 2.0 (deuxième version) paru en 2017, essentiellement la règle 30, page 106.

[2] M. BATAILLE, « L'interaction entre *New Space* et secteur de la défense aux Etats-Unis : Quelles conséquences sur les opérations spatiales militaires américaines », *Stratégique* 2021, vol. 2-3, n° 126-127, pp. 97-109.

[3] Ministère des armées - Direction générale des relations internationales et de la stratégie, « Espace et défense », consultable sur : [*https://www.defense.gouv.fr/dgris/approches-thematiques/champs-confrontationnels/espace-defense#:2:text=Face%20a%20la%20*], consulté le 06 mai 2024.

[4] P. MARGULIES, « Sovereignty and Cyber Attacks: Technology's Challenge to the Law of State Responsibility », *Melbourne J.I.L.*, 2013, n° 2, pp. 496-519 (notre traduction).

l'interdiction du recours à la force (article 2 paragraphe 4 de la Charte des Nations-Unies) ou la règle coutumière de non-intervention de droit international, que les Etats ont adoptée, sanctionnée à titre d'exercice ou de leur égalité souveraine[1]. Si la souveraineté repose sur trois éléments fondamentaux qui sont (1) le contrôle numérique (2) sur un territoire (3) indépendant des autres Etats souverains, la tension entre la notion de souveraineté numérique et le fondement territorial de la souveraineté, disparaît lorsque l'on reconnaît que pour exercer un contrôle sur un territoire, il est de plus en plus nécessaire d'exercer un contrôle sur les activités en ligne disponibles sur ce territoire[2]. Reste à préciser que comme d'autres Etats dans le monde, les Etats africains ont besoin de mettre en place une politique de cyberdéfense[3]. Tel est l'objet du code béninois du numérique. Aux termes des dispositions de l'article 2, le code a pour objet de régir les activités qui relèvent des réseaux et services de communications électroniques, les outils électroniques, les services de confiance en l'économie numérique, le commerce électronique, la protection des données à caractère personnel, la cybercriminalité et la cybersécurité. [4]D'un point de vue pratique, l'adoption de ce code explique à la fois les dangers du cyberespace et les mesures que sont susceptibles de prendre les Etats pour se protéger des atteintes extérieures. L'ensemble de ces mesures sert à réguler l'activité humaine sur internet, la régulation est une façon pour l'Etat de se placer au centre de la réalité sociale du droit. Cette approche centralisatrice garde un caractère relatif car elle fait face à la dimension politique des rapports internationaux. Cette façon d'appréhender la sociologie du droit international (§1) s'analyse à l'aune de la théorie des espaces juridiques (§ 2).

---

[1] E. TALBOT JENSEN, « The Tallinn Manual 2.0 : Highlights and Insights », *GJIL* 2017, vol. 48, p. 741 (notre traduction).

[2] A. CHANDER, H. SUN, *Data Sovereignty - From the Digital Silk Road to the Return of the State*, ed. Oxford University Press 2023, p. 5 (notre traduction).

[3] A.-T. NORODOM, « Introduction Digital Governance in Africa force better Protection of State Sovereignty », dans *Droit du numérique en Afrique - Enjeux internationaux,* sous la direction de A. ABDOU-HASSAN, A.-T. NORODOM, Bruylant 2023, pp. 19-30 (notre traduction).

[4] J.-C. HOUNKPE, « Regards croisés sur le Code béninois du numérique », dans D*roit du numérique en Afrique - enjeux internationaux*, sous la direction de A. ABDOU-HASSAN, A-T. NORODOM, Bruylant 2023, p. 101.

§1 - La dimension politique du cyberespace, une vision pragmatique de la sociologie du droit international

390. La relation entre le cyberespace et la transformation des relations internationales doit pouvoir s'appréhender sous l'angle de la sociologie du droit, c'est-à-dire de l'évolution de la pratique des Etats dans un champ juridique donné. Cela dit, l'Etat est souverain tant pour imposer son ordre juridique dans les limites de son territoire que pour avoir droit au respect de son intégrité territoriale, de fait « un Etat ne doit pas porter atteinte à la souveraineté d'un autre Etat »[1]. Le cyberespace ne connaît pas de frontières territoriales clairement délimitées, c'est la raison pour laquelle la souveraineté étatique s'y intéresse. Ainsi, dans son rapport du 24 juin 2013, le Groupe d'experts gouvernementaux (GGE) des Nations-Unies, chargé d'examiner les progrès de l'informatique et des télécommunications dans le contexte de la sécurité internationale, a reconnu l'applicabilité du droit international, dont la Charte des Nations-Unies au cyberespace[2]. En 2015, le Président chinois Xi a indiqué que « respecter la souveraineté signifiait respecter le droit de chaque pays de choisir ses propres politiques publiques sur internet... »[3]. Pourtant, les actes de propagande numérique pourraient constituer un acte international illégal au regard du principe de souveraineté[4], d'autant plus que les actes de cyberpropagande se sont multipliés ces dernières années[5].

---

[1] CIJ, *Affaire des Activités militaires et paramilitaires au Nicaragua et contre celui-ci*, arrêt du 27 juin 1986, *Rec.* CIJ 1986, p. 111, §213.

[2] « Rapport du Groupe d'experts gouvernementaux chargé d'examiner les progrès de l'informatique et des télécommunications dans le contexte de la sécurité internationale », A/68/98, 24 juin 2013, §19.

[3] A. CHANDER, H. SUN, *Data Sovereignty - From the Digital Silk Road to the Return of the State*, *op. cit.*, p. 9 (notre traduction).

[4] A. LODIE, « Droit international et cyber- propagande - Les défis d'adaptation du système international face à une menace grandissante », *Etudes internationales* 2020, vol. LI, n° 2, p. 317.

[5] Voir l'article de M. GRANGE, « La position des Etats africains dans les négociations sur le cyberespace au sein des Nations-Unies », en particulier la partie de l'article (IB) qui traduit les alertes de certains Etats africains sur les risques résultant du cyberespace, dans *Droit du numérique en Afrique - enjeux internationaux*, sous la direction de A. ABDOU-HASSAN, A-T. NORODOM, Bruylant 2023, pp. 42-43 ; sur le fait que les cyber menaces affichent aujourd'hui de multiples visages, v : J. NOCETTI, « Géopolitique de la cyber-conflictualité », *Politique étrangère* 2018, n° 2, pp. 15-27.

391. La cyberpropagande reste une cybermenace car elle intervient dans les affaires intérieures d'un Etat souverain. Bien qu'elle puisse paraître, à première vue, insignifiante au regard de ses propres limites car elle n'agit que sur les mentalités, en faussant par exemple le résultat des élections dans un Etat souverain par des actions de désinformation, la cyberpropagande méconnaîtrait la norme de non-intervention de la Charte de l'ONU[1]. De façon générale, cette norme interdit le critère de la contrainte. Ce critère doit s'entendre de manière restrictive, comme le fait de ne pas laisser le choix à un Etat, de l'obliger à agir ou à s'abstenir d'agir d'une certaine façon[2] De fait, l'acte de cyberpropagande renverrait à une conception dualiste de la vie sociale internationale (A). Les enjeux de la cybercriminalité sont nombreux, les administrations ne sont pas à l'abri d'une attaque de *ransomware*, cette forme d'intrusion informatique peut, par exemple, infecter des fichiers informatiques, ou bloquer à partir d'un code malveillant l'accès à un ordinateur.[3] Cette réalité peut servir à aménager un régime de sanction dans les rapports pénaux internationaux, il convient d'en déterminer les fondements (B).

A - L'acte de cyberpropagande comme conception dualiste de la vie sociale internationale

392. La vie sociale est faite d'interactions, le secteur numérique facilite les échanges au sein d'une société dans laquelle un ensemble de personnes interagissent pour former une communauté. Une conception moniste de la vie sociale est la réduction inévitable de toute connaissance de la vie sociale à une seule régularité de l'ordre d'une loi[4]. La dimension dualiste correspondrait à plusieurs régularités car quelle que soit l'activité humaine, elle s'attache à un ordre juridique référent. L'ordre juridique est un ordre épistémologique, à savoir d'une part, une identification claire et précise de l'objet « droit » et d'autre part, de la manière dont il s'organise en général, un usage de règles d'ordre

---

[1] A. LODIE, *ibid*, p. 322.

[2] A. LODIE, *ibid*, p. 324.

[3] *Ransomware* ou logiciel rançonneur, consultable sur France Terme, site du Ministère de la culture, disponible sur : *[https://www.culture.fr/franceterme/INFO935]*, consulté le 02 juin 2024.

[4] M. COUTU, « Weber, le lecteur de Stamler quels horizons pour la sociologie de droit », *Droit et Société*, 2009, n° 73, p. 670.

méthodologique pour observer cet objet[1]. Pour comprendre cet ordre épistémologique, il faut se référer au rapport entre la technologie numérique et la souveraineté de l'Etat qui doivent être pensés comme unité afin de présupposer l'existence d'un ordre juridique. A partir de ce présupposé, c'est-à-dire à partir du concept d'ordre, on en arrive du point de vue de la théorie de la connaissance, à élucider le sens de la souveraineté de l'Etat comme exigence de neutralité. L'Etat souverain est l'Etat neutre. La neutralité peut résulter du comportement effectif d'un Etat. L'Etat est neutre quand il reste à l'écart d'une guerre affectant deux ou plusieurs Etats, s'abstenant d'y participer[2]. Cependant, d'une façon générale, l'Etat fait preuve de neutralité quand il s'interdit d'intervenir dans les affaires intérieures d'un autre Etat. La logique d'ordre qui sous-tend la souveraineté est là pour rappeler à l'Etat qu'il ne peut se réserver le droit d'en modifier les règles à tout moment. La cyberpropagande s'opposerait à cette exigence de neutralité, non pas tant parce qu'elle ramène à l'effectivité de certains faits sociaux, mais parce qu'elle se rattache à une autre idée centrale, celle du « dualisme de la vie sociale internationale ». Cette idée tend à engendrer un universalisme, qui semble se présenter finalement comme un niveleur des souverainetés traditionnelles [...], c'est ce que l'on appelle aujourd'hui, de manière un peu vague, les phénomènes identitaires[3]. Le secteur numérique porte une identité, et l'acte de cyberpropagande n'est que la résultante de cette identité qui se caractérise à la fois par le résultat qu'elle cherche à atteindre et par la méthode qu'elle utilise pour y arriver.

393. Ce résultat amène à séparer l'Etat de l'ordre juridique international en utilisant la méthode de la neutralité libérale. Cette dernière repose sur l'idée que l'ordre juridique international ne peut pas, par manichéisme, opposer une conception des relations internationales à une autre, plus significative à l'ère du *New Space* qui fait glisser le « territoire géographique au sens conventionnel vers la structure d'un

---

[1] X. MAGNON, « Repenser la frontière droit externe - droit interne au profit d'une approche unitaire du droit », dans *Traité des rapports entre ordres juridiques*, sous la direction de B. BONNET, LGDJ 2016, pp. 653-666.

[2] M. BETTATI, *Le droit de la guerre*, Odile Jacob, 2016, p. 288.

[3] H. COUTAU-BEGARIE, « Histoire et perspective de la souveraineté. Une relecture de Bertrand de Jouvenel et de Jacques Ellul », *prospective et stratégie*, 2010, vol. 1, n° 1, pp. 35-45.

écosystème territorial[1]. Si dans cet écosystème, « l'Etat neutre » est précisément celui qui s'interdit de prendre des mesures pour contrarier cet écosystème, la contrariété intervient quand la défense du concept de frontière juridique et perçue comme limite qui empêche un état d'étendre sa sphère d'influence par la cyberpropagande.
En effet, au regard d'une certaine façon de concevoir la conception sociologique du droit, la responsabilité pour fait illicite de l'Etat-auteur d'une cyberpropagande est ravalée au rang « d'anomalie » parce qu'elle nierait la structure de l'écosystème composé d'éléments qui sont reliés les uns aux autres, d'où l'antinomie qu'il y aurait de dissocier souveraineté étatique et limitation d'un pouvoir. Si la souveraineté étatique participe à l'encadrement du pouvoir des Etats dans l'espace numérique, celui-ci s'autorise un pouvoir qui amorce l'ancrage identitaire dans des territoires. Cet ancrage identitaire renvoie au fait frontalier.

394. Selon cette perspective, l'étude du fait frontalier permet d'aborder des phénomènes socio-politiques plus généraux [...] en modélisant la fabrique de politiques frontalières pour sortir de la spécificité d'une zone frontalière et aborder des objets communs (sécurité, intégration, libre échange…)[2]. La théorie dualiste de la vie sociale internationale, sous l'angle des conséquences des actions de cyberpropagande, montrerait que l'abstraction du phénomène de frontiérisation, celui qui offre une vision différente des cyberattaques, génère la possibilité de renforcer le positionnement de l'Etat à l'ère numérique. En effet, l'Etat qui va utiliser la technique satellitaire et la technologie numérique pour mener une action de cyberpropagande contre un autre Etat fait la frontière, en tant que ligne virtuelle protectrice en droit international, reculer, précisément parce que ce recul est assorti de règles qui se fondent sur une prémisse opportuniste. Elle soutient que toutes les actions de l'Etat doivent bénéficier des mêmes occasions de se réaliser. Les actions de cyberpropagande sont pour les Etats qui les utilisent un moyen d'exister. En s'insérant dans la sphère politique de l'Etat victime, l'Etat-auteur de la cyberpropagande manifeste sa propre sphère

[1] B. EL HAFED, « Equilibre délicat : souveraineté des Etats à l'ère des géants du numérique », consultable sur : *[https;//www.village-justice.com/articles/equilibre-delicat-souverainete-des-etats-ere-des-geants-numerique-47084.html]*, consulté le 05 mai 2024.

[2] D. DUEZ, D. SIMONNEAU, « Repenser la notion de frontière aujourd'hui. Du droit à la sociologie », *Droit et Société* 2018, n° 98, p. 49.

d'influence sur la scène internationale. Certes, si cette sphère d'influence ne peut être contraire à l'ordre juridique international qui l'encadre, c'est en se matérialisant qu'elle lui permet d'être évoqué. C'est par « une évolution du droit qui, faisant en quelque sorte un raccourci sur lui-même, s'agripperait directement aux faits, aux choses et aux êtres humains, par sa concrétisation donc, dans laquelle la montée en puissance d'une conception et sociologique et technologique du droit prend sa part, que l'on rencontre la difficulté de l'immatériel »[1]. C'est en quittant son immatérialité, c'est-à-dire son abstraction, que le droit passerait de la virtualité à la réalité. La virtualité, comme nouveau vocable, est utilisé pour désigner ce qui existe concrètement mais qui n'a pas de forme sensible[2], la réalité renverrait toujours à l'importance d'un certain type de frontière ; la frontière dite « sensible » qui retranscrit fidèlement la perception de la réalité à savoir qu'à l'ère numérique, les frontières sont perméables, concrètement elles n'auraient qu'une forme sensible, désignant la « réalité de l'Etat ».

395. L'expression « réalité de l'Etat » désignerait certains actes dits de cyber- propagande, dont les Etats ne seraient pas les auteurs, mais qui les rendent possibles. Bien évidemment, ces actes sont toujours menés à partir d'un territoire. L'exemple de la cyberpropagande réalisée par le national d'un Etat est néanmoins certaine compte tenu des mécanismes de preuve et de répression qui anticipent cette action. Néanmoins, l'adoption de normes est un élément de la souveraineté interne, elle porte sur le droit des Etats, donc sur l'exercice pratique de leur compétence sur leur territoire, favorisant d'une certaine façon la possibilité pour certains individus de se situer à la marge de ses normes pour commettre des actes malveillants. Le choix de créer une institution internationale spécialement dédiée à la question des cyberattaques qui dépend nécessairement des fonctions et pouvoirs que ses promoteurs entendent lui conférer, peut consister à développer et adapter un cadre normatif susceptible de contribuer à la prévention des cyberattaques[3]. L'édification d'un cadre institutionnel pérenne suppose le suivi de la

---

[1] A.-M. FRISON-ROCHE, « L'immatériel à travers la virtualité », *Arch. phil. droit*, 1999, vol. 43, p. 140.

[2] A.-M. FRISON-ROCHE, *ibid*, p. 140.

[3] P. JACOB, « Faut-il créer une organisation internationale dédiée à la lutte contre les cyberattaques ? Une question qui en appelle beaucoup d'autres », dans *Cyberattaques et droit international*, Pedone 2018, p. 94.

mise en œuvre par les acteurs de leurs obligations en matière de lutte contre les cyberattaques, du recueil et de l'échange d'informations, de l'alerte ou de l'assistance aux Etats touchés[1]. Cette institution sera confrontée au problème récurrent du droit de la coexistence, fait de règles d'abstention mutuelle, les Etats pouvant créer une institution internationale sans qu'ils renoncent pour autant à leur idéologie. En cela, la création de cette institution pourrait ne pas s'accompagner d'objectifs qui lui seraient clairement assignés car la difficulté ne proviendrait pas de la possibilité de donner un effet au présent, mais de celle de lui donner des effets spécifiques pour réussir.

B - Le fondement du régime de sanction dans les rapports pénaux internationaux propres aux actes de cybercriminalité

396. Hormis le secteur du sport[2], c'est le secteur de la santé qui reste une cible privilégiée pour les cybercriminels. En effet, ce secteur est confronté depuis plusieurs années aux cybermenaces, l'importante quantité de données précieuses et sensibles, le besoin souvent impératif de service ininterrompu et l'utilisation de systèmes parfois obsolètes ou contraints en maintenance [...], font de ce secteur une cible attractive[3].

397. Cependant, la définition de la cybercriminalité ne fait pas l'objet d'un consensus universel, entendue de manière restrictive, elle désigne « les atteintes commises à l'encontre de systèmes informatiques à l'aide de systèmes informatiques [...], dans un sens large et majoritaire, la cybercriminalité est comprise comme « toutes les infractions pénales commises à l'aide de réseau de communication électronique et de

---

[1] P. JACOB, *ibid*, p. 97.

[2] F. REYNAUD, « Cyberattaques, arnaques désinformation, les menaces en ligne qui pèsent sur les jeux olympiques de Paris », consultable sur : *[https://www.lemonde.fr/sport/article/2024/04/10/cyberattaques-arnaques-desinformation-les-menaces-en-ligne-qui-pesent-sur-les-jeux-olympiques-de-paris]*, consulté le 25 mai 2024.

[3] L. GUEZO, « Pourquoi le secteur de la santé reste une cible privilégiée pour les cybercriminels », consultables sur : *[https://www.apsis.com/actualite-ssi/517/pourquoi-le-secteur-de-la-santé-reste-une-cible-privilégiée-pour-les-cybercriminels.html]*, consulté le 29 avril 2024.

système d'information ou contre ces systèmes »[1]. La Convention sur la cybercriminalité (Convention de Budapest) qui a été élaborée sous l'égide du Conseil de l'Europe le 23 novembre 2001, souligne dans son Préambule que 1) « Le but du Conseil de l'Europe est de réaliser une union plus étroite entre ses membres 2) convaincus de la nécessité de mener en priorité une politique pénale commune destinée à protéger la société de la cybercriminalité dans le cyberespace, notamment par l'adoption d'une législation appropriée et par l'amélioration de la coopération pénale internationale[2]. L'élaboration de cette Convention révèle que la cybercriminalité est vue comme un problème commun[3]. A cet égard, la doctrine juridique argentine s'est prononcée sur cet ensemble normatif suite à l'adhésion de l'Argentine à la Convention en 2010 : « l'Etat a considéré que la sanction est assez grave car priver de liberté, sanctionner économiquement ceux qui transgressent aujourd'hui les nouveaux types juridiques… »[4]. Si cette position doctrinale ramène au fait que la cybercriminalité ne peut être ignorée par le droit, c'est parce que la Convention de Budapest se révèle dans un contexte où la criminalité informatique ne connaît pas de frontières. L'efficacité répressive ne doit pas en connaître non plus puisqu'elle suppose un modèle de coopération dans le domaine pénal international.

398. On pourrait trouver au fondement même de ce modèle de coopération, l'idée que les Etats doivent s'accorder une confiance réciproque pour lutter efficacement contre la cybercriminalité. Le concept de confiance qui intéresse particulièrement les sciences sociales et la philosophie, se situe dans un contexte dans lequel un agent se place dans la dépendance d'une conduite d'un autre agent afin de réaliser une certaine fin qui lui serait difficile ou compliquée d'atteindre sans cela, en escomptant plus ou moins sûrement que le signalement de

---

[1] E. PETIT-PREVOST-WEYGAND, « La répression de la cybercriminalité terroriste : une spécificité africaine ? », dans Droit du numérique en Afrique - enjeux internationaux sous la direction de A. ABDOU-HASSAN, A.-T. NORODOM, Bruylant 2023, pp. 231-250.

[2] Conseil de l'Europe « Convention sur la cybercriminalité (STE n° 185) », 23 novembre 2023, p. 233.

[3] A. KLIP, « Section IV - Droit pénal international - Société de l'information et droit pénal - Rapport général », *RIDP* 2014, vol. 85, n°1, pp. 327-380.

[4] G.-A. AROCENA, « La Regulación de los Delitos informáticos en el Código penal argentino - Introducción a la ley nacional », *BMDC* 2012, n° 135, pp. 945-988 (notre traduction).

cette dépendance incite l'autre agent à adopter cette conduite[1]. La forme de confiance réciproque qui émane de l'élaboration de la Convention de Budapest souhaiterait tenir pour acquis le principe de complémentarité des différentes compétences nationales dans un espace international de coopération. Ce principe donnerait un rôle explicatif à la confiance. Bien sûr, étant une source d'action, la confiance établit un lien juridique avec le choix rationnel qui lui correspond. Ce n'est pas tant l'instrument conventionnel qui est important que le questionnement sur la confiance dans le secteur numérique. Quand on aborde ce questionnement, on fait nécessairement la part des choses. Certes, l'utilisation des technologies de l'information et de la communication (TIC) peut l'être à des fins criminelles, cependant, elle pose la question de l'intention. A cet égard, si l'article 6 paragraphe 1 de la Convention de Budapest donne compétence aux Etats pour ériger en infraction pénale certains faits, l'infraction pénale au sens du paragraphe 2 n'est pas source de responsabilité lorsque la diffusion ou d'autres formes de mise à disposition des informations « n'a pas pour but de commettre une infraction ».

399. La cybercriminalité peut revêtir plusieurs formes et engager la responsabilité pénale de la personne en cause. Toutefois, les cyberdélinquants sont enclins à opérer depuis des territoires plus permissifs pour garantir leur impunité[2]. Cette réalité a fait germer l'idée d'harmoniser les législations nationales, la Convention de Budapest veillant à en fixer le cadre[3]. L'harmonisation du droit peut être définie comme « l'opération consistant à rapprocher des systèmes juridiques d'origine et d'inspiration différents, voire divergents, pour les mettre en cohérence entre eux, en réduisant, ou supprimant leurs différences et leurs contradictions de façon à atteindre des résultats compatibles entre eux et avec les objectifs communautaires recherchés »[4]. Cela voudrait dire que l'objectif de la Convention de Budapest n'est pas « de minimiser l'influence des Etats car s'il s'agit d'harmoniser des

[1] L. JAFFRO, « Interactions en ligne et concept de confiance », dans *La Confiance à l'ère du numérique*, sous la direction de M. DOUEIHI, J. DOMENICUCCI, éd. Berger Levrault, pp. 33-62.

[2] B. PEREIRA, « La lutte contre la cybercriminalité : De l'abondance de la norme à sa perfectibilité », *RIDE* 2016, pp. 387-409.

[3] On relève neuf types d'infractions dans la Convention de Budapest.

[4] G. CORNU, *Vocabulaire juridique*, *op. cit.*, p. 57.

législations, ces dernières portent la pluralité des différents ordres juridiques nationaux comme condition de l'harmonisation juridique à l'échelle internationale. En vérité, dans le domaine juridique, l'harmonisation suppose la maîtrise d'un code, celui où l'Etat va s'engager dans la voie conventionnelle avec d'autres Etats parce qu'il est en confiance. L'Etat est en confiance quand il considère qu'il existe, certes d'autres législation nationales différentes, mais qui portent des lignes directrices qui lui correspondent et qu'il fait sienne dans sa propre législation. Cela dit, cette confiance constituerait plutôt une sorte de handicap. Sous cet aspect, la confiance répond à de l'évidence, au sens anglais de ce terme, celui de « l'indice ou de la preuve »[1]. En tant qu'indice ou preuve de la confiance, on trouve la notion d'entraide.

400. La notion d'entraide renvoie à l'article 25 de la Convention de Budapest. Le premier paragraphe de cet article dispose que « les Parties s'accordent l'entraide la plus large possible aux fins d'investigations ou de procédures concernant les infractions pénales liées à des systèmes et des données informatiques… ». Cette disposition doit être mise en parallèle avec le paragraphe 4 du même article qui dispose que « Sauf disposition contraire expressément prévue dans les articles du présent chapitre, l'entraide est soumise aux conditions fixées par le droit interne de la Partie requise ou par les traités d'entraide applicables, y compris les motifs sur la base desquels, la Partie requise peut refuser la coopération… ». On voit bien les limites qui caractérisent la problématique de l'efficacité de la lutte contre la cybercriminalité, qui tiennent aux conditions de consentement des Etats[2].

401. Fondamentalement, ces conditions portent les limites du « pluralisme ordonné », expression qui associe deux termes antinomiques. Le pluralisme accroît dans un certain sens la marge d'appréciation des Etats, il se comprend comme la possibilité de « doser » le degré d'harmonisation voulue, là où l'ordonnation agit comme une contrainte. C'est dans ce cadre-là que la notion d'harmonisation invite à se satisfaire d'un résultat et uniquement de ses effets juridiques qui montrent en retour qu'elle est justifiée. C'est la raison pour laquelle, compte tenu de l'expression « pluralisme ordonné », l'harmonisation des

---

[1] L. JAFFRO, « Interactions en ligne et concept de confiance », *op. cit.*, p. 404.

[2] B. PEREIRA, « La lutte contre la cybercriminalité : De l'abondance de la norme à sa perfectibilité », *op. cit.*, p. 404.

législations pénales nationales reposerait sur une compréhension incorrecte de son objet qui n'est pas de l'ordre de la confiance dans la lutte contre la cybercriminalité, mais de la méfiance pour élaborer une stratégie normative commune. On voit clairement les limites des grands ensembles normatifs du droit international public qui relèvent souvent de l'ordre de la simulation.

402. La directive du Parlement européen et du Conseil du 12 août 2013 énonce que « les attaques contre les systèmes d'information, et en particulier celles liées à la criminalité organisée, constituent une menace croissante au sein de l'Union et à l'échelle mondiale »[1]. A cet égard, le lancement d'un processus visant à garantir la reconnaissance mutuelle des décisions judiciaires des Etats membres dans l'espace judiciaire européen reflète les mutations substantielles intervenues dans la définition et la coopération judiciaire dans l'UE[2]. Introduite concomitamment avec l'objectif de « maintenir et développer l'Union en tant qu'espace de liberté de sécurité et de justice », la reconnaissance mutuelle reflète la nécessité de rechercher un équilibre[3]. Explicitée de sa consécration politique et avant sa consécration juridique, l'idée d'équilibre entre répression et protection, entre sécurité et liberté conditionne la construction du principe de reconnaissance mutuelle des décisions judiciaires pénales par le législateur de l'Union[4]. Dès lors que le système de reconnaissance renvoie à un ordre juridique qui porte un intérêt pour les droits fondamentaux et qui fait de la reconnaissance mutuelle une limite, on en vient à limiter l'intérêt collectif au profit d'un intérêt particulier. C'est une façon de dissocier dans le cadre d'une procédure pénale qui peut amener les Etats membres à coopérer, d'une part l'Etat réclamant et de l'autre, l'Etat d'exécution. Le deuxième pouvant être celui qui se prévaut du principe de territorialité pas tant parce qu'il serait le lieu de la commission d'un acte de cybercriminalité, mais parce qu'il serait celui de son intelligibilité, qui prend en

---

[1] *Directive n° 2013/40/UE du Parlement européen et du Conseil* du 12 août 2013 relative aux attaques contre les systèmes d'information et remplaçant la décision cadre 2005/222/JAI du Conseil, JOUE L 218, p. 8, pt. 3.

[2] S. MESSINI, « La reconnaissance mutuelle en matière pénale entre "efficacité" et "responsabilité" », A*rchives de politique criminelle* 2016, vol. 1, n° 38, pp. 229-248.

[3] S. MESSINI, *ibid*, p. 230.

[4] V. GIANNOULIS, *Le principe de reconnaissance mutuelle des décisions judiciaires pénales et les droits fondamentaux*, Thèse de doctorat en droit privé et sciences criminelles de l'Université de Nanterre-Paris X, 26 janvier 2021, p. 39.

considération la dimension politique de la coopération. Il est certain que l'Etat membre qui va utiliser la souplesse de sa réglementation comme moyen d'attractivité et de développement du secteur numérique est souvent le même qui choisira « l'angle » approprié en matière de coopération judiciaire.

403. A l'occasion d'une conférence sur la lutte contre la cybercriminalité à l'appui du Statut de Rome, le 22 janvier 2024, le Procureur de la Cour pénale internationale (CPI), Karim Khan, a déclaré que « Les cybercrimes peuvent relever de la compétence de la CPI, lorsque les conditions énoncées dans le Statut de Rome sont remplies. Le droit international pénal est régi par le principe de l'égalité et doit respecter l'adage *Nullum crimen sine lege*. Ne figurant pas dans les dispositions du Statut de Rome, le terme « cyberattaque » ne peut juridiquement pas être considéré comme un crime de droit international autonome[1]. Hormis la question qui se pose qui est celle de savoir si une cyberattaque constitue un crime international qui est susceptible d'entrer dans le champ d'intervention de la CPI[2], la notion de crime rend plus claire ses limites qui sont *ratione materiae.* En effet, quand bien même, il existerait une rhétorique constante dans les cercles juridiques pénaux internationaux concernant la nécessité de mettre fin à l'impunité pour les crimes les plus graves, la communauté internationale à un rôle à jouer dans les situations qui peuvent entraîner une immunité systémique en vertu du droit national[3]. A titre de standard de comportements, le principe de bonne foi aurait une autonomie propre, elle se situerait sur le terrain de la limitation du recours à l'immunité, la bonne foi est synonyme d'engagement, prendre en considération cet engagement permettrait d'apprécier la sincérité de l'Etat en systématisant certaines attitudes qui ne seraient pas identiques dans

---

[1] « Déclaration du Procureur de la CPI, Karim A.-A. Khan KC, à l'occasion d'une conférence sur la lutte contre la cybercriminalité par le biais du Statut de Lomé », consultable sur : *[https://www.icc-cpi.int/fr/news/declaration-du-procureur-de-la-CPI-Karim-a-a-Khan-kc-loccasion-dune-conférence-sur-la-lutte]*, consulté le 03 mars 2024.

[2] A.-L. CHAUMETTE, « La responsabilité pénale internationale des invités en cas de cyberattaque », dans Cyberattaques et droit international sous la direction de M. GRANGE, A-T. NORODOM, Pedone 2018, p. 110.

[3] S. WARTON, « Redrawing the Line: Serious Crimes of Concern to the International Community beyond the Rome Statute », *Can. Y.B. Int'l.6*, 2014, vol. 52, pp. 129-183 (notre traduction).

chacune des manifestations de la bonne foi. Sous cet aspect, il y aurait lieu de dissocier l'intention de l'affichage. L'affichage tendrait à minimaliser les exigences de bonne foi, la cantonnant à une notion distincte ayant ses propres attributs pour exclure les données qui pourraient être évoquées pour justifier la criminalisation de certains comportements.

§2 - La théorie des espaces juridiques en tant que manifestation d'une approche sociologique

404. Le domaine spatial était au départ une préoccupation gouvernementale, le *New Space* a changé la donne, certains individus voyant un intérêt à utiliser à leur profit, parfois à des fins malveillantes, le cyberespace. Cependant, crime et argent partagent une relation étroite, si bien que l'étude sur la criminalité à partir du cyberespace soulève la question du régime des enquêtes pénales. L'application extraterritoriale du droit pénal des Etats-Unis interpelle du point de vue de la théorie de la connaissance, elle servirait à ériger leur droit en modèle dominant dans l'appréhension d'un phénomène social.

405. L'extraterritorialité est une situation dans laquelle les compétences d'un Etat, législatives, exécutives ou juridictionnelles régissent les rapports de droit situés en dehors du territoire dudit Etat[1]. La loi fédérale américaine dite *Clarifying Lawful Overseas Use of Data Act* ou *Cloud Act* qui a été adopté le 23 mars 2018, permet aux autorités américaines de solliciter auprès des fournisseurs de service opérant aux Etats-Unis, les données personnelles d'un individu, citoyen ou résident américain, sans que celui-ci en soit informé, ni que son pays de résidence ne le soit, ni que le pays où sont stockées ces données ne le soit[2]. Le *Cloud Act* met l'accent sur les potentialités de l'application extraterritoriale du droit américain qui privilégie le critère de l'accès aux données numériques. S'il convient de noter dans un premier temps, que ce dispositif à pour sens l'application d'une loi de police qui lui donne sa force juridique (A), la politique pénale ailleurs qu'aux Etats-Unis serait sans doute motivée par les mêmes raisons (B).

A - Le Cloud Act comme loi de police

---

[1] J. SALMON, Dictionnaire de droit international public, *op. cit.*, p. 491.

[2] *H. R. 4943 CLOUD ACT* - 115th Congress (2017-2018).

406. Le périmètre du *Cloud Act* est très large. En pratique, dans le cadre d'une enquête criminelle ou terroriste menée par les agences de renseignement américains, comme la *Central Intelligence Agency* (CIA) ou le *Federal Bureau of Investigation* (FBI), les grandes entreprises américaines du secteur numérique pourraient, par exemple, communiquer des données de sécurité des citoyens européens. Ainsi, les données de santé de la plateforme nationale *Health Data Hub*[1] sont hébergées par Microsoft Azure. Dans ce domaine, la portée extraterritoriale du *Cloud Act* implique que même si l'entreprise se sert d'un centre de données basé en Hollande, elle entre dans le champ d'application de cette réglementation qui autorise les autorités nord-américaines à récupérer les données hébergées par une entreprise nord-américaine dans certaines conditions[2]. Bien entendu, au-delà du risque de transfert, un contrôle de données à caractère personnel par les Etats-Unis, le *Cloud Act* illustrerait la mise en place d'une loi de police.

407. L'article 9 paragraphe 1 du Règlement du Parlement et du Conseil du 17 juin 2008 sur « la loi applicable aux obligations contractuelles » (Rome 1) dispose qu' « une loi de police est une disposition impérative dont le respect est jugé crucial par un pays pour la sauvegarde de ses intérêts publics, tels que son organisation politique, sociale ou économique au point d'en exiger l'application à toute situation entrant dans son champ d'application quelle que soit par ailleurs la loi applicable au contrat d'après le présent règlement »[3]. En vérité, la communication des données personnelles des individus qui n'ont pas la nationalité américaine, peut relever des intérêts publics des Etats-Unis au sens de la définition qui précède pour les situations présentant un lien étroit avec ce pays. L'étroitesse du lien avec les Etats-Unis désigne la finalité que l'on assigne à l'intérêt public, car la loi qui s'applique dans

---

[1] « The Health Data Hab est un groupement d'intérêt public (GIP) qui associe cinquante-six parties prenantes, en grande majorité issues de la puissance publique, qui garantit l'accès aisé et unifié, transparent et sécurisé aux données de santé… », consultable sur : *[https://www.data-gouv.fr/fr/organizations/health-data-hub]*, consulté le 18 mai 2024.

[2] M. PUTIER, L. MEDJADJI, « La souveraineté numérique, un objectif atteignable par le Cloud ? », *op. cit.*, p. 3.

[3] *Règlement (CE) n° 93/2008 du Parlement européen et du Conseil* du 17 juin 2008 sur la loi applicable aux obligations contractuelles (Rome I), JOUE L 177 du 4 juillet 2008, p. 13.

le cadre de procédure pénale est en connexion avec un territoire donné, mais surtout avec une autorité étatique. Le concept « d'autorité » constituerait la base pour réformer les dispositifs d'entraide judiciaire pénale internationale. Dans ces conditions, l'autorité renvoie à l'exercice de la puissance d'un Etat, c'est-à-dire à une vision pragmatique du droit d'un Etat.

408. La puissance serait la capacité d'un acteur à amener d'autres acteurs à faire ce qu'autrement ils n'auraient pas fait[1]. La puissance n'est pas synonyme d'isolement, au contraire, elle se pose en modèle de relations interdépendantes avec d'autres systèmes juridiques. A cet égard, l'adoption par l'UE du RGPD ajoute un élément d'intentionnalité au *Cloud Act*. L'intentionnalité reviendrait à créer les conditions de l'interdépendance. Ainsi, l'article 48 du RGPD dispose que « Toute décision d'une juridiction ou d'une autorité administrative d'un pays tiers exigeant d'un responsable du traitement ou d'un sous-traitant qu'il transfère ou divulgue des données à caractère personnel ne peut être reconnue ou rendue exécutoire de quelque manière que ce soit qu'à la condition qu'elle soit fondée sur un accord international tel qu'un traité d'entraide judiciaire en vigueur entre le pays tiers demandeur de l'Union ou un Etat membre sans préjudice d'autres motifs de transfert en vertu du présent chapitre ». En tant que disposition fondamentale du RGPD, l'article 48 précité s'analyserait comme le refus de l'Union de se laisser enfermer dans une quelconque position, c'est-à-dire un socle de principes qui serait marqué par le refus inconditionnel de divulguer des données à caractère personnel. Toute position dogmatique devrait être écartée, car l'existence d'une loi de police et son appréhension par le système normatif qui la reçoit opère sur un autre registre en matière de traitement des données à caractère personnel, tant il semble indispensable de réguler les intérêts privés. La régulation invite à modifier l'échelle de certaines perceptions afin de s'assurer de leur ordre de grandeur. Plus qu'une théorie de la puissance, suivant le sens spécifique préalablement retenu, le *Cloud Act*, en tant que loi de police, ne peut se concevoir sans l'assistance concomitante d'exceptions d'ordre public.

---

[1] G. DEVIN, *Sociologie des relations internationales*, Coll. Repères, éd. La Découverte, 2018, p. 29.

409. Il s'ensuit que ce sont les considérations d'ordre public qui précèdent l'adoption de la loi de police, car la juridicité est créée sur la base de conditions restrictives. Sur un plan purement théorique, on en arrive au fait qu'« une loi de police, comme l'est le *Cloud Act*, ne produit pas de droit, elle le reçoit. Tout au plus, en arrive-t-elle à préciser les raisons qui pourraient justifier d'avoir recours à la notion d'ordre public. Tel serait en réalité le but poursuivi par le *Cloud Act* qui serait instrumentalisé par les exceptions d'ordre public, afin qu'il accorde une attention particulière aux exigences de la sécurité juridique. Ainsi, en permettant au *Cloud Act* de conserver son utilité pratique, l'ordre public qui est celui de l'article 48 du RGPD se doit d'être réaliste. Le réalisme se caractérise par son très haut degré de figuration, c'est-à-dire la reproduction de la réalité[1]. La réalité préexiste, elle est celle qui doit être, on en vient à constater que le critère de rigidité d'une loi de police, singulièrement celle du *Cloud Act*, n'est que relative dans la mesure où elle s'inscrit dans un espace juridique fait de liens.

B - Une vision cosmologique du droit illustrée par d'autres lois de police

410. La cosmologie permet d'aborder le droit sous l'angle d'une certaine représentation du monde. Ce terme convient en raison de l'utilité particulière des images spatiales pour illustrer cette représentation novatrice[2]. On se permet de qualifier de « cosmologie juridique » le droit de l'UE qui n'est pas simplement un agrégat de règles et principes organisés hiérarchiquement ou par domaines de compétence, il propose aussi de manière principalement implicite une certaine représentation du droit, étrangère à celle qui anime les systèmes de droit nationaux[3]. Dès lors, le rapport entre le droit européen et le droit national a créé un ordre public européen qui n'est rien d'autre qu'une manière formelle d'ordonnancer le contenu des différentes lois de police nationale, autrement dit, une certaine forme de pensée, en conformité avec les principes du droit juste.

---

[1] D. BARRAUD, *Le pragmatisme juridique*, *op. cit.*, p. 48.

[2] T. MARZAL, « La cosmologie juridique de la Cour de justice de l'Union européenne illuminée par le droit international privé (de l'utilité nouvelle des notions d'ordre public et lois de police) », *Arch. phil. droit*, 2015, vol. 58, p. 269

[3] T. MARZAL, *ibid*, p. 269.

411. Tel est l'objectif qui est poursuivi par le paquet législatif qui vise à l'amélioration de la capacité des autorités judiciaires des Etats membres de l'UE pour mener à bien des enquêtes pénales dans un contexte de numérisation de la société. L'article 7 paragraphe 1 du Règlement *E-Evidence* énonce que : « Les injonctions européennes de production et de conservation devraient être adressées à un représentant légal désigné par les fournisseurs de services concernés »[1]. Cette disposition s'inscrit dans le cadre de procédures pénales conformément à la directive établissant les règles harmonisées de désignation des représentants légaux aux fins de recueillir des preuves dans le cadre de procédures pénales. Dès lors, tous les prestataires de service numérique qui proposent leur service dans l'Union seraient soumis à des obligations identiques, même si leur siège est situé dans un pays tiers[2]. Une sorte de *Cloud Act* à l'échelle de l'UE qui produit également des effets extraterritoriaux[3]. Enfin favorisant la mise en œuvre d'un cadre coopératif, l'extraterritorialité de la proposition *E-Evidence* serait fondée sur le principe de la reconnaissance mutuelle. A travers ce principe, cette proposition vient compléter les instruments adoptés par l'Union en matière probatoire, en visant les seules données électroniques[4]. Elle se place dans la continuité de la méthode traditionnelle de l'Union qui oblige les autorités d'un Etat à accepter de reconnaître les mêmes effets aux décisions étrangères qu'aux décisions nationales en dépit des différences qui opposent les ordres juridiques concernés[5]. Cela signifie la consécration d'une vision cosmologique du droit de l'UE, celle qui oblige les Etats membres à opter pour le droit qui serait le plus proche de la méthode probatoire qu'ils se sont assignés.

---

[1] *Règlement (UE) n° 2023/1543 du Parlement européen et du Conseil* du 12 juillet 2023 relatif aux injonctions européennes de production et aux injonctions européennes de conservation concernant les preuves électroniques dans le cadre des procédures pénales et aux fins de l'exécution de peines privatives de liberté prononcées à l'issue d'une procédure pénale, JO L 191 du 28 juillet 2023, p. 135.

[2] S. PEYROU, « Le projet de règlement, "E-evidence" (preuves électroniques) présenté par la Commission européenne : Un "Cloud Act européen" », consultable sur :
[https://www.gdr-elsj.eu], consulté le 25 mars 2024.

[3] R. BISMUTH, « *Every Cloud Has a Silver Lining* : Une analyse contextualisée de l'extraterritorialité du Cloud Act », *JCP(E)*, 2018, n° 40, pp. 35-47.

[4] H. CHRISTODOULOU, L. GAURIER, A. MORNET, « La proposition *E-evidence* - Révélatrice des limites de l'émergence d'une procédure pénale européenne ou compromis nécessaire ? », *European papers* 2021, vol. 6, n° 1, p. 424.

[5] H. CHRISTODOULOU, L. GAURIER, A. MORNET, *ibid*, p. 424.

Le droit serait un instrument au service d'un but. Nous constatons que l'application du droit de l'UE se pose dans les termes des lois de police parce que le principe de la reconnaissance mutuelle des différentes lois pénales nationales renvoie à la garantie qu'offre le système de reconnaissance des différents intérêts publics des Etats concernés par la lutte contre la cybercriminalité.

Cela dit, la coopération se présente comme le moyen de concilier la nécessité d'atteindre une efficacité accrue dans la lutte contre la criminalité et le refus des Etats membres d'aller de l'avant sur le plan institutionnel[1]. On retrouve l'idée selon laquelle la compatibilité des intérêts publics nationaux est présumée. Le concept de cosmologie apparaît pour mettre en exergue l'importance du schéma mental que sous-tend la présence des lois de police car l'efficacité de la lutte contre la cybercriminalité est liée à la détermination préalable du droit objectif applicable. Il existerait en matière d'application extraterritoriale du droit un espace normatif de rencontre, cet espace justifiant le champ d'application territoriale de la coopération. De ce point de vue, il faut entendre la coopération en matière pénale au sein de l'UE non pas comme la traduction juridique de l'extraterritorialité, mais comme un mécanisme fondamental conçu en termes de transition. En effet, les effets extraterritoriaux des lois de police nationales n'auraient pas pour effet d'exprimer un contenu mais servirait à réfléchir sur la façon d'exprimer ce contenu dans le droit de l'UE. On partira d'un « noyau dur identitaire qui soulève des problèmes spécifiques qui conduisent à s'interroger sur la pertinence d'une régulation centralisée.

412. La Convention de l'Union africaine sur la cybercriminalité et la protection des données à caractère personnel, dite « Convention de Malabo », est entrée en vigueur en 2023. Le paragraphe 2 de son Préambule fixe ses objectifs[2]. Cette Convention n'est pas qu'un

---

[1] S. MESSINI, « La reconnaissance mutuelle en matière pénale entre "efficacité" et "responsabilité" », *op. cit.*, p. 231.

[2] Le paragraphe 2 du Préambule rappelle que la présente Convention « vise à la fois à définir les objectifs et les grandes orientations de la Société de l'Information en Afrique et à renforcer les législations actuelles des Etats membres des Communautés économiques régionales (CER) en matière de Technologie de l'information et de la communication » : Voir « Convention de l'Union africaine sur la cybersécurité et la protection des données à caractère personnel », consultable sur :

instrument juridique contraignant par essence : c'est un moyen de projection des différentes législations nationales des Etats parties en matière de cybersécurité, c'est-à-dire de constructions externes qui ne servent qu'à circonscrire divers points de rencontre de normes dans un objectif politique. Là s'exprime l'idée de cosmologie, elle s'inscrit dans une démarche de reconversion qui entraîne une action juridique globale qu'impose une mise à distance par rapport à l'univers d'origine des cyberattaques. Cet univers est le manque d'anticipation autour de la cyber résilience de l'environnement informationnel que doit intégrer tout Etat stratège[1]. L'Etat stratège est celui qui s'appuie sur sa loi de police au vu des objectifs qu'elle poursuit, notamment lorsque ces objectifs sont communs à d'autres Etats. Ainsi, la logique même du réseau mérite une réponse stratégique pour faire coexister différentes règles dans l'ordre juridique de l'internet. L'article 8 paragraphe 1 de la Convention de Malabo a pour objectif de « réprimer toute infraction relative à toute atteinte à la vie privée sans préjudice du principe de la liberté de circulation des données à caractère personnel ». Si cette disposition comprend à la fois une règle de responsabilité et une règle de propriété, cette dernière rend nécessaire l'intervention des tribunaux pour réguler le risque informatique. Or, cette intervention amène à considérer la règle de propriété comme un élément constitutif de la liberté de circulation des données, plutôt que comme un obstacle à celle-ci. La régulation ne peut se justifier qu'à partir du but poursuivi. Elle suit donc le modèle des lois de police[2] qui ferait de la protection de la vie privée un droit contingent puisqu'il faudra attendre l'intervention des tribunaux pour harmoniser les intérêts des acteurs sociaux dans un cadre juridique régionalisé.

[https://ace.int/sites/default/files/treaties/29560-treaty-0048_african_union_convention_on_cyber_security_and_personnal_data_protections_f.pdf], consulté le 09 juin 2024.

[1] P. MULLER FEUGA, « Cyberespace, nouvelles menaces et nouvelles vulnérabilités - Guerre silencieuse et paix imprédictible », *SECUG*, 2017, vol. 1, n° 9, pp. 83-95.

[2] Voir les développements de T. MARZAL qui souligne que « la CJUE considère que l'application de toute réglementation soumise à son contrôle ne peut se justifier qu'à partir du but poursuivi, survient donc le modèle des lois de police », dans « La cosmologie juridique de la Cour de justice de l'Union européenne illuminée par le droit international privé (de l'utilité nouvelle des notions d'ordre public et lois de police), *op. cit.*, p. 275.

Conclusion de la section

413. L'ère cybernétique amène à réfléchir sur la place qu'occupe le territoire dans la régulation des risques afférents à l'outil informatique. En ne connaissant pas de frontières territoriales clairement délimitées, le cyberespace offre une grille d'analyse qui suppose de modifier sensiblement la notion de Territoire comme étant l'espace où s'organisent les relations entre des acteurs sociaux. Ces relations peuvent être hostiles. La façon de les appréhender, par un régime de coopération, ne s'analyse pas uniquement sur le plan juridique, elle s'appuie sur un savoir qui peut amener certains Etats à mettre en avant leur différence, instituant à la fois des actions collectives qui imposent leurs propres limites.

Section II - L'évolution du contenu du droit pour saisir la conflictualité générée par les actions dommageables impliquant l'espace

414. Le *New Space* regroupe le développement de nouvelles activités autres que les activités de télécommunication ou d'observation de la Terre depuis l'espace. Le développement et le succès des acteurs du *New Space* ont facilité la diffusion de nouvelles idées et de nouveaux modèles dans le secteur spatial que les militaires se sont appropriés[1]. Ils se sont approprié la technique satellitaire qui est duale. Ainsi, le Comité national de l'espace de la Corée du Sud a confirmé en février 2018, la construction du Système de positionnement coréen (KPS), équivalent du GPS américain. La Corée du Sud devrait utiliser le système dans divers domaines, tels que « les transports [...], la construction, la défense...[2] ». Par ailleurs, les nouveaux acteurs publics et privés et les nouvelles activités génèrent de nouvelles menaces, la doctrine, la politique et la réglementation détaillées chinoises et russes sont moins accessibles que la doctrine spatiale américaine[3]. Cependant, les deux reconnaissent l'espace comme un domaine de conflit potentiel et un

---

[1] M. BATAILLE, « L'interaction entre *New Space* et secteur de la défense aux Etats-Unis : Quelles conséquences sur les opérations spatiales militaires américaines », *op. cit.*, p. 97.

[2] Y.-J. JONG, « A study on the Governance of U.S Global Positioning System », *Korean JASL*, 2020, vol. 35, n° 3, pp. 127-150 (notre traduction).

[3] M.-T. KING, L.-R. BLANK, « International Law and Security in Outer Space : Now and Tomorrow », *AJIL*, 2019, vol. 113, pp. 125-129 (notre traduction).

environnement propice à l'affirmation de l'autodéfense[1]. Toutefois, il convient de rappeler que la conflictualité dans l'espace est entretenue par la militarisation de ce milieu. Cette dernière englobe deux notions, d'une part l'implantation ou l'utilisation d'armes dans l'espace extra-atmosphérique, notamment à des fins d'armes antisatellites (ASAT), mais aussi les utilisations militaires de l'espace où sont déployées des applications de soutien aux opérations terrestres[2]. Reste à préciser que les satellites sont devenus un enjeu crucial en cas de conflit, car toutes les composantes des opérations militaires (terre, mer, air, cyber...) utilisent des moyens de renseignement, de communication, de géolocalisation, de navigation ou de synchronisation reposant sur des capacités spatiales[3]. Des actions de brouillage contre des satellites de télécommunication et d'attaques cyber contre des terminaux au sol ne sont pas exclues à telle enseigne que la résistance des systèmes spatiaux aux cyberattaques est considérée comme une priorité pour les armées occidentales qui s'inquiètent de l'émergence de nouveaux risques[4].

415. Les risques sont essentiellement liés au piratage d'un satellite ou de son système au sol, l'objectif étant d'espionner ses données, de les modifier ou d'en prendre le contrôle[5]. L'action de piratage est devenue un enjeu de la cyberguerre qui fait référence dans son acception courante à des situations de fait dans lesquelles l'outil informatique est utilisé aux fins de créer un dommage dans une sphère internationale, sans avoir nécessairement recours à la violence. L'acte de cyberguerre intervient plus fréquemment en dehors de tout conflit armé, il ne correspond ni à la guerre, ni à la paix mais se trouve « s*omewhere*

---

[1] M.-T. KING, L.-R. BLANK, *ibid*, p. 126 (notre traduction).

[2] H. FABRE, *L'usage de la force dans l'espace : réglementation et prévention d'une guerre en orbite*, Bruylant, 2012, p. 23.

[3] M. SEMO, « L'espace nouveau théâtre de conflictualité », consultable sur : *[https://www.defense.gouv.fr/comment-france-se-prepare-conflit-spatial/lespace-nouveau-theatre-conflictualite#:~:text=«%20L%27]*, consulté le 02 juillet 2024.

[4] N. BAROTTE, « Le piratage de satellites, enjeu majeur de la cyberguerre, consultable sur : *[https://www.lefigaro.fr/international/le-piratage-des-satellites-enjeu-majeur-de-la-cyberguerre-20230704#:~:text-Enquete]*, consulté le 10 mai 2024.

[5] Groupement des Industries Françaises Aéronautiques et Spatiales (GIFAS), « Le partage des satellites est devenu un enjeu majeur de la cyberguerre », consultable sur : *[https://www.gifas.fr/press-summary/le-piratage-des-satellites-est-devenu-un-enjeu-majeur-de-la-cyberguerre]*, consulté le 18 mai 2024.

between »[1]. En effet, l'acte dit de cyberguerre permet aux combattants de se battre à des distances extrêmes, ce qui soulève un certain nombre de considérations éthiques et morales[2]. Par ailleurs, le terme de « cyberguerre » n'est pas une description appropriée de toutes les actions hostiles dans le cyberespace en raison d'un large éventail d'effets possibles. Le terme de « cyberguerre » désignerait une cyberattaque qui fait référence à l'utilisation d'action et d'opération délibérées peut-être sur une période de temps prolongée pour ensuite perturber, tromper, dégrader ou détruire le système ou les réseaux informatiques de l'adversaire ou les informations et/ou les programmes résidant dans ou transmettant ces systèmes ou réseaux.[3] Dans la mesure où la volonté de détruire s'affiche comme critère principal de reconnaissance de l'acte dit de cyberguerre, il est important de réaffirmer la nécessité compte tenu de la sévérité de l'acte commis, d'identifier l'auteur de l'attaque.

416. Cette démarche est essentielle pour qu'une telle attaque relève du droit international et entraîne une recherche de responsabilité. Néanmoins, la question qui se pose est celle de savoir, comment on peut appliquer les règles du droit de la responsabilité internationale s'agissant d'attaques dans on ignore l'origine où rien ne prouve l'implication d'un Etat en particulier[4]. S'il existe, le risque ne doit pas déterminer la provenance de l'attaque, et de n'avoir aucun moyen de riposter faute de savoir qui est l'adversaire[5], l'acte de cyberguerre n'échappe pas pour autant à toute notion physique de territorialité, puisqu'il existe un territoire qui en constitue le support. Il s'agit d'une évidence, la règle 5 du Manuel de Tallinn 2.0 affirme notamment la responsabilité des Etats si des installations implantées sur son territoire, placées sous son contrôle ou non, sont utilisées pour attaquer un autre Etat. Pour que le processus d'extension du contrôle des Etats sur

---

[1] C. BORIES, « Appréhender la cyberguerre en droit international. Quelques réflexions et mises au point », *La revue des droits de l'homme*, 2014, n° 5, consultable sur :
[https://doi.org/10.4000/revdh.984], consulté le 02 mai 2024.

[2] J.-N. MADUBUIKE-EKWE, « Cyber attack and the Use of Force in International Law, *BLR* 2021, », vol. 12, n° 2, p. 361 (notre traduction).

[3] J.-N. MADUBUIKE-EKWE, *ibid*, p. 632 (notre traduction).

[4] J.-S. LUIGGI, « Cyberguerre, nouveau virage de la guerre ? », *Stratégique* 2016, vol. 2, n° 112, pp. 91-100.

[5] J.-S. LUIGGI, *ibid,* p. 92.

l'infrastructure informationnelle située sur leur territoire et par symétrie de responsabilité internationale soit engagée, il faut rappeler que le territoire de l'Etat est le lieu d'exercice d'une fonction (§1). De plus, une autre question se pose, celle de savoir si l'acte dit de cyberguerre constitue une attaque armée. Le terme « attaque armée » n'est pas spécifiquement défini par un traité ou une autre forme d'accord internationale. Cependant, le cadre international permettant d'analyser si certaines actions étatiques constituent des attaques armées, a évolué au fil du temps[1], notamment par la Résolution 3314 (XXIX) de 1974 de l'Assemblée générale des Nations-Unies qui précise des exemples d'action qui sont considérés comme tels[2]. La CIJ, dans l'affaire République démocratique du Congo c. Ouganda du 19 décembre 2005, prend en considération « l'ampleur et la durée de l'action »[3]. Quoi qu'il en soit, l'assimilation de la Force armée à une agression au sens du droit international, permettrait de faire une lecture de la responsabilité des Etats dans le cyberespace, et si l'on estime qu'un acte de cyberguerre peut constituer une agression par son « ampleur et sa durée », c'est pour mieux saisir son illicéité au regard de l'article 2 §3 de la Charte des Nations-Unies[4]. Cette disposition semble être dominée par la représentation idéalisée de « l'état de droit » (§2). Enfin, il est important de se questionner sur l'élaboration d'un régime de responsabilité internationale de l'Etat pour l'ensemble des actions hostiles impliquant l'espace extra-atmosphérique (§3).

§1 - L'attribution d'un acte dit de cyberguerre à un Etat sous l'angle du concept de « territoire fonctionnel »

---

[1] J.-N. MADUBUIKE-EKWE, « Cyber attack and the Use of Force in International Law, *op. cit.*, p. 633 (notre traduction).

[2] Art. 1er qui énonce que « L'agression est l'emploi de la force armée par un Etat contre la souveraineté, l'intégrité territoriale ou l'indépendance politique d'un autre Etat ou de toute autre manière incompatible avec la Charte des Nations-Unies. ».

[3] CIJ *Affaire des Activités armées sur le territoire du Congo (République démocratique du Congo c. Ouganda)*, arrêt du 19 décembre 2005, *Rec.* CIJ 2005, p. 227, §165.

[4] L'article 2 §3 de la Charte des Nations-Unies dispose que « Les membres de l'organisation règlent leurs différends internationaux par des moyens pacifiques, de telle manière que la paix et la sécurité internationales ainsi que la justice ne soient pas mises en danger ».

417. En droit international public, comme il convient de le rappeler, la « frontière désigne la fin de l'Etat et le commencement d'un autre »[1]. Certes, il s'agit d'une fin géographique, mais il s'agit surtout de la fin de la compétence territoriale d'un Etat qui ne peut exercer sa compétence là où commence la compétence territoriale d'un autre Etat. Il s'agit de mettre en avant la notion de frontière qui est ontologiquement liée au modèle Westphalien qui est utilisé pour territorialiser le cyberespace. La territorialisation du cyberespace se conçoit parce que l'infrastructure informationnelle est localisée géographiquement au sein de territoires souverains[2]. Etablir l'autorité de l'Etat sur un nombre d'infrastructures et imposer des règles juridiques aux autres permet d'instaurer un contrôle étatique sur une partie du cyberespace[3]. La nature de ce contrôle qui est d'ordre fonctionnel prend les traits distinctifs d'un système normatif institutionnalisé. On trouve dans ce système, les institutions créatrices de normes, tels que les organes législatifs de l'Etat qui font apparaître le territoire étatique, comme un espace de régulation. La notion de régulation montre l'importance du travail institutionnel du pouvoir législatif pour appréhender la problématique de l'anonymat de l'auteur d'une cyberattaque. Bien ancrée dans le paradigme institutionnaliste, la notion de régulation s'analyse comme la capacité des autorités de l'Etat à fixer des devoirs aux individus dans un espace virtuel qui ne peut être que réel en termes d'efficacité des normes de contrôle. A cet égard, le terme « efficacité » conduirait à promouvoir des comportements stratégiques pour renforcer la prévention du risque des cyberattaques et surtout leur gravité en recourant aux règles de responsabilité.

418. Bien évidemment, ces règles de responsabilités font intervenir les institutions d'application des normes, tels que les tribunaux nationaux. S'ils interviennent à partir de règles dégagées *ex ante* par les autorités législatives, le système de responsabilité repose sur l'interprétation des magistrats. Or, c'est à ce niveau que se pose le problème de l'application des règles dans l'espace virtuel, en étant les institutions d'application des normes, leur action repose sur une méthode. La majorité des

---

[1] *Supra* n° 278.

[2] J. de LESPINOIS, « La territorialisation du cyberespace : la fin de la mondialisation », *Prospective stratégique*, 2017, vol. 1, n° 8, pp. 47-56.

[3] J. de LESPINOIS, *ibid*, p. 54.

méthodes ont en commun de supposer que le droit leur préexiste[1]. Cela signifie que la décision judiciaire ne peut exister hors du contrôle qui a amené le législateur à intervenir pour réguler l'activité dans le cyberespace. La décision judiciaire qui intervient pour sanctionner les comportements malveillants pourrait être insatisfaisante quand elle met en évidence la donnée fondamentale qui donne au cyberattaquant sa liberté d'action, qui est celle des institutions qui combinent création des normes et applications des normes et qui en font des « organes primaires »[2]. Les tribunaux sont en réalité au centre d'un système institutionnalisé dans lequel les autorités législatives traduisent la souveraineté numérique en normes pour maintenir les risques afférents aux technologies clés. Les tribunaux appliquent ces normes avec leur incomplétude, intervenant pour leur donner une force obligatoire, alors qu'elles ne correspondent pas au système auquel ils appartiennent. En effet, si les magistrats interviennent pour que le cyberattaquant, opérant y compris sous couvert d'anonymat, ait à répondre de ses actes, leur travail institutionnel les ramène à atteindre un résultat précis qui ne peut être qu'atténué dans certaines circonstances, parce qu'il est en réalité ouvert. C'est cette ouverture qui montre l'insuffisance du concept de « territoire fonctionnel » qui exige des tribunaux nationaux qu'ils tiennent compte de la marque distinctive du système institutionnalisé dans leur action coercitive.

419. Le concept de « territoire fonctionnel » est en soi paradoxal : comment une chose peut-elle être à la fois elle-même et son contraire ? La contradiction dans ce vocable nous amène à dissocier la capacité de l'Etat à agir pour contrôler l'ensemble des activités qui se développent sur son territoire alors qu'en réalité la fonction de l'Etat intègre ses propres limites perceptuelles. Celles de la gestion de son territoire numérique dont les limites sont difficiles à établir, compliquant la régulation des données qui circulent en son sein. C'est dire combien il peut être compliqué d'appréhender un cyberattaquant qui conserve sa liberté d'action et d'initiative car il n'est pas « fixé » au moment de

---

[1] E. NICOLAS, C. SINTEZ, « La décriture du droit, une méthode constructiviste d'observation d'un objet quantique. A propos de V. Forray et S. Pimont », *RIEJ* 2018, vol. 80, n° 1, pp. 241-253.

[2] Voir l'analyse de J. RATZ dans « La nature institutionnelle du droit », spécialement la partie qui est consacrée aux institutions primaires, consultable sur : *[https://www.droitphilisophie.com/article/lecture/la-nature-institutionnelle-du-droit-228]*, consulté le 03 mai 2024.

l'attaque[1]. La question de la fixation renvoie à l'univers qui a créé par les cyberattaquants qui ont fait de l'outil informatique un « environnement construit » qui fait état à la fois d'une réalité, tout acte dit de cyberguerre est réel parce qu'il génère un conflit potentiel et une virtualité, la cyberattaque intervient dans un espace virtuel qui n'a pas de frontières, donc pas d'Etat au sens juridique du terme. Lorsque l'on dit des cyberattaques qu'elles se produisent dans un espace virtuel, il conviendrait peut-être de mieux dire, comme son idée l'exprime, qu'il y a là une appropriation sociale du territoire. Cependant, l'Etat ne saurait exister sans cette réalité qui est en quelque sorte l'équivalent fonctionnel d'un espace juridique, enjeu de la régulation. Cette notion s'exprime dans la Règle 4 du Manuel de Tallinn 2.0 qui énonce que « les Etats ne doivent pas mener des cyberopérations qui violeraient la souveraineté des autres Etats ». Cette règle entend « strier » l'espace de régulation dans lequel le secteur numérique se situe. « Strier » un espace revient à le territorialiser pour éviter qu'il devienne une menace[2]. « Strier » son propre espace reviendrait à prévenir les mesures de représailles en retour aux actes dits de cyberguerre organisés à partir d'un territoire. Par un renversement de situation, le concept de « territoire fonctionnel » aurait deux dimensions. D'abord, la prévention du risque d'attaque et concomitamment la prévention du risque de représailles. La première dimension de la prévention rend compte de la difficulté d'attribuer une attaque qui est d'abord d'ordre technique, la deuxième peut être un moyen de sensibiliser le cyberattaquant sur les conséquences de ces actes. Cette sensibilisation est implicite, parce qu'elle sert à conférer aux cyberattaquants une responsabilité sociale qu'ils pourraient mieux assurer que les Etats en agissant de manière préemptive pour que leur activité sur un territoire ne soit pas dommageable. D'un point de vue fonctionnel, on table sur un changement dans l'attitude des Etats, dont on attend la création de nouveaux espaces territorialisés d'autonomie, s'appuyant sur les vertus d'une activité à s'autoréguler.

[1] J.-S. LUIGGI, « Cyberguerre, nouveau virage de la guerre ? », *op.cit.*, p. 96.

[2] J. de LESPINOIS, « La territorialisation du cyberespace : la fin de la mondialisation », *op. cit.*, p. 55.

§2 - L'illicéité d'un acte de cyberguerre sous l'angle du concept « d'état de droit »

420. L'ancien Secrétaire général des Nations-Unies, Monsieur Kofi Annan a défini « l'état de droit » dans le cadre d'un rapport sur le « Rétablissement de l'Etat de droit et administration de la justice pendant la période de transition dans les sociétés en proie à un conflit ou sortant d'un conflit ». Il ressort de ce rapport que l'état de droit désigne « un principe de gouvernance en vertu duquel l'ensemble des individus, des institutions et des entités publiques et privés y compris l'Etat lui-même, ont à répondre de l'observation de lois promulguées, publiquement appliquées de façon identique pour tous [...], il implique d'autre part des mesures propres à assurer le respect de la primauté du droit »[1]. Nonobstant l'importance de cette définition, il ne faut pas oublier que sur le plan international, l'état de droit est interprété tantôt comme des souhaits, tantôt comme un principe juridique ou comme une valeur morale à laquelle l'humanité se doit de s'accrocher[2]. Cette réalité marquerait par conséquent ses limites d'autant plus dans les conflits armés qui ont recours aux actes dits de cyberguerre (A). En outre, la cyberguerre relève également du domaine de la défense, cela pose la question de l'encadrement juridique des contre-mesures (B).

A - Les limites du concept « d'état de droit » dans les conflits armés qui utilisent les actes de cyberguerre

421. Les armes cyber ne ressemblent pas aux armes de guerre traditionnelle, les nations qui utilisent des cyberarmes peuvent choisir parmi diverses options les armes syntaxiques, sémantiques et mixtes[3]. Les armes syntaxiques ciblent le système d'exploitation d'un ordinateur, à l'inverse les armes sémantiques ciblent l'exactitude des informations auxquelles l'utilisateur de l'ordinateur à accès, quant aux armes mixtes, elles combinent des armes syntaxiques et sémantiques pour attaquer à

---

[1] Secrétaire général des Nations-Unies, 23 août 2004, Rapport sur le « Rétablissement de l'Etat de droit et administration de la justice, pendant la période de transition dans les sociétés en proie à un conflit ou “sortant” d'un conflit », S/2004/616, §6.

[2] M. JEAN, « La politique internationale de l'Etat de droit. Observations critiques », *RQDI*, 2019, vol. 32, n° 2, pp. 147-171.

[3] L. SWANSON, « The Era of Cyber Warfare : Applying International Humanitarian Law to the 2008 Russian - Georgian Cyber Conflict », *Loy. LA. Int'l Comp. L. Rev*, 2010, vol. 32, n° 2, pp. 303-333 (notre traduction).

la fois les informations et les systèmes d'exploitation de l'ordinateur, ce qui entraîne une attaque plus sophistiquée[1]. Personne ne doute de l'importance des cyberopérations pour la conduite de la guerre [...], même si elle se déroule dans le secret, une course aux armements dans le cyberespace est en cours[2]. Comme l'affirme le Comité international de la Croix Rouge (CICR), même si très peu d'Etats ont admis avoir recours à des cyberopérations, un nombre croissant d'entre eux ont renforcé leur cyber capacité[3]. Dans ces conditions, le concept « d'état de droit » serait mobilisable pour défendre les valeurs dans lesquelles chacun se reconnaît et il fonctionnerait comme un appareil idéologique à travers sa perception de la légitimité[4]. Ainsi, la perception de l'Etat de droit varierait en fonction de certains intérêts nationaux, l'excessivité ou pas d'une cyberattaque dans les opérations qui procurent à l'Etat attaquant un avantage concret et direct dans la phase d'un conflit armé, serait une question d'appréciation qui renvoie à la question de la guerre juste.

422. La « guerre juste » évoque la légitimité d'une action militaire par opposition à sa légalité[5]. Cette doctrine d'action qui ne s'intéresse pas à la signification des moyens entourant l'usage de la force par un Etat, donne à une règle morale : il est « juste d'agir », une supériorité sur la règle juridique qui encadre le recours à la force. Sous cet aspect, l'état de droit est méconnu, il est écarté lorsque des relations conflictuelles ne manifestent pas leur exigence à l'égard de certains rapports internationaux. D'après cette analyse, il serait juste que des rapports conflictuels s'établissent en dehors du droit parce qu'il est légitime de défendre l'état de droit. Ainsi, le concept de légitimité aboutirait à une spécialisation de l'état de droit, désacraliser, portant sur une conception élargie de l'utilisation des moyens de la guerre juste, donc des armes cyber. Cette approche de l'état de droit qui, est en quelque sorte le volet théorique de la notion de guerre juste, n'est pas compatible avec l'idée

---

[1] L. SWANSON, *ibid*, pp. 310-311 (notre traduction).

[2] S. CASE-MASLER, B. MWALE, « The Prohibition of Cyberterrorism as a Method of Warfare In International Law », S. Afr. Y. B. Int'l L, 2019, vol. 48, pp. 1-23 (notre traduction).

[3] S. CASE-MASLER, B. MWALE, *ibid*, p. 4 (notre traduction).

[4] M. JEAN, « La politique internationale de l'Etat de droit. Observations critiques », *op. cit.*, p. 150.

[5] G. GALICE, « Qu'est-ce qu'une guerre juste ? », *Le Monde diplomatique*, août 2018, *Revue de droit de McGill* 2010, vol. 55, n° 4, pp. 26-27.

que toute violence est mauvaise. Au demeurant, la violence peut se confondre avec le pouvoir arbitraire de l'Etat, qui peut apparaître comme un moyen de défense ou pour restaurer des droits particuliers[1]. A l'ère des nouvelles conflictualités utilisant des armes cyber, l'Etat qui en serait victime, qui agirait dans le cadre de la légitimité que lui confère sa propre vision de la violence, s'appuierait sur une logique d'ordre qui est posée comme une valeur en soi.

423. Le Protocole 1 ou protocole additionnel aux Conventions de Genève (API) du 12 août 1949 relatif à la protection des victimes des conflits armés internationaux du 8 août 1977 amende ces Conventions relatives à la protection des victimes dans les conflits internationaux. L'article 49 paragraphe 1 de l'API, qui est de droit coutumier, définit les attaques comme « des actes de violence contre l'adversaire que ce soit en attaque ou en défense ». Etant donné qu'une attaque dénote une force physique, les cyberopérations qui aboutissent à un résultat physique, seraient une attaque car il s'agit d'un acte de violence au sens de l'article 49 paragraphe 1[2]. Face au contexte dans lequel elles surviendraient, qui amènerait à les considérer comme des ingérences et non comme des agressions, ce qui encouragerait les Etats à recourir à des cyberattaques[3], et face au vide juridique dont font l'objet les cyberattaques, il est urgent d'étendre la notion d'agression pour les encadrer[4]. Si à travers l'interdiction de la guerre d'agression, est consacré en écho le droit matériel de légitime défense, l'article 51 de la Charte des Nations-Unies qui lui est consacré s'emploie à proposer un objectif universel, la proportionnalité de la riposte. Sur ce point, tout acte dit de cyberguerre ne pourrait aboutir en réaction à une mesure qui s'accommoderait de la négation de la fonction protectrice de la proportionnalité. Ce serait une façon de déclarer, à l'aune du concept « d'état de droit », que même les Etats les plus puissants sont tenus de se soumettre à leurs obligations juridiques. Cela dit, serait-ce une façon de dire que plus l'état de droit est conçu comme un vecteur d'universalité

---

[1] Cette affirmation renvoie à l'analyse de M. EABRASU, « Les états de la définition wébérienne de l'Etat », *Raisons politiques*, 2012, vol. 1, n° 45, pp. 190-191.

[2] C. ZEN, « Cyberwarfare and International Humanitarian Law », *CICLJ* 2017, vol. 9, n° 1, pp. 29-53 (notre traduction).

[3] V. SZOKE-PELLET, *Les cyberattaques étatiques et la notion d'agression en droit international*, Mémoire de Master 2, Droit international public - Mention Droit international et européen, Université Aix-Marseille, 2017/2018, p. 30.

[4] V. SZOKE-PELLET, *ibid*, p. 36.

et plus le critère de proportionnalité de la riposte a des chances d'être respecté par l'Etat qui riposte ?

424. Cette question est tributaire de la façon de concevoir l'hétéronomie du concept « d'état de droit », qui est un moyen qu'utilise le droit international pour encadrer les conflits internationaux avant même d'avoir une fonction du ressenti de l'Etat qui serait victime d'un acte d'agression. Le ressenti de l'Etat victime serait le facteur déclenchant de l'organisation de la riposte, utilisant les ressources dont il dispose, y compris celles que lui procure aussi dans la configuration de la riposte, les armes cyber. Le terme « ressources » est utilisé parce qu'il a un effet performatif, pour dire que le système international dans lequel l'Etat qui riposte se situe, renvoie en réalité à la sphère d'un domaine politique surtout quand il bénéficie du système d'alliance mis en place par les membres permanents du Conseil de sécurité des Nations-Unies. L'utilisation du droit de veto en est l'illustration, garantissant l'impunité de l'Etat qui aurait recours à la suite d'une agression à l'utilisation massive des moyens de la guerre cybernétique sans tenir compte de leurs effets collatéraux. La disproportion permettrait d'éprouver la pertinence de l'état de droit, autrement dit, la complaisance du droit, entretenant la conflictualité parce qu'elle est l'essence des choses.

B - L'encadrement juridique des contre-mesures

425. Il ne fait aucun doute que l'un des défis actuels les plus importants dans les relations internationales est la menace que représente la cybersécurité et les réponses que peut apporter le droit international[1]. La menace est réelle. Etant un « puissant ver informatique » qui a été conçu par les services de renseignement des Etats-Unis et d'Israël pour neutraliser une partie essentielle du programme nucléaire iranien, *Stuxnet* constitue un type de *malware* capable de s'activer sans interaction humaine et de se propager de manière autonome[2]. On

---

[1] R. BERMEJO GARCIA, E. LÓPEZ-JACOISTE DÍAZ, « La ciberseguridad a la luz del Jus ad Bellum y del Jus in Bello », *AEDI*, 2021, vol. 37, pp. 546-549 (notre traduction).

[2] J. CHEMINAT, « Stuxnet ; un ingénieur néerlandais à l'origine de l'infection », consultable sur : *[https://www.lemondeinformatique.fr/actualites/lire-stuxnet-un-ingenieur-neerlandais-a-l-origine-de-l-infection-92649.html]*, consulté le 17 juin 2024.

retrouve là l'un des critères qui désigne un acte de cyberguerre : une action délibérée pour détruire un système informatique afin d'empêcher que l'Iran ne se dote de l'arme atomique. Néanmoins, cet exemple permet d'envisager la situation où l'Etat victime d'un acte dit de cyberguerre déciderait de riposter sans avoir recours à la force armée par l'emploi de contre-mesures. L'idée qui sous-tend l'exercice des contre-mesures tient au fait que les Etats sont autorisés à réagir à un acte illicite par un autre acte illicite et que cette contre-mesure qui serait en soi illicite n'acquiert pas ce caractère d'illicéité. Le régime des contre-mesures impose plusieurs conditions pour éviter d'exonérer de responsabilité n'importe quelle réaction. L'objectif de la réaction envisagée doit être de faire cesser la cyberattaque et non de se venger ou causer un préjudice à l'Etat auteur de l'action. Si la réaction en elle-même doit être nécessaire, proportionnée à l'acte subi et temporaire[1], la conception particulière de la nécessité et de la proportionnalité sert d'encadrement à l'usage d'un droit à des actions unilatérales.

426. Entraver dans l'usage de ce droit, la mesure de la riposte vaut pour une proposition essentielle : éviter que certaines décisions ne soient en réalité fondées sur des facteurs extra-juridiques sachant que l'emploi de contre-mesures peut-être souvent incontrôlé[2]. La perspective d'un meilleur contrôle va nécessairement dans le sens de l'élargissement du droit de la responsabilité internationale, seule façon de saisir l'illicéité de la réaction à un acte dit de cyberguerre. L'acte illicite sera précisément celui qui néglige la dimension symbolique de la sanction en droit international. Cette dimension fait intervenir des instances judiciaires internationales pour éviter que les contre-mesures ne soient qu'un moyen pour un Etat victime d'affirmer sa puissance, précisément dans le choix de « l'arsenal » de riposte dont il dispose, rompant ainsi l'équilibre qui doit régner dans la résolution des litiges internationaux. Or, on trouve dans cet équilibre une donnée importante ; l'éthique est adossée à la sanction des faits internationaux illicites parce que la sanction oblige à déterminer le type de réaction admissible, induite à

[1] M. GRANGE, « Réactions d'un Etat victime d'une cyberattaque sans recourir à la force », dans *Cyberattaques et droit international*, sous la direction de M. GRANGE, A-T. NORODOM, Pedone, 2018, pp. 177-197.

[2] Le Professeur Charles LEBEN considérait que l'on pouvait vite se trouver dans une situation « d'anarchie juridique », voir C. LEBEN, « Les contre-mesures inter-étatiques et les réactions à l'illicite dans la société internationale », *AFDI*, 1982, vol. 28, p. 27.

partir de réalités préexistantes. Cela ne peut qu'institutionnaliser le cadre de la sanction en la délimitant par son sens afin de la distinguer du tournant pragmatique d'une conception particulière de l'idée de justice.

427. Le recours aux contre-mesures à la suite d'un acte dit de cyberguerre est associé au sens que l'Etat victime donne aux intérêts qui sont atteints. Lorsque ce sens manifeste la défense de ses intérêts vitaux (espionnage, perturbation de ses infrastructures critiques), le recours aux contre-mesures se situe dans un contexte de justification qui est empreint de subjectivité. La subjectivité repose sur un présupposé épistémologique, on explique un phénomène en montrant qu'il se comporte comme cas général, lequel est fonction de l'importance que les Etats victimes accordent à l'importance de leurs intérêts vitaux et à la conception de la proportionnalité de la riposte. Ici, le concept de « subjectivité » porterait à élargir les fonctions opératoires des contre-mesures. L'examen des fonctions que les contre-mesures assument dans l'ordre juridique international est de nature à éclairer le rôle qu'elles jouent comme sanctions.[1] Aussi bien, l'utilisation des avoirs de l'Etat auteur d'un acte dit de cyberguerre, que la coercition lorsque l'Etat victime se contente de geler les avoirs de l'Etat-auteur sans les utiliser[2], dénotent le caractère pluridimensionnel des sanctions. Cependant, l'élargissement de la fonction réparatoire est intervenu quand les Etats-Unis ont admis que : « Considérer que la contre-mesure doit être fondée sur une évaluation du dommage et éventuellement de la gravité du fait qui en est à l'origine, ne correspond pas au droit positif, le droit coutumier reconnaît qu'une réponse d'un degré de gravité plus élevé que le fait qui l'a provoqué, peut s'imposer dans certaines circonstances pour amener l'Etat à honorer ses obligations »[3].

428. Dans sa version forte, cette doctrine américaine pourrait être formulée de la façon suivante. Le degré de riposte de l'Etat victime d'un acte dit de cyberguerre est une question d'appréciation souveraine. Cette

---

[1] D. ALLAND, *Manuel de droit international public*, *op. cit.*, p. 296.

[2] Il existe différentes sortes de contre-mesures ; voir : D. ALLAND, *ibid,* p. 297.

[3] B. STERN, « Les dilemmes de la responsabilité internationale aujourd'hui », dans *Actes du colloque : vers de nouvelles normes en droit de la responsabilité publique*, consultable sur : *[https://www.senat.fr/colloque_responabilité_publique/colloque_responsabilité_publique15.html]*, consulté le 27 mai 2024.

version serait destinée en réalité à amplifier par opportunisme l'ampleur de l'attaque pour que la réaction ne soit pas disproportionnée à l'attaque. Il y aurait lieu de valoriser les raisons « non publiques ». Ces dernières reposent sur des conceptions compréhensives, c'est-à-dire des raisons politiques. Le fait de se fonder sur des raisons compréhensives n'offre pas un argument que d'autres peuvent prendre en compte et adopter[1] ; ces raisons permettent de dissocier le langage de la proportionnalité du métalangage portant sur la proportionnalité. Il s'avère que ce métalangage s'attache à dynamiser l'instrument d'évaluation de la proportionnalité par la mise en exergue du principe de précaution. Ce principe intervient pour que l'Etat auteur d'un acte dit de cyberguerre agisse avec prudence, s'interdisant de recourir à une agression. Bien qu'étant fondamental dans l'expression de la prudence, le principe de précaution ne saurait se concevoir uniquement dans le sens d'une riposte raisonnée, il concernerait plutôt la prise de risque initial. Penser autrement reviendrait à nier le fait que la prise de risque constitue le repère minimal à partir duquel l'utilisation des contre-mesures déploie pleinement ses effets surtout quand on la renvoie à l'idée d'infliger une sanction.

§3 - L'élaboration d'un régime de responsabilité internationale de l'Etat pour les actions hostiles impliquant l'espace

429. La question de l'attribution d'une action à un Etat pourrait soulever des questions particulièrement difficiles dans le cyberespace où l'anonymat est la règle plutôt que l'exception[2]. D'emblée, le modèle de méthode du faisceau d'indices fait appel à la typologie des preuves naturelles relatives à une cyber opération. Elles sont plurielles et font appel au développement de l'expertise[3] et aux systèmes d'enquêtes[4]. En effet, lorsqu'il s'agit de réfléchir à l'attribution des cyberattaques, la question de l'établissement des commissions d'enquête ou

---

[1] M. COHEN, « L'unité de la justification à l'épreuve de la justification juridique », *op. cit.*, p. 99.

[2] C. DROEGE, « Get off my cloud : cyber warfare, international humanitarian law, and the protection of civilians », *IRRC* 2012, vol. 94, n° 886, pp. 533-578 (notre traduction).

[3] F. DELERUE, « Cyberopérations : quel régime de Preuve », *op. cit.*, pp. 61-65.

[4] A.T- NORODOM, « L'attribution sur des cyberattaques : de l'apport des systèmes d'enquêtes internationaux existants », dans *Cyberattaques et droit international*, sous la direction de M. GRANGE, A.-T. NORODOM, Pedone, 2018, pp. 69-87.

d'établissement des faits est souvent évoquée sans être véritablement traitée,[1] par ailleurs, tout système d'inspection aussi perfectionné soit-il ne peut aboutir au mieux qu'à un niveau de probabilité très élevé, jamais à une assurance totale[2]. A cela s'ajoute le fait que lors de la rédaction du Manuel de Tallinn 2.0, les experts n'ont pas pu parvenir à un consensus sur la question de savoir si une connaissance constructive [...] était suffisante pour déclencher des obligations juridiques, quelles normes de diligence raisonnable doivent être appliquées et si les mêmes règles s'appliquent aux Etats, par le biais de quelles cyberactions[3]. Toutefois, les articles de la CDI sur la responsabilité des Etats pour fait internationalement illicite ne contiennent pas de règles sur la présomption d'attribution d'un comportement à l'Etat[4]. En outre, une telle présomption serait également trop lourde de conséquences dans le contexte particulier des cyberattaques compte tenu de la difficulté de protéger l'infrastructure informatique contre toute manipulation et de la facilité à laquelle on peut contrôler à distance[5]. A cela, il ne faut pas oublier une autre difficulté qui tient à l'identification des responsables de toutes les opérations qui proviendraient des ordinateurs des Etats sans aucune preuve[6]. Ces difficultés expliqueraient la mobilisation par la doctrine du statut d'Etat lésé. Ce statut s'appuie sur l'aménagement d'un régime de responsabilité de l'Etat du fait des actions hostiles de ces agents (A) et de certaines entités privées (B).

A - Le régime de responsabilité internationale de l'Etat du fait des actions hostiles de ses agents

430. L'article 42 du Projet d'articles de la CDI sur la responsabilité de l'Etat pour fait internationalement illicite du 12 décembre 2001 dispose : « Un Etat est en droit, en tant qu'Etat lésé d'invoquer la responsabilité d'un autre Etat si l'obligation violée lui est due

---

[1] A.T- NORODOM, *ibid*, p. 69.

[2] A.T. NORODOM, *ibid*, p. 81.

[3] D. FLECK, « Searching for International Rules Applicable to Cyber Warfare - A Critical First Assessment of the New Tallinn Manual », *J. Conflict & Sec. L*, 2013, vol. 18, n° 2, pp. 331-352.

[4] C. DROEGE, *ibid*, p. 594 (notre traduction).

[5] C. DROEGE, « Get off my cloud: cyber warfare, international humanitarian law, and the protection of civilians », *op. cit.*, p. 545 (notre traduction).

[6] C. DROEGE, *ibid*, p. 548 (notre traduction).

individuellement[1], ou l'atteint spécialement »[2]. L'accent mis sur la responsabilité, précisément pour éviter de rompre le lien avec l'exigence de réparation, se rattache à une forme d'unité. L'unité qui se dessine est celle d'une politique juridique qui met en avant l'équité. Quand on se situe sur le terrain de l'équité, on trouve une utilité à l'application d'un régime de responsabilité fonctionnelle de l'Etat à cause des actions hostiles des agents de l'Etat. En effet, l'équité veut que l'Etat soit responsable de leurs actions parce qu'il leur fournit des ressources, dirige ses services administratifs et contrôle le périmètre de leur compétence. Il est possible d'identifier sans ambiguïté possible cette exigence de responsabilité à la suite de la lecture par la CIJ de l'article 41 du statut du fleuve Uruguay dans l'affaire *des usines de pâte à papier sur le fleuve Uruguay* du 20 avril 2010, selon laquelle « Les parties s'obligent ; a) à protéger et à préserver le milieu aquatique, et en particulier, à en empêcher la pollution, en établissant des normes et en adoptant des mesures appropriées, conformément aux accords internationaux applicables. Cette obligation implique la nécessité, non seulement d'adopter les normes et mesures appropriées, mais encore d'exercer un certain degré de vigilance dans leur mise en œuvre ainsi que dans le contrôle administratif des opérateurs publics et privés.... »[3].

431. Ainsi, l'Etat ne saurait se défausser de sa responsabilité en arguant du fait que c'est son agent qui est à l'origine d'une action hostile contre un autre Etat. Le recours à la notion « de fait de la fonction » est susceptible de provoquer l'irresponsabilité de l'agent car si matériellement, c'est toujours l'agent qui est l'auteur de la faute, le mécanisme juridique d'imputabilité d'un fait constitue une fiction, au titre de laquelle un acte sera réputé être celui d'un sujet donné[4]. Il peut ainsi s'agir par exemple de l'agent qui commettrait une cyberattaque, grâce à l'outil informatique qui lui serait fourni par son administration et dans l'exercice de ses fonctions. Sur ce point, la faute de l'agent révèle

---

[1] Article 42 §1 a)

[2] Article 42 §2 i)

[3] « [...] L'obligation d'adopter des mesures réglementaires ou administratives, que ce soit de manière individuelle ou conjointe, et de les mettre en œuvre constitue une obligation de comportement... », voir CIJ, Affaire *des Usines de pâte à papier sur le fleuve Uruguay (Argentine c. Uruguay), arrêt du 20 avril 2020*, *Rec.* CIJ, 2010, p. 77, §187.

[4] N. THIEBAULT, « Le fait dans la fonction dans le droit public de la responsabilité », *op. cit.*, p. 219 et s.

son caractère primaire, elle n'est prise en considération par le droit international public que parce qu'elle constitue l'élément déclenchant le fait illicite de l'Etat. L'agent et l'Etat sont liés par ce qu'il existe une échelle hiérarchique fondée sur la subsidiarité de leur capacité. La subsidiarité sert de régulateur de l'exercice des compétences et autorise l'intervention de l'agent en tant que personne physique plus à même de commettre des actes malveillants que son Etat, qui est une entité abstraite. Il s'agit là à la fois d'une logique d'efficacité et de concrétude pour raffermir l'efficacité du droit international public autour d'une sorte de théorie de la complicité de l'Etat, grâce à la définition du bon niveau stratégique.

B - Le régime de responsabilité internationale de l'Etat du fait des actions hostiles des entités privées

432. Un examen de la jurisprudence de la CIJ montre que l'Etat peut être déclaré responsable des agissements des personnes privées. La haute juridiction a eu l'occasion de le rappeler dans l'affaire relative à *l'application de la Convention pour la prévention et la répression du crime génocide (Bosnie Herzégovine c. Serbie-et-Monténégro)* du 26 février 2007. La Cour exige, pour qu'un acte d'une personne privée, qu'il s'agisse d'un individu ou d'un membre d'un groupe organisé soit imputable à l'Etat, la direction ou le contrôle effectif de l'Etat sur l'opération en cours de laquelle les violations alléguées ont été commises[1]. Le critère de la « direction ou du contrôle effectif » de l'Etat peut s'appliquer aux entreprises militaires privées (EMP) afin qu'elles n'agissent pas dans un vide juridique au regard du droit de la responsabilité internationale. Le point important est de savoir ce qui peut être considéré comme faisant partie du champ d'application de ce critère.

433. L'article 5 du Projet d'articles de la CDI de la responsabilité de l'Etat pour fait internationalement illicite, énonce « le comportement d'une personne ou entité qui n'est pas un organe de l'Etat au titre de l'article 4, mais qui est habilité par le droit de cet Etat à exercer des prérogatives de puissance publique, pour autant qu'en l'espèce, cette

---

[1] CIJ, *Affaire de l'application de la Convention pour la prévention et la répression du crime de génocide (Bosnie Herzégovine c. Serbie-Monténégro)*, arrêt du 26 février 2007, Rec. CIJ, 2007, pp. 168-169, §398.

personne ou entité agisse en cette qualité est considérée comme un fait de l'Etat d'après le droit international ». Ainsi, faire appel à des intermédiaires pour commettre une cyberattaque n'est pas de nature à permettre d'échapper à la responsabilité internationale, les règles du droit international relatives à l'imputabilité de fait à un Etat se révèlent en effet, d'une grande ouverture : est imputable à l'Etat non seulement le comportement de tout organe [...] considéré comme tel d'après son droit interne, ou exerçant des prérogatives de puissance publique en vertu de ce droit[1].

434. Loin d'en préciser le contenu, ce qui est considéré comme « public » relève de chaque société, de son histoire et de ses traditions. Tout Etat a nécessairement le pouvoir de domination, la puissance commandante[2]. Les prérogatives de puissance publique sont l'une de ses variantes. Etant un concept de droit administratif français, les prérogatives de puissance publique désignent le fait pour l'administration de détenir un pouvoir unilatéral et immédiat d'application, l'exercice de telles prérogatives sont en principe inhérentes aux autorités de l'Etat, et on pourrait compter parmi leurs composantes, la possibilité d'utiliser des moyens militaires quand les autres Etats ne respectent pas leurs obligations de maintenir la paix et la sécurité internationale. Dans ces conditions, la possibilité pour l'Etat d'intégrer les EMP à ses forces armées lui est d'autant plus inhérent que l'article 4 du Projet d'articles sur la responsabilité de l'Etat pour fait internationalement illicite sert à donner au comportement des « organes de l'Etat »[3] un effet utile. La notion « d'utilité » se rattache à l'exercice des prérogatives de puissance publique qui fixe la possibilité de disposer également des disponibilités nécessaires pour commettre des actions illicites. Il s'ensuit que ce n'est pas tant le fait que les EMP disposent de prérogatives de puissance publique, mais le fait que l'exercice de ces prérogatives a une dimension fonctionnelle qui

[1] C. CREPET DAIGREMONT, « Responsabilité de l'Etat-auteur d'une cyberattaque », dans *Cyberattaques et droit international* sous la direction de M. GRANGE, A.-T. NORODOM, Pedone, 2018, p.159.

[2] J. CHEVALLIER, « Les fondements idéologiques du droit administratif français », dans *Variations autour de l'idéologie de l'intérêt général*, publications du Centre universitaire de recherches administratives et politiques de Picardie, 1979, t. 2, p. 34.

[3] L'article 4 §1 dispose que « Le comportement de tout organe de l'Etat est considéré comme un fait de l'Etat d'après le droit international, que cet organe exerce des fonctions législative, exécutive, judiciaire ou autres... ».

favorise l'externalisation de certains domaines d'activités étatiques. On pense à tous ceux qui utilisent les potentialités offensives du cyberespace à des fins d'hostilité.

435. Une autre réalité se pose, celle qui offre la possibilité aux EMP dans l'exercice des prérogatives de puissance publique, en vertu du droit interne d'un Etat, d'utiliser des robots militaires. En vérité, l'ère du *New Space* est porteuse d'innovation et à ce niveau, la machine et l'homme peuvent se compléter. Il n'existe pas de définition juridique du robot spatial, même s'il existe deux sortes[1]. S'il existe des robots civils, il existe des robots militaires, ou armes autonomes contrôlées à distance grâce à la connectivité internet par satellite. Il est certain que l'autonomie des robots militaires par rapport aux EMP qui les utiliseraient, se pose davantage avec l'IA. Il n'y a pas de consensus sur la définition de l'IA, néanmoins on peut la définir de quatre manières : comme des programmes informatiques, capables d'agir humainement, de penser humainement, de penser rationnellement[2]. Bien qu'il faille tenir compte de l'argumentation selon laquelle l'IA remettrait en cause le droit existant qui nécessiterait plus que des adaptations de circonstances, parce qu' « intelligent », le robot est un bien meuble ou immeuble qui engage la responsabilité de son gardien matériel de manière inversement proportionnelle à la responsabilité présumée du gardien de l'intelligence artificielle du robot[3]. Parce que l'autonomie ne peut être confondue avec auto-apprentissage qui est une capacité pour la machine à apprendre par soi-même, dans un environnement non maîtrisé au départ[4], seule compte en réalité, dans la perspective d'un régime de responsabilité fonctionnelle, la relation technique qui unit le robot à l'humain qui le manipule et la relation de celui-ci avec un Etat dès lors que ce dernier décide d'en faire son organe.

---

[1] P. ACHILLEAS, « Les robots et le droit international de l'espace », dans *L'espace extra-atmosphérique et le droit international*, SFDI, Colloque de Toulouse, Pedone, 2021, pp. 205-206.

[2] M. Mc LAUGHLIN, « Regulating Artificial Intelligence in International Investment Law », *JWIT* 2023, n° 24, p. 256-300 (notre traduction).

[3] T. DAUPS, « Le robot, bien ou personne ? Un enjeu de civilisation ? », *LPA* 2017, n° 94, pp. 7-8.

[4] G. de BOISBOISSEL, « De l'autonomie dans les systèmes robotiques militaires et de la place de l'homme », *RDNA* 2016, vol. 6, n° 791, pp. 142-148.

436. L'utilisation des robots militaires sur les champs de bataille sera de plus en plus concevable lors des opérations que mènent les EMP. L'utilisation des robots se conçoit parce qu'elle s'attache à une certaine efficacité. L'efficacité se déplace sur le terrain de la réussite de l'action militaire sans laquelle elle pourrait échouer. Le robot ne serait que le dernier maillon d'une série d'intervenants reposant sur le niveau hiérarchique le plus élevé, à savoir les autorités militaires de l'Etat qui ont recours aux EMP, mais qui les laissent libre d'utiliser pour la réussite d'une action, l'ensemble des moyens dont elles disposent. La liberté ne peut se concevoir sans les mécanismes régulateurs du *jus in bello* qui établit des standards humanitaires quand un conflit armé est déclaré. Toutefois, il importe de replacer dans son contexte l'utilisation du terme « régulation » qui sert, d'une certaine façon, à limiter les effets collatéraux de la guerre qui se fonde sur le principe d'autonomie du *jus in bello* quand on se réfère à sa dimension substantive.

437. La dimension substantive en question concerne les poursuites dont peuvent faire l'objet les dirigeants des EMP en vertu des règles du droit international pénal. Cela dit, il existe une autre règle d'attribution, celle qui prévoit que « Le comportement d'individus ou d'entités publiques est attribuable à l'Etat lorsque ceux-ci ont agi » sur les instructions ou les directives ou sous le contrôle de cet Etat »[1]. Cette disposition, qui permet de saisir les différentes phases du processus de réalisation d'un fait internationalement illicite, n'en est pas moins essentielle puisque dans le contexte de l'interdépendance globale qui introduit le robot militaire dans l'art de la guerre, le principe de subsidiarité fournirait un modèle transposable aux relations entre les responsables politiques, les militaires et le robot[2]. La subsidiarité créerait une responsabilité indirecte de l'Etat pour le comportement des EMP. En effet, elle se conçoit par les autorités militaires de l'Etat en termes de processus visant à bénéficier d'une capacité, l'Etat qui en bénéficie est dans une posture qui relève de l'exercice d'un pouvoir, et qui implique qu'il soit responsable. C'est ainsi que le principe de subsidiarité serait un centre de relation entre « responsabilité et institution », puisqu'être un acteur institutionnel, c'est avant tout être

---

[1] Art. 8 du Projet d'articles de la CDI sur la responsabilité de l'Etat pour fait internationalement illicite de 2001.

[2] T. DAUPS, « Le droit des conflits armés oblige légalement à des robots militaires *"Ethical by Humanity"* », *RDNA* 2018, n° Hors-série, pp. 157-166.

reconnu comme capable d'assumer les conséquences juridiques des actions décidées sous sa « direction ou son contrôle ». Dans ces conditions, l'Etat est responsable parce que sa posture institutionnelle justifie que le droit prenne la juste mesure de ce que signifie protéger son autonomie, c'est-à-dire, la capacité de l'Etat à disposer en période de conflits armés de certains moyens d'action. Les EMP sont susceptibles de relever de ces moyens, ils n'ont pas d'autres repères que celui de s'identifier à cette posture institutionnelle.

438. Les agences gouvernementales semblent avoir perdu le monopole du renseignement, l'omniprésence des réseaux sociaux et des services d'imagerie satellite a donné naissance à une forme de renseignement ouvert (*Open Source Intelligence*, OSINT)[1]. De simples utilisateurs de Twitter se sont révélés de fins détectives [...], bien loin de la confidentialité des rapports top secret[2]. L'ouverture en libre accès du renseignement démontre les pouvoirs des réseaux sociaux, non seulement comme moyen d'obtenir des informations, mais aussi comme plateforme permettant de mener des cyber opérations. On trouve dans le Manuel de Tallinn 2.0, la règle 33 selon laquelle « *International law by and large does not regulate cyber operations conducted by non-state actors, such as private individuals or companies* ». Cette règle 33 tiendrait à limiter le droit international quant à la régulation des cyber opérations conduites par des acteurs non étatiques. Cependant, la question se pose de savoir si les pratiques concordantes d'un grand nombre d'Etats en matière de lutte contre la cybercriminalité ne pourraient pas être accompagnées d'une *opinio juris* susceptible de nuancer un peu la rédaction de la règle 33[3].

439. Prouver l'existence d'une pratique uniforme et constante peut servir à démontrer que la souscription à cette pratique est considérée comme obligatoire, d'où l'importance de la règle de la « continuité de la lutte contre les cyberattaques ». Ici, le concept de « continuité » doit assurer l'effectivité du droit international : Le fait d'admettre

---

[1] S. PERROT, « L'*Open Source Intelligence* dans la guerre d'Ukraine », *Politique étrangère* 2022, n° 3, pp. 63-74.

[2] S. PERROT, *ibid*, p. 64.

[3] K. BANNELIER, « "Rien que la *lex lata* ?" », Etude critique du Manuel de Tallinn 2.0 sur le droit international applicable aux cyber-opérations », *AFDI* 2017, vol. 3, pp. 121-160.

l'irresponsabilité fonctionnelle de l'Etat pour les actes malveillants commis dans le cyberespace par des acteurs privés, reviendrait à considérer que l'Etat peut s'exonérer de sa responsabilité internationale en l'absence des mesures nationales de régulation du secteur numérique. Autrement dit, cela reviendrait à considérer que la défaillance du droit interne peut faire obstacle à l'application du droit international. Le concept de « continuité » a dès lors un effet correcteur pour éviter que la rédaction de la règle 33 du Manuel de Tallinn 2.0 ne réduisent à néant le champ de la responsabilité fonctionnelle de l'Etat qui trouverait une explication dans la théorie de l'application horizontale « droits de la personne ou *Drittwirkung* ». Selon cette théorie, le comportement d'individus ou d'entité privée et non conforme aux droits de la personne peut engager la responsabilité de l'Etat [...] si les organes de l'Etat n'adoptent pas la conduite appropriée pour en prévenir au réprimer un tel comportement[1]. Il convient d'indiquer que l'acte de prévention ou de répression n'est qu'un outil dont disposent les agents de l'Etat pour assurer la continuité de l'exercice d'un pouvoir souverain.

Conclusion de la section

440. Les activités impliquant l'espace extra-atmosphérique sont pluridimensionnelles. Cependant, l'ère du *New Space* qui ouvre une période de novation à partir des technologies génère des hostilités, on pense aux cyberattaques qui couvrent de nombreux domaines dans lesquels le droit international est susceptible d'intervenir en tant qu'instrument de régulation. La nécessité de poser les règles d'un droit « juste » semble difficilement atteignable. Car, l'exigence de proportionnalité entre une cyberattaque et la riposte qui s'ensuit est relative, quand on considère la situation de l'Etat qui se dit victime d'une attaque visant ses intérêts vitaux. Ces derniers sont diversement appréciés par les Etats. Par ailleurs, la cyberattaque peut être directement attribuée à l'Etat qui répond de ses agents sur la base d'un régime de responsabilité fonctionnelle. Ce régime est susceptible de concerner le fait d'acteurs non étatiques. En effet, le comportement de l'individu ou de l'entité privée « catalyse » en quelque sorte le

[1] M.-L. TOUGAS, « La responsabilité internationale d'Etat pour le fait d'entreprises militaires privées », *Com.Y. B. Int'l. L* 2007, vol. 45, pp. 97-130.

comportement de l'Etat non conforme à ses obligations internationales[1]. S'il s'agit d'une responsabilité indirecte de l'Etat qui est requise même dans les conflits armés impliquant l'espace, elle repose sur l'idée que la nécessité n'abolit pas tous les droits.

Conclusion du deuxième chapitre

441. La dimension sociétale du cyberespace doit être prise en compte tant il est vrai que ce milieu est un moyen d'affirmation par lequel l'Etat peut affirmer son autorité sur la scène internationale, ne serait-ce qu'à travers l'avantage que lui offre la technologie numérique. C'est ce que l'on peut appeler le phénomène identitaire qui participe à conforter le concept « d'écosystème relationnel » au lieu et place de l'exercice absolu du pouvoir souverain de l'Etat d'imposer une forme de « territorialisation » du cyberespace. Cet écosystème repose sur d'autres fondements qui participent au recul de la notion de frontière. En outre, ce recul pourrait servir à aménager un régime de coopération inter-étatique pour saisir les enjeux de la cybercriminalité. C'est oublier que la mise en œuvre de ce régime est confrontée à la manifestation de certains ordres juridiques nationaux. Reste à préciser que le secteur numérique peut être un espace de conflits. En l'occurrence, avant toute réaction contre une cyberattaque [...] qu'il convient de qualifier comme telle, il est souhaitable de pouvoir les attribuer et c'est seulement dans la mesure où les auteurs seront identifiés que les réactions pourront atteindre leur pleine efficacité, non seulement protectrice, mais aussi correctrice[2]. Dans ces conditions, le régime de responsabilité fonctionnelle reste un facteur de cohérence sur la scène internationale.

Conclusion du premier titre

442. L'ère du *New Space* se traduit par une augmentation du trafic spatial générant des problèmes environnementaux. En effet, l'orbite terrestre basse concentre la majorité des débris spatiaux. En outre, l'outil informatique, qui implique la technique satellitaire, peut être une source

[1] M.-L. TOUGAS, « La responsabilité internationale d'Etat pour le fait d'entreprises militaires privées », *op. cit.*, p. 121.

[2] S. SUR, « Cyberattaques et droit international ou *attrape-moi si tu peux* », dans *Cyberattaques et droit international* sous la direction de M. GRANGE, A.-T. NORODOM, Pedone 2018, p. 216.

de conflits. Ces deux réalités qui mettent l'accent sur l'élaboration d'un régime de responsabilité, renvoient à la nécessité de garantir la réparation des préjudices, en insistant fortement pour ce qui concerne les problèmes environnementaux dans l'espace, sur l'intérêt légitime protégé. Ce dernier existe aussi bien dans la relation contractuelle entre l'assuré et l'assureur spatial qui intervient au moment de la réparation d'un sinistre, qu'entre un acteur économique privé, exploitant à des fins commerciales, les propriétés physiques de l'espace interstellaire et des corps célestes, et l'Etat qui décidera d'endosser sa réclamation contre un autre Etat par voie diplomatique. Si cette prise en charge repose sur des conditions de nationalité, compte tenu des intérêts défendables, la voie diplomatique peut servir à confondre dommage et préjudice repérable. Le droit international permet au juge international pour éviter les situations de *non-liquet,* de faire appel aux principes généraux de droit interne comme celui qui porte sur l'économie circulaire. L'épistémologie de la construction d'un savoir jurisprudentiel pour donner une substance à la notion de sécurité juridique sur la scène spatiale. Reste à préciser que l'outil informatique peut être utilisé à des fins déstabilisatrices aussi bien dans le cadre d'un conflit armé qu'en dehors de ce cadre. Bien qu'il faille se référer au critère objectif d'offensivité, ce dernier ne peut être uniquement le résultat d'un processus déclaratif. Le Projet d'articles de la CDI de 2001 sur la « responsabilité de l'Etat pour fait internationalement illicite » comporte un certain nombre de dispositions qui mettent en exergue le fait dans la fonction, contribuant à affirmer l'effectivité du droit international public.

TITRE II
L'AFFIRMATION DE LA RESPONSABILITÉ DE L'ETAT DANS LE CADRE D'UN PROJET SOCIAL RENDU POSSIBLE À L'ÈRE DU *NEW SPACE*

443. Le *New Space* renvoie à l'exploitation de tout le potentiel d'utilisation de l'espace sur lequel se construit un projet social. Ce projet se fonde sur une approche transversale qui met en relief l'importance des satellites de télécommunications pour répondre aux besoins éducatifs. Ces satellites fournissent un grand nombre de services sociaux, les programmes éducatifs [...] maintenant concentrés dans les régions urbaines des pays développés et en développement, atteignent même les régions les plus éloignées de la planète par le biais de satellites de radiodiffusion directe[1]. Les satellites de diffusion directe (DBS) ont fourni une grande puissance de rayonnement, permettant d'émettre des signaux DBS qui peuvent être reçus directement par les postes de radio et de télévision conventionnels[2]. De façon générale, la technologie numérique, via la technique satellitaire, ouvrirait dans une perspective de généralisation du droit à l'éducation à l'échelle internationale, un « droit-créance ». Les « droits-créances » sont ce que l'on peut appeler des droits A, ce sont des droits A AVOIR, et donc A RECEVOIR un avantage[3]. Ainsi, toute réflexion préalable sur le processus de responsabilité de l'Etat disposant d'une constellation satellitaire dans le secteur des télécommunications devrait avoir pour point de repère une intervention positive de l'Etat pour satisfaire le « droit-créance à l'éducation ». Naturellement, cette intervention doit pouvoir amener l'État concerné à être actif, dispensateur de ce droit qui correspondrait schématiquement à une utilisation de l'idéologie des droits de l'homme (Chapitre I). Il convient également de préciser qu'il existe des traités de contrôle et de limitation des armements. Les armements concernés sont notamment les armes nucléaires, chimiques ou biologiques. On compte parmi ces traités celui qui porte sur la non-prolifération de l'arme nucléaire signé en 1968. Toutefois, parce que le

---

[1] H. CHERKAOUI, *Droit de l'air et de l'espace*, Lextenso 2022, 1ère éd., p. 22.

[2] H. CHERKAOUI, *ibid*, pp. 22-23.

[3] B. PACTEAU, *Cours de libertés publiques*, éd. A.I.E. Bordeaux, 1998-1999, p. 8.

New Space ouvre une nouvelle ère en matière d'innovation, il est également porteur d'un projet social qui répond aux attentes collectives en matière de sécurité internationale. A cet égard, la mise en œuvre du concept de sécurité exploiterait l'idéologie d'un droit à la transparence qui correspond à la promotion du désarmement humanitaire (Chapitre II)

CHAPITRE I
L'ÉDUCATION ET LE SECTEUR DES TÉLÉCOMMUNICATIONS PAR SATELLITE AU SERVICE DE L'IDÉOLOGIE DES DROITS DE L'HOMME

444. Le droit à l'éducation a été reconnu dans un grand nombre d'instruments juridiques internationaux[1] et régionaux[2]. Ces derniers créent des obligations juridiques en faveur de l'intérêt supérieur de l'apprenant. Cet intérêt s'inscrit dans l'idéologie des droits de l'homme. Les droits de l'homme se définissent comme l'ensemble des droits et des libertés fondamentales inhérents à la dignité humaine et qui concerne tous les êtres humains[3]. La notion d'inhérence renverrait à des obligations à réalisation immédiate. Certes, par l'utilisation de la technique satellitaire, l'Etat qui s'en sert, agit dans le sens d'une approche qui permet de garantir notamment le droit à l'éducation. La question se pose de savoir à quoi peut servir cette garantie si ce n'est qu'elle est porteuse de signification pour tenter d'expliquer l'aspect diplomatique du droit à l'éducation. Il est important de noter, qu'agir avec diplomatie consiste à mener des négociations entre Etats au sein des espaces de rencontre interétatique, notamment dans la phase de ratification ou d'adhésion des traités pour encadrer le pouvoir discrétionnaire dont ils disposent pour soumettre des réserves.

---

[1] L'article 26 paragraphe 1 de la DUDH de 1948 dispose que « Toute personne a droit à l'éducation… » ; L'article 5 paragraphe 1 a) de la Convention de l'UNESCO concernant la lutte contre la discrimination dans le domaine de l'enseignement de 1960 dispose que « l'éducation doit viser au plein épanouissement de la personnalité humaine et au renforcement du respect des droits de l'homme... ». L'article 13 paragraphe 1 du PIDESC de 1966 dispose que « Les Etats parties au présent Pacte reconnaissent le droit de toute personne à l'éducation » ; L'article 28 paragraphe 1 de la Convention relative aux droits de l'enfant de 1989 dispose que « Les Etats parties reconnaissent le droit de l'enfant à l'éducation… ».

[2] On peut notamment citer la Charte africaine des droits de l'homme et des peuples qui a été adoptée en 1981, qui énonce dans son article 25 que « Les Etats parties à la présente Charte ont le devoir de promouvoir et d'assurer, par l'enseignement, l'éducation [...], le respect des droits et des libertés contenus dans la présente Charte... ».

[3] J. SALMON, *Dictionnaire de droit international public*, Bruxelles, Bruylant 2001, p. 396.

L'article 2 paragraphe 1d) de la Convention de Vienne sur le droit des traités dispose que « L'expression "réserve" s'entend d'une déclaration unilatérale quel que soit son libellé ou sa désignation, faite par un Etat quand il signe, ratifie, accepte ou approuve un traité ou y adhère, par laquelle il vise à exclure ou à modifier l'effet juridique de certaines dispositions du traité dans leur application à cet Etat ». Le choix d'émettre une réserve à un traité international des droits de la personne constitue un signe ou symbole évident que l'Etat partie n'a pas l'intention de respecter ce traité dans son ensemble[1]. On doit considérer que les conventions relatives au droit à l'éducation créent une hiérarchie d'obligations. Parmi celles-ci, il y a toutes celles qui constituent le devoir de mettre en œuvre le droit à l'éducation. Le terme de « devoir » concerne essentiellement les Etats parties auxdites conventions qui disposent de constellations de satellites de télécommunication. Cette logique capacitaire ne saurait s'accommoder de réserves « spécifiques » pouvant susciter des doutes quant à l'engagement de l'Etat auteur des réserves. On peut en ce sens proposer de rédiger des amendements dans les conventions qui portent sur le droit à l'éducation pour exclure ce genre de réserves « spécifiques » (Section I). De plus, l'ère du *New Space* se caractérise par la modernisation des moyens de communication et d'information. Au-delà de cette seule quête d'optimisation permettant d'accélérer son développement via des constellations par satellite, l'accès à internet est susceptible de générer un droit à la connexion en tant que composante du droit à la liberté d'expression (Section II).

Section I - L'amendement comme technique juridique pour exclure les réserves dans les conventions relatives au droit à l'éducation

445. L'article 50 paragraphe 1 de la Convention relative aux droits de l'enfant (CDE) adopté par l'Assemblée générale des Nations le 20 novembre 1989 dispose que « Tout Etat partie peut proposer un amendement et en déposer le texte auprès du Secrétaire général de l'Organisation des Nations Unies... ». L'amendement formel constitue la principale voie ordinaire d'adaptation des traités à l'évolution des

[1] C. CHAPDELAINE-FELICIATI, « Les réserves en droit international ont-elles des limites ? Etude sémiotique du droit à l'éducation de la Convention relative aux droits de l'enfant », *Int. J Semiot Law,* 2022, vol. 35, n° 1, pp. 309-338.

circonstances[1]. Force est de constater que la constitution d'un réseau de télécommunications et la disponibilité d'équipement, terminaux performants apparaissent comme les préalables à la mise en place d'une politique d'éducation et de formations numérique effective[2]. Aujourd'hui, en raison de transformations radicales qui sont d'ordre technologique, le secteur des télécommunications par satellite contribue à créer un environnement propice pour faciliter la connectivité nécessaire à l'essor du système éducatif dans les Etats. Pour cela, il doit pouvoir s'accompagner d'outils juridiques dont la signification est la consécration de nouvelles règles pour faciliter l'effectivité du droit à l'éducation. « L'amendement » est l'un de ces outils, il doit être perçu comme l'acte dont l'inaccomplissement entraîne une atteinte à l'objet et au but du traité surtout quand l'évocation des réserves est centrée sur le pouvoir d'exiger quelque chose. Il faut y voir la manifestation d'une stratégie normative susceptible de correspondre à la construction d'une réalité sociale (§1). En l'espèce, il serait utile de mentionner que lorsque les amendements visant à limiter les effets de certaines réserves, assurent l'adaptation d'un traité aux circonstances nouvelles, ils renverraient au concept de « positivisme juridique fort ». Cette forme de positivisme promotionne le droit à l'éducation (§2).

§1 - Une stratégie normative correspondant à la construction d'une réalité sociale

446. Des résolutions de l'Assemblée générale des Nations-Unies ont poussé les Etats à favoriser l'étude du droit international dans l'enseignement supérieur, une résolution de 1992 invitait les gouvernements nationaux à encourager leur établissement d'enseignement à introduire des cours de droit international pour les étudiants, étudiant le droit, les sciences politiques, les sciences sociales et autres disciplines pertinentes[3]. Cet exemple permet d'affirmer que les individus peuvent être les destinataires directs du droit à l'éducation, tel qu'il est appréhendé en droit international. En fait, affirmer cela

---

[1] A. CHANAKI, *L'adaptation des traités dans le temps*, *op. cit.*, p. 4.

[2] P. ACHILLEAS, « Le numérique au service de l'éducation et de la formation en Afrique de l'Ouest » dans *Droit du numérique en Afrique - Enjeux internationaux* sous la direction de A. ABDOU-HASSAN, A.-T. NORODOM, Bruylant 2023, p. 353.

[3] R. SCOVILLE, M. BERLIN, « Who Studies International Law ? Explaining Cross-national Variation in Compulsory International Legal Education », *EJIL* 2019, vol. 30, n° 2, pp. 481-508 (notre traduction).

nécessite de s'intéresser en parallèle au « rôle utile » que joue le secteur de l'éducation. Une certaine vision serait au cœur du droit à l'éducation qui s'attache à l'observation d'une réalité sociale. Cette approche sociologique du droit à l'éducation aurait tendance à se centrer sur une forme de reconnaissance. La lutte pour la reconnaissance est pour la première fois mise en exergue dans le cadre d'une appréciation critique de l'analyse sartrienne de l'expérience de l'autre[1]. En cela, la stratégie normative qui consisterait à amender les dispositions d'un traité pour retirer les réserves ou en réduire la portée afin de consacrer l'exercice du droit à l'éducation dans toute sa plénitude, serait conçue non pas tant dans l'objectif de construire des énoncés normatifs, mais de mettre en évidence la reconnaissance des besoins du système éducatif liée à une exploitation de l'idéologie de la justice.

447. On trouve dans l'idéologie de la justice un sentiment d'ordre qui serait sur déterminé par une réalité spécifique, celle qui considère que plus l'Etat dispose de ressources impliquant l'utilisation de satellites pour assurer le droit à l'éducation et plus grandes sont ses obligations juridiques. En cela, la force du travail normatif ne serait pas tant dans l'évolution d'une norme de droit positif ou de son retrait, mais dans l'anticipation d'une norme en train de naître. Sans doute une norme de justice car l'amendement serait la composante juridique d'une réalité sociale, autrement dit, d'un fait normatif qui précèderait l'intervention des Etats. C'est la raison pour laquelle le concept de « réalité sociale » servirait à forger le « fait normatif d'union ». Ce dernier n'est pas un acte créateur de droit en soi, mais un acte de reconnaissance d'un droit préexistant dans l'ordre interne du groupe[2]. Si on parle de « groupe » pour désigner les Etats qui s'obligent à amender certaines réserves dans la sphère conventionnelle, et les individus qui en tirent bénéfice, en posant ce point de vue sur l'hétéronomie des membres du groupe, on renvoie au débat qui porte sur le concept de « sujet de droit ».

448. Si dans chaque ordre juridique il est possible de déterminer un sujet primaire sans lequel l'ordre juridique perd sa raison d'être, dans le

---

[1] P. GUIBENTIF, « Reconnaissance et complexité sociale. Deux approches de la réalité juridique », *Droit et Société*, 2011, n° 78, p. 293-324.

[2] G. NAVARRO-UGE, « La démarche méthodologique interdisciplinaire de Georges Gurvitch : vers l'enseignement d'un droit critique », *Les Cahiers de droit* 2021, vol. 62, n° 1, pp. 75-100.

cadre du droit international, ce sujet primaire ne peut être que l'Etat. Cependant, serait sujet de droit international, le destinataire direct de normes imposant des droits et des obligations internationaux dans leur nature et dans leur source[1]. A partir de là, la définition du sujet de droit secondaire, à l'appui de critères portant sur les droits et les obligations résultant de certaines normes juridiques dont un individu serait le destinataire direct, ne serait pas applicable à l'enfant. A ce sujet, un traité international comme la CDE, certes reconnaît le droit de l'enfant à l'éducation en en faisant le destinataire direct du droit, toutefois c'est l'Etat qui est obligé de fournir les moyens matériels pour la jouissance du droit. L'enfant n'en est que le « réceptacle » sans avoir les obligations correspondantes. Sans aller jusqu'au rappel des éléments qui caractérisent le « sujet de droit », il convient de considérer que l'unique bénéficiaire du droit à l'éducation est l'humain, partant de ce postulat, on s'inscrit dans un ensemble délimité par l'homme et son univers. La délimitation constitue une loi du savoir qui serait opposable à l'Etat. Dans une approche d'opposition, on tient compte de la manifestation d'un privilège. Alors quand on dit de l'être humain que le droit international public lui confère le droit à l'éducation, on s'intéresse au sens à donner au concept de « densité normative ». Si par densification, on entend une augmentation de la densité, le terme normatif traduit l'énoncé qui a vocation à servir de modèle pour l'action, dans la sphère juridique, la densification normative tend vers la densification juridique[2].

449. Précisément, sous l'angle juridique, la densification normative du droit à l'éducation s'entendrait par le fait de garantir l'exercice de ce droit. Le terme « garantir » permettrait de préciser les normes s'appliquant à l'activité d'éducation. Il semblerait que la meilleure façon de les garantir soit issue du statut d'acteur du droit à l'éducation. Ce statut d'acteur est constitutif d'une particularisation de la relation avec l'Etat s'opposant à la souveraineté de ce dernier. En effet, si l'introduction des droits de l'homme dans l'ordre juridique international signifie que le droit international, comme le droit interne, devrait être fondé sur le respect de la liberté et de la dignité de l'être humain, ce qui

---

[1] T. MARGUERITE, R. PROUVÈZE, « Le droit international et la doctrine saisis par le fait : La diversification des sujets de droit international sous l'effet de la pratique », *op. cit.*, p. 162.

[2] M. ROBINEAU, « Codification et densification(s) normative(s) », *op. cit.*, pp. 272.

signifie que le seul vrai sujet de droit est l'individu[1], en vérité les concepts de « liberté » et de « dignité » sont au fondement du droit et de fait supposent de hiérarchiser certains ordres normatifs qui ont une action directe dans la protection des individus. La notion de protection reste une question de degré, un degré élevé de protection ne peut qu'engendrer un accord sur la hiérarchie des normes juridiques et, par ricochet, sur la nécessité de garantir « l'effet de continu », c'est-à-dire tout ce qui se construit autour du fait normatif.

450. Par la construction du fait normatif, est envisagé un mécanisme de permission juridique, parce qu'être sujet de droit autoriserait en réalité l'individu, fusse de manière indirecte, à peser sur l'orientation de l'activité normative des Etats à partir du moment où elle risque d'être attentatoire à l'exercice pratique du droit à l'éducation. Ici, la présence de l'individu préconise une conception moderne qui règle le comportement de l'Etat sur l'extension du pouvoir de l'individu pour en faire une source du droit international public. Cela dit, le propos doit par ailleurs être nuancé car en droit international public, c'est la volonté de l'Etat qui est source de droit et toute possibilité qui amènerait l'individu à revendiquer les meilleures conditions de l'exercice d'un droit, quitte à susciter des interrogations normatives sur ce que le droit doit être au regard de la possibilité d'amender les dispositions d'un traité, ne peut se concrétiser qu'à partir de la volonté des Etats. Or, le primat de la volonté étatique est moins une technique juridique qu'une conception politique :[2] faire en sorte que des considérations normatives entretenues par la spécificité de l'idéologie de la permissivité du droit n'affaiblissent sa puissance.

§2 - Le concept de « positivisme fort » pour la promotion du droit à l'éducation

451. Il peut paraître pertinent de se demander ce que traduit le concept de « positivisme juridique fort ». Cette réflexion de fond oblige en effet à prendre en considération une réalité nouvelle : celle qui fait du droit

---

[1] O. de FROUVILLE, *Droit international Pénal : Sources, incriminations, responsabilité*, Pedone 2012, p. 8.

[2] J.-C. JOBART, « La puissance de la volonté en droit public : le volontarisme juridique étatique » dans *De la volonté individuelle* sous la direction de M. NICOD, LGDJ, 2009, pp. 111-137.

positif un droit moderne. Le terme « modernité » est avant tout la conscience par l'homme de sa capacité à agir sur son environnement, sur sa vie, sur les choses[1]. Les dispositions d'un traité en faveur d'un régime juridique facilitant l'accès au droit à l'éducation, on peut penser à toutes celles qui, rendant effectives l'utilisation des satellites de télécommunication, renverraient au sens plus restreint de système institutionnalisé. Certes, si le droit international public ne confère aux individus aucune compétence pour créer les normes du droit conventionnel, rien n'empêche que la rédaction de ces normes soit orientée en vue de leur satisfaction immédiate. L'immédiateté oblige à constater une réalité nouvelle : la rationalité. Une approche rationnelle s'ouvre aux diversités du réel parmi lesquelles on trouve la capacité du droit international public à s'autojustifier. Pour cela, il convient de signaler que la consécration de certains droits et libertés en droit international public revient à rechercher leurs titulaires. Le titulaire immédiat du droit à l'éducation est l'individu et il en bénéficie par le biais de la liberté d'enseignement.

452. La Cour européenne des droits de l'homme (Cour EDH) a précisé que « l'éducation des enfants est la somme des procédés par lesquels, dans toute société les adultes tendent à inculquer aux plus jeunes leurs croyances, coutumes et autres valeurs, tandis que l'enseignement ou l'instruction vise normalement la transmission des connaissances et la formation intellectuelle »[2]. L'arrêt de la Cour EDH fait reposer l'éducation des enfants sur une « somme des procédés ». On peut compter parmi ces procédés les satellites de télécommunication, lesquels sont à l'ère du *New Space* des instruments qui facilitent la généralisation de l'internet. Internet est au centre du nouveau dispositif de formation collaboratrice. L'enseignant qui navigue sur internet pour préparer ses cours, circule sur des espaces virtuels qui ne sont pas en réalité construits pour lui, mais pour ses élèves. En effet, un espace numérique de travail (ENT) est un ensemble intégré de services numériques choisis et mis à disposition de la communauté éducative d'une ou plusieurs écoles, ou d'un ou plusieurs établissements scolaires dans un cadre de confiance, il constitue un point d'entrée permettant à

---

[1] F. GOUTTEFARDE, « Positivisme juridique et Modernité », *RGD*, 2007, n° 37, pp. 7-20.

[2] CEDH, affaire *Campbell et Cosans c/Royaume-Uni*, arrêt du 25 février 1982, n° 7511/76, 7743/76, §33.

l'utilisateur d'accéder selon son niveau d'habilitation à ses services et contenus numériques[1]. Cependant, la notion d'habilitation cherche à renforcer la puissance de l'Etat. La force s'impose à elle-même une limite qu'elle veut respecter, elle se crée une norme qu'elle ne veut pas méconnaître[2]. Cette norme consentie par elle-même qui renvoie à l'amendement formel, tire sa valeur exclusivement des éléments qui composent sa substance, conçue autour de la qualité de sujet de droit. Il y aurait une suite logique à faire coexister dans la même catégorie l'adoption par les Etats d'amendements et la liberté d'enseignement. Si ces deux droits et libertés ont des titulaires différents, à savoir l'Etat et les individus, la notion de titularité se fonde sur la personnalité juridique. Seule cette dernière permet de justifier l'extension de la titularité des droits aux personnes physiques et *a fortiori* de mettre en scène ceux qui en sont les obligés classiques ; les institutions de l'Etat comme le ministère de l'Education. Cela implique que l'éducation doit être considérée comme opposable aux débiteurs du droit. Cette opposabilité s'inscrit dans le premier Protocole à la Convention européenne des droits de l'homme (Conv EDH) qui énonce que « Nul ne peut se voir refuser le droit à l'instruction ». Le fait que ce texte serve d'appui pour porter des plaintes individuelles devant la Cour EDH pour réclamer en justice les droits et les libertés éducatifs[3], implique à la charge de l'Etat une certaine obligation positive. Elle s'applique à des vues atteignant un certain degré de cohérence, tel qu'il soit conforme aux normes minimales en matière d'éducation. Si cette exigence minimaliste intègre au sein même de l'acte juridique international un lien téléologique entre l'action de l'auteur et les effets de droit qui doivent se produire, ce lien téléologique est le symbole d'un « positivisme juridique fort », qui se conçoit par comparaison en partant d'un autre acte juridique qui généralise l'admission d'un certain type de réserves.

453. L'expression « droit positif » renferme une pluralité de sens. Nous n'en retiendrons qu'une acception fondamentale. Selon cette acception,

---

[1] Voir la définition des « Espaces numériques de travail » (ENT) sur le site du Ministère de l'éducation nationale, consultable sur : *[https://eduscol.education.fr/1050/espaces-numeriques-de-travail]*, consulté le 31 août 2024.

[2] J.-C. JOBART, « La puissance de la volonté en droit public : le volontarisme juridique étatique », *op. cit.*, p. 113.

[3] J.-C. JOBART, *ibid*, p. 125.

la notion de positivité renvoie à celle de réalité sociale, dans ce sens, le droit positif s'entend comme une « réalité effective d'ordre factuel »[1]. Cette conception empiriste de la notion de positivité, considère le droit positif [...] comme « ensemble de règles de conduite extérieures effectivement appliquées »[2]. Cela revient à expliquer l'existence d'un rapport entre science politique et science juridique. Poser l'unité de ce rapport reviendrait sans doute à rechercher dans l'analyse, l'unité du point de vue épistémologique, l'unité se concevrait par rapport au formalisme juridique.

454. On pourrait définir le formalisme comme « le régime dans lequel la forme prédomine sur le fond en ce sens que l'observation des formalités préétablies suffit à entraîner des effets recherchés sans qu'aucune considération soit portée à aucun autre élément, notamment à l'intention de l'auteur de l'acte envisagé[3]. Le formalisme ainsi compris ne s'intéresse pas à l'intention des auteurs de l'amendement, mais à l'acte conventionnel amendé, telle que l'on conçoit raisonnablement l'idée d'autonomie du droit. Cette idée se sépare de l'aspect politique de la création du droit qui intervient quand les auteurs de l'instrument conventionnel décident de recourir aux réserves. L'autonomie du droit deviendrait une revendication des formalités consistant à agir au niveau international à partir d'une catégorie juridique existant au niveau interne. La catégorie juridique qui semble à première vue pertinente, est celle des droits individuels.

455. Les droits individuels s'adressent à des personnes distinctes, de fait ils incluent le droit d'accès à l'éducation. En France, l'article L.111-1 paragraphe 4 du Code de l'éducation dispose que « Le droit à l'éducation est garanti à chacun afin de lui permettre de développer sa personnalité d'élever son niveau de formation initiale et continue, de s'insérer dans la vie sociale et professionnelle, d'exercer sa souveraineté ». Le droit à l'éducation porterait le « champ des possibles », d'abord parce que l'accès à l'éducation s'exerce par le biais des nouvelles technologies de l'information impliquant l'espace, ensuite

[1] A. OUEDRAOGO, « Le positivisme en droit international : fondement épistémologique d'un paradigme mécaniste », *RGD*, 2010, n° 40, pp. 505-540.

[2] A. OUEDRAOGO, *ibid*, p. 528.

[3] F.-X. LICARI, « Le formalisme juridique comme science du matériau juridique pur », *RRJ* 2019, vol. 5, pp. 1817-1858.

parce que les moyens spatiaux se rapportent à une situation factuelle qui est visée par la catégorie des droits individuels. Ces droits ont leurs propres formes de pensées qui peuvent être utilisées pour répondre à une question juridique : Comment renforcer la force juridique du droit à l'éducation ? Si l'on considère que l'idée d'autonomie du droit renvoie à la création du droit par l'Etat, il semble logique que cette création assure à chacun de ses destinataires un minimum de sécurité juridique. Comment expliquer cela si ce n'est que la sécurité désigne un droit autre, à cet égard l'article L.111-1 paragraphe 4 précité tendrait à fabriquer autant d'ayants droit que de citoyens. Ce rapport dialectique porte une revendication normative par opposition à une certaine pratique du réalisme juridique qui porte sur l'insertion de réserves dans un traité permettant aux Etats parties de faire valoir leur propre situation factuelle. En outre, si la question de la force juridique du droit à l'éducation sert à isoler un espace de revendication normative, le statut d'ayant droit du droit à l'éducation ramène à une conception du « positivisme juridique fort » qui serait justifiée sur la base de la règle *pacta sunt servanda* qui fait appel à l'aspect correctif des amendements.

456. L'article 13 paragraphe 1 du PIDESC énonce que « l'éducation doit viser au plein épanouissement de la personnalité humaine ». Cet article renvoie à une conception idéologique du droit. Parce que la notion d'épanouissement n'est pas définie par des critères rigides, elle autoriserait les Etats parties à ce traité international à poser des amendements compte tenu de la conciliation entre le secteur numérique et l'espace pour garantir l'exercice du droit à l'éducation. Toutefois, en faisant de « l'épanouissement de la personnalité » une idée centrale, l'amendement qui la conforterait ne s'intéresserait pas tant à la préciser qu'à matérialiser ses nouvelles conditions d'exercice. On pense par exemple, aux dispositions sur la continuité des services satellitaires de télécommunication. Ainsi, en permettant de prendre en considération l'intention objective des Etats parties, l'amendement ne serait que la condition d'application d'une règle objective. Cette dernière correspond à une vision rationnelle du droit centrée sur l'adéquation des « moyens-fins ». En garantissant les activités d'une règle par laquelle les Etats s'imposent cette configuration, le terme « adéquation » renverrait à l'idée d'un « positivisme juridique fort » parce qu'il s'attache aux valeurs de la raison.

Conclusion de la section

457. Les Etats peuvent limiter leurs engagements internationaux. A cet égard, la réserve est une technique juridique de limitation desdits engagements qui se manifeste dans un cadre conventionnel. L'amendement intervient dans un cadre conventionnel pour corriger l'effet des réserves, voire pour les supprimer. Ainsi, en adaptant le traité à l'évolution des circonstances liées à l'évolution des nouveaux moyens de télécommunication impliquant l'espace, l'amendement formel peut servir à donner plein effet au droit à l'éducation. En effet, un amendement peut-être un outil d'optimisation des objectifs d'un traité quand il s'agit de ressources satellitaires à utiliser en matière de transmission de données. Les énoncés normatifs qu'il construit renverraient à une idéologie de la justice. Cette dernière confronte l'Etat à ses propres atouts, s'il est question de ressources dont il dispose. Ces ressources sont au fondement même du régime de protection juridique des individus, surtout quand il intègre les concepts de « liberté » et de « dignité ». En outre, l'individu peut agir de manière indirecte sur la création du droit international. En cela, le concept de « positivisme juridique fort » a une visée téléologique qui renvoie au but de l'acte juridique et, donc d'une certaine façon, au respect des engagements conventionnels initiaux.

Section II - Un droit à la connexion aux services d'internet comme composante du droit à la liberté d'expression

458. Le *New Space* se veut une nouvelle approche pour garantir une liberté d'action dans le secteur numérique. Il n'est pas contestable que le numérique a largement contribué à l'exercice de certains droits fondamentaux, l'exemple le plus évident est celui de la liberté d'expression[1]. En revanche, « toutes les mesures prises par les autorités étatiques ou les acteurs du secteur privé pour bloquer, filtrer ou supprimer des contenus internet [...] doivent notamment être prescrites par une loi accessible, claire, non ambiguë et suffisamment précise pour permettre aux individus de réguler leur comportement. Elles doivent être en même temps nécessaires dans une société démocratique et

[1] X. DUPRÉ de BOULOIS, *Droit des libertés fondamentales*, PUF, 2024, 4ème éd., p. 20.

proportionnées à l'objectif légitime poursuivi... »[1]. En cela, s'il existe une considération juridique à l'accès à internet, la liberté d'expression a toujours été un droit conditionnel qui admet des restrictions[2]. Dans ces conditions, il ne semblerait pas y avoir un droit autonome d'accès à internet. Cependant, le concept d'autonomie est pluridimensionnel et, appliqué au droit d'accès à internet, il prendrait des sens différents (§1). De là découle l'interrogation sur le traitement jurisprudentiel qui peut lui être réservé (§2).

§1 - La teneur de l'autonomisation du droit d'accès à internet

459. L'article 10 paragraphe 1 de la Conv EDH dispose que : « Toute personne a le droit à la liberté d'expression. Ce droit comprend la liberté d'opinion et la liberté de recevoir ou de communiquer des informations ou des idées sans qu'il puisse y avoir d'ingérence d'autorités publiques et sans considération de frontière... ». Si par leur accessibilité et leur capacité à diffuser des informations, les sites internet améliorent l'accès du public à la connaissance, la possibilité pour les individus d'utiliser internet comme support d'expression a été reconnue comme une priorité pour certains Etats en tant que droit fondamental[3]. Cette reconnaissance aurait une portée structurante tant elle assure la liaison entre le droit positif et la catégorie des droits subjectifs. En tant que création doctrinale, le droit subjectif est spécifiquement moderne, en ce qu'il est conçu sous la forme d'un pouvoir attribué à l'individu[4]. Si ontologiquement le droit subjectif est un concept en tant que tel, il

---

[1] Voir le document de la Direction générale des services de recherche parlementaire (EPRS) du secrétariat général du Parlement européen de juin 2021 : « L'accès à internet en tant que droit fondamental - Explorer différents aspects de la connectivité », consultable sur : *[https://www.europarl.europa.eu/RegData/etudes/STUD/2021/696170/EPRS_STU(2021)696170_FR.pdf]*, consulté le 02 septembre 2024.

[2] H. KEMBO TAKAM GATSING, H. ENOTI FILS, « La liberté d'expression et la régulation des activités numériques en Afrique » dans *Droit du numérique en Afrique - Enjeux internationaux*, sous la direction de A.–T. NORODOM, A. ABDOU HASSAN, Bruylant 2023, pp. 393-421.

[3] C'est le cas du Costa Rica et de la Finlande, voir : Nations-Unies, Assemblée générale, A/HRC/17/27, 16 mai 2011, *Rapport du Rapporteur spécial sur la promotion et la protection du droit à la liberté d'opinion et d'expression*, M. Franck La Rue, num 65 et 66, pp. 19-20.

[4] S. BEAUREGARD, « La place des droits subjectifs dans l'histoire de la philosophie du droit », *RGD* 1993, vol. 24, n° 4, pp. 593-604.

représente deux facettes de la réalité, ainsi entendu, le droit subjectif est inhérent au sujet[1]. L'un des traits les plus remarquables de l'inhérence est l'importance qui revient à la différenciation fonctionnelle comme la capacité à être autonome. S'en tire ainsi la conséquence, que le droit à la liberté d'expression, dont internet n'est qu'un vecteur d'acquisition, implique que l'on détermine un destinataire spécifique.

460. Cette lecture qui peut nous amener à considérer que la fonctionnalité est réservée à un rang normatif particulier rendrait quasiment impossible de penser l'Etat, de prime abord, comme celui qui accomplit la liberté d'expression de l'individu. En effet, la pure subjectivité ne fournirait guère de mesure permettant de limiter le droit et pas d'indication portant sur sa fonction[2]. Précisément, le manque d'indication sur la fonction du droit aurait pour effet d'ordonner certaines normes de manière asymétrique. La symétrie suppose que des droits conférés aux individus rendent indispensable l'intervention de l'Etat. De fait, si la symétrie se réfère à cet espace relationnel, il s'agit bien évidemment de rendre effectif un droit. On pense aux différentes normes juridiques nationales qui consacrent l'accès à internet et le droit préexistant, tel que le droit à la liberté d'expression[3]. Etant à la base de l'Etat, parce que la liberté permet l'exercice d'une pratique sociale, ces normes constitueraient de manière tacite une véritable convention. La première conséquence juridique qui s'attache à l'ordre conventionnel est d'être obligatoire pour les parties contractantes, obligation relevant de la participation des parties à un contenu normatif déterminé. Cela dit, l'adjectif « tacite » ferait évoluer l'ordre conventionnel vers un système lié à l'ouverture d'un champ d'action issu d'un droit libéral à la protection d'un droit d'accès, libéré de toute détermination normative. Or, c'est à partir du concept de détermination que l'on conçoit l'étendue de l'intervention de l'Etat, régulant ce droit d'accès par des normes. Là, réside la capacité de l'individu à être autonome, il s'agit d'une autonomie dans le droit d'accès à « l'internet » à partir duquel tout individu serait

---

[1] S. BEAUREGARD, *ibid,* p. 595.

[2] N. LUHMANN, « De la fonction des droits subjectifs », *Revue franco-allemande de sciences humaines et sociales*, 2009, vol. 3, pp. 360-373.

[3] Internet servant à décupler la liberté d'expression qui est « [...], l'une des conditions primordiales du progrès d'une société démocratique et de l'épanouissement de chacun » : Cour EDH, 7 décembre 1976, *Handyside c. Royaume-Uni*, aff. n° 5493/72, pt. 49.

en droit d'attendre une action effective de l'Etat pour satisfaire ses besoins en termes de connectivité.

461. L'utilisation de l'article défini « l'» pour « l'internet » est susceptible de signifier qu'on puisse circonscrire le réseau a une entité[1]. Le choix de l'entité offre une lecture de certains droits subjectifs qui pourraient s'appuyer sur le Principe numéro 20 du socle européen des droits sociaux qui énonce que « Toute personne a le droit d'accéder à des services essentiels de qualité [...] y compris les communications numériques. Les personnes dans le besoin doivent bénéficier d'un soutien leur permettant d'accéder à ces services »[2]. C'est là qu'intervient l'idée de raison. En effet, l'individu qui bénéficie de l'internet met en perspective la prémisse selon laquelle, il est présumé être un être raisonnable car les droits conférés aux individus seraient inefficaces sans que la puissance étatique ne vienne appuyer leur mise en œuvre. Telle serait ainsi l'ambition du droit objectif qui serait le fondement du droit subjectif, s'agissant de l'accès à l'internet. L'idée même de fondement serait au cœur de la notion de droit subjectif. C'est justement parce que l'on doit se référer au test de la raison que l'internaute peut bénéficier en toute concordance de certains impératifs, en tant qu'être autonome. Le paradoxe apparent de l'autonomie ramène à une forme d'individualisme. En vérité, l'individualisme dont il est question ne sert nullement les seuls intérêts individuels, puisqu'en matière de liberté d'expression, l'individualisme se veut interactif, autrement dit, il correspond à une sorte de réalité sociale. A partir de là, le rôle de l'internaute permettrait de mieux appréhender le travail institutionnel de l'Etat, à savoir, faire de l'autonomie du droit d'accès la source d'un « droit légitime ». La légitimité peut s'appuyer sur des normes juridiques entièrement équilibrées qui fondent la compréhension d'un espace numérique de « sociabilité ».

---

[1] Voir l'intervention de Madame le Professeur Anne-Thida NORODOM « Internet et le droit international, défi ou opportunité ? » dans le cadre du colloque organisé par l'Université de Rouen le 03 juin 2013 portant sur « Internet et le droit international », disponible sur :
[https://webtv.univ-rouen.fr/videos/03-internet-et-le-droit-international-defi-ou-opportunite], consulté le 17 août 2024.

[2] Voir le pt 20 « Accès aux services essentiels », p. 22 du Socle européen des droits sociaux. Adopté en 2017, il permet à l'Union européenne de fixer un cadre et des objectifs en matière sociale.

§2 - La dimension jurisprudentielle du droit d'accès à internet

462. Le droit à la liberté d'expression à une double dimension, individuelle et collective. Sous l'angle individuel, il est protégé en tant que droit subjectif, par les textes internationaux de protection des droits de l'homme. Dans sa dimension collective, la liberté d'expression fait partie des éléments structurants d'un régime véritablement démocratique[1]. Il s'agit de préciser que la multiplicité des textes pertinents s'accompagne d'une pluralité d'institutions compétentes pour protéger la liberté d'expression en Afrique, parmi lesquelles on trouve la Cour de justice de la Communauté économique des Etats d'Afrique de l'Ouest (CEDEAO)[2]. Par sa décision du 25 juin 2020, dans le cadre du différend opposant Amnesty International à l'Etat du Togo, la Cour de justice de la CEDEAO a précisé que l'accès à internet « est devenu un droit dérivé en tant que composante de l'exercice du droit à la liberté d'expression »[3]. En outre, les enseignements tirés de la jurisprudence en Europe révèlent que si la Cour EDH, et la CJUE n'ont pas explicitement créé de droit dérivé à la connectivité sur la base duquel les individus peuvent contraindre les Etats à fournir un accès à l'internet au moyen d'une action en justice[4], la reconnaissance ou pas d'un droit dérivé d'accès à internet doit s'analyser sous l'angle de la fondamentalité du droit d'accès.

463. Quand bien même la DUDH ne constitue pas un instrument contraignant et que son préambule qualifie de fondamentaux des droits sans les rendre obligatoires, son article 8 dispose que : « Toute personne a droit à un recours effectif devant les juridictions nationales

---

[1] M.-A. AILINCAI, « Le droit à la liberté d'expression dans la jurisprudence de la Cour africaine des droits de l'homme et des peuples » dans *La Cour africaine des droits de l'homme et des peuples*, sous la direction de G. Le FLOCH, Pedone 2023, pp. 305-326.

[2] M.-A. AILINCAI, *ibid*, p. 307.

[3] A. TOUBLANC, « La décision de la Cour de justice de la CEDEAO, Amnesty International et autres c. Togo » : Consécration d'un droit dérivé d'accès à internet aux contours imprécis, dans *Droit du numérique en Afrique* sous la direction de A.-T. NORODOM, A. ABDOU HASSAN, Bruylant 2023, p. 440.

[4] Etude du Service de recherche du Parlement européen (EPRS), « L'accès à internet en tant que droit fondamental », consultable sur : *[https://www.europarl.europa.eu/RegData/etudes/STUD/2021/696170/EPRS_STU(2021)696170_FR.pdf]*, consulté le 02 septembre 2024.

compétentes contre les actes violant les droits fondamentaux qui lui sont reconnus par la loi ». Certaines conventions régionales ont eu l'ambition de maintenir ce niveau d'exigence[1]. S'il s'agit d'un impératif qui peut tendre à l'efficacité du droit de manière générale, le droit au recours vise à la protection de tous ces droits subjectifs, sans distinguer leur valeur juridique, en outre, il peut être conçu comme bénéficiant d'un nombre limité de droits caractérisés par leur importance[2]. La fondamentalité apparaît notamment dans les normes de la Convention interaméricaine des droits de l'homme (Conv IDH), mais pas dans celle de la Conv EDH[3]. Le libellé des normes est important parce qu'il serait susceptible de conditionner le recours en fonction du champ normatif visé et donc des droits protégés cités. Par exemple, pour ce qui concerne l'article 13 de la Conv EDH, la consécration du droit au recours vaudrait pour les droits accessoires et pas les droits fondamentaux.

464. Il est vrai que la fondamentalité conventionnelle implique une certaine permanence. En cela, la rédaction de certaines normes par les Etats parties à une convention qui pose le principe du recours pour la défense de la liberté d'expression, est d'abord chronologiquement reconnue par ces Etats. Elle est formelle, elle peut se matérialiser par un affichage d'objectifs indépendamment de son contenu. Cependant, en toute logique la « fondamentalité conventionnelle » tire son plein effet de l'adéquation entre l'aspect formel et l'aspect matériel. Cette structure révèle une autre vision de la fondamentalité, puisque le strict rapport de correspondance entre l'élément formel et matériel peut procéder de la volonté de garantir le droit au recours et sa mise en œuvre sur le plan national. Ce rapport entre constitutionnalité et fondamentalité s'affiche dans l'article 26 paragraphe 2 de la

---

[1] L'article 25 paragraphe 1 de la Conv IDH dispose que « Toute personne a droit à un recours simple et rapide, ou à tout autre recours effectif devant les juges et tribunaux compétents, destiné à le protéger contre tous actes violant ses droits fondamentaux reconnus par la Constitution, par la loi ou par la présente Convention… ».

[2] O. le BOT, « Le droit au recours comme garantie des droits fondamentaux : l'article 8 de la Déclaration universelle des Droits de l'homme », *CRDF*, 2009, n° 7, p. 113.

[3] L'intitulé exact, *Convention européenne de sauvegarde des droits de l'homme et des libertés fondamentales* est sans ambiguïtés : le label de *fondamentalité*, souvent mobilisé dans le discours doctrinal français pour suggérer une hiérarchie entre droits : voir M. AFROUKH, « Une hiérarchie entre droits fondamentaux ? Le point de vue européen », *RDLF* 2019, chron. n° 43, consultable sur : *[https://revuedef.com/cedh/une-hierarchie-entre-droits-fondamentaux-le-point-de-vue-du-droit-europeen/#return-note-7300-3]*, consulté le 17 août 2024.

Constitution du Togo (version consolidée du 8 mai 2019) qui énonce que : « Toute personne à la possibilité d'exprimer par écrit ou par tout autre moyen ses opinions et les informations qu'elle détient, dans le respect des limites définies par la loi ». Cette disposition fait le distinguo entre la notion du droit et celle de liberté. Le mot liberté conviendrait aux hypothèses où le spectre des possibilités serait large, contrairement au droit n'offrant qu'une possibilité d'agir[1]. Ainsi, sans remettre en cause la possibilité de tenter un recours en cas d'atteinte de l'Etat togolais à la liberté d'expression, le recours serait d'autant moins envisageable s'agissant de ce que le droit objectif interdit. Il convient donc de préciser que sans remettre en cause la possibilité du recours, celle d'obtenir une sanction serait tributaire de ce que le droit objectif interdit. La lecture littérale de certaines normes constitutionnelles peut renvoyer à un mode de garantie à partir duquel la défense juridictionnelle de la liberté d'expression ne se conçoit pas tant pour l'individu qui fait le recours, que pour l'Etat qui le garantit. La manière dont ce dernier conçoit cette garantie tient à la spécificité du droit au recours qui pourrait être plus singulier que conséquentiel.

465. L'accès à internet n'est pas *stricto sensu* un droit fondamental mais, dans la mesure où les services liés à internet procurent une plateforme pour développer l'exercice de la liberté d'expression, alors, il devient un droit dérivé qui est une composante de l'exercice du droit à la liberté d'expression[2]. Cela dit, ce droit dérivé dépendrait du cadre légal qui le matérialise. En effet, si la Cour de justice de la CEDEAO a rappelé dans l'arrêt précité du 25 juin 2020 qu'il « doit exister une législation nationale garantissant l'exercice du droit à la liberté d'expression, tout en déterminant les conditions dans lesquelles, il est possible d'y déroger », une lecture *a contrario* laisserait penser qu'il suffit qu'il existe un cadre légal national y compris vague ou très restrictif de libertés pour que la Cour conclut à une non-violation de l'article 9[3] de la Charte africaine des droits de l'homme et des peuples[4].

---

[1] X. BIOY, *Droits fondamentaux et des libertés publiques*, LGDJ, coll. COURS, 2024, 8è éd., pp. 107-108.

[2] A. TOUBLANC, « La décision de la Cour de justice de la CEDEAO *Amnesty International* et autres c. Togo : Consécration d'un droit dérivé d'accès à internet aux contours imprécis », *op. cit.*, p. 448.

[3] L'article 9 §2 dispose que « Toute personne a le droit d'exprimer et de diffuser ses opinions dans le cadre des lois et règlements ».

[4] A. TOUBLANC, *ibid*, p. 451.

466. Cette analyse met en évidence la question de la clarté de la loi. La clarté de la loi peut se comprendre sous un aspect linguistique de lisibilité et de concession[1]. La clarté peut également être reçue sous un angle plus juridique, celui de la concrétisabilité mettant l'accent sur la précision de l'énoncé : en clair, il s'agirait d'un texte qui fournit à son interprète aussitôt et sans controverse la solution précise dans un cas concret[2]. Toutefois, l'existence d'un cadre légal national restrictif des libertés laisserait penser qu'il serait possible de rédiger une loi qui serait difficilement concrétisable. C'est une question de « dosage » des intérêts en présence qui peuvent s'opposer car l'exercice de la liberté d'expression a des implications politiques et le contenu restrictif de cette liberté peut avoir été désiré par l'Etat. Cela pourrait vouloir dire qu'il y aurait des cas d'espèce, pour lesquels le texte normatif n'est pas la norme, mais serait le moyen pour les juges, en l'occurrence ceux de la Cour de justice de la CEDEAO, de produire une norme qui privilégierait l'effet utile de la législation nationale. En conséquence, la concrétisation de l'exigence du droit au recours peut servir à promouvoir la liberté d'expression dans des circonstances spécifiques. Les circonstances en cause présentent certaines garanties qui peuvent fonder une certaine hiérarchie normative interne qui devrait seule s'imposer dans un premier temps.

467. Il existe de nombreuses affaires qui portent sur les mesures de blocage de l'accès à internet et par les Etats[3]. A l'ère du *New Space*, ces blocages peuvent s'accroître compte tenu de la multitude d'offres et de services qu'offrent les opérateurs de télécommunication par satellite. Le blocage de l'accès à internet affecterait indifféremment certains nationaux ou certains individus présents sur le territoire de l'Etat bloquant. L'internaute étranger lésé peut se voir opposer la règle de l'épuisement des voies de recours interne, qui est une règle procédurale de droit international. Selon cette règle, « préalablement à la saisine d'une juridiction internationale pour une affaire donnée, il pèse sur le

---

[1] A. FLÜCKIGER, « Le principe de clarté de la loi ou l'ambiguïté d'un idéal », *Cahiers du Conseil Constitutionnel*, janv. 2007, n° 21, pp. 110-118.

[2] A. FLÜCKIGER, *ibid*, p.112.

[3] Voir la fiche thématique de la Cour européenne des droits de l'homme relative à : « Accès à internet et liberté de recevoir et de communiquer des informations », consultable sur : *[https://www.echr.coe.int/documents/d/echr/FS_Access_Internet_FRA]*, consulté le 02 septembre 2024.

requérant l'obligation de soulever ladite à faire, au moins en substance devant les instances nationales[1]. Si la règle de l'épuisement des voies de recours interne trouve une place particulière en matière de protection diplomatique, la victime bénéficie des voies de recours que l'ordre interne de l'Etat défendeur met à sa disposition[2]. L'exercice pratique de la règle de l'épuisement des voies de recours interne peut se heurter à la pratique administrative de l'Etat défendeur. La pratique administrative se définit par deux éléments. D'abord, par une accumulation de manquements de nature [...] analogue assez nombreux ou liés entre eux pour ne pas se ramener à des incidents isolés ou à des exceptions et pour former un ensemble[3]. Ensuite, par la tolérance officielle de ces actes, qui le sont, soit parce que l'autorité supérieure des personnes immédiatement responsables connaissent ces actes mais ne font rien pour en punir les auteurs, soit que cette autorité se montre indifférente en refusant toute enquête sérieuse sur leur vérité ou leur fausseté, soit que le juge refuse d'entendre équitablement ces plaintes[4].

468. Il y a lieu de préciser que si la règle de l'épuisement des voies de recours interne ne trouve pas à s'appliquer devant la Cour interaméricaine des droits de l'homme (Cour IDH) en cas d'existence d'une pratique administrative[5], c'est sans doute parce que la Conv IDH comporte des mécanismes de garantie en matière de droits et libertés sans égard à la nationalité de leur titulaire[6]. Ces mécanismes de garantie servent à promouvoir en réalité un certain nombre de droits substantiels, parmi lesquels on trouve le droit à la liberté d'expression, dont on devine l'importance à l'ère des nouveaux moyens de communication impliquant l'espace. Ce droit substantiel est assorti d'une exigence

---

[1] A.-K. DIOP, « La règle de l'épuisement des voies de recours internes devant les juridictions internationales : le cas de la Cour africaine des droits de l'homme et des peuples », *Les Cahiers de droit*, 2021, vol. 62, n°1, p. 242.

[2] A-K. DIOP, *ibid*, p. 243.

[3] A. MARGARYAN, « Le contentieux entre l'Ukraine et la Russie devant la Cour européenne des droits de l'homme », *JADIE*, 2024, n° 24, p. 6.

[4] A. MARGARYAN, « Le contentieux entre l'Ukraine et la Russie devant la Cour européenne des droits de l'homme », *op. cit.*, p. 6.

[5] A. MARGARYAN, *ibid*, p. 7.

[6] Il est clairement indiqué dans le Préambule que les Etats Américains signataires de la présente Convention « Réaffirmant leur propos de consolider sur ce continent, dans le cadre des institutions démocratiques, un régime de liberté individuelle et de justice sociale, fondé sur le respect des droits fondamentaux de l'homme ».

d'effectivité : la victime de violation prétendument subie doit pouvoir accéder aux tribunaux. Il ressort de ce qui précède que la portée juridictionnelle des droits substantiels n'est pas seulement destinée à protéger l'internaute contre tous actes violant son droit fondamental à la liberté d'expression, elle servirait à « s'attaquer » à la pratique de la justice nationale en vue d'en empêcher la continuation. Or, le juge national est un organe de l'Etat, dès lors, la limitation de la notion de pratique du juge reviendrait indirectement à se prononcer sur la souveraineté de l'Etat dans sa liberté de privilégier ou pas un certain type de pratique administrative en fonction de l'intérêt à agir de la victime. Par ailleurs, en limitant la possibilité d'intenter des recours en cas de blocage de l'accès à internet, la protection du droit fondamental à la liberté d'expression pourrait s'analyser sous l'angle de son « opérationnalité » qui peut n'être que partielle. Mais en vérité, la liberté d'expression est un droit fondamental parce que sa protection ne s'appuie sur aucune forme d'autonomie administrative réputée subjective.

Conclusion de la section

469. Le *New Space* favorise le développement des réseaux de communication. Si aujourd'hui internet reste le moyen de communication le plus étendu parce qu'il a été à l'origine conçu comme un réseau libre et ouvert, l'accès à internet a été reconnu comme une priorité par les Etats[1]. Cette reconnaissance qui, dans sa dimension individuelle, est indispensable au vu de l'effectivité de la liberté d'expression sert à mettre en évidence l'autonomie de l'individu dans l'accès à internet. L'autonomisation de ce droit suppose une action positive des Etats en termes de connectivité. Aussi bien à l'échelle régionale qu'internationale, le droit positif aurait une portée structurante, assurant la liaison entre le droit fondamental de la liberté d'expression et ce que ce dernier institue comme catégorie d'un droit subjectif. Par ailleurs, le fait d'envisager la possibilité de faire de l'accès à internet un droit dérivé se pose en termes d'action en justice. A ce sujet, les juridictions régionales ont une approche différente car le libellé des normes auxquelles se réfèrent ces juridictions serait

[1] C. PRINCIPE RUSINQUE, I-J. OBREGON THARAUD, « Le principe de neutralité du net dans le cadre du constitutionnalisme latino-américain », *RIDDN* 2018, vol. 4, p. 77.

susceptible de conditionner le recours en fonction du champ normatif visé.

Conclusion du premier chapitre

470. Emanation de la souveraineté de l'Etat dans les rapports interétatiques, le droit d'émettre des réserves dans les traités internationaux permet à l'Etat qui s'en sert de mesurer la portée de ses engagements envers les autres Etats parties au Traité. Cependant, la fondamentalité du droit à l'éducation est d'autant plus particulière qu'elle doit se comprendre comme la possibilité d'encadrer l'émission de certaines réserves, voire de les exclure quand elles existent. A cet égard, l'amendement formel est une technique juridique pour tendre vers les objectifs et les buts du traité, à savoir valoriser une certaine idéologie de la justice qui vise à accroître les obligations juridiques des Etats qui se serviraient des réserves comme autant d'outils stratégiques pour minorer lesdites obligations. Il y aurait une seule logique à cela, celle de la capacité de l'individu à agir sur son environnement. Il s'agit de faire prendre conscience aux Etats que le droit objectif qui est l'instance normative par excellence est un levier pour le droit à l'éducation et *a fortiori* pour la liberté d'expression. Cette liberté n'est pas absolue, les Etats pouvant en restreindre l'exercice[1]. Précisément, le principe des restrictions peut s'apprécier à l'aune de l'autonomie de l'individu dans le cadre de l'accès à internet. L'individu atteint dans son droit d'accès devrait pouvoir intenter une action en justice près les juridictions nationales puis régionales. L'existence d'un droit dérivé d'accès à internet se pose et dépend du libellé normatif qui en fait soit un droit accessoire, soit un droit fondamental.

[1] « Les Etats peuvent restreindre la liberté d'expression lorsqu'elle est prévue par la loi, qu'elle répond à un objectif légitime et qu'elle constitue un objectif nécessaire et proportionné pour réaliser le but visé dans une société démocratique », voir : T-D. PRINCE-AGBODJAN, B-C-D. DONGAR, N-O.AFOGO, « Les limitations de l'accès à internet en Afrique à l'aune de la Communication 742/20, African Freedom of Expression Exchange et 15 autres (représenté par FOI Attorneys) c. Algérie et 27 autres », *AFDH* 2023, n° 7, pp. 375-396.

CHAPITRE II
L'EXPLOITATION DE L'IDÉOLOGIE D'UN DROIT À LA TRANSPARENCE POUR LA PROMOTION DU DÉSARMENT HUMANITAIRE

471. Avant toute chose, le désarmement humanitaire cherche à préserver la sécurité et le bien-être des populations plutôt que celui des Etats, cette approche centrée sur l'homme aspire à réduire l'impact des armes sur l'homme et l'environnement[1]. Cet objectif se traduit concrètement par la création d'ensembles normatifs. Cela dit, on peut compter parmi les mécanismes de contrôle du respect des principaux accords internationaux en matière de désarmement, l'outil satellitaire. Le *New Space* et ses moyens technologiques seraient un outil important pour surveiller un processus ou un objet particulier. La technologie permettrait de disposer rapidement à l'échelle mondiale de nombreuses données satellitaires de grande qualité, comme celles placées sur les satellites américains pour détecter les explosions nucléaires atmosphériques[2].

472. Bien entendu, le respect de la Convention sur l'interdiction de l'emploi, du stockage, de la production et du transfert des mines antipersonnel et sur leur destruction dite « Convention d'Ottawa » qui a été conclue le 18 septembre 1997, peut comme tous les autres accords bénéficier des capacités de vérification nationales satellitaire[3]. Cependant, il n'existe pas dans cette Convention de dispositions qui soient nommément consacrées à la vérification aussi bien s'agissant des

---

[1] B. DOCHERTY, J. RAFFERTY, W. ZWIJNENBURG, « Désarmement humanitaire », consultable sur : *[https://humanitariandisarmament.org/wp-content/uploads/2019/10/Humanitarian-Disarmament-French-web.pdf]*, consulté le 06 septembre 2024.

[2] O. DAHLMAN, « La vérification de l'importance de la détection de la dissuasion et de l'instauration de la confiance », *Forum du désarmement*, oct. 2010, pp. 3-13.

[3] T. FINDLAY, « Le mécanisme de vérification de la Convention d'Ottawa constitue-t-il une solution hybride applicable ou un compromis fatal ? », *Forum du désarmement*, 1999, pp. 47-60.

« mesures de transparence » à mettre en œuvre[1], que s'agissant de « l'Aide et éclaircissement au sujet du respect des dispositions »[2]. Il conviendrait alors de dissocier les moyens techniques de vérification qui sont disponibles, d'autant plus quand ils impliquent l'espace de la volonté étatique de donner sens au renseignements présentés, qui inclut l'efficacité de la norme juridique de vérification. Sa forme juridique est sous l'influence d'une conception pragmatique des relations internationales qui juridicise la méfiance (Section 1).

473. Il convient également de rappeler l'importance des satellites en tant qu'instrument de contrôle du respect des conventions de protection de l'environnement. Le principe 7 de la Déclaration de Rio de 1992 sur l'environnement et le développement économique, énonce que : « les Etats doivent coopérer dans un esprit de partenariat mondial en vue de conserver, de protéger et de rétablir la santé et l'intégrité de l'écosystème terrestre[3]. Toutefois, la nécessité de coopérer permettrait de renforcer le contenu des accords internationaux environnementaux avec pour fondement l'équité (Section II).

Section I - La juridicisation de la méfiance dans les accords de maîtrise des armements

474. La réticence de certains Etats à renoncer aux armes dans un monde où règne l'insécurité n'est pas dépourvue de cause car la notion même de désarmement semble avoir de tout temps inspirée la méfiance. La méfiance ne semble pas seulement inspirée par les nouveaux armements et le risque qu'ils font courir à la paix, la méfiance résulte du fait que l'accord de désarmement signé ne soit pas respecté par les Etats auxquels il n'est accordé qu'une confiance limitée. En tant que

---

[1] L'article 7 §1 dispose que : « Chaque Etat partie présente au Secrétaire général des Nations-Unies, aussitôt que possible et de toute manière au plus tard 180 jours après l'entrée en vigueur de la présente Convention pour cet Etat un rapport a) sur les mesures d'application nationales visées à l'article 9 ».

[2] L'article 8 §1 dispose que : « Les Etats parties conviennent de se consulter et de coopérer au sujet de l'application des dispositions de la présente Convention et de travailler dans un esprit de coopération afin de faciliter le respect par les Etats parties des obligations découlant de la présente Convention ».

[3] *Déclaration de Rio sur l'environnement et le développement* dans *Rapport de la Conférence des Nations-Unies sur l'environnement et le développement*, Doc N.U.A./CONF.151.26 (Vol I) (12 août 1992), Principe 7.

sentiment, la méfiance envers les accords de désarmement expliquerait pourquoi il n'y a pas de mention du mot « vérification » dans la Convention d'Ottawa. En effet, la vérification implique la destruction totale de tous les stocks existants d'armes. Et pourtant, si le monde en son état actuel ne peut pas encore faire l'économie de moyens de vérification, ils demeurent un terrain de rivalité compte tenu d'un double sentiment de méfiance et de prudence. Ainsi, la faiblesse de l'engagement juridique des Etats en matière de vérification des accords de désarmement permettrait de rappeler les facteurs les plus propres à renforcer la méfiance, parce qu'ils renvoient à une théorie systémique du droit international (§1). Par ailleurs, face à un monde qui reste insécure, la méfiance se traduirait dans l'application à titre provisoire de certains traités de désarmement[1], une autre manière pour les négociateurs étatiques des traités internationaux de recourir aux artifices du droit (§2).

§1 - L'approche systémique de la vérification des accords de désarmement

475. La systémique est avant tout une science de l'évolution, elle met en évidence des relations non linéaires, c'est-à-dire ne pouvant être décrites par des lois mathématiques continues et additives et des interactions circulaires (réciproques) entre des éléments[2]. Précisément, l'approche systémique permet de distinguer la vérification au sens propre de la maîtrise des armements. La vérification est un processus qui recouvre l'ensemble des mesures tendant à permettre aux Parties à un accord d'établir que les autres Parties n'ont pas un comportement incompatible avec les engagements qu'elles ont acceptées en vertu de cet accord[3]. La vérification se situerait sur le plan du principe *pacta sunt servanda*, puisque une fois en vigueur les traités doivent être appliqués

[1] On peut donner l'exemple du Belize qui notifia que « le gouvernement du Belize appliquera à titre provisoire l'article premier de la Convention sur les armes à sous munitions, en attendant son entrée en vigueur ».

[2] P. WECKEL, « Ouverture de la réflexion sur le droit international à la science des systèmes », dans *Unité et diversité du droit international : écrits en l'honneur du professeur Pierre-Marie DUPUY*, éd. Martinus Nijhoff Publishers, 2014, pp. 131-155.

[3] S. SUR, « Introduction », dans *Obligations en matière de désarmement et de limitation des armements - Problèmes de respect et mesures d'imposition*, UNIDIR, Genève : Nations-Unies, 1995, pp. 2-3.

en vertu de ce principe. A l'inverse, la question qui tient à la maîtrise des armements se situerait dans une perspective holistique qui ne porte pas sur la volonté de contrôler la prolifération des armements, mais plutôt sur celle de saisir l'absence de verticalité du droit international conventionnel. Dans ce domaine, la verticalité voudrait que le contenu de l'accord de désarmement corresponde à la volonté qui a amené l'Etat à conclure un traité qui aille dans le sens du désarmement. L'absence de verticalité manifeste la dichotomie entre l'affichage de la volonté et le contenu du Traité précisément parce que seule compte la rédaction de la norme, donc l'existence de mécanismes de vérification adéquats et de garanties en cas de violation du traité de désarmement. L'insuffisance de ces mécanismes ramène à une réflexion de bon sens, diffusant une information à la société internationale.

476. Pour comprendre cette information, il est nécessaire d'intégrer le concept de « boucle de rétroaction ». La rétroaction est le mécanisme qui détermine à la fois le développement du système et le maintien de l'équilibre, le « transformateur » transforme les entrées en sorties, pas entrée, on désigne l'influence du système sur l'environnement et pas sortie, l'effet du système sur l'environnement[1]. Concrètement, cela voudrait dire qu'un Etat qui manifesterait la volonté de s'engager sur un accord de désarmement entrerait d'abord en interaction avec la réalité d'autres Etats souverains, c'est-à-dire un environnement qui serait gouverné par les priorités des représentants de l'Etat qui agiraient comme si les intérêts internationaux étaient des intérêts privés. Ce type d'interaction générerait un positionnement à l'intérieur du système car l'Etat concerné ferait valoir son pouvoir souverain de ne pas s'engager sur un accord qui affecterait sa propre sécurité. Un exemple corrobore cette réalité. Parmi les accords ayant conduit à des résultats mitigés, on trouve le traité de non-prolifération nucléaire de 1970 (interdisant le transfert et l'acquisition d'armes nucléaires), objet de très vives controverses, il a été ratifié par un très grand nombre d'Etats que sous la pression renouvelée des superpuissances et après beaucoup d'hésitations de la part des pays non nucléaires[2]. On retrouve ici une hiérarchie. Celle-ci est double puisque si le contenu de l'accord international de vérification lui donne sa force juridique, certaines

[1] P. WECKEL, *ibid*, p. 138.

[2] C. GASTEYGER, *Les défis de la paix : Un monde à la recherche de sa sécurité*, éd. Graduate Institute Publications, 2015, p. 29.

normes priment sur d'autres : celles qui débouchent sur le résultat concerné. Quand bien même l'accord ferait état des éléments de vérification qui impliquent l'espace, la systémique permet en effet de combiner l'univers global dans lequel évolue l'utilisation des capacités satellitaires. Quand on aborde le contenu des normes, le schéma moyen de vérification : « utilité, transposition en droit positif » peut ne pas être respecté, dès lors qu'il existe un système relationnel qui est lui aussi transposable au droit positif.

477. L'avis consacré à l'éthique de la défense spatiale du Ministère français des armées du 29 septembre 2022 énonce « qu'un nombre croissant d'Etats déploient à des fins militaires, des satellites de communication, d'observation, d'écoute ou de localisation [...]. Ces services permettent de prévenir les conflits [...] d'imposer une forme d'obligation de transparence, sachant que les actions d'un Etat peuvent être observées par d'autres Etats tiers ou des organisations ou groupes non étatiques [...]. Les satellites étant un outil précieux pour les mesures de vérification issues de grands traités de désarmement »[1]. Les acteurs privés du *New Space*, propriétaires de constellations de satellites pourraient être les « auxiliaires » de certains Etats, dans la mesure où ils seraient susceptibles de collaborer avec eux pour consolider le principe de vérification des accords de désarmement. Ces Etats utilisant les moyens privés pour mieux gouverner leurs relations extérieures.

478. Cette façon de contribuer à la vie internationale placerait forcément les acteurs privés du *New Space* au cœur même d'une nouvelle offre diplomatique. On n'entre dans la diplomatie que si certaines activités ont des conséquences politiques et si les Etat qui s'en saisissent s'en servent dans leurs relations mutuelles[2]. En vérité, la présence de certains Etats de la scène spatiale donnerait aux acteurs spatiaux privés des raisons d'intervenir comme pouvant participer à l'élaboration de leur politique étrangère. Ainsi, en servant à proposer un nouveau paradigme, les acteurs privés du *New Space* seraient les

---

[1] Ministère des armées, « Comité d'éthique de la défense - Avis sur l'éthique de la défense spatiale », consultable sur : *[https://www.defense.gouv.fr/sites/default/files/ministere-armees/Comite%20d%27ethique%20de%/20la%20defense-avis%20defense%20spatiale.pdf]*, consulté le 01 octobre 2024.

[2] Cette définition renvoie à l'article de L. BADEL, S. JEANNESSON, « Introduction. Une histoire globale de la diplomatie ? », *Monde(s)* 2014, vol. 1, n° 5, pp. 6-26.

vecteurs d'une nouvelle offre politique à l'échelle internationale, utilisant leur envergure pour amener des Etats à respecter les accords de désarmement qu'ils auraient conclus. Dès lors, les règles substantielles de vérification lacunaires que l'on trouve notamment dans la Convention sur l'interdiction de la mise au point, de la fabrication et du stockage des armes bactériologiques (biologiques) ou à toxines et sur leur destruction dite CABT du 26 mars 1975[1], seraient un contre-exemple pour rappeler qu'elles sont issues de négociation et souvent de compromis entre Etats souverains, autrement dit issues de la volonté de réaffirmer la maîtrise étatique du jeu diplomatique. Là est une façon pour ces Etats de rétroagir sur la réalité qui les environne, les plaçant à l'intérieur d'un système conventionnel. Le traité en droit international public n'est pas seulement l'instrument qui matérialise l'accord de volonté des Etats dans leurs relations internationales. Le traité est aussi le modèle réduit d'une structuration du droit international commandée par la règle générale d'interprétation qui est fondée sur les notions de contextualisation et d'orientation (objet et but) des normes[2]. La rédaction de certaines dispositions normatives afférentes à la vérification des accords de désarmement servirait à autre chose qu'à présenter, sous un certain angle de vue, une conception de la sécurité internationale, elle servirait à montrer que la pratique contemporaine de la diplomatie à l'aune du *New Space* est réversible.

479. Certaines organisations non gouvernementales (ONG) ont investi le champ politique, leur crédibilité d'organisations praticiennes, aussi bien que leur expertise sur les questions de désarmement, ont représenté un contre-feu, parfois même un contre-pouvoir[3]. Ainsi l'ONG VERTIC qui a été créée en 1986 s'est récemment engagée dans un projet avec la Norvège et le Royaume-Uni consistant à étudier les concepts et méthodes de surveillance et de vérification du démantèlement d'ogives

---

[1] L'article V de la CABT dispose que « Les Etats parties à la présente Convention s'engagent à se consulter et à coopérer à la solution de tous les problèmes qui pourraient se poser en rapport avec l'objectif de la Convention ou dans l'application de ses dispositions… ».

[2] P. WECKEL, « Ouverture de la réflexion sur le droit international à la science des systèmes », *op. cit.*, pp. 144-145.

[3] P. BOUVERET, « Les ONG, moteur du désarmement », *RIS* 2014, vol. 4, n° 96, pp. 123-131.

nucléaires[1]. En 2006, VERTIC avait estimé que « plus les technologies utiles pour surveiller et vérifier le respect des traités sont accessibles [...] et plus les membres de la société civile s'engageront dans le développement et l'utilisation de nouvelles technologies pour des activités de vérification[2]. Les images satellitaires disponibles à des prix intéressants ont énormément influencé les activités de surveillance des ONG[3]. L'importance de ces activités qui se mesure à la teneur des propositions des ONG pour densifier le régime juridique des accords de désarmement, serait influencée par l'importance d'un socle juridique existant. En effet, si le CICR aborda officiellement la question des mines antipersonnel en 1974, c'est parce que la fin du vingtième siècle a vu le mouvement pour l'interdiction de certaines armes dans le droit de la guerre se généraliser et se codifier[4]. A l'inverse, il semble que l'influence des ONG soit beaucoup plus difficile dans un contexte où une question non encore réglementée surgit sur la scène internationale.[5]

480. C'est ainsi que la présentation des caractéristiques propres à la pensée systémique renvoie à une propriété précieuse du système, la redondance qui montre ainsi l'apport de la science du tout[6]. On s'attarde à systématiser la matière juridique en tant que telle et non plus dans son environnement et le rôle qu'elle y joue[7]. Tel est le cas du Traité international qui apparaît non en tant qu'instrument qui répond aux besoins des Etats, et qui est forcément intégré dans un contexte, mais en tant que mécanisme formé par un certain nombre de couches de normes juridiques d'exception. Précisément, ce sont elles qui peuvent limiter l'influence des ONG, les privant de la possibilité de trouver dans leurs dispositions les éléments de réglementations internationales susceptibles de régir les futurs accords de vérification du désarmement.

---

[1] A. PERSBO, « Le rôle des organisations non gouvernementales dans la vérification des accords internationaux, *Forum du désarmement*, oct. 2010, p. 78.

[2] A. PERSBO, « Le rôle des organisations non gouvernementales dans la vérification des accords internationaux », *op. cit.*, p. 78.

[3] A. PERSBO, *ibid*, p. 80.

[4] G. Le GOFF, « Les clés de l'influence des ONG dans la négociation de quelques instruments internationaux », *RQDI*, 2000, vol. 13, n° 2, p. 181.

[5] G. Le GOFF, *ibid*, p. 181.

[6] P. WECKEL, « Ouverture de la réflexion sur le droit international à la science des systèmes », *op. cit.*, p. 135

[7] C. SAMPER, « Argumentaire pour l'application de la systémique au droit », *Arch. phil. droit* 1999, tome 43, pp. 327-348.

Dans l'ensemble, il n'est pas possible de clore le sujet, sans prendre en considération la nécessité de tenir compte de circonstances nouvelles autres que celles qui ont donné naissance à l'obligation conventionnelle initiale. En cela, le droit international conventionnel est régi par le principe *pacta sunt servanda,* et le devoir de coopération lui est inhérent, ainsi lorsqu'un traité n'est plus fonctionnel dans les nouvelles circonstances, le devoir de coopération implique l'obligation de discuter les nouvelles modalités du traité[1]. Or, à l'aune du principe *rebus sic stantibus*, la possibilité de renégocier[2] les termes du traité tend à instaurer un principe de cohérence. On pense dès lors à un mécanisme d'inclusion qui peut être basé sur l'apport des ONG en tant qu'atout du processus de vérification. Mais, les choses se compliquent quand on pénètre dans les relations effectivement entretenues car on s'aperçoit que l'inclusion n'est que partielle, elle s'accorde d'une exclusion en ce que chaque système opère une sélection des événements sociétaux en présence[3]. Il est susceptible de ne prendre en considération que les Etats parties au traité qui renégocient, c'est-à-dire ceux qui président à l'exécution des obligations juridiques sur la scène internationale et qui interviennent en fonction des critères de sélection du principe *rebus sic stantibus*, et non ceux qui œuvrent à l'évolution de la création de nouvelles normes juridiques de vérification.

§2 - L'application à titre provisoire des traités comme technique juridique de contrôle des effets des accords de désarmement

481. Le New *Space* désigne un nouveau secteur industriel permettant le positionnement de constellations de satellites en orbite basse. Ce secteur industriel offre de nouvelles perspectives pour la vérification des accords de maîtrise des armements. En cela, l'utilisation des satellites constitue un facteur de confiance. La confiance ne peut être irraisonnée, on doit la percevoir autrement, pour savoir si elle peut entraîner, grâce à l'observation par satellite, la connaissance sur l'état

---

[1] J.-A. GRAHAM, S. PARTIDA, « La Convention de Vienne sur le droit des traités et le *hardship* », *RQDI*, 2021, vol. 34, n° 2, p. 94.

[2] « La renégociation serait dictée soit par une règle implicite de la Convention de Vienne, comme le pensait Paul Reuter, soit par l'obligation générale de bonne foi des parties en droit international général », voir : J.-A. GRAHAM, S. PARTIDA, *ibid*, pp. 92-93.

[3] C. SAMPER, « Argumentaire pour l'application de la systémique au droit », *op. cit.*, p. 340.

des programmes nationaux de désarmement. La question n'est pas de savoir si les satellites constituent dans ce domaine un avantage certain : il s'agit là d'une certitude, mais plutôt de savoir si la connaissance arrive à se convertir en avantage décisif pour faciliter la mise en œuvre des accords de désarmement. Il semblerait que l'utilisation des satellites ne suffira pas face aux artifices juridiques que peuvent utiliser les Etats s'agissant de l'entrée en vigueur des accords multilatéraux de désarmement. Or, parmi ces artifices, on trouve l'application à titre provisoire des traités.

482. L'application à titre provisoire des traités est énoncée dans la Convention de Vienne de 1969. L'article 25 de cette convention, intitulé « Application à titre provisoire » se lit ainsi :
« 1. Un traité ou une partie d'un traité s'applique à titre provisoire en attendant son entrée en vigueur :
« a) si le traité lui-même en dispose ainsi ; ou
b) si les Etats ayant participé à la négociation en étaient ainsi convenus d'une autre manière ».
« 2. A moins que le traité n'en dispose autrement ou que les Etats ayant participé à la négociation n'en soient convenus autrement, l'application à titre provisoire d'un traité ou d'une partie d'un traité à l'égard d'un Etat prend fin si cet Etat notifie aux autres Etats entre lesquels le traité est appliqué provisoirement, son intention de ne pas devenir partie au traité ».

483. Le terme « application provisoire » n'était pas largement utilisé avant l'adoption de la Convention de Vienne sur le droit des traités de 1969, bien que la pratique des Etats ait régulièrement consisté à appliquer à titre provisoire des traités au sens de l'article 25 de ladite Convention[1]. Toutefois, le Guide de l'application à Titre provisoire des traités adoptés par la CDI en seconde lecture en 2021 confirme que « la violation d'une obligation découlant d'un traité ou d'une partie d'un traité appliqué à titre provisoire engage la responsabilité internationale conformément aux règles applicables du droit international »[2]. Dès lors, si l'application provisoire comble un vide temporel en accélérant

[1] D. AZARA, « Provisional Application of Treaties », in *The Oxford Guide to Treaties (2nd Edition)*, dir. D-B. HOLLIS, ed. Oxford University Press, 2010, pp. 229-257 (notre traduction).
[2] M. FORTEAU, A. MIRON, A. PELLET, *Droit international public*, *op. cit.*, p. 212.

l'application du traité, cela revient à dissocier l'application du traité de son entrée en vigueur[1]. En termes plus succincts, l'application provisoire, contrairement à l'entrée en vigueur, ne nécessite pas l'expression du consentement à être lié par le traité dans la sphère internationale[2]. Il s'agit d'une invitation à appliquer le traité à titre provisoire sans achèvement préalable ni procédures internes d'élaboration des traités normalement nécessaires, de sorte que l'achèvement de ces procédures ne puisse avoir lieu une fois que l'expression du consentement à être lié par le traité est effectivement actée[3].

484. C'est la raison pour laquelle, l'application à titre provisoire des traités de désarmement peut être une source de difficulté dans la mesure où les normes constitutionnelles de beaucoup d'Etats préservent largement l'exigence d'approbation parlementaire. La nécessité de préserver les droits du parlement renverrait à l'engagement définitif de l'Etat, celui de l'entrée en vigueur du traité, donc d'une conception formaliste du droit. Le formalisme juridique répond à une finalité heuristique. Le formalisme hypostasie les procédés et techniques juridiques au détriment des contenus et finalité du droit[4]. Non qu'il nie absolument que les règles juridiques soient porteuses de valeurs, mais décrète cette caractéristique non pertinente du point de vue de la juridicité attestée seulement par des formes[5].

485. Le formalisme implique seulement que l'on puisse opérer une distinction entre ce qui relève du droit d'une part et ce qui relève du non-droit de l'autre, le critère de distinction renvoyant précisément à la forme et non au fond (c'est-à-dire au contenu, méthode rejetée comme relevant du jusnaturalisme et donc de l'arbitraire)[6]. En ce sens, l'arbitraire se déclinerait dans l'application de façon drastique du respect

---

[1] A. QUAST MERTSCH, *Provisionally applied treaties: their Binding force and legal nature*, ed Bull Publishers, 2012, p. 11 (notre traduction).

[2] A. QUAST MERTSCH, *ibid*, p. 13 (notre traduction).

[3] A. QUAST MERTSCH, *ibid*, p. 14 (notre traduction).

[4] E. WYLER, « Le juge international et la relation Règle/cas du point de vue du formalisme et du pragmatisme », *RGDIP*, 2021, t. 125, n° 2, pp. 225-252.

[5] E. WYLER, *ibid*, p. 227.

[6] O. CORTEN, « Le droit en contexte » est-il incompatible avec le formalisme juridique », *RIEJ*, 2013, vol. 70, n° 1, pp. 70-67.

des règles relatives à la négociation, à la conclusion et à la ratification de certains traités. Il est généralement admis que les règles internationales doivent, au moins dans certains cas, jouer un rôle majeur dans les droits nationaux, les actes qui les portent doivent être façonnés et adaptés au plus proche des citoyens qu'ils concernent. A partir de là, on pourrait raisonnablement considérer que les traités qui concernent la maîtrise des armements, ne peuvent être appliqués à titre provisoire, parce que si tel était le cas, ils porteraient la faiblesse des pouvoirs des parlements nationaux et, au-delà de cela, une rupture démocratique, vu l'importance concrète conférée au contrôle parlementaire en la matière.

486. De toute évidence, l'application à titre provisoire des traités de désarmement reviendrait pour l'exécutif (la conduite des relations internationales, relevant presque toujours dans l'apanage du chef de l'Etat et du gouvernement)[1], à saisir le contexte international dans lequel les rapports de force priment sur le multilatéralisme et mettent à l'épreuve le sentiment de cohésion nationale sur la politique sécuritaire de l'Etat. Ce sentiment de cohésion suppose une logique de certitude tout au long du processus de conclusion des traités et ne peut s'accommoder d'une position du parlement contraire. En réalité, ce n'est pas tant l'application à titre provisoire de certains traités qui interpelle, que les dimensions qui peuvent apparaître entre les institutions de l'Etat, quant à l'appréciation des intérêts vitaux de ce dernier sur le plan sécuritaire. Le fait que l'Assemblée nationale française ait définitivement adopté la loi de programmation militaire pour les années 2019-2025[2], montre à quel point la vision partagée du « droit en contexte » peut réduire la portée politique de l'application à titre provisoire de certains traités internationaux mais aussi, la stratégie d'évitement des pouvoirs du parlement. Dans ces conditions, l'utilisation des données provenant des satellites militaires d'observation peut servir à établir des rapports pour permettre au parlement de s'ouvrir sur l'environnement normatif des organes de l'Etat qui sont investis du pouvoir de conclure des traités de désarmement. Toutefois, la présence de ces rapports pourrait avoir un effet « subversif » si on les conçoit à

---

[1] En France, la Constitution du 4 octobre 1958 donne au président de la République une compétence très large en matière de politique étrangère, comme l'exprime l'article 52 de la Constitution.

[2] Loi n° 2018-607 du 13 juillet 2018 relative à la programmation militaire pour les années 2019 à 2015 et portant diverses dispositions intéressant la défense, *JORF* n° 0161 du 14 juillet 2018, texte n° 1.

partir d'une approche particulière qui ne serait basée que sur la seule subjectivité, à propos de la conduite à tenir dans le cadre des relations internationales.

Conclusion de la section

487. Le *New Space* est porteur d'innovations. Grâce à leur capacité d'observation et de renseignement, les satellites sont des outils innovants en tant que moyens de vérification des accords de maîtrise des armements. Cependant, la « vérification » doit être abordée sous un angle systémique, là est la principale limite des moyens satellitaires quand on considère que les normes de vérification, qui peuvent être imparfaites, deviennent l'élément fonctionnel d'un ensemble habité par une finalité différente de celle qui consisterait à renforcer le régime de vérification des traités internationaux. En outre, en matière de désarmement, un traité peut contenir une clause sur son application à titre provisoire. Cette clause s'apparente à une invitation à renoncer aux procédures normales d'élaboration des traités au niveau national[1]. On doit l'appréhender sous un angle stratégique, celui qui consiste pour les négociateurs de certains Etats à sauvegarder le besoin de rapidité dans la mise en œuvre de certaines dispositions des traités portant sur la maîtrise des armements, tempérant les réalités résultant du procédé de ratification.

Section II - Le contenu obligationnel des accords environnementaux fondé sur l'équité

488. L'essor des nouvelles entreprises privées de l'industrie spatiale aujourd'hui appelé *New Space* a permis l'accélération de nouvelles solutions participant à la transition écologique. L'aspect disruptif engendré du *New Space* se trouve dans la création de nouveaux modèles d'analyse des données générées par les satellites déjà en place. A titre d'exemple, la « jeune » société française Kayrros créée en 2016 s'appuie sur des données publiques, mais aussi des images satellites pour suivre

[1] D. AZARIA, « Provisional Application of Treaties », *op. cit.*, p. 242 (notre traduction).

la déforestation[1]. Terrain d'élection de la théorie de la compliance, les procédures de contrôle du respect des obligations étatiques des accords internationaux pourraient bénéficier de l'accroissement des services satellitaires. Il semble possible d'en identifier un cadre de réception et d'application juridique qui est formalisé par le principe des responsabilités communes mais différenciées (PRCMD). Celui-ci prescrit la production d'obligations internationales asymétriques en fonction du rôle historique et des capacités actuelles de chaque Etat à la protection de l'environnement[2].

489. De fait, la relation qui pourrait s'établir entre l'offre satellitaire qui peut permettre de protéger les ressources de la Terre et le PRCMD pourrait s'appuyer sur l'équité. Il serait sans doute concevable que les Etats qui disposent de moyens satellitaires importants, agissant en tant qu'Etats parties dans les conventions de protection de l'environnement, aient davantage d'obligations dans l'effort international en faveur d'un régime juridique équitable orienté vers l'efficacité du droit de l'environnement. Une telle ambition reviendrait à juridiciser des prescriptions de comportement (§1), une façon de donner un sens au contenu implicite des accords internationaux relatifs à la protection de l'environnement (§2).

§1 - L'élément comportemental du régime juridique de protection de l'environnement

490. « La juridicité est la propriété des pratiques sociales de répondre à une finalité par une contrainte. La finalité est d'assurer la reproduction des conditions de vie en société et la contrainte est la sanction, non pas nécessairement la punition mais la reconnaissance à travers divers procédés ou procédures du caractère obligatoire des dispositifs normatifs mis en œuvre »[3]. Par conséquent, si le droit international de l'environnement est de la juridicité, cette dernière se situerait dans une

---

[1] A.-S. BOUTAUD, « Kayrros, le big data au service de la transition écologique », consultable sur : *[https://lejournal.cnrs.fr/nos-blogs/de-la-decouverte-a-linnovation/Kayrros-le-big-data-au-service-de-la-transition-ecologique]*, consulté le 02 novembre 2024.

[2] H. HELLIO, « Le principe des responsabilités communes mais différenciées et le contrôle du non-respect : une rencontre fantasmée », *Les Cahiers de Droit*, 2014, vol. 55, n° 1, pp. 193-220.

[3] C. EBERHARD, « De l'autre côté… La juridicité », *RIEJ*, 2013, n° 70, pp. 77-83.

perspective nécessairement pragmatique. Le pragmatisme s'illustre par le PRCMD, particulièrement heuristique à l'heure où le premier devoir des Etats face aux problèmes environnementaux à l'échelle planétaire reste la coopération. La notion de « responsabilités communes mais différenciées » comprend deux éléments : les responsabilités communes et les responsabilités différenciées, le premier élément découle de la nature intégrale et interdépendante de la Terre [...], la réalité de l'interdépendance écologique [...] et de la protection de l'environnement mondial, doit désormais être considérée comme la préoccupation commune de l'humanité et non seulement comme une question de compétence nationale de chaque Etat »[1]. Le premier élément est une norme absolue de responsabilité commune pour toutes les nations concernées pour répondre aux problèmes environnementaux internationaux et mondiaux[2]. Le deuxième élément, celui des « responsabilités différenciées », s'appuierait sur le volet comportemental du droit, le droit incorporant la fonction de certains Etats, à partir de certaines capacités matériels impliquant l'espace, pour déployer sa normativité.

491. Considérons que ces capacités naturelles existent, puisque sans elles, il ne serait pas possible de construire une analyse qui justifierait une règle de droit au regard des buts qu'elle poursuit. En cela, il semble nécessaire de rappeler l'importance du concept de « responsabilités différenciées » qui est la prémisse de cette dimension comportementale parce que l'efficacité de la règle doit être recherchée. Pour se faire, on doit admettre que la recherche de l'efficacité à ce niveau crée un environnement de confiance qui serait issu de la volonté de faire émerger un nouvel « ordre environnemental international », fondé sur la relation entre « la justice et l'équité ». Si l'étroitesse de cette relation a été rappelée par la CIJ dans *l'Affaire du plateau continental Tunisie contre Jamahiriya Arabe Libyenne* du 24 février 1982, la Haute juridiction rappelant que « L'équité en tant que notion juridique procède

[1] Y. MATSUI, « Some Aspects of the Principle of Common but Differentiated Responsibilities », Int'l Env't Agreements: Pol. L. & Econs, 2002, vol. 2, n ° 2, p. 153 (notre traduction).

[2] J. McGEE, R. TAPLIN, « The Asia-Pacific Partnership on Clean Development and Climate : A retreat from the Principle of Common but Differentiated Responsibilities », *McGill Int'l J. Sust. Dev. L & Pol'y*, 2009, vol. 5, n° 1, p. 24 (notre traduction).

directement de l'idée de justice »[1], l'équité ne porte pas atteinte à la généralité de la règle ; elle en offre toutefois une version complémentaire qui est tenue pour juste dans la mesure où elle satisfait au besoin social d'adapter le droit à l'espèce[2]. Précisément le « traitement différencié » est équitable quand il arrive à associer l'inégalité des engagements conventionnels des Etats, à travers la mise en exergue de certaines prescriptions de comportement et la volonté de ces mêmes Etats d'y consentir selon l'idéologie de la souveraineté telle qu'on la conçoit en droit international public.

492. Par définition, l'inégalité des engagements conventionnels reviendrait à se référer au champ d'application des formes d'obligations asymétriques puisque dans les traités ces asymétries prennent des formes variées. Certains traités prévoient des asymétries relativement aux obligations centrales, fréquentes sont des clauses de souplesse, qui consistent à renvoyer aux moyens dont disposent les parties pour exécuter une obligation donnée, de sorte qu'il revient à chaque partie de déterminer son degré d'exécution[3]. Ainsi qualifier les prescriptions de comportement découlant du traitement différencié, d'obligations asymétriques, reviendrait surtout à inciter les Etats développés, ceux qui disposent de la majorité des constellations de satellites d'observation à adopter des pratiques environnementales vertueuses. L'utilisation des satellites fait partie des moyens qui permettent de dresser le constat des atteintes environnementales, donc de contribuer à les résoudre. En effet, depuis la révolution industrielle, les pays développés ont surexploité les ressources naturelles de la planète à travers des modes de production et de consommation durables causant des dommages à l'environnement mondial au détriment des pays en développement[4]. Toutefois, s'il s'agit ici d'intégrer la notion de « vulnérabilité » de la nature, la « vulnérabilité » correspond au « degré de capacité d'un système de faire face ou non aux effets néfastes de

[1] CIJ, Affaire *Tunisie c. / Jamahiriya Arabe Libyenne*, arrêt du 24 février 1982, *Rec* 1982, p. 60 §71.

[2] R. BERMEJO, « Place et rôle de l'équité dans le droit international nouveau », *RHDI*, 1984, vol. 37, n° 4, p. 59.

[3] K. BARTENSTEIN, « L'opérationnalisation du principe des responsabilités communes mais différenciées repensée : plaidoyer pour une démarche ancrée dans l'équité », *Les Cahiers de droit*, 2014, vol. 55, n° 1, pp. 113-138.

[4] Y. MATSUI, « Some aspects of the principle of Common but Differentiated Responsibilities », *op. cit.*, p. 154 (notre traduction).

l'activité humaine »[1], la dimension systémique pourrait bien amener les « prescriptions de comportement » à n'avoir qu'un effet *infra legem*. Ce dernier a pour caractéristique essentielle de placer lesdites prescriptions dans une application normale du droit positif international. Celui qui a cours dans beaucoup d'accords juridiques internationaux, qui tentent par des « artifices » juridiques de limiter les obligations des Etats[2].

493. Dans ce cas, l'équité qui tient à une analyse fonctionnelle de l'élément comportemental ne pourrait que subir les effets de l'adaptation de la règle de droit à certaines réalités étatiques, tenant compte de celles-ci pour évaluer le degré d'intensité normative possible pour supporter les mesures de réaction qui s'y rattachent. On pense à l'intervention du juge international (à supposer que les parties consentent à sa juridiction pour trancher le litige) qui reste fondamentale dans le prononcé d'une décision qui serait basée sur la théorie de la compliance. En effet, le terrain d'élection de cette théorie fait référence à l'ensemble des processus de contrôle mis en œuvre pour le respect des obligations étatiques des accords environnementaux multilatéraux[3]. En vérité, il convient de préciser que la théorie de la compliance sert à mieux se représenter certains comportements, d'autant plus que cette représentation va dans le sens d'une rectification du droit international de l'environnement, là où il est susceptible d'échouer en raison de certitudes juridiques stato-centrées.

§2 - La juridicité des prescriptions de comportement face au particularisme du droit international

494. L'univers social dans lequel se situe le droit international permet de ne pas penser les rapports inter-étatiques uniquement du point de vue du droit. Il suppose de tenter de comprendre ces rapports sur la base

---

[1] Cette présentation s'appuie sur celle du Groupe d'experts intergouvernemental sur l'évolution du climat (GIEC), dans K. BARTENSTEIN, *ibid*, p. 126.

[2] On peut par exemple citer le manque de force juridique de certaines dispositions normatives : l'article 3 §1 de la Convention-cadre des Nations-Unies sur les changements climatiques de 1992 dispose que « Il incombe aux parties de préserver le système climatique dans l'intérêt des générations présentes et futures sur la base de l'équité en fonction de leurs responsabilités communes mais différenciées et de leurs capacités respectives… ».

[3] H. HELLIO, « Le principe des responsabilités communes mais différenciées et le contrôle du non-respect : une rencontre fantasmée », *op. cit.*, p. 193.

d'une représentation aussi exacte que possible du comportement des Etats. Généralement, le domaine du droit est l'isthme où se rejoignent les sciences sociales d'observation[1]. Du reste, dans la mesure où l'analyse comportementale du droit repose sur l'observation, elle oblige à rendre compte des raisons pour lesquelles il semble délicat de généraliser l'application du PRCMD aux conventions de protection de l'environnement impliquant l'utilisation de moyens satellitaires. En effet, il semble difficile d'insérer dans le jeu conventionnel le statut « d'obligé » (A). En outre, il existerait des dérives qui sont liées à l'intégration du PRCMD en principe de droit international coutumier (B).

A – L'application du PRCMD face aux réalités issues de l'exercice pratique du droit international conventionnel

495. Par définition, le droit international public est composé de l'ensemble des normes juridiques (normes prohibitives, permissives et prescriptives) qui régissent les relations internationales, c'est essentiellement un système normatif[2]. Quand on s'interroge sur la normativité du PRCMD, on enquête nécessairement sur sa valeur comme principe du droit conventionnel. Le droit conventionnel résulte d'une certaine façon d'une présomption de volonté ; exceptionnelle référence implicite à la stipulation d'une obligation à proprement parler. Cependant, l'un des particularismes du droit international conventionnel, est que les Etats qui s'engagent dans un rapport juridique « mesurent » d'abord le degré, voire la portée de leur engagement. Cette réalité ne peut plaider en faveur de normes juridiques efficaces, c'est-à-dire, de normes qui font de l'équité la source même de l'analyse comportementale du droit. Tout au plus, cette réalité témoignerait de l'exercice d'une pratique qui consisterait non pas à faire prévaloir l'équité dans le régime de surveillance et de protection de l'environnement à l'échelle internationale, mais à corriger l'erreur due à la présence de l'équité en général. Celle qui voudrait que l'importance des enjeux environnementaux nécessite un engagement fort des Etats

---

[1] A.-L. SIBONY, G. HELLERINGER, A. ALEMANNO, « L'analyse comportementale du droit manifeste pour un nouveau champ de recherche en Europe », *RIDE*, 2016, pp. 315-316.

[2] J.-M. ARBOUR, « La normativité du principe des responsabilités communes mais différenciées », *Les Cahiers de droit*, 2014, vol. 55, n° 1, pp. 33-81.

qui en ont les moyens pour favoriser l'intelligibilité des obligations conventionnelles. Il est certain que le fait d'aller dans cette direction reviendrait à considérer que seul compte le traitement différencié du PRCMD.

496. Bien entendu, les Etats qui pourraient vouloir renforcer cette dimension comportementale en la fondant sur l'équité des moyens pour l'inclure dans le régime de protection de l'environnement, seraient raisonnablement ceux-là mêmes qui ne disposent pas ou peu de moyens d'observation de l'environnement impliquant l'espace. La recherche de la vraisemblance entre la revendication et la proportionnalité des moyens matériels, s'inscrit dans une volonté présumée ex ante la conclusion de l'accord international concerné. Les Etats qui pourraient se voir opposer la responsabilité juridique de prendre des mesures contraignantes connaissent la portée du langage normatif. Si ce langage ne sert pas à décrire des situations politiques[1], il peut renforcer le statut « d'obligé ».

497. Le statut « d'obligé » dans l'idéologie qui sous-tend la conclusion des accords juridiques internationaux est inconciliable avec la volonté souveraine des Etats. En droit international public, cette volonté s'exerce par l'émission de réserves ou de déclarations interprétatives. Si la réserve s'entend comme une déclaration unilatérale par laquelle un Etat entend limiter la portée des dispositions d'un traité à son égard, les déclarations interprétatives ont pour objet, non d'exclure ou de limiter l'application d'une disposition, mais seulement de préciser le sens de celle-ci[2]. Quoi qu'il en soit, les Etats ont souvent pris l'habitude de désigner en tant que « déclarations interprétatives », les actes accompagnant l'expression de leur consentement à être lié, à y voir de plus près, il s'agit fréquemment de véritables réserves[3]. Il en ressort que l'intention de leur auteur doit être recherchée sur la base d'une approche objective tenant compte des effets qu'aurait pu produire l'énoncé normatif. Ceci montre à l'évidence que dans le domaine juridique,

[1] J.-A. BARBERIS, « Le concept de "traité international" et ses limites », *AFDI*, 1984, vol. 35, p. 251.

[2] M. FORTEAU, A. MIRON, A. PELLET, Droit international public, *op. cit.*, pp. 231-232.

[3] S. CASSELLA, « Le guide de la pratique sur les réserves aux traités : Une nouvelle forme de codification ? », *AFDI*, 2012, vol. 58, pp. 29-60.

certains aspects particuliers qui cherchent à renforcer des engagements internationaux ont un effet d'ancrage. Du seul fait qu'ils autorisent un Etat à réguler un risque, ils introduisent un point de référence pour limiter l'ampleur qui accompagne le statut « d'obligé ».

498. L'équité s'inscrit dans une logique de performance. Or, l'idéologie de la performance peut pallier l'insuffisance du droit international public de l'environnement en assignant aux Etats d'aller vers un équilibre nouveau, autrement dit de gouverner leurs rapports juridiques par la recherche d'une cohérence qui relève d'une pratique rédactionnelle qui rend nécessaire des ajustements. Mais, ce nouvel équilibre peut revêtir plusieurs sens, dont celui-là. Les Etats concernés par l'obligation de saisir la fonctionnalité du concept de « responsabilités différenciées », déclarant remplir leurs obligations conventionnelles s'ils décident d'utiliser les moyens de surveillance et de vérification de l'environnement impliquant l'espace. Cela reviendrait pour ces Etats à indiquer aux autres qu'ils exécuteront leurs obligations s'ils le décident, tout en choisissant les raisons pour lesquelles une règle est apte à atteindre le but qu'elle poursuit. Cette convention contiendrait une clause manifestement potestative, se trouvant exclue du droit international conventionnel.

B - Les dérives issues de l'intégration du PRCMD en principe de droit international coutumier

499. L'article 38 de la Convention de Vienne sur le droit des traités de 1969 dispose qu' « Aucune obligation des articles 34 et 37 ne s'oppose à ce qu'une règle énoncée dans un traité devienne obligatoire pour un Etat tiers en tant que règle coutumière de droit international reconnue comme telle ». Ainsi, il semblerait qu'il n'y ait aucune difficulté à reconnaître sur un plan théorique au PRCMD un caractère coutumier, d'autant plus que cette reconnaissance permettrait d'étendre le régime des obligations différenciées aux Etats qui ne participeraient pas aux Conventions relatives à la protection de l'environnement terrestre et de ses ressources naturelles. L'obligation pour les autres Etats développés tiers auxdites Conventions, de lui donner plein effet, serait sur la base de l'idéologie de la performance juridique un moyen de consacrer son opposabilité *erga omnes*. Cela dit, la reconnaissance du caractère coutumier du PRCMD pourrait générer des dérives, elles ne peuvent être occultées.

500. Il s'ensuit, qu'hormis l'application du principe selon lequel un Etat ne peut s'opposer à la mise en œuvre d'une règle de *jus cogens*, tous les Etats peuvent faire objection à la création d'une règle coutumière. En effet, si la capacité d'un Etat de se prévaloir de manière valide de la qualité d'objecteur persistant est soumise à des critères assez stricts[1], les pays développés intervenant en tant qu'objecteur persistant des normes juridiques de protection de l'environnement, impliquant l'espace, auraient tout intérêt à ce que ces normes ne soient pas élevées au rang de *jus cogens*. Il faut savoir que les normes impératives permettent d'instituer de toute évidence un régime de responsabilité qui pourrait s'articuler autour d'une idée essentielle : « l'efficacité ». L'efficacité offre un changement de perspectives qui pourrait s'exprimer ainsi : au lieu de se demander ce que les Etats pourraient faire collectivement pour protéger l'environnement terrestre, il s'agirait plutôt de se demander où se situe cette garantie de protection. L'analyse va soudainement s'intéresser à la relation entre la notion de protection et l'action de développement de certains services satellitaires, en en faisant une nécessité fondamentale. Mais, dans un souci de cohérence, la quête de proposition qui interviendrait à ce niveau exige au préalable de considérer la nécessité axiologique du *jus cogens*. En tant que norme « communément partagée », liée à l'opposabilité *erga omnes*, la norme de *jus cogens* ne peut être pensée à l'intérieur d'une science juridique qui voudrait que la surveillance de l'environnement terrestre et la protection de ses ressources, mettent en avant des motifs politiques. Précisément, ceux qui pourraient renforcer la responsabilité des pays développés au motif qu'elle serait l'unique base valable pour bâtir des normes de droit coutumier efficace quand il s'agit d'appréhender les problèmes environnementaux mondiaux et comme l'unique réponse de la « bonne solution » à apporter pour saisir ces problèmes. Dès lors, le traitement différentiel qui relèverait d'une normativité ayant un certain poids compte tenu de sa reconnaissance en tant que *jus cogens*, serait alors susceptible de heurter l'ordre international. Ce dernier est censé se fonder sur le libre consentement des pays développés d'opposer ou non le statut d'objecteur persistant. En effet, ce statut est de première importance. Il apparaît comme une technique juridique de réaction à l'illicite. « L'illicite » résulterait de la représentation de l'intérêt général, précisément celle qui renvoie à l'idéologie des producteurs de droit que sont les pays en voie de développement. Si cette idéologie se

---

[1] M. FORTEAU, A. MIRON, A. PELLET, Droit international public, *op. cit.*, p. 404.

situe en dehors de toute relation juridique, entendue de manière relative et non essentielle, parce qu'elle révèle l'ontologie du régime du « traitement différentiel », elle pourrait procéder d'un intérêt émancipatoire par rapport au champ opérationnel du *jus cogens*.

501. Traditionnellement, dans le droit international coutumier, c'est la pratique qui est à l'origine de l'*opinio juris*, car si c'est la répétition des précédents dans le temps qui fait naître le sentiment de l'obligation, on assiste dans certains cas à une réversion du processus : l'expression d'un « besoin de droit »[1]. En effet, l'usage constant et répété du PRCMD répondrait dans des circonstances précises à un besoin de droit, et son rattachement au droit international coutumier serait un moyen pour la Communauté des Etats de sélectionner les conditions de son efficacité.

502. Si ces conditions s'appuient sur la poursuite de l'intérêt commun, compte tenu de la nécessité de protéger l'environnement à l'échelle internationale, parce qu'il y va de la survie de l'humanité, cette ambition est délimitée par les représentations des Etats et leurs interactions. Se pose alors la question de la construction du sens commun à donner au régime de responsabilité qui doit être mis en œuvre qui ne dépend pas de la volonté des Etats tiers à la Convention initiale de décider du contenu normatif que mérite telle situation en en précisant les contours et en y attachant des conséquences juridiques. Il appert que c'est, au contraire, ces Etats qui seraient sous l'influence de l'approche rationnelle du droit coutumier qui pourrait ne pas consacrer toute l'importance du PRCMD, c'est-à-dire la part d'équité du principe des responsabilités communes. Or, « l'équitable » ne renvoie pas seulement au sens juridique du juste mais agit comme correctif de ce qui est juridiquement juste[2].

Conclusion de la section

503. Il est possible de postuler que les obligations différenciées du PRCMD seront somme toute plus aisées à respecter parce qu'elles sont

[1] M. FORTEAU, A. MIRON, A. PELLET, Droit international public, *op. cit.*, p. 403.
[2] M.-W. JANIS, « The Ambiguity of Equity in International Law », *Brook. J. Int'l L.*, 1983, vol. 9, n° 1, pp. 7-34 (notre traduction).

davantage adaptées à la situation de leurs destinataires[1]. Une référence explicite auxdites obligations dans le cadre conventionnel de protection de l'environnement servirait l'application ou plus largement le respect de certaines obligations juridiques. En réalité, la déduction qui pourrait être faite de la fonction de la production normative des obligations différenciées et de leur adaptabilité aux circonstances nouvelles, irait dans le sens du renforcement de la capacité de certains Etats à endosser des obligations environnementales substantielles, impliquant l'observation de la Terre par satellite. Cela dit, il s'agit de faire intervenir l'équité car la conception qu'elle offre est alors connectée à la réalisation d'un régime de responsabilité qui s'intéresse aux finalités du droit. On pense à la recherche de la justice qui est conforme aux faits qu'elle se borne à transmettre. L'idéologie de la justice peut être envisagée sous une forme expérimentale qui en restreint l'autonomie.

Conclusion du second chapitre

504. L'idéologie d'un droit à la transparence traduit une évolution du droit international public, en particulier celui qui renvoie à la vérification des accords du désarmement qui révèle toute l'importance des moyens d'observation et de vérification par satellite. Le *New Space* favorise aussi bien l'innovation industrielle dans ce domaine, que l'élargissement de l'offre. Cela dit, le régime de vérification que permet le cadre conventionnel fait face aux stratégies limitatives des Etats qui peuvent être d'ordre sécuritaire et politique, exploitant l'idéologie de la méfiance quant à la pertinence du désarmement. Quoiqu'il en soit, c'est dans les conceptions de la représentation de l'intérêt général que le droit à la transparence trouve son originalité. Cette approche de la transparence se comprend à minima comme un ensemble de représentations idéales fondées sur une réévaluation du rapport savoir / pouvoir en renvoyant à un processus unilatéral ou multilatéral de communication d'informations dans un but de connaissance, d'efficacité ou de légitimation[2]. La spécificité d'un droit à la transparence à l'aune de l'exercice pratique de l'utilisation des satellites résulte d'un rapport particulier avec la mise en œuvre d'un régime de responsabilité de l'Etat.

---

[1] H. HELLIO, « Le principe des responsabilités communes mais différenciées et le contrôle du non-respect : une rencontre fantasmée », *op. cit.*, p. 200.

[2] J.-F. KERLEO, « La contribution du chercheur en droit à la réflexion sur la transparence », *Les Annales de droit*, 2017, n° 11, p. 109.

Ce qui est globalement visé est l'approche positiviste de la transparence qui se rattache de façon résolue à certains intérêts, comme la façon de concevoir l'exercice de la diplomatie, qui se comprend à l'intérieur d'une culture juridique qui accepte par exemple de cloisonner à un rôle second l'activité satellitaire privée. Or, elle est censée constituer l'une des manifestations qui permet d'appréhender la notion de vérification des armements dans toute sa diversité.

505. Par ailleurs, l'idéologie d'un droit à la transparence peut servir à protéger l'environnement terrestre. Les satellites participent à la protection de l'environnement et à la surveillance des ressources naturelles de la Terre. En réalité, l'utilisation des satellites amène les Etats à coopérer pour restaurer des mécanismes de protection. L'un de ces mécanismes repose sur le PRCMD. Dans sa mise en œuvre pratique [...], il peut y avoir une certaine différenciation entre les responsabilités des pays en fonction de leur situation nationale[1]. La situation nationale est l'élément qui permet de distinguer les pays développés des pays en voie de développement, c'est-à-dire ceux (les premiers) dont la responsabilité en matière de protection de l'environnement se conçoit parce qu'ils ont davantage de moyens matériels, grâce aux satellites, d'assurer et de garantir cette protection. Les « obligations différenciées » du PRCMD consacrent cette ambition. Ce qui est visé ici est l'approche formelle du droit. Cette dernière se matérialise dans le droit international coutumier qui explique l'expression de « besoin de droit ». Le « besoin de droit » pourrait servir à accroître le dédoublement fonctionnel des pays en voie de développement, imposant leur propre conception du droit de la responsabilité en matière environnementale à partir de considérations politiques, susceptibles de prescrire certaines mesures déterminées comme obligatoires.

Conclusion du second titre

506. La notion d'égalité qui caractérise l'accès à l'espace extra-atmosphérique fait de la liberté d'utilisation des orbites terrestres l'affaire de tous les Etats. De nos jours, la liberté d'utilisation s'incarne dans le *New Space* qui s'appréhende en termes de retombées

---

[1] J. Mc GEE, R. TAPLIN, « The Asia-Pacific Partnership on Clean Development and Climate : A retreat from the Principle of Common but Differentiated Responsibilities », *op. cit.*, p. 24 (notre traduction).

économiques certes, mais aussi parce que la liberté se rattache à la mise en œuvre de certains droits créances. Grâce à leur potentiel innovant, les satellites et les technologies qui s'y rattachent sont des vecteurs du droit à l'éducation. Ce droit qui s'inscrit dans l'idéologie des droits de l'Homme comprend des mécanismes de garantie, tant il est vrai que les rapports conventionnels doivent tenir compte de ses implications positives, dont le respect consiste en une obligation de limiter, voire d'encadrer, tout ce qui pourrait les contrarier. En outre, s'il existe une « sorte » de droit à l'éducation qui est la liberté d'enseignement, cette liberté fait face à ce que la vision brute de la dimension sociale du droit peut aussi avoir de brutale.

507. Le *New Space* permet la modernisation des moyens d'information. Il s'ensuit que l'autonomisation du droit d'accès à internet repose sur la liberté d'expression. Or, cette liberté est d'abord celle qui consiste à extérioriser sa pensée parce qu'elle se rattache à l'exercice d'une pratique sociale. C'est dans la régulation de cette pratique par l'Etat que s'exprime la capacité de l'individu à être autonome. L'autonomie désigne une relation à l'autre dans laquelle on n'est pas totalement libre de ses actions. Cette définition de l'autonomie met en évidence le cadre jurisprudentiel qui saisit la liberté d'accès à internet, ce qui n'interdit pas sa réglementation.

508. Les Etats conviennent de coopérer dans le cadre du « désarmement humanitaire ». Cette notion s'appuie sur la volonté de protéger l'Homme et son environnement d'un certain type d'atteintes qu'ils pourraient subir. S'il s'agit grâce aux satellites de densifier les normes juridiques de contrôle des engagements des Etats en faveur d'un régime de responsabilité. Il y a lieu de prévoir que l'efficacité porte l'analyse du « droit en contexte ». Le contexte rend indispensable de préserver un « noyau essentiel » qui juridicise la méfiance à propos des seules mesures à tenir dans la conduite des relations internationales. S'il s'agit de mettre en exergue l'approche systémique de la création du droit, le PRCMD ferait de l'équité le socle d'un régime de responsabilité basée sur les « obligations différenciées ». Or, si l'équité se rattache à un sentiment de justice, celui-ci est susceptible de rester le pivot des effets juridiques aggravant, provenant de la capacité spatiale de certains Etats.

Conclusion de la seconde partie

509. Le *New Space* renvoie à la mutation de la finalité des activités spatiales contemporaines. Il est sûr que par ses fondements et ses objectifs, il s'éloigne des grands principes fondateurs du droit de l'espace. Ce constat établi, il semble nécessaire de faire évoluer le régime de responsabilité internationale pour appréhender les conséquences juridiques s'appliquant aux activités spatiales lorsqu'il s'agit d'appréhender les liens entre l'ordre juridique étatique et les nouveaux défis à l'heure de l'émergence d'un nouvel espace économique et stratégique et de l'arrivée des acteurs privés dans le secteur spatial. Cela suppose de recourir à de nouveaux concepts pour saisir les interdépendances. L'un de ces concepts est celui de « satisfaction ». Satisfaire la partie lésée des conséquences dommageables d'une activité revient à concevoir la réparation du préjudice en termes d'obligation de résultat renforcée : les intérêts légitimes de la partie lésée devenant des intérêts juridiquement protégés, empruntant les sources d'origine privée du droit. Par ailleurs, en permettant le développement du secteur numérique, *New Space* est à l'origine de certains bouleversements qui peuvent affecter durablement le rapport que l'Etat entretient avec le contrôle des activités issues d'internet sur son terrain. Le droit international doit évoluer à ce niveau. Mais il convient de noter qu'une convention internationale efficace n'a pourtant de sens que si elle est ratifiée par les Etats et que des acteurs privés contribuent à son élaboration au nom du modèle de gouvernance multiparties prenantes de l'internet[1].

510. Le *New Space* génère d'importantes innovations dont bénéficient les industries dans leurs activités quotidiennes. En soi, il constitue un nouveau paradigme de développement qui favorise l'émergence de certaines « libertés réelles » dont chacun peut jouir. Concomitamment, il semble nécessaire de renforcer le « statut d'obligé » des Etats dans la fourniture d'un service impliquant les services satellitaires. Il s'agit pourtant de rester réaliste, car envisager ce statut revient à admettre ce qui est difficilement concevable dans l'ordre juridique international, à savoir exploiter l'idéologie d'une catégorie de « droits créances » en changeant la nature même de l'approche centrée sur l'Etat, notamment

[1] M. GRANGE, A.-T. NORODOM, « Propos introductifs » de l'ouvrage Cyberattaques et droit international, *op. cit.*, p. 17.

par le renouvellement de la notion de « sujet de droit ». Enfin, il convient de placer l'équité dans le droit de la responsabilité internationale afin de faire correspondre son régime aux enjeux qui prennent en considération la sécurité internationale. Cela renvoie à une entreprise qui est fondamentalement délicate à mettre en œuvre quand bien même elle serait motivée par l'idée d'incorporer le droit dans une représentation des comportements.

CONCLUSION GÉNÉRALE

511. L'articulation entre l'évolution de la finalité des activités spatiales qui n'est que la manifestation du phénomène du *New Space* et le fondement du droit au sein d'un discours juridique théorique, a permis de faire le lien entre les nouveaux acteurs privés du spatial et les Etats qui s'intéressent à l'espace extra-atmosphérique. Il a fallu redistribuer les cartes du positivisme juridique en droit international sans pour autant le travestir, tout simplement en montrant l'importance du langage normatif d'origine privée et sa traduction dans les relations interétatiques. A cet égard, le *New Space* n'est pas l'abandon par l'Etat de sa volonté d'agir et surtout de contenir les priorités privées du secteur spatial. La réalité est plus complexe parce qu'elle relève de la « science normative ». « Cette expression désigne tantôt une science qui conduirait à énoncer des normes, tantôt une science qui décrit des normes [...]. Si dans le premier sens, la science est une connaissance de ce qui est, dans le second sens elle décrit son objet qui est le droit positif »[1]. Ainsi l'intervention des acteurs privés du spatial dans le champ normatif du droit positif international n'est pas une gageure. Il convient de préciser, que dans le contexte actuel de la mondialisation, avec le déclin de l'autorité normative des Etats, la recomposition du domaine respectif des sphères publiques et privées et la porosité croissante des frontières nationales, les schémas traditionnels sont bousculés[2]. Si la coordination normative se décentralise [...], elle libère des ressources inespérées au profit des plus habiles[3]. Or, l'argument de la capacité d'influence des acteurs privés du spatial n'est qu'un argument d'autorité qui, comme on doit le souligner, n'a pas une

---

[1] M. TROPER, « Entre science et dogmatique : la voie étroite de la neutralité », dans *Théorie et droit et science*, sous la direction de P. AMSELEK, PUF, pp. 310-311.

[2] G. de GEOUFFRE de LA PRADELLE, M.-L. NIBOYET, « La fragmentation du droit applicable aux relations internationales - Remarques introductives de l'internationaliste privatiste », dans *La fragmentation du droit applicable aux relations internationales - Regards croisés d'internationalistes privatistes et publicistes*, sous la direction de J.-S. BERGE, M. FORTEAU, M.-L. NIBOYET, J.-M. THOUVENIN, éd Pedone, coll Cahiers internationaux, p. 11.

[3] G. de GEOUFFRE de LA PRADELLE, M.-L. NIBOYET, *ibid*, p. 11.

autorité supérieure. Les Etats peuvent s'y accommoder en décidant d'intégrer les valeurs néo-libérales. La réalité est qu'il n'y aurait aucune difficulté à concevoir qu'elle fait partie d'un corps de droit national qui a vocation à influer sur le contenu des normes juridiques internationales.

512. Il est certain que le phénomène du *New Space* génère un partenariat institutionnel répondant à une fonction qui est celle d'exploiter toutes les potentialités que génère l'utilisation de l'espace. On pense d'abord aux orbites terrestres qui supportent l'essentiel des activités humaines rentables. Il s'agit notamment *des* débouchés commerciaux qui sont offerts au secteur de l'industrie spatiale. Par exemple, en matière de navigation par satellite, les Etats-Unis ont constaté que la demande croissante des utilisateurs, qu'ils soient militaires ou civils, a généré une industrie américaine de l'équipement et de services GPS pouvant favoriser l'expansion des marchés, l'option est alors prise de s'engager dans cette voie[1]. Du côté de l'UE, l'un des grands programmes spatiaux institutionnels dans le domaine de la géolocalisation qui est GALILEO sert les industries des Etats membres. Pour cela, l'Union dispose d'une compétence d'appui pour coordonner l'offre correspondante. En effet, pour l'Union, l'espace est envisagé comme une « panoplie d'outils » relevant d'une « politique horizontale », apte à servir entre autres son économie ou sa politique industrielle[2]. L'importance des acteurs privés notamment de l'industrie plaide en faveur d'une conceptualisation du terme de « reconnaissance » de leur rôle dans la sphère diplomatique, parce qu'elle est devenue la projection d'intérêts circonstanciés. En outre, l'importance des acteurs privés dans la sphère diplomatique interpelle dans la mesure où elle fait les liens avec l'expression de « marketing territorial ». Les territoires subétatiques participent au maillage territorial des activités économiques impliquant l'espace et participent à l'évolution du concept de souveraineté de l'Etat à partir d'une approche résolument subjective.

513. Le *New Space* organiserait le passage des frontières territoriales aux frontières fonctionnelles dans un certain nombre de domaines qu'il

---

[1] A. MARTIN, M. COUSTON, L. RAVILLON, *Galileo chronique d'une politique spatiale européenne annoncée*, Litec, 2009, vol.32, p. 28.
[2] A. MARTIN, M. COUSTON, L. RAVILLON, *ibid*, p.76.

génère. Le secteur spatial est très compétitif, l'innovation est au service de la compétitivité. La gestion de la compétitivité peut déboucher sur une politique protectionniste mise en œuvre par les Etats qui interviennent sur le marché des produits spatiaux, précisément pour restreindre leur accès à leur marché national. Le protectionnisme affiche l'exception du « domaine réservé » de l'Etat. En cela, il inclut tous les standards de comportement relatifs à la philosophie d'un libre échange « flexible » dans lequel la pratique des acteurs constitue le fondement.

514. Il convient d'associer les satellites au secteur numérique. Si pour l'UE, le lien entre le spatial et le numérique participe à la mise en œuvre de sa politique de cohésion, et surtout l'affirmation de sa maîtrise technologique garante de sa souveraineté sur la scène internationale, le développement du secteur numérique est un défi pour l'Etat souverain. L'activité numérique qui repose en grande partie sur les GAFAM ne s'intéresse pas aux frontières de l'Etat. Cette réalité fait intervenir le concept de « communauté numérique ». Ce concept servirait à récuser le caractère supposément neutre des outils de la connaissance juridique, il est question de réalisme juridique. Selon le réalisme juridique, le droit est seulement le droit efficace, c'est-à-dire le droit créé par les actions concrètes des hommes, dans la réalité sociale concrète, le droit produit par le bas[1]. Ce réalisme juridique renvoie à une analyse comportementale du droit en capacité de faire émerger un nouveau paradigme répondant aux objectifs de « l'internationalité ». Ce concept produit de nouvelles connaissances, les Etats intervenant pour donner une effectivité à un droit communautarisé qui n'est qu'une façon pour l'Etat de maintenir sa capacité de régulation, notamment en assurant un équilibre entre principe et limitation d'un contrat social qui serait circonstancié.

515. Le *New Space* a « démocratisé » les activités spatiales, de nouveaux acteurs étatiques et privés ont fait leur apparition sur la scène spatiale. L'augmentation du trafic spatial qui s'en est suivie a des conséquences sur le plan environnemental. Le nombre de débris résultant de l'activité humaine, principalement dans certaines zones de l'espace interstellaire a augmenté. Les activités commerciales et autres

[1] C. JAMIN, « Demogue et son temps. Réflexions introductives sur son nihilisme juridique », *RIEJ*, 2006, vol. 56, p. 5.

activités d'exploitation des ressources naturelles de corps célestes sont d'ores et déjà envisagées par certains Etats adoptant des législations en ce sens. Cette évolution va générer de nouveaux problèmes juridiques. On a cherché à élaborer un nouveau schéma de pensée pour reconnaître le caractère substantiel du droit de la responsabilité internationale. Il a été nécessaire de faire intervenir la notion de *liability*, son application au domaine de l'assurance spatiale peut permettre de renouveler le paradigme du droit de la réparation.

516. Le phénomène du *New Space* offre un climat propice à l'entreprise privée dans l'espace interstellaire et sur les corps célestes. Les infrastructures qui s'y développeront devront être protégées par des « zones de sécurité » qui renvoient à une réalité : protéger à la fois la vie des individus qui se trouveront à l'intérieur de ces infrastructures, qui les rendront fonctionnelles et les intérêts des Etats qui porteront ces projets de développement. Ici l'articulation entre le dommage subi par l'individu et la réparation du préjudice subi par l'Etat, ne serait pas tant susceptible de décrypter ce « qui est », c'est-à-dire ce qui tient aux ressorts « classiques » du droit de la protection diplomatique, mais ce qui « doit être » en fonction de truismes déduits de la propre observation des intérêts des Etats, autrement dit de la réalité. On a une illustration de ce que la tentative de « boucler » une théorie du droit sur le fondement d'un discours logique a de singulier : l'Etat qui protège à la fois son ressortissant et ses propres intérêts, ce dernier se rattachant à son droit naturel effectif à la protection, en termes de droit positif. Ce schéma a deux acteurs dont la mutualisation des intérêts forme sans doute l'évolution la plus remarquable du régime du droit de la protection diplomatique ouvrirait la voie à sa « déshumanisation » progressive.

517. Par sa capacité d'innovation, le phénomène du *New Space* est à l'origine de nombreuses technologies qui intéressent les forces armées. On pense en particulier aux armes contrôlées à distance grâce à la technologie issue de l'utilisation des satellites. De plus, outre les forces armées étatiques, les EMP peuvent aussi avoir recours à ces technologies pour le compte des Etats. L'étroitesse du rapport servirait à éviter de disjoindre la fonction de la réalité puisqu'elle sert à inclure les acteurs non étatiques dans l'organisation interne de l'Etat. La mise en œuvre des règles de la responsabilité internationale dans le cas où les acteurs non étatiques commettraient des actions illicites devraient être

envisagées sous l'angle du « droit à la vérité ». L'essentiel est de renforcer les capacités opérationnelles des Etats car ce sont ces dernières qui établissent le lien entre la qualité d'auteur et celle de sujet du droit international. Ce lien souligne l'importance de la réalité institutionnelle de l'Etat, autrement dit du pouvoir de son autorité.

518. L'utilisation des satellites à l'ère du *New Space*, placerait l'Etat qui s'en sert dans un rapport de proportionnalité vis-à-vis de certaines de ses obligations. Un exemple peut l'illustrer ; c'est celui de l'éducation. Les satellites font partie du système éducationnel moderne. De fait, leur utilisation est susceptible de renforcer les obligations conventionnelles afférentes à la continuité et à la performance d'un droit à l'éducation qui est un « droit créance », dont la force juridique réside dans son opposabilité. L'opposabilité donne sens à l'accès à internet dans toute sa plénitude pour mieux saisir le statut « d'obligé » de l'Etat quand on recherche l'efficacité du droit d'accès. Cela dit, aussi bien le droit à l'éducation que le droit à la sécurité internationale renvoient à une réalité. Toute norme juridique doit nécessairement s'inscrire dans une vision systémique du droit. Si le système s'inscrit dans une perspective dynamique, c'est parce qu'il s'attache au postulat de la linéarité. La ligne permet de représenter sa « mise en ordre », la notion « d'ordre » n'implique nullement la linéarité car elle est compatible avec la prise en compte de plusieurs dimensions[1]. L'une de ces dimensions est celle qui permet à la fois de contextualiser et d'orienter le but de certaines normes. C'est précisément cette dimension qui aboutit à la connaissance authentique du droit positif. En outre, devrait être peu à peu systématisé un principe d'équité rédactionnelle, lequel vise les accords internationaux *per se* : « En vertu de ce principe, l'accord dans son exécution doit concilier obligation conventionnelle et justice commutative », par exemple en matière d'échanges d'informations intéressant l'environnement terrestre. La notion de conciliation renvoie à l'idéologie de la proportionnalité entre les objectifs conventionnels affichés lors de la rédaction du contenu de l'accord et le régime juridique qui l'exprime. « L'objectif différencié » du PRCMD peut tendre vers cette notion. Pourtant son application peut aller à l'encontre de l'équilibre recherché qui est son aptitude à la rationalisation.

---

[1] M.-L. MATHIEU, « Repenser l'ordre et la nécessité », *op. cit.*, p. 245.

519. Pour la première fois, les Etats membres de l'ONU ont approuvé le 08 août 2024 un traité contre la cybercriminalité. Ce traité approuvé par consensus, est fustigé par les défenseurs des droits humains, ainsi que les grandes industries de la tech[1]. On comprend alors que ce sentiment de méfiance, donc ce positionnement critique d'un certain nombre d'acteurs de la société civile, pourrait devenir la source dont on pourrait déduire des valeurs qui pourraient se réclamer de la sphère de l'autorégulation. Ici, le concept de « méfiance » équivaudrait à celui de « vérité » et jouerait un rôle de référence par rapport auquel on évaluerait la valeur normative. Dans ces circonstances, on ne peut que s'interroger sur la nécessité de promotionner l'éthique de la coopération entre acteurs privés et Etats. Toutefois, parce que le terme « éthique » correspond à un degré élevé de coopération, on peut vite l'étendre à l'éthique de la responsabilité, celle qui doit amener les Etats à intégrer le discours qui « théorise » la défense des droits des individus au plan international.

[1] Agence France-Presse (AFP), « Un outil multilatéral de surveillance : l'ONU approuve son premier traité contre la cybercriminalité, malgré les critiques », consultable sur : *[https://www.bfmtv.com/tech/cybersecurite/un-outil-multilateral-de-surveillance-l-onu-approuve-son-premier-traite-contre-la-cybercriminalite-malgre-les-critiques_AD-2024]*, consulté le 12 décembre 2024.

ELÉMENTS BIBLIOGRAPHIQUES

I. OUVRAGES

- ABDOU HASSAN A., NORODOM A.-T., *Droit du numérique en Afrique – Enjeux internationaux*, Bruylant, 2023, 448 p.
- ALLAND D., Manuel *de droit international public*, Paris, PUF, 2024, 11e éd., 390 p.
- ALLES D., RAMEL F., GROSSER P., *Relations internationales*, Armand Colin, 2018, 2e éd., 288 p.
- AMSELEK P., *Cheminements philosophiques dans le monde du droit et des règles en général*, Armand Colin, 2012, 596 p.
- ASCENSIO M., *Droit international économique*, PUF, coll Thémis, 2020, 2e éd., 379 p.
- BALZACQ T., CHARILLON F., RAMEL F., *Manuel de la diplomatie*, Presses de Sciences Po, 2018, 400 p.
- BARRAUD B., *Repenser la pyramide des normes à l'ère des réseaux. Pour une conception pragmatique du droit*, L'Harmattan, coll Logiques juridiques, 2012, 242 p.
- BESSON S., *Reconstruire l'ordre institutionnel international*, Collège de France, 2024, 74 p.
- BETTATI M., *Le droit de la guerre*, Odile Jacob, 2016, 432 p.
- BIOY X., *Droits fondamentaux et libertés publiques,* LGDJ, coll Cours, 2024, 8e éd., 980 p.
- BORDIN F. L., *The analogy between States and International Organizations*, Cambridge University Press, 2018, 296 p.
- BUREAU D., MUIR WATT H., *Droit international privé*, PUF, coll Thémis 2021, 5e éd., 828 p.
- CAHIN G., *La coutume internationale et les organisations internationales : l'incidence de la dimension institutionnelle sur le processus coutumier*, Pedone, 2001, 782 p.
- CHANAKI A., *L'adaptation des traités dans le temps*, Bruylant, 2019, 442 p.
- CHANDER A., SUN H., *Data Sovereignty From the Digital Silk Road to the Return of the State*, Oxford University Press, 2023, 403 p.

- CHEMILLIER GENDREAU M., *Un autre droit pour un autre monde : Comment sortir des impasses du Droit international contemporain*, Pedone, 2019, 385 p.
- CHERKAOUI H., *Droit de l'air et de l'espace*, Lextenso 2022, 1ère éd., 278 p.
- COMBACAU J., SUR S., *Droit international public*, Dalloz, 2024, 17e éd., 1006 p.
- CORNU G., *Vocabulaire juridique*, PUF, 2024, 15e éd., 1112 p.
- de FROUVILLE O., *Droit international pénal : Sources, incriminations, responsabilité*, Pedone, 2012, 853 p.
- de GEOUFFRE de LA PRADELLE G., NIBOYET M.-L., FULLI LEMAIRE S., *Droit international privé*, LGDJ, coll Manuels, 2023, 8e éd., 821 p.
- DELMAS MARTY M., *Vers une communauté de valeurs ?*, éd. Le Seuil, 2011, 444 p.
- DEVIN G., *Sociologie des relations internationales*, éd. La Découverte, coll Repères, 2018, 128 p. ; *Les organisations internationales entre intégration et différenciation*, Armand Colin, 2022, 332 p.
- DONGAR O., *L'évolution de la finalité des activités spatiales. Un défi pour le droit de l'espace*, éd. Pedone, 2020, 293 p.
- DUPRE de BOULOIS X., *Droit des libertés fondamentales*, PUF, 2024, 4e éd., 615 p.
- DUPUY P.-M., *Les grands textes de droit international public*, Dalloz 2022, 11ème éd., 1038 p. ; *Droit international public*, Dalloz, 2024, 17e éd., 1006 p.
- FABRE H., *L'usage de la force dans l'espace : Réglementation et prévention d'une guerre en orbite*, Bruylant, 2012, 358 p.
- FORTEAU M., MIRON A., PELLET A., *Droit international public*, LGDJ, 2022, 9e éd., 2047p.
- FRISON ROCHE M-A., *Les engagements dans les systèmes de régulation*, Presses de Sciences Po et Dalloz coll, 2006, 288 p.
- GAILLARD E., *Le pouvoir en droit privé*, Economica, 1985, 250 p. ; *Aspects juridiques du droit de l'arbitrage international*, éd. Martinus Nijhoff, coll Académie de droit international de La Haye, 2008. 240 p.
- GARCIA T., *La reconnaissance du statut d'Etat à des entités contestées : approche de droits international, régional et interne*, Pedone, 2018, 305 p.
- GASTEYGER C., *Les défis de la paix : Un monde à la recherche de sa sécurité*, éd. Graduate Institute Publications, 2015, 244 p.

- GAULIER G., JEAN S., ÜNAL KESENCI D., *L'économie mondiale*, éd. La Découverte, coll Repères, 2005, 123 p.
- GENDRON C., *Vous avez dit développement durable*, éd. Presses Polytechniques de Montréal, 2007, 125 p.
- GUILHAUDIS J.-F., Relations internationales contemporaines, LexisNexis, 2017, 1195 p.
- HIGGINS R., *Problems and Process : International Law and How We Use It*, Oxford Clarendon Press, 1995, 304 p.
- KOLB R., *La Cour internationale de justice*, Pedone, 2024, 391 p.
- LAVIEILLE J.-M, DELZANGLES H., Le BRIS C., *Droit international de l'environnement*, Ellipses, 2018, 4e éd., 375 p.
- LEJBOWICZ A., *Philosophie du droit international. L'impossible capture de l'humanité*, PUF, coll Fondements de la politique, 1999, 448 p.
- LHUILIER G., *Le droit transnational*, Dalloz, 2016, 522 p.
- MARTIN A., COUSTON M., RAVILLON L., *GALILEO Chronique d'une politique spatiale européenne annoncée*, Litec, 2009, vol. 32, 346 p.
- MARTIN A.-S., *L'adaptation du droit de l'espace aux nouveaux défis en 2067*, Editions universitaires européennes, 2018, 56 p.
- MESSAGER M., *Le tourisme spatial 1954-2020*, éd. Independently Published, 2021, 223 p.
- MILLARD E., *Théorie générale du droit*, Paris, Dalloz, coll Connaissance du droit, 2022, 2e éd., 117 p.
- NORODOM A.-T., GRANGE M., *Cyberattaques et droit international*, Pedone, 2018, 227 p.
- NOSSAL K.-R., ROUSSEL S., PAQUIN S., *Politique internationale et défense au Canada et au Québec*, PUM, 2007, 483 p.
- OCDE, *Recueil de pratiques des organisations internationales : Œuvrer à l'élaboration d'instruments internationaux plus efficaces*, éd. OCDE, 2022, 136 p.
- ONDRAJEK P., *Defragmentation of Law-Reconstruction of Contemporary Law as a System*, Larcier Intersentia, 2023, 1ère éd., 220 p.
- ORAKHELASHVILI A., *Akehurst's Modern Introduction of International Law*, Routledge, 2022, 9e éd., 644 p.
- OST F., *Le droit ou l'empire du tiers - Les sens du droit*, Dalloz, coll. Les sens du droit, 2021, 348 p.
- PORTMANN R., *Legal Personality on International Law*, Cambridge University Press, 2011, 311 p.

- QUAST MERSCH A., *Provisionally applied treaties : their binding force and legal nature*, ed. Bill Publishers, 2012, 276 p.
- REUTER P., *Introduction au droit des traités*, PUF, 1995, 3e éd., 251 p.
- ROBÉ J.-P., *Le temps du monde de l'entreprise – Globalisation et mutation du système juridique*, Paris, Dalloz, 2015, 602 p.
- ROUCOUNAS E., *A Landscape of Contemporary Theories of International Law*, Brill Nijhoff, 2019, 713 p.
- SALMON J., *Dictionnaire de droit international public*, Bruxelles, Bruylant, 2001, 1198 p.
- SERAGLINI C., ORTSCHEIDT J., *Droit de l'arbitrage interne et international*, LGDJ, 2e éd., 1056 p.
- SIMONIAN GINESTE H., *Fiches d'institutions internationales*, Ellipses, 2018, 4e éd., 264 p.
- TAMS C. J., *Enforcing obligations Erga Omnes in International Law*, Cambridge University Press, 2009, 353 p.
- TAMZINI W, ROCHE C., *L'essentiel du droit international public*, Gualino, 2022-2023, 13e éd, 148 p.
- VOEFFRAY F., *L'actio popularis ou la défense de l'intérêt collectif devant les juridictions internationales*, PUF, 2004, 403 p.
- YEATMAN J., *Manuel International de l'Assurance*, Economica, 2005, 2e éd., 403 p.
- ZARKA J.-C., *Institutions internationales*, Ellipses, 2017, 7e éd., 190 p.

II. Articles contributions, Cours à l'Académie de droit international de La Haye

- ABI SAAB G., GRANGE M., « Repenser la notion d'ordre public », dans *Traité des rapports entre ordres juridiques*, sous la direction de B. BONNET, LGDJ, p. 481- 494.
- ACCAOUI LORFING P., de NANTEUIL A., « The role of domestic law in assessing the investor's legitimate expectation : *Sun reserve V Italy and PV Investors V Spain* », *Int'l Bus L. J*, 2021, p. 577- 591.
- ACHILLEAS P., « Le New Space ou la privatisation des ambitions spatiales des Etats : Réflexions sur le droit de l'espace à l'heure de l'innovation entrepreneuriale », *AFDI*, 2016, n° 62, p. 499-518 ; « Les robots et et le droit international de l'espace », dans *L'espace extra-atmosphérique et le droit international*, SFDI, colloque de Toulouse, Paris, Pedone, 2021, p. 205-220 ; « Le numérique au service de

l'éducation et de la formation en Afrique de l'Ouest, dans *Droit du numérique en Afrique - Enjeux internationaux*, sous la direction de A. ABDOU HASSAN et A.-T. NORODOM, Bruylant, 2023, p. 349-368.
- ACHILLEAS P., SOURBES VERGER I., « L'exploitation des ressources de la Lune au cœur de la nouvelle diplomatie américaine », *AFRI*, 2022, p. 739-754.
- AGANABA T., OFFIONG E., « Africa's growing space enterprise », *Science* 2022, vol. 376, n° 6591, p. 329-330.
- AILINCAI M.-A., « Le droit à la liberté d'expression dans la jurisprudence de la Cour africaine des droits de l'homme et des peuples » dans *La Cour africaine des droits de l'homme et des peuples*, sous la direction de G. Le FLOCH, Pedone 2023, p. 305-326.
- ALLAND D., « Monisme et dualisme : retour sur quelques origines d'un débat », *Traité des rapports entre ordres juridiques* sous la direction de B. BONNET, LGDJ, 2016, p. 45-64.
- ALOUPI N., KLEINER C., « Le précédent en droit international : technique pré-normative, ou acte normatif » dans *Le précédent en droit international*, SFDI Colloque de Strasbourg, Pedone 2016, p. 15-46.
- AMATO (d') A., « Softness in International Law : A. Self-Serving Quest for New Legal Materials : A Reply to Jean d'Aspremont », *EJIL* 2009, vol. 20, n° 3, p. 897-910.
- AMSELEK P., « La teneur indécise du droit », *RDP* 1991, n° 5, p. 1200-1217.
- ANDERSON D., MULLER A.-C., SEN N., « Competition policy in WTO accessions : filling in the blanks in the international trading system » *in Trade Multilateralism in the Twenty-First Century Building The Upper Floors of the Trading System Through WTO Accessions*, dir A. KIREYEV, C. OSAKWE, Cambridge University Press 2018, p. 299-319.
- ANIEKAN-IBORO U., « Trade integration in a layered system of International law », AFR. J. INT'l & COMP. L. 2017, vol. 25, n° 4, p. 561-578.
- AOKI S., « Symposium on the New Space Race : Domestic legal conditions for space activities in Asia », *AJIL* 2019, vol. 113, p.103-108.
- AOLAÍN F.-N., « Soft law, Informal Lawmaking and "New Institutions" » in the Global Counter-Terrorism, *EJIL* 2021, vol. 32, p. 919-941.

- ARBOUR J.-M., « La normativité du principe des responsabilités communes mais différenciées », *Les Cahiers de droit*, 2014, vol. 55, n° 1, p. 33-81.
- ARCUDI G., « La sécurité entre permanence et changement », *Relations internationales*, 2006, vol. 1, n° 125, p. 97-100.
- ARCURI A., VIOLI F., « Reconfiguring Territoriality in International Economic Law », *NYIL* 2016, p. 1-54.
- AROCENA G.-A. « La Regulación de los Delitos informáticos en el Código penal argentino - Introducción a la ley nacional », *BMDC* 2012, n° 135, p. 945-988.
- ASPREMONT (d') J., « Softness in international law : A Self-Serving Quest for New Legal Materials », *EJIL* 2008, vol. 19, n° 5, p. 1075-1093 ; « Non-State Actors and the Social Practice of International Law » *in Non-State Actors in International Law*, dir M. NOORTMANN, A. REINISCH, C. RYNGAERT, Hurt Publishing 2015, p. 11-32.
- ATTAL M., « Le droit international privé implique-t-il une métamorphose de l'acte juridique ? dans *Métamorphoses de l'acte juridique* », sous la direction de M. NICOD, éd. Presses de l'Université Toulouse 1 Capitole - LGDJ 2011, p. 217-225.
- AUBY, J.-B. « Repenser le droit à l'aune de la globalisation juridique ? » dans *Traité des rapports entre ordres juridiques*, sous la direction de B. BONNET, LGDJ 2016, p. 261-277.
- AUDIT M., « Le droit international privé confronté à la *Blockchain* », *RCDIP* 2020, p. 669-692.
- AZARA D., « Provisional Application of Treaties », in *The Oxford Guide to Treaties (2nd Edition)*, dir. D-B. HOLLIS, ed. Oxford University Press, 2010, p. 229-257.
- BADEL L., S. JEANNESSON, « Introduction. Une histoire globale de la diplomatie ? », *Monde(s)* 2014, vol. 1, n° 5, p. 6-26.
- BANNELIER K., « "Rien que la *lex lata* ?" », Etude critique du Manuel de Tallinn 2.0 sur le droit international applicable aux cyber-opérations », *AFDI* 2017, vol. 3, p. 121-160.
- BARBER N-W., « The limited Modesty of Subsidiarity », *EJIL* 2005, p. 308-325.
- BARBERIS J.-A., « Le concept de "traité international" et ses limites », *AFDI*, 1984, vol. 35, p. 229-270.
- BARRAUD B., « Les nouveaux défis de la recherche sur les sources du droit », *RRJ* 2016, vol., 4, n° 164, p. 1499-1535.

- BARSALOU O., « La doctrine de l'objecteur persistant en droit international public » *RQDI* 2006/19.1, p. 1-18.
- BARTELSON J., « The Concept of Sovereignty Revisited », *EJIL* 2006, vol. 17, n° 2, p. 463-474.
- BARTENSTEIN K., « L'opérationnalisation du principe des responsabilités communes mais différenciées repensée : plaidoyer pour une démarche ancrée dans l'équité », *Les Cahiers de droit*, 2014, vol. 55, n° 1, p. 113-138.
- BARTHE-GAY C., « Réflexions sur la satisfaction en droit international », *AFDI* 2003, vol. 49, p.105-128.
- BATAILLE M., « L'interaction entre *New Space* et secteur de la défense aux Etats-Unis : Quelles conséquences sur les opérations spatiales militaires américaines », *Stratégique* 2021, vol. 2-3, n° 126-127, p. 97-109.
- BAUER D., « Vers une souveraineté numérique européenne ? », LPA 1er avril 2021, n° 65, p. 3-7.
- BEAUREGARD S., « La place des droits subjectifs dans l'histoire de la philosophie du droit », *RGD* 1993, vol. 24, n° 4, p. 593-604.
- BEGUIN Y., SCHMIDT-TEDD B., « Partnerschaft Zwischen Staat und Wirtschaft in Frankreich », German L.J 2001, vol. 50, n° 1, p. 68-82.
- BELL J., « The sources of Law », *CLJ* 2018, p. 40-71.
- BELLEY J.-G., « A quoi sert le droit ? Un complément sociologique à l'odyssée philosophique de François Ost », *RDUS* 2017, n° 47, p. 1-55.
- BENAVIDES-CASALS M.-A., « La constitución del derecho internacional : el sueño de un reducto jurídico occidental », *RCDI* 2016, n° 8, p. 9-48.
- BENZINA K., « Cloud Infrastructure-as-a-Service as an Essential Facility : Market Structure, Competition and the Need of Indust and Regulatory Solutions » *Berkeley Tech L. J* 2019, vol. 34, n° 2, p. 119-142.
- BERGE J.-S., « La double internationalité interne et externe du droit communautaire et le droit international privé » dans *Droit international privé - Travaux du Comité français de droit international privé*, 17e année, 2004-2006, 2008, p. 19-62 ; J.-S., BERGE « Les interactions du droit international et européen. Approche du phénomène en trois étapes dans le contexte européen », *JDI* 2009, n° 3, p .1-19.

- BERMEJO GARCIA R., LÓPEZ-JACOISTE DÍAZ E., « La ciberseguridad a la luz del Jus ad Bellum y del Jus in Bello », *AEDI*, 2021, vol. 37, p. 546-549.
- BERSAC J.-B., « La monnaie souveraine », consulté sur :
- *[https://frappermonnaie.wordpress.com/2011/12/06/1-la-monnaie-souveraine]*, consulté le 15 novembre 2023.
- BERTRAND B., « La souveraineté numérique européenne : « une pensée en acte » ?, *RTD Eur* 2021, vol. 57, n° 2, p. 259-278.
- BESSON S., « Le droit international des civilisations : ou comment instituer leur concertation » dans *Civilisations - Questionner l'identité et la diversité*, Actes du colloque de rentrée 2020 du Collège de France, sous la direction de V. PIRENNE-DELFORGE, L. QUINTANA-MURCI, Les éditions du Collège de France, p. 345-370 ; « International Legal Theory qua Practice of International Law » in International Law as a Profession, dir. J. d'ASPREMONT, A. NOLLKAEMPER, T. GAZZINI, Cambridge University Press 2017, p. 268-284.
- BHUTA N., « State Theory, State Order, State System - Jus Gentium and the Constitution of Public Power », *in System, Order and International Law : The Early History of International Legal Thought from Machiavelli to Hegel*, dir. S KADELBACH, T. KLEINLEIN, D. ROTH-ISIGKEIT, Oxford, Oxford University Press 2017, p. 397-417.
- BINET L., « Le droit comme système social ou la méthode systémique appliquée au droit », *Les Cahiers de droit* 1991, vol. 32, n° 32, n° 2, p. 436-456.
- BINSARD R., BOUSQUET A., BRIHI S., MARTINE G., « Secret défense : la raison d'Etat et le droit », consultable sur :
- *[https://www.dalloz-actualite.fr/note/secret-defense-raison-d-etat-et-droit]*, consulté le 28 juillet 2023.
- BIRON J., LAVERGNE V., « Vers une plus grande responsabilité des sociétés canadiennes : le rôle des parties présentes et de la divulgation des facteurs environnementaux, sociaux et de gouvernance », *Les Cahiers de droit*, 2021, vol. 62, n° 3, p. 795-825.
- BISMUTH R., « La privatisation des organisations internationales » dans *Droit des organisations internationales* sous la direction de E. LAGRANGE et J-M. SOREL, LGDJ 2013, p. 192-198 ; « Fairvesta d'un autre point de vue : une réflexion sur ce que "*soft law*" veut dire » dans *Regards croisés sur la soft law en droit interne, européen et international* sous la direction de P. DEUMIER, J-M. SOREL, LGDJ

2018, p. 253-262 ; « *Every Cloud Has a Silver Lining* : Une analyse contextualisée de l'extraterritorialité du Cloud Act », *JCP(E)*, 2018, n° 40, p. 35-47.
- BLOUIN GENEST G., PALAU Y., VERCAUTEREN P., « Conclusions » Port souveraineté ? Souveraineté et innovations politiques dans *Dynamique de la souveraineté - Communauté et organisations politiques face à la souveraineté*, sous la direction de G. BLOUIN GENEST, Y. PALAU, P. VERCAUTEREN, EMS Edition 2022, p. 230-234.
- BOGG A., « Subsidiarity or Freedom of Association ? A perspective from Labor Law », *The American Jrl of Jurisprudence*, 2018, vol. 61, n° 1, p. 143-174.
- BONNET B., « Introduction générale » dans *Traité des rapports entre ordres juridiques* sous la direction de B. BONNET, LGDJ 2016, p. 33-39.
- BONUCCI N., KARTTUNEN M., « Le partenariat pour l'efficacité des instruments internationaux : efforts collectifs pour l'amélioration des processus normatifs internationaux », *RGDIP* 2022, n° 3, t. 126, p. 411-436.
- BORIES C., « Appréhender la cyberguerre en droit international. Quelques réflexions et mises au point », *La revue des droits de l'homme*, 2014, n° 5, consultable sur :
- *[https://doi.org/10.4000/revdh.984]*, consulté le 02 mai 2024.
- BOURGEAULT G., « L'éthique et le droit aujourd'hui : quand les fondations sont ébranlées », *Les Cahiers de Droit* 1993, vol. 34, n° 2, p. 517-547.
- BOURCIER D., de FILIPPI P., « Les communautés numériques : Objectifs, principes et différences », *Les cahiers français : documents d'actualité* 2013, n° 372, p. 37-43.
- BOUVERET P., « Les ONG, moteur du désarmement », *RIS* 2014, vol. 4, n° 96, p. 123-131.
- BRÖLMANN C., « Perspectives on the Divide Between National and International Law » in *Deterritorialization in international law : Moving away from the Divide Between National and International Law*, dir J.-E. NIJMAN, A. NOLKAEMPER, Oxford University Press 2007, p. 84-109.
- BRUNET P., « Le réalisme n'est-il qu'une théorie de l'interprétation ? » dans *La Transgression* sous la direction de J.-J. SUEUR, P. RICHARD, Actes du colloque de Toulon, éd. Larcier

2013, p. 44-59 ; P. BRUNET, « Quand le droit compte comme texte », *RIEJ* 2013, p. 397-414.
- BUCIUMAN A., « L'engagement unilatéral », *LR* 2016, vol. 1 n° 1, p. 15-71.
- CAHILL M., « Sovereignty, Liberalism and the Intelligibility of Attraction to Subsidiarity », The *American Jrl of Jurisprudence*, 2013, vol. 61, n° 1, p. 109-132 ; M. CAHILL, « Subsidiarity as the Preference for Proximity », *AJJ* 2021, vol. 66, n° 1, p. 129-143.
- CAHIN G., « La variété des fonctions imparties aux organisations internationales » dans *Droit des Organisations internationales*, sous la direction de E. LAGRANGE, J-M. SOREL, LGDJ 2013, p. 671-704 ; « Le comportements des Etats et des organisations internationales comme précédent » dans *Le précédent en droit international* sous la direction de N. ALOUPI, C. KLEINER, SFDI Colloque de Strasbourg, Pedone 2016, p. 86 ; « Codification ou boîte à outils ? Ecrire la pratique des organisations internationales », *RGDIP* 2022-3, t. 126, p. 437-462.
- CAPUSTIN M., « The Authority of law in the circumstances of Politics », *CJLJ* 2007, vol. XX, N° II, p. 297-321.
- CASE-MASLER C., MWALE B., « The Prohibition of Cyberterrorism as a Method of Warfare In International Law », S. Afr. Y. B. Int'l L, 2019, vol. 48, p. 1-23.
- CASSELLA S., « Le guide de la pratique sur les réserves aux traités : Une nouvelle forme de codification ? », *AFDI*, 2012, vol. 58, p. 29-60.
- CASTELLI, M.-D. « André-Jean Arnaud, Critique de la raison juridique : où va la société du droit », *Les Cahiers de Droit* 1985, vol. 6, n° 2, p. 577-585.
- CAWLEY J., « Axiom Mission 1 Crew Safety Splashes Down Near Florida », consultable sur: *[https://blogs-nasa.gov/Kennedy/2022/04/25/axion-mission-1-crew-safety-splashes-down-near-florida]*, consulté le 2 décembre 2022.
- CAZALA J., « Le *soft law* international entre inspiration et aspiration », *RIEJ* 2011/1 vol. 66, p. 41-84 ; « L'appréciation de l'efficacité de l'Organisation internationale » dans *Droit des organisations internationales*, sous la direction de E. LAGRANGE, J-SOREL, LGDJ 2013, p. 968-992.
- CHAMPEIL-DESPLATS V., « Penser l'efficacité de la source », *op. cit.*, p. 368-378.

- CHAPDELAINE-FELICIATI C., « Les réserves en droit international ont-elles des limites ? Etude sémiotique du droit à l'éducation de la Convention relative aux droits de l'enfant », *Int. J Semiot Law,* 2022, vol. 35, n° 1, p. 309-338.
- CHAZAL J.-P., « Réflexions épistémologiques sur le droit commun et les droits spéciaux dans Etudes de droit et de la communication : *liber amicorum Jean Calais-Auloy* », sous la direction de C. ALBIGES, J-F. ARTZ, J-M. BADENAS CARPIO, Dalloz 2003, p. 280-302.
- CHEVALLIER, J. « La régulation juridique en question » Droit et sociétés 2001, vol. 49, p. 827-846 ; « Contractualisation et régulation » dans *La contractualisation de la production normative*, *op. cit.*, p. 83-93 ; « Droit et action publique » dans *Le droit figure du politique - Etudes offertes au professeur Michel Miaille*, sous la direction de J-L. AUTIN, L. WEIL, éd. Université Montpellier 1, 2009, p. 1-9.
- CHIMNI, B.-S. « The Past, Present and Future of International Law : A critical Third World Approach » *Melbourne JIL*, 2007, vol. 27, p. 499-515.
- CHOW, P.-Y.-S. « On obligations Erga Omnes partes », *Georgetown JIL* 2021, vol. 52, p. 469-504.
- COHEN M., « L'unité de la justification à l'épreuve de la justification juridique » dans *L'unité des sciences, nouvelles perspectives*, Vuibert 2009, p. 91-102.
- COLEMANS J., B. DUPRET, « Présentation du dossier thématique "Droit, Justice et catégorisations" », *RIEJ* 2021, p. 123-149.
- COMBACAU J., « Par une puissance, une liberté : La souveraineté internationale de l'Etat », *op. cit.*, p. 47-48.
- CORNU M., « Le bien commun, nouvelle catégorie juridique ? », *Revue CMH* 2019, n° 19, p. 1-11.
- CORTEN O., « Le droit en contexte » est-il incompatible avec le formalisme juridique », *RIEJ*, 2013, vol. 70, n° 1, p. 70-67
- COSNARD M., « Rapport introductif » dans *Le sujet en droit international*, SFDI Colloque du Mans, Pedone 2005, p. 13-53.
- COUSTON M., « Liberté spatiale : la norme juridique de l'extrême », *RFDAS* 2000, p. 181-197.
- COUTAU-BEGARIE H., « Histoire et perspective de la souveraineté. Une relecture de Bertrand de Jouvenel et de Jacques Ellul », *prospective et stratégie*, 2010, vol. 1, n° 1, p. 35-45.
- COUTAZ C., « Comment garder les "talents étrangers" en France », *Les affiches de Grenoble et du Dauphiné*, sept. 2020, p. 6-8.

- CRANSTON R., « Theorizing transnational commercial law », *Tex Int'l L. J* 2007, vol. 42, n° 3, p. 597-618.
- CROUZATIER J.-M., « Le concept de "sécurité humaine" un progrès de la solidarité internationale », dans Solidarité (s) ! Perspectives juridiques, sous la direction de M. HECQUARD-THERON, Presses de l'Université de Toulouse Capitole, 2009, p. 353-354.
- CSONGOR I.-N., « Foreign Subsidies Distorsions and Acquisitions: Can the playing Field Be Levelled ? », *CEJCL* 2021, vol. II, n° 1, pp. 147-162.
- CUMYN M., « Les catégories, la classification et la qualification juridique : réflexions sur la systématicité du droit », *Les Cahiers de droit*, 2011, vol. 52, n° 3-4, p. 351-378.
- CUMYN M., GOSSELIN F., « Les catégories juridiques et la qualification. Une approche cognitive », *Revue de droit de Mc Gill* 2016, vol. 62, n° 2, p. 329-387.
- DAHLMAN O., « La vérification de l'importance de la détection de la dissuasion et de l'instauration de la confiance », *Forum du désarmement*, oct. 2010, p. 3-13.
- DAUPS T., « Le robot, bien ou personne ? Un enjeu de civilisation ? », *LPA* 2017, n° 94, p. 7-8 ; « Le droit des conflits armés oblige légalement à des robots militaires *"Ethical by Humanity"* », *RDNA* 2018, n° Hors-série, p. 157-166.
- de BOISBOISSEL G., « De l'autonomie dans les systèmes robotiques militaires et de la place de l'homme », *RDNA* 2016, vol. 6, n° 791, p. 142-148.
- DECOURT R., « Une image qui résume le chemin parcouru par Space X pour arriver jusqu'à l'ISS », consultable sur : *[https://www.futura-sciences.com/sciences/breves/acces-espace-image-resume-chemin-parcouru-spacex-arriver-jusqua-liss]*, consulté le 27 mars 2023.
- de FROUVILLE O., « Affaire *Ahmadou Sadio Diallo* (République de Guinée c. République démocratique du Congo). Exceptions préliminaires : Le roman inactivé de la protection diplomatique », *AFDI* 2007, vol. 53, p. 291-327.
- DEGRANGE V., « Nouveaux acteurs, nouvelle gouvernance : faire du droit spatial à l'ère du *New Space* » *Stratégique* 2021 n° 126-127, p. 153-172.
- DELABIE L., « Les nouvelles approches du droit international », *RQDI* 2016, p. 115-145 ; voir le lien qui est fait entre la théorie des systèmes et le droit international dans : A. VON BOGDANDY,

M. GOLDMANN, I. VENZKE, « From Public International to International Public Law : Translating World Public Opinion into International Public Authority », *EJIL* 2017, vol. 28, p. 115-145.
- DELERUE F., « Cyber opérations : Quel régime de preuve ? », dans *Cyberattaques et droit international : Problèmes choisis* sous la direction de M. GRANGE, A-T. NORODOM, éd. Pedone 2018, p. 47-60.
- DELLAUX J., « Contribution pour une (re)définition du concept de normativité en droit international. Questionnements autour d'instruments de soft law : les décisions des conférences des parties », *RQDI* 2016, p. 138-157.
- DELMAS-MARTY M., « Vers une cinétique juridique. D'une approche statique à une approche dynamique de l'ordre juridique » dans *Traité des rapports entre ordres juridiques* sous la direction de B. BONNET, LGDJ 2016, p. 141-150.

- DELMAS-MARTY M., IZORCHE M.-L., « Marge nationale d'appréciation et internationalisation du droit. Réflexion sur la validité formelle d'un droit commun pluralité », *RIDc*, 2000, vol. 52, n° 4, p. 753-780.
- DEWEDI E., « Réflexion critique sur l'attractivité du groupement d'intérêt économique (GIE) en droit de l'Organisation pour l'harmonisation du droit des affaires en Afrique (OHADA) », *Les cahiers de droit* 2016, vol. 57, n° 1, p. 131-172.
- de SADELEER N., « Le statut juridique du principe de précaution en droit communautaire : du slogan à la règle », *Cahiers de droit européen* 2001, n° 1, p. 6-33.
- de VARAX P., « Les Grandes Sociétés Transnationales en mutation », *Finances et Bien commun* 2005, vol. 3, n° 3, p. 45-55.
- de VAUPLANE H., « Blockchain and conflict of laws », *RTDF* 2017, n° 4, p. 50-52.
- DICKINSON L-A., « Public Values in the Privatized World », *Yale J. Int'l L* 2006, vol. 31, n° 2, p. 383-426.
- DOCHERTY B., RAFFERTY J., ZWIJNENBURG W., « Désarmement humanitaire », consultable sur : *[https://humanitariandisarmament.org/wp-content/uploads/2019/10/Humanitarian-Disarmament-French-web.pdf]*, consulté le 06 septembre 2024.

- DONGAR O., « La compétence de l'Union européenne dans le secteur spatial. La traduction juridique d'un volontarisme politique », *RFDAS* 2014, vol. 270, n° 2, p. 125-137.
- DROEGE C., « Get off my cloud : cyber warfare, international humanitarian law, and the protection of civilians », *IRRC* 2012, vol. 94, n° 886, p. 533-578.
- DUBIN L., RUNAVOT M.-C., « Représentativité, efficacité, légitimité : des organisations internationales en crise ? », dans Droit des organisations internationales, sous la direction de E. LAGRANGE, J.-M. SOREL, LGDJ 2013, p .77-103 ; « Propos introductifs » dans *Le phénomène institutionnel international dans tous ses états : Transformation, Déformation ou Reformation ?* sous la direction de L. DUBIN et M.-C. RUNAVOT, Pedone 2014, p. 5-16.
- DUFAY A., « Acceptabilité des efforts spatiaux : enseignements et conséquences de l'arrivée à maturité du *New Space* sur la bataille du faire-savoir », *Stratégique* 2021, p. 65-73.
- DUPUY P.-M., « La coopération régionale transfrontalière et le droit international », *AFDI* 1977, vol. 23, p. 837-860 ; P-M. DUPUY, « L'obligation en droit international », *Arch. phil. droit* 2000, n° 44, p. 105-128.
- EABRASU M., « Les états de la définition wébérienne de l'Etat », *Raisons politiques*, 2012, vol. 1, n° 45, p. 187-209.
- EBERHARD C., « De l'autre côté... La juridicité », *RIEJ,* 2013, n° 70, p. 77-83.
- EBERT B.-P., « Forum shopping, Treaty shopping, Nationality Planning, and International Investment Law : Quo Vadis ? », *ZDAR Abschied Shift* 2018, vol. 41, p. 27-45.
- ENCINAS-MUNAGORRI R., « Qu'est-ce que la technique juridique ? », *Recueil Dalloz* 2004, p. 711-715.
- ESPALIÚ BERDUD C., « De la vie et de la mort des normes impératives en droit international » *RBDI* 2013/1, p. 209-231.
- FARNSWORTH E.-A., « Changer d'avis : le droit des décisions regrettées », *RIDC* 2000, vol. 52, n° 2, p. 315-344.
- FERNÁNDEZ LIESA C.-R., « Sujetos de Derecho y actores no estatales : cuestiones de Derecho internacional », p. 87-113.
- FINDLAY T., « Le mécanisme de vérification de la Convention d'Ottawa constitue-t-il une solution hybride applicable ou un compromis fatal ? », *Forum du désarmement*, 1999, p. 47-60.

- FLECK D., « Searching for International Rules Applicable to Cyber Warfare - A Critical First Assessment of the New Tallinn Manual », *J. Conflict & Sec. L*, 2013, vol. 18, n° 2, p. 331-352.
- FLÜCKIGER A., « Le principe de clarté de la loi ou l'ambiguïté d'un idéal », *Cahiers du Conseil Constitutionnel*, janv. 2007, n° 21, p. 110-118.
- FOLLESDAL A., « The principle of subsidiarity as a constitutional principle », *Global Constitutionalism*, 2013, vol. 2 n° 1, p. 37-62.
- FONCK M., « Le sursaut de la France dans le domaine spatial de défense », *Revue Défense Nationale* 2019, vol. 4, n° 819, p. 114-118.
- FREELAND S., Y. ZHAD, « Rules of the "Space Road" » : how soft law principles interest with customary international law for the regulation of space activities *JSL* 2020, vol. 42 2, p. 405-432.
- FRISON-ROCHE M.-A., « Le droit de la régulation », *Le Dalloz* 2001, n° 7, p. 610-616 ; « Les différentes natures de l'ordre public économique », *Archives de philosophie du droit* 2015/1, t. 58, 105-128.
- GAILLARD E., « L'ordre juridique arbitral : réalité, utilité et spécificité », *Revue de droit de McGill* 2010, vol. 55, n° 4, p. 892-907.
- GALICE G., « Qu'est-ce qu'une guerre juste ? », *Le Monde diplomatique*, août 2018, *Revue de droit de McGill* 2010, vol. 55, n° 4, p. 26-27.
- GALLO C., « Recherches sur la territorialisation du droit », *Jurisdoctoria* 2013, n° 10, p. 21-45.
- GASMI M.-A., « Le phénomène de la fragmentation du droit international public ; un pluralisme ordonné ? Lecture à la lumière des travaux de la Commission du Droit international », *RARJ* 2020, vol. 11 n° 3, p. 449-468.
- GASTORN K., « Defining the Imprecise Contours of Jus Cogens in International Law », *Chinese JIL* 2017, p. 643-662.
- GERARD P., « Avant-propos » dans *Droit et intérêt - vol. 1 : Approche interdisciplinaire* sous la direction de P. GERARD, F. OST, M. VAN de KERCHOVE, Presses universitaires Saint-Louis 1990, p. 7-24.
- GESLIN A., « La circulation des modèles normatifs ou la pensée juridique du mouvement » dans *La circulation des modèles normatifs* sous la direction de P. BOURGES, C. MONTAGNE, PUG 2016, p. 9-20.
- GILDER A., « Human Security and the Stabilization Mandate of Minusca », *IP*, 2021, vol. 28, n° 2, p. 200-231.

- GILLES D., « L'égalité, valeur souveraine au cœur de la "Démotique" moderne », *RDUS* 2012 n° 42, p. 255-308.
- GILLES D., S. LABAYLE, « L'irrédentisme des valeurs dans le droit : La quête du fondement axiologique », *RDUS*, 2012, vol. 42, p. 309-358.
- GOUTTEFARDE F., « Positivisme juridique et Modernité », *RGD*, 2007, n° 37, p. 7-20.
- GRANGE M., « La position des Etats africains dans les négociations sur le cyberespace au sein des Nations-Unies », dans *Droit du numérique en Afrique - enjeux internationaux*, sous la direction de A. ABDOU-HASSAN, A.-T. NORODOM, Bruylant 2023, p. 35-56 ; « Réactions d'un Etat victime d'une cyberattaque sans recourir à la force », dans *Cyberattaques et droit international*, sous la direction de M. GRANGE, A.-T. NORODOM, Pedone, 2018, p. 177-197.
- GROULIER C., « Tolérer n'est pas permettre, de la distinction de la tolérance et de la permissivité en droit » dans *Tolérance et droit*, sous la direction de X. BIOY, B. LAVERGNE, M. SZTULMAN, Presses de l'Université de Toulouse 1 Capitole, 2013, p. 7-23 ; C. GROULIER, « La gouvernance réglementaire de l'OCDE : vers une "globalisation logistique ? », *RDP* 2015, p. 763-784.
- G'SELL F., « Remarques sur les aspects juridiques de la souveraineté numérique », *La Revue des Juristes de Sciences Po*, septembre 2020, n° 19, consultable sur : *[https://www.sciencespo.fr/public/chaire-numérique/2020/07/09/quest-ce-que-la-souverainete-numerique]*, consulté le 02 décembre 2023.
- GUASTINI R., « Legal Realism Restated », *JCTPL* 2013 n° 19, p. 113-129.
- GUIBENTIF P., « Reconnaissance et complexité sociale. Deux approches de la réalité juridique », *Droit et Société*, 2011, n° 78, p. 293-324.
- GUNTRIP E., « Self-determination and foreign direct investment : Reimagining sovereignty in international investment law », *ICLQ* 2016, vol. 65, n° 4, p. 829-857.
- GUPTA A., « EU State Aid Rules and the European Green Deal : Will Their Stars Align ?* » *ASL* 2023, vol. 48, n° 3, p. 353-362.
- GUTIERREZ H.-E., D. KOM, « Facilitando the Cloud : Data Protection as a Driver of National Competitiveness in Latin America », *U. Miami Inter-Am.L.Rev* 2013, vol. 45, n° 1, p. 33-62.

- GUZMAN A.-T., « The Promise of International Law », *Virginia L. R.* 2006, vol. 92, p. 533-564.
- HAFNER G., « Pros and Cons Ensuing From Fragmentation of International Law », *Michigan JIL*, 2004, vol. 25, p. 849-863.
- HAGAN S., « International Organizations and the Development of International Law », *Georgetown JIL* 2021, vol. 52, n° 4, p. 863-894.
- HAGE J., « The Meaning of Legal Status Words », *in Concepts in Law*, dir J. HAGE, D. VON DER PFORDTEN, Springer 2009, p. 55-66.
- HAINAUT B., « La "conquête de l'espace" par les Etats arabes », DSI 2019, n° 144, p. 38-43.
- HAMDOUNI S., « Le financement du secteur aérospatial à l'épreuve du droit : le point de vue de l'Organisation mondiale du Commerce » dans *L'espace-extra atmosphérique et le droit international*, SFDI, Colloque de Toulouse, Pedone 2011, p. 407-423.
- HAMANN A., « L'autorité du précédent » dans *Le précédent en droit international* sous l'autorité de N. ALOUPI et C. KLEINER, SFDI Colloque de Strasbourg, Pedone 2016, p. 151-190.
- HEL., « A propos de la RSE(E) en Chine : engin vital d'un pari périlleux ? », dans *Prendre la responsabilité au sérieux*, sous la direction de A. SUPIOT, M. DELMAS-MARTY, PUF, 2015, p. 167-181.
- HELFER L.-R., WOERTH I-B., « Customary international law : An instrument choice perspective », *Michigan JIL* 2016, vol. 37, n° 563, p. 563-609.
- HELLIO H., « Le principe des responsabilités communes mais différenciées et le contrôle du non-respect : une rencontre fantasmée », *Les Cahiers de Droit*, 2014, vol. 55, n° 1, p. 193-220.
- HENRIQUET P., « Qu'est-ce que le "New space", cet écosystème émergent du spatial », *Polytechnique Insights* 2022, consultable sur : *[https://www.polytechnique-insights.com]*, consulté le 2 février 2023.
- HENRARD K., « The Shipping Parameters of Nationality », *NILR* 2018, vol. 65, p. 269-297.
- HIEZ D., « Les relations ambiguës du droit de l'économie sociale et solidaire et de l'économie circulaire », *RJE* 2022, vol. 1, p. 27-32.
- HOMOLAR A., « Human security benchmarks : Governing human wellbeing at a distance », *RIS*, 2015, vol. 41, p. 843-863.
- HOWSE R., « The World Trade Organization 20 Years on : Global Governance by Judiciary », *EJIL* 2016, vol. 27, n° 1, p. 8-78.

- HURD I.-F., « International law and policies of diplomacy » in O-J. SENDING, V. POULIOT, I-B. NEUMANN, *Diplomacy and the Making of World Policies*, Cambridge University Press 2015, p. 32-54.
- IGLESIAS A., « L'exploitation des ressources de l'espace extra-atmosphérique à des fins commerciales : une activité couverte par le droit des investissements ? », *op. cit.*, p. 67-82.
- ISRAEL B.-R., « Symposium of the New Space : Space Resources in the evolutionary course of space lawmaking » AJIL 2019, vol. 113, p. 114-119.
- JAFFRO L., « Interactions en ligne et concept de confiance », dans *La Confiance à l'ère du numérique*, sous la direction de M. DOUEIHI, J. DOMENICUCCI, éd. Berger Levrault, p. 33-62.
- JAMIN C., « Demogue et son temps. Réflexions introductives sur son nihilisme juridique », *RIEJ*, 2006, vol. 56, p. 5-19.
- JANIS M.-W., « The Ambiguity of Equity in International Law », *Brook. J. Int'l L.*, 1983, vol. 9, n° 1, p. 7-34.
- JEAN M., « La politique internationale de l'Etat de droit. Observations critiques », *RQDI*, 2019, vol. 32, n° 2, p. 147-171.
- JEULAND E., « L'école relationniste du droit : la nouaison ? », *Archives de Philosophie du droit*, 2011, n° 54, p. 373-387.
- JOBART J.-C., « La puissance de la volonté en droit public : le volontarisme juridique étatique » dans *De la volonté individuelle* sous la direction de M. NICOD, LGDJ, 2009, p. 111-137.
- JONG Y.-J., « A study on the Governance of U.S Global Positioning System », *Korean JASL*, 2020, vol. 35, n° 3, p. 127-150.
- JOUANNET E., « Regards sur un siècle de doctrine française du droit international », AFDI 2000, vol. 46, p. 1-57 ; « Le droit international de la reconnaissance » RGDIP 2012, p. 769-800.
- KEMBO TAKAM GATSING H., ENOTI FILS H., « La liberté d'expression et la régulation des activités numériques en Afrique » dans *Droit du numérique en Afrique - Enjeux internationaux*, sous la direction de A–T. NORODOM, A. ABDOU HASSAN, Bruylant 2023, p. 393-421.
- KERBRAT Y., « Les manifestations de la notion d'entreprise multinationale en droit international » dans *L'entreprise multinationale et le droit international* sous la direction de L. DUBIN, P. BODEAU-LIVINEC, J.-L. ITEN, V. TOMKIEWICZ, SFDI Colloque de Paris 8 Vincennes - Saint-Denis, Pedone 2017, p. 57-72.

- KERBRAT Y., MALJEAN-DUBOIS S., « Les juridictions internationales face au principe de précaution entre grande prudence et petites audaces », dans *Unity and diversity of international law - Essays in honour of Professor Pierre-Marie DUPUY* sous la direction de D. ALLAND, V. CHETAIL, O. de FROUVILLE, J-E. VINVALES, Martinus Nijhoff, p. 929-948.
- KESSEDJIAN C., « La responsabilité sociétale des entreprises dans le cadre de la loi applicable aux sociétés commerciales », dans *Rapports généraux du XXe congrès général de l'Académie internationale de droit comparé*, sous la direction de K. BOELE-WOELKI, R. SENEGACNIK, D-P. FERNANDEZ ARROYO, Springer, 2020, p. 221-248.
- KESSEDJIAN C., NORODOM A-T., « Qui fabrique le droit international », Le Monde diplomatique, mai 2023, p. 22.
- KING M.-T., BLANK L-R., « International Law and Security in Outer Space : Now and Tomorrow », *AJIL*, 2019, vol. 113, p. 125-129.
- KLABBERS J., « Transforming institutions : autonomous international organisations in institutional theory », Cambridge ILJ 2017, p. 105-121.
- KLIP A., « Section IV - Droit pénal international - Société de l'information et droit pénal - Rapport général », *RIDP* 2014, vol. 85, n°1, p. 327-380.
- KOLB R., « Théorie du jus cogens international », *RBDI* 2003, vol. 36, n° 1, p. 5-55 ; « Observation sur l'évolution du concept de *jus cogens* », RGDIP 2009, n° 4, t. 113, p. 837-850 ; « Le droit international comme corps de « Droit privé » et de « Droit public », *RCADI* 2021, vol. 414, p. 9-668.
- KOSKENNIEMI M., LEINO P., « Fragmentation of International Law ? Postmodern Anxieties », *Leiden JIL* 2002/15, sp. 557. p. 1-25.
- KU J., YOO J., « Globalisation and Sovereignty », *BJIL* 2013, vol. 31, n° 1, p. 210-235.
- KUŹNIAK B., TUREK P., « Le droit des organisations internationales : modèle et moteur du droit international », *Archives des Völkerrechts* 2015, vol. 53, n° 3, p. 390-399.
- LACKERT C.-W., « Les marques dans l'espace extra-atmosphérique : soutien à l'économie en dehors de la Terre », OMPI Magazine 2021/4, p. 43-52.
- LAGRANGE E. dans *Le phénomène institutionnel dans tous ses Etats : transformation, déformation ou reformation ?* sous la direction de L. DUBIN et M-C. RUNAVOT, Pedone 2014, p. 263-273.

- LARONZE F., « Les sources du droit revisitées par la notion d'organisation juridique », *RIEJ* 2012, vol.68, p. 175-224.
- LE BEL M., « La vague du New Space », *Revue prospective stratégique* 2018, p. 1-5.
- LE BŒUF R., « Peut-on mieux légiférer en droit international ? », dans *La fabrication du droit de l'Union européenne dans le contexte du Mieux Légiférer : du modèle à la réalité*, sous la direction de N. RUBIO, DICE 2018, p. 45-62.
- LE BOUËDEC N., « De l'Etat de droit libéral à l'Etat de droit social : critique et transformation de l'Etat du droit chez Hermann Keller », Jus politicum 2019, n° 23, p. 73-88.
- LEDAIN SANTIAGO R., « Vers une réglementation des ressources spatiales : l'exemple du Luxembourg », *RFDAS* 2020, vol. 293, p. 36-48.
- LESPINOIS J. (de), « La territorialisation du cyberespace : la fin de la mondialisation », *Prospective stratégique*, 2017, vol. 1, n° 8, p. 47-56.
- LEVINE M. E., « Price Discrimination Without Market Power », *Yale J. Regul* 2002, vol. 19, n° 1, p. 1-36.
- LICARI F.-X., « Le formalisme juridique comme science du matériau juridique pur », *RRJ* 2019, vol. 5, p. 1817-1858.
- LUHMANN N., « De la fonction des droits subjectifs », *Revue franco-allemande de sciences humaines et sociales*, 2009, vol. 3, p. 360-373.
- LUIGGI J.-S., « Cyberguerre, nouveau virage de la guerre ? », *Stratégique* 2016, vol. 2, n° 112, p. 91-100.
- LYTHGOE G, « The changing "Landscape" of Sovereignty Viewed through the Lens of International Tax : Reterritorialization the Offshore », Can.YB.Int'l.L 2011, p. 171-199.
- MADUBUIKE-EKWE J.-N., « Cyber attack and the Use of Force in International Law, *BLR* 2021, », vol. 12, n° 2, p. 631-649.
- MAGNON X, « Repenser la frontière droit externe - droit interne au profit d'une approche unitaire du droit », dans *Traité des rapports entre ordres juridiques*, sous la direction de B. BONNET, LGDJ 2016, p. 653-666.
- MAISANI P., WIENER F., « Réflexions autour de la conception postmoderne du droit », *Droit et Société* 1994, n° 27, p. 443-464.
- MALENOVSKY J., « A la recherche d'une solution inter systémique aux rapports du droit international et du droit de l'Union européenne », *AFDI* 2019, vol. 65, p. 201-234.

- MALINOWSKA K, « Insurance of Risks in Space Activities », *Prawo Asekuracyjne*, 2016, vol. 4, n° 89, p. 31-49.
- MARGUERITTE T., PROUVEZE R., « Le droit international et la doctrine saisis par le fait : La diversification des sujets du droit international sous l'effet de la politique », *RQDI* 2016, p. 159-189.
- MARGULIES P, « Sovereignty and Cyber Attacks : Technology's Challenge to the Law of State Responsibility », *Melbourne J.I.L.*, 2013, n° 2, p. 496-519.
- MARTIN E.-A., « Un changement de paradigme pour l'Europe spatiale », consultable sur : *[https://www.ifri.org/fr/publications/editoriaux-de-lifri/un-changement-de-paradigme-pourleurope-spatiale]*, consulté le 13 juillet 2022.
- MARTINEZ P., « The role of soft law in promoting the sustainability and security of space activities », JSL 2020, vol 42, n° 2, p. 522-564.
- MASTANDUNO M., « Hegemony in International Law » *Oxford Bibliographies Online Datasets*, Aug. 2016, consultable sur : *[https://doi.org/10.1093/obo//9780199796953-0141]*, consulté le 4 décembre 2022.
- MATTEUCCI M., « Introduction à l'étude systématique du droit uniforme », RCADI, 1957-1, vol. 91, p. 383-443.
- McLAUGHLIN M., « Regulating Artificial Intelligence in International Investment Law », *JWIT* 2023, n° 24, p. 256-300.
- MEMETI A., NUHIJA B., « The concept of Erga Omnes Obligations in International Law », *New Balkan Politics* 2013/14, p. 31-47.
- MENISSIER T., « Les formes imparfaites de la souveraineté numérique » dans *Monnaie, Souveraineté et démocratie* sous la direction de T. BOCCON-GIBOD, A. MATHIEU, éd. Le Bord de l'eau 2022, p. 211-228.
- MESSINI S., « La reconnaissance mutuelle en matière pénale entre "efficacité" et "responsabilité" », *Archives de politique criminelle* 2016, vol. 1, n° 38, p. 229-248.
- MEREZHKO O., « The Mystery of the State of Sovereignty in International Law », *Saint Louis ULJ* 2019, p. 23-58.
- MEUNIER H., « Le fondement de la protection diplomatique : pour une nouvelle approche au moyen de la destruction entre préjudice et dommage », *AFDI*, 2013, vol. 59, p. 223-254.
- MICHOUD A., « La notion de sujet de droit international ou le défi de sa réforme à l'aune de la responsabilité sociale des entreprises commerciales », RDUS 2018, vol. 48, p. 243-275.

- MICKLITZ H.-W., « La transformation du droit privé par la concurrence », *RIDE* 2018, p. 181-210.
- MILLARD E., « Hauriou et la théorie de l'institution », *Droit et société* 1995, p. 381-412.
- MOOR, P. « Le droit et ses limites : le juridique et le non juridique », *Int. J. Semiot Law* 2020, vol. 35 n° 1, p.783-804.
- MORA CARVAJAL D.-A., « Aproximación positivista a la unidad y la coherencia de un derecho internacional fragmentado », *RFDCP* 2019, vol. 49, n° 130, p. 81-101.
- MULLER FEUGA P., « Cyberespace, nouvelles menaces et nouvelles vulnérabilités - Guerre silencieuse et paix imprédictible », *SECUG*, 2017, vol. 1, n° 9, p. 83-95.
- NADOULEK B., « Mondialisation et civilisation » dans *Comprendre la mondialisation*, sous la direction de B. COUTURIER, L. FONTAGNE, Editions de la Bibliothèque publique d'information, Paris 2008, p. 6-13.
- NAVARRO-UGE G., « La démarche méthodologique interdisciplinaire de Georges Gurvitch : vers l'enseignement d'un droit critique », *Les Cahiers de droit* 2021, vol. 62, n° 1, p. 75-100.
- NGAMENI D., « Enjeux et évolutions du droit dans le cyberespace : Quelle stratégie pour l'Afrique », *LARC*, 2021, note n° 4, p. 1-9.
- NGO Q.-C., LY V.-A., « Le chalandage de traités à l'épreuve des accords d'investissement de nouvelle génération », *RIDE* 2017, vol. 3, t. 1, p. 85-108.
- NGO BAHA E., « Le dommage environnemental ou le préjudice écologique par : concepts juridiques ? », *RIDSP*, 2022, vol. 2, n° 10, p. 2-21.
- NICOLAS E., SINTEZ C., « La décriture du droit, une méthode constructiviste d'observation d'un objet quantique. A propos de V. Forray et S. Pimont », *RIEJ* 2018, vol. 80, n° 1, p. 241-253.
- NIGET D., MARTIN PETITCLERC M., « Introduction : Le risque comme culture de la temporalité », dans *Pour une histoire du risque - Québec, France, Belgique* sous la direction de D. NIGET, M. MARTIN PETITCLERC, éd. PUR 2019, p. 9-39.
- NOCETTI J., « Géopolitique de la cyber-conflictualité », *Politique étrangère* 2018, n° 2, p. 15-27.
- NORODOM A.-T., « L'attribution sur des cyberattaques : de l'apport des systèmes d'enquêtes internationaux existants », dans *Cyberattaques et droit international* sous la direction de M. GRANGE, A.-T. NORODOM, Pedone, 2018, p. 69-87 ;

« Introduction Digital Governance in Africa force better Protection of State Sovereignty », dans *Droit du numérique en Afrique - Enjeux internationaux,* sous la direction de A. ABDOU-HASSAN, A.-T. NORODOM, Bruylant 2023, p. 19-30.
- NORODOM A.-T., LAGRANGE P., LEMOINE A., « Travaux de la Commission du droit international » (soixante-dixième session) et de la sixième Commission (soixante-treizième session), *AFDI* 2018, n° 64, p. 401-436
- NUÑEZ J.-E., « About the Impossibility of Absolute State Sovereignty », *Int. J. Semiot Law* 2014, vol. 27, n° 4, p. 645-664.
- ONOFRIO (d') J.-B., « La légitimité de quel droit ? », *Les Cahiers Portalis*, 2020, vol. 1, n° 7, p. 93-126.
- ORSI (d') M., « Heated skirmishes in the Solar Sector: Do Solar-Pv Feed-In Tariffs Constitute Trade-Related Investment Measures and Subsidies Prohibited under The WTO Regime », *AM-U-Int'l L. Rev* 2014, vol. 29, n° 3, p. 673-716.
- OSADA Y., « Governance of Space Resources Activities : In the wake of Artemis Accords », *Georgetown JIL*, 2022, vol. 53, p. 399-511.
- OST F., « De l'internormativité à la concurrence des normativités : quels sont le rôle et la place du droit ? », *Les Cahiers de droit* 2018, vol. 59, n° 1, p. 7-33.
- OUEDRAOGO A., « Le positivisme en droit international : fondement épistémologique d'un paradigme mécaniste », *RGD*, 2010, n° 40, p. 505-540.
- PALARD J., « Les régions européennes sur la scène internationale : conditions d'accès et systèmes d'échanges », *Études internationales* 1999, vol. 30, n° 4, p. 657-678.
- PAQUIN S., « Les actions extérieures des entités subétatiques : quelle signification pour la politique comparée et les relations internationales ? », *RIPE* 2005, vol. 2, p. 129-142.
- PARIS F., GHEI N., « The Role of Reciprocity in International Law » *Cornell International L. J,* 2003, vol. 36, p. 93-123.
- PASQUIER R., « Quand le local rencontre le global : contours et enjeux de l'action internationale des collectivités territoriales », RFAP 2012, n° 141, p. 167-182.
- PASCO X., « Faire converger spatial et numérique : quels enseignements pour la constellation satellitaire européenne ? », *Défense & Industries* 2021 n°15, p. 21-26.
- PELLET A., « Les raisons du développement du *soft law* en droit international : choix ou nécessité ? » dans *Regards croisés sur la soft*

law en droit interne, européen et international sous la direction de P. DEUMIER et J.-M. SOREL, LGDJ 2018, p. 177-192 ; « Le droit international à la lumière de la pratique : l'introuvable théorie de la réalité Cours général de droit international public (volume 414), RCADI 2021, p. 9-547.
- PEREIRA B., « La lutte contre la cybercriminalité : De l'abondance de la norme à sa perfectibilité », *RIDE* 2016, p. 387-409.
- PERROT S., « L'*Open Source Intelligence* dans la guerre d'Ukraine », *Politique étrangère* 2022, n° 3, p. 63-74.
- PETER H., « Le New Space, quel rôle à jouer dans la création de la règle en droit spatial ? », *Revue stratégique* 2022, vol. 126-127, p. 137-151.
- PETIT-PREVOST-WEYGAND E., « La répression de la cybercriminalité terroriste : une spécificité africaine ? », dans Droit du numérique en Afrique - Enjeux internationaux sous la direction de A. ABDOU-HASSAN, A-T. NORODOM, Bruylant 2023, p. 231-250.
- PEYEN L., « Y a-t-il une identité environnementale de l'Union européenne ? », *RGD* 2021, p. 1-31.
- PFERSMANN O., « Arguments ontologiques et argumentation juridique », dans *Raisonnement juridique et interprétation* sous la direction de O. PFERSMANNT, G. TIMSIT, éd. de la Sorbonne 2001, p. 11-34.
- PITSEYS J., « Le concept de gouvernance », *RIEJ* 2010, vol. 65, n° 2, p. 207-228.
- POMADE A., « Penser l'interdisciplinarité par l'internormativité. Illustration en droit de l'environnement » *RIEJ* 2011, vol. 68, p. 85-106.
- PONTIER J.-M., « Bien commun et intérêt général », *Les Cahiers Portalis* 2017, vol. 1, n° 4, p. 33-52.
- PRINCE-AGBODJAN T-D., DONGAR B-C-D., AFOGO N-O., « Les limitations de l'accès à internet en Afrique à l'aune de la Communication 742/20, African Freedom of Expression Exchange et 15 autres (représenté par FOI Attorneys) c. Algérie et 27 autres », *AFDH* 2023, n° 7, p. 375-396.
- PROTIERE G., « Les principes généraux dans la jurisprudence internationale : éléments d'une différenciation fonctionnelle », *RDP* 2008, n° 1, p. 259-292.

- RANGEON F., « Réflexions sur l'effectivité du droit » dans *Les usages sociaux du droit*, sous la direction de D. LOCHAK, PUF 1989, p.126-149.
- RAPP L., « From Space to Spac... » dans *L'espace extra-atmosphérique et le droit international,* SFDI Colloque de Toulouse, Pedone 2021, p. 67-99.
- RAZ J., « La nature institutionnelle du droit », *Droit & Philosophie*, 2018, n° 92, p. 103-121.
- RAZGALLAH M.-A., « Description du New Space : la conquête de l'espace entre enjeux de souveraineté et jeux d'influence », consultable sur le site de l'Ecole de Guerre Economique (EGE) : *[https://www.ege.fr/infoguerre/decryptage-du-new-space-la-conquete-de-lespace-entre-enjeux-de-souveraineté-et-jeux-dinfluence]*, consulté le 3 février 2023.
- REYNAUD F., « Cyberattaques, arnaques désinformation, les menaces en ligne qui pèsent sur les jeux olympiques de Paris », consultable sur : *[https://www.lemonde.fr/sport/article/2024/04/10/cyberattaques-arnaques-desinformation-les-menaces-en-ligne-qui-pesent-sur-les-jeux-olympiques-de-paris]*, consulté le 25 mai 2024.
- RIVIER R., « L'utilité de la conceptualisation d'un genre "organisation internationale" » dans *Le Phénomène institutionnel dans tous ses états : transformation, déformation ou reformation ?* sous la direction de L. DUBIN, M.-C. RUNAVOT, Pedone 2014, p. 19-37.
- ROBERT E., « La subsidiarité : Principe Juridique et Concept Politique », *RHDI* 1995, vol. 48, p. 183-208.
- ROBERT CUENDET S., « Le droit international des investissements et l'espace » dans L'espace extra-atmosphérique et le droit international, SFDI Colloque de Toulouse, Pedone 2021, p. 289-313.
- ROBINEAU M., « Codification et densification(s) normative(s) » dans La densification normative. Découverte d'un processus, sous la direction de C. THIBIERGE, Mare & Martin 2013, p. 271-285.
- RODRIGUEZ OLMOS J.-M., « Etica del contrato y "contratos de duración para la existencia de la persona », una entrevista al profesor Andrea Nicolussi, *Rev Derecho Privado* 2022, n° 42, p. 361-376.
- ROMAN D., « Conjurer la dangerosité ou prévenir le risque ? », *RLDF*, 2020, chron. n° 74, consultable sur : *[https://revuedlf.com/droit-fondamentaux/conjuguer-la-dangerosite-ou-prevenir-le-risque]*, consulté le 24 mai 2024.

- ROUVIERE F., « La globalisation du droit : une idée théoriquement inutile dans *La science du droit dans la globalisation* » sous la direction de J-Y. CHEROT, et B. FRYDMAN, Bruylant, Coll. Penser le droit 2011, p. 113-128 ; « Le revers du principe-différence de nature (égale) différence de régime » dans Le droit entre autonomie et ouverture. Mélanges en l'honneur de J-L. BERGEL, sous la direction de J-Y. CHEROT, S. CIMAMONTI, L. TRANCHANT, J. TREMEAU, Bruyant 2013, p. 415-448.
- RUGGIE J.-G., Multinationals as global institution : Power, authority and relative autonomy, *Regulation & Governance* 2017, vol. 12 n° 3, p. 317-325.
- RUIZ FABRI H., « Les catégories de sujets du droit international » dans *Le sujet en droit international*, SFDI Colloque du Mans, Pedone 2005, p. 55-71.
- SAKAI H., « Bonne Administration de la Justice in the Incidental Proceedings of the International Court of Justice, », *Japanese Y. B. Int'l L*, 2012, vol. 55, p.110-133.
- SAMPER C., « Argumentaire pour l'application de la systémique au droit », *Arch. phil. droit* 1999, tome 43, p. 327-348.
- SANDEEPA B.-B., « Space Liability Insurance : Concerns and Way Forward », *AJL*, 2020, vol. 6, n° 1, p. 37-50.
- SANDS P., « La société civile internationale et la mise en œuvre du droit international : Le droit international, le praticien et les acteurs non étatiques » dans *L'émergence de la société civile internationale, vers la privatisation du droit international ?* sous la direction de H. GHERARI, S. SZUREK, Pedone 2003, p. 85-103.
- SANTULLI C, « Entre protection diplomatique et action directe, éléments épars du statut international des sujets internes », dans *Le sujet en droit international*, SFDI Colloque du Mans, Pedone 2005, p. 85-98.
- SAUZAY A., « Espace : l'Europe contre-attaque ? », consultable sur : *[https://www.institutmontaigne.org/ressources/pdfs/publications/espace-europe-contre-attaque-note_0.pdf]*, consulté le 01 août 2023.
- SAVADOGO L., « Le recours des juridictions internationales à des experts », *AFDI* 2004, vol. 50, p. 231-258.
- SCARFI J.-P., « Should international law reflect values of international community ? » in Oxford University Press, consultable sur : [*https://blog.oup.com/2017/04/international-law-values-community*], consulté le 02 février 2023.

- SHINER R.-A., « Law and Authority », *CJLJ* 1989, vol. II n° 1, p. 3-18.
- SCOVILLE R., BERLIN M., « Who Studies International Law ? Explaining Cross-national Variation in Compulsory International Legal Education », *EJIL* 2019, vol. 30, n° 2, p. 481-508.
- SELLERS M. N. S., « International Legal Personality », U. Balt. L. Rev 2005, vol. 11, p. 67-78.
- SERRURIER E., « De l'art d'être indispensable. L'inventivité diplomatique dans une société internationale pluraliste », *Revue CMH* 2018, n° 14, p. 11-40.
- SHANG Y., « Le droit antisubvention : Une protection commerciale à la chinoise ? », *RIDE* 2012, vol. 64, n° 3, p. 645-662.
- SIBONY A.-L., « Du bon usage des nations d'efficacité et d'efficience en droit » dans *L'efficacité de la norme juridique : nouveau vecteur de légitimité* ; sous la direction de A. VIDAL NAQUET, M. FATIN-ROUGE STEFANINI, L. GAY, p. 61-84.
- SLAUGHTER A.-M., W. BURKE-WHITE, « The Future of International Law is Domestic (or European Way of Law) », *Harv. Int'l L. J.* 2006, vol. 47, p. 327-352.
- SMITH L.-J., « L'espace un nouveau champ pour la *soft law* » dans *L'espace extra-atmosphérique et le droit international*, colloque de Toulouse, Pedone 2021, p. 171-181.
- SOBOTTA C., « Recent applications of the precautionary principle in the jurisprudence of the CJEU - a new Yardstick in EU environmental decision making ? », *ERA Journal*, 2020, p. 723-735.
- SOREL J.-M., « Le droit des frontières : Panorama en 3D », *Pouvoirs* 2018, vol. 2, n° 165, p. 27-38 ; « Le rôle de la *soft law* dans la gouvernance mondiale : vers une emprise hégémonique ? » *RED* 2021, n° 2, p. 46-50.
- STOCKINGER P., « Possibilité d'une représentation conceptuelle de la situation normative » Droit et société 1988, n° 8, p. 29-41.
- STROWEL A., « Les commerces numériques et les outils juridiques de la transition », dans *Le droit en transition, les clés juridiques d'une prospérité sans croissance*, sous la direction de A. BAILLEUX, Bruxelles, Presses de l'Université Saint-Louis, 2020, p. 285-330.
- SUCHET L., « Avant-propos » dans *L'espace extra-atmosphérique et le droit international*, SFDI, Colloque de Toulouse, Pedone 2021, p. 7-9.
- SUPIOT A., « The Territorial Inscription of Law » *in Soziologische Jurisprudenz - festschrift für Gunther Teubner*, herausgegeben von G-

P. CALIESS, A. FISCHER-LESCANO, D. WIELSCH, P. ZUMBANSEN, De Gruyter Berlin 2009, p. 375-393 ; « Face à l'insoutenable : les ressources du droit de la responsabilité » dans *Prendre la responsabilité au sérieux*, sous la direction de A. SUPIOT, M. DELMAS-MARTY, PUF 2015, p. 9-35.
- SUR S., « La créativité du droit international. Cours général de droit international public », *RCADI* 2012, t. 363, p. 9-331 ; S. SUR, « L'inhérence en droit international », *RGDIP* 2014, vol. 4, t. 118, p. 785-798.
- SWANSON L., « The Era of Cyber Warfare : Applying International Humanitarian Law to the 2008 Russian - Georgian Cyber Conflict », *Loy. LA. Int'l Comp. L. Rev*, 2010, vol. 32, n° 2, p. 303-333.
- THIBOUT O., « La responsabilité sociétale des entreprises : un système normatif hybride », *RJE*, 2016, vol. 41, n° 2, p. 215-233.
- THIEBAUT N. « Le fait de la fonction dans le droit public de la responsabilité », *Les annales de droit* 2019, n° 13, p. 216-256.
- THOUVENIN J.-M., « OMC et conflits de normes. Le regard de l'internationaliste publiciste » dans *La fragmentation du droit applicable aux relations internationales. Regards croisés d'internationalistes privatistes et publicistes*, sous la direction de M. FORTEAU, éd. Pedone 2011, coll. Cahiers Internationaux, p. 29-47.
- TIREL M., « RSE, ESG, Compliance : éléments pour une distinction », *RLDA* 2023, n° 2, p. 22-30.
- TORTORA J.-J., « Le New Space », *Annales des mines* 2019, p. 44-48.
- TOUGAS M.-L., « La responsabilité internationale d'Etat pour le fait d'entreprises militaires privées », *Com. Y. B. Int'l. L* 2007, vol. 45, p. 97-130.
- TOURME-JOUANNET E., « Quelques réflexions sur le pouvoir normatif juridictionnel du juge international », dans *Droit international et culture juridique. Mélanges offerts à Charles LEBEN*, Pedone 2015, en particulier la partie consacrée au « Pouvoir normatif du juge et jurisprudence source de droit », p. 209-235.
- TRUCHET D., « La notion d'intérêt général : le point de vue d'un professeur de droit », *Legicom* 2017, vol. 1, n° 58, p. 5-11.
- TEUBNER G., « Pour une épistémologie constructive du droit », *Annales ESC* 1992, n° 6, p. 1149-1168.
- TUORI K., « Vers une théorie du droit transnational », *RIDE* 2013, p. 9-36.

- TUSCQ-MOUNET S., « Villenave d'Ornon : une station satellite de Space X s'installe aux portes de Bordeaux », consultable sur : *[https://france3-regions-francetvinfo.fr]*, consulté le 4 avril 2023.
- ULLRICH H., « La mondialisation du droit économique : vers un nouvel ordre public économique », *RIDE* 2003, n°3, p. 291-311.
- VAN AAKEN A., « Defragmentation of Public International Law Through Interpretation : A Methodological Proposal », *IJGLS* 2009, vol. 16 n° 2, p. 483-512.
- VAN LANG A., « La doctrine environnementale doit-elle inévitablement s'inscrire dans la *summa divisio* ? », *RJE*, 2015, n° 2016, n° spécial, p. 60-71.
- VAN MEERBEECK J., « La relation au cœur du droit et de la transition » dans *Le droit en transition - Les clés juridiques d'une prospérité sans croissance* sous la direction de A. BAILLEUX, éd Presses universitaires Saint-Louis 2021, p. 109-147 ; J. VAN MEERBEECK, « Le cas, la relation et la confiance : la face cachée du droit moderne », *Revue juridique de la Sorbonne* 2022, n° 5, p. 66-82.
- VAN ZON W., « The Application of Regulation 452/2019 in Response to Chinese Foreign Direct Investment », LIEI Journal 2023, vol. 50, n° 2, p. 129-164.
- VASCONCELOS VILAÇA G., « To Reform the World : International Organizations and the Making of Modern States », *International Organizations L R* 2018, vol. 15, n° 1, p. 221-230.
- VELEANU C., « Le Dit et le Non-Dit dans le langage juridique » dans *Le Dit et le Non-Dit, Langage (s) et Traduction*, sous la direction de S. BERBINSKI, Peter Lang Edition 2016, p. 225-251.
- VERCAUTEREN P., « Souveraineté *vs* interdépendance : que révèle l'interdépendance sur la souveraineté » dans *Dynamiques de la souveraineté - Communautés et organisations politiques face à la souveraineté*, sous la direction de G. BLOUIN GENEST, Y. PALAU, P. VERCAUTEREN, éd. EMS Editions 2022, p. 25-45.
- VERHOEVEN J., « Sur les "Bons" et les "Mauvais" Emplois du jus cogens », *ABDI* 2008, vol. 1, p. 133-161.
- VIGUIER J., « Continuité juridique et innovation juridique » dans *La (dis)continuité du droit*, sous la direction de H. SIMONIAN-GINESTE, Presses de l'Université Toulouse 1 Capitole 2018, p. 449-466.
- VILLAR J., « Protection des investissements locaux et conquête de nouveaux marchés : le rôle complémentaire » de la Région Occitanie

au cœur de l'industrie spatiale européenne » dans *Droit de l'espace extra-atmosphérique : Questions d'actualité, op. cit.*, p. 31-41.
- WARTON S., « Redrawing the Line : Serious Crimes of Concern to the International Community beyond the Rome Statute », *Can. Y.B. Int'l.6*, 2014, vol. 52, p. 129-183.
- WASSENBERG B., « La diplomatie territoriale : Collectivités locales et régionales dans les relations internationales (XXe - XXIe siècles), consultable sur : *[https://ehne.fr/fr/encyclopie/thematiques/relations-internationales/pratiques-diplomatiques-contemporaines/la-diplomatie-territoriale]*, consulté le 2 septembre 2022.
- WECKEL P., « Ouverture de la réflexion sur le droit international à la science des systèmes », dans *Unité et diversité du droit international : écrits en l'honneur du professeur Pierre-Marie DUPUY*, éd. Martinus Nijhoff Publishers, 2014, p. 131-155.
- WITMEUR R., « L'article XX A) du GATT : L'exception de moralité publique dans le commerce international », RIDE 2012/3, p. 237-268.
- WOUTERS J., A.-L. CHANE, « Multinational Corporations in International Law *in Non-State Actors in International Law* », dir M. NOORTMANN, A. REINISCH, C. RYNGAERT, London Hart Publishing, Bloomsbury Collections, 2015, p. 225-252.
- WYLER E., « Le juge international et la relation Règle/cas du point de vue du formalisme et du pragmatisme », *RGDIP*, 2021, t. 125, n° 2, p. 225-252.
- XIE R., « Why China had to "Ban" Cryptocurrency but the U.S. did not : A Comparative Analysis of Regulations on Crypto-Markets Between the U.S. and China », *Wash. U. Global. Stad L. Rev* 2019, vol. 18, n° 2, p. 457-492.
- YEINI S.-A., « The Persistent Objector Doctrine : Identifying contradictions » *Chicago JIL* 2021, vol. 21, n° 2, p. 581-620.
- YIJUAN-TIAN G., « Current Issues of Cross Border Personal Data Protection in the Context of Cloud Computing and Trans Pacific Partnership Agreement : Join or Withdraw », *Wisconsin I. L. J* 2016, vol. 34, n° 2, p. 367-408.
- ZEN C., « Cyberwarfare and International Humanitarian Law », *CICLJ* 2017, vol. 9, n° 1, p. 29-53
- ZENATI-CASTAING F., « Repenser le système juridique » dans *Traité des rapports entre ordres juridiques* sous la direction de B. BONNET, LGDJ 2016, p. 1549-1578.

III. Travaux universitaires

- AURIEL P., *Les ordres juridiques transnationaux : Conditions et concrétisations des droits hors de l'Etat*, Mémoire du Certificat de Recherche Approfondie, Université Paris II 2013-2014, 128 p.
- DIALLO T.-A., *Regard sur l'Etat justiciable en droit international*, Thèse de doctorat en droit international public de l'Université de Limoges, 2015, 667 p.
- DIOP A.-K., *La notion d'Etat en droit international et en droit européen : de l'impossible approche conceptuelle à la nécessaire approche fonctionnelle*, Thèse de doctorat en droit, thèse en cotutelle de l'Université de Bordeaux et de l'Université Laval 2017, 697 p.
- DOMINIQUE J., *Le principe de subsidiarité en droit international des droits de l'homme*, Thèse droit, Université Paris II Panthéon, Assas 2020, 682 p.
- EL-ISSA R., La place contestée de l'arbitrage international en droit de l'investissement, Thèse de doctorat de l'Université Paris-Saclay, 10 février 2023, 765 p.
- FORNAZIERO SEGURA RAMOS D., *La réglementation multilatérale des subventions et son application au regard de l'évolution du concept de développement durable*, thèse de doctorat en cotutelle - Université Paris 1 - Panthéon-Sorbonne et Universidade de São Paulo, 2021, 693 p.
- GIANNOULIS V., *Le principe de reconnaissance mutuelle des décisions judiciaires pénales et les droits fondamentaux*, Thèse de doctorat en droit privé et sciences criminelles de l'Université de Nanterre-Paris X, 26 janvier 2021, 1185 p.
- MARRE A., *L'action internationale des collectivités territoriales françaises. La construction d'une coopération interterritoriale et interrégionale dans l'Arc latin et le Maghreb*, thèse de doctorat en droit, Université de Montpellier, 2016, 483 p.
- ROBIN D.-S., *Les actes unilatéraux des Etats comme éléments de formation du droit international*, Thèse droit, de l'Université Panthéon Sorbonne Paris 1, 2018, 719 p.
- SHAHRBABAKI A.-A., *La qualité des normes. Etudes des théories de la pratique*, Thèse de doctorat en droit de l'Université Aix - Marseille 2017, 404 p.
- STARK L., *L'internationalité en droit international privé*, Thèse de doctorat en droit de l'Université Bourgogne Franche-Comté en

cotutelle internationale avec l'Université Johannes Gutenberg de Mayence, 28 octobre 2020, 628 p.
- SZOKE-PELLET V., *Les cyberattaques étatiques et la notion d'agression en droit international*, Mémoire de Master 2, Droit international public - Mention Droit international et européen, Université Aix-Marseille, 2017/2018, 145 p.
- TRAN C., Les manifestations juridiques et fiscales du protectionnisme de l'Union - Essai sur un mode durable de régulation du libre-échange, Thèse droit de l'Université de Rennes, 13 juin 2019, 466 p.

IV. Textes consultés (ordre chronologique)

1. **Hors de l'Europe**

Au plan international

- Convention sur la cybercriminalité (Convention de Budapest) du 23 novembre 2001, consultable sur : *[https://www.europa.eu/meetdocs/2014_2019/documents/libe/dv/7_conv_budapest_/7_conv_budapest_fr.pdf]*, consulté le 03 mars 2024.
- *Rapport de la Commission du Droit international*, Doc off AGNU, 69ème sess, DOC NU A/72/10 (2017)
- *Rapport de la Commission du Droit international*, Doc off AGNU, 73ème sess, Doc NU A/C.6/77/L.16 (2022)

Au plan bilatéral et régional

- *Dominican Republic - Central America - United States Free Trade Agreement*, 5 août 2004, consultable sur : *[https://www.sice.oas.org/trade/cafta/caftadr_e/chapter6_12.asp#Article10.28]*, consulté le 18 août 2023.
- Convention de l'Organisation de coopération spatiale Asie-Pacifique (APSCO) du 28 octobre 2005, *UNTS*, 2007, vol.2423, n°43736.
- Convention de l'Union africaine sur la cybercriminalité et la protection des données à caractère personnel (Convention de Malabo) du 27 juin 2014, consultable sur : *[Https ://au.int/sites/default/treaties/29560-treaty-0048_african_union_convention_on_cyber_security_and_personal_data]*, consulté le 03 mars 2024.
- « Agreement between the government of the Federal Democratic Republic of Ethiopia and the gouvernement of the State of Qatar for the promotion and Reciprocal protection of investissements », consultable sur :

[https://edit.wti.org/document/show/f9b5906b-2715-4bd7-Pd53-7cdaf2d7dff2], 14 novembre 2017, consulté le 15 août 2023.
- Accord Canada-Etats-Unis-Mexique (ACEUM) du premier juin 2020, consultable sur : *[https://www.international.gc.ca/trade-commerce/trade-agreements-accords-commerciaux/agr-acc/cusma-aceum /text-texte/toc-tdm]*, consulté le 06 juin 2023.

Au plan national

Corée du Sud
- *Space Development Promotion Act n° 7538 May 31, 2005,* consultable sur : *[https://www.unoosa.oosa/en/ourwork/spacelaw/republic_of_korea/space_development_promotions_actE.htm]*, consulté le 02 décembre 2024.

Etats-Unis
- *U.S. National Space Policy*, du 28 juin 2010.
- *U.S. Commercial Space Launch Competitiveness Act*, 25 novembre 2015, consultable sur : *[https://www.congress.gov/114/plaws/publ90/PLAW-114publ90.pdf]*, consulté le 03 août 2022.
- *H. R. 4943 CLOUD ACT - 115th Congress (2017-2018).*
- *HR-5376 Inflation Reduction Act*, 16 août 2022.

Inde
- *Companies Act*, 29 août 2013 consultable sur : *[https://www.mca.gov.in/Ministry/pdf/CompaniesAct2013.pdf]*, consulté le 12 septembre 2024.

Japon
- *Basic Act on Establishing a Sound Material Cycle*, du 02 juin 2000, consultable sur : *[https://www.en.go.jp/content/900452892.pdf]*, consulté le 12 septembre 2024.
- Le « Livre bleu diplomatique 2019 » du Ministère des affaires étrangères du Japon, consultable sur : *[https://www..mofa-go-jp/files/000526511.pdf]*, consulté le 04 août 2024.

Nouvelle Zélande
- *Outer Space and High Altitude Activities Regulatory System*, 10 juillet 2017, consultable sur:

[https://www.legislation.govt.nz/act/public/2017/0029/latest/DLM6966275.html], consulté pour la dernière fois le 04 août 2024.

Russie

- Law of the Russian Federation of August 20, 1993, N° 5663-1, consultable sur : *[https://www.unoosa.org/oosa/en/ourwok/spacelaw/nationalspacelaw/russian_federation_decree_5663-1_E.html]*, consulté pour la dernière fois le 2 septembre 2024.

2. **En Europe**

Union européenne (Ue)

- *Directive 95/46/CE du Parlement européen et du Conseil* du 24 octobre 1995, relative à la protection des personnes physiques à l'égard du traitement des données à caractère personnel et à la libre circulation de ces données, *JO L*281 du 23 novembre 1995, page 46.
- *Règlement (CE) n° 93/2008 du Parlement européen et du Conseil* du 17 juin 2008 sur la loi applicable aux obligations contractuelles (Rome I), JOUE L 177 du 4 juillet 2008, p. 13.
- *Directive n° 2013/40/UE du Parlement européen et du Conseil* du 12 août 2013 relative aux attaques contre les systèmes d'information et remplaçant la décision cadre 2005/222/JAI du Conseil, JOUE L 218, p. 8, pt. 3.
- *Règlement (UE) 2016/679 du Parlement européen et du Conseil* du 27 avril 2016, relatif à la protection des personnes physiques à l'égard du traitement des données à caractère personnel et à la libre circulation de ces données et abrogeant la directive 95/46/ce (règlement général sur la protection des données) *JOUE L*127 2 du 23 mai 2018, page 61.
- *Règlement (UE) n° 2019/452 du Parlement européen et du Conseil* du 19 mars 2019 établissant un cadre pour le filtrage des investissements directs étrangers dans l'Union, *JOUE* L 79 du 21 mars 2019, p. 1.
- *Règlement (UE) n° 2019/1021 du Parlement européen et du Conseil* du 20 juin 2019 concernant les polluants organiques persistants (refonte), JOUE L 169 du 25 juillet 2019, p. 45.
- *Communication de la Commission Livre Blanc* « relatif à l'établissement de conditions de concurrence égales pour tous en ce qui concerne les subventions étrangères », adoptée par la Commission le 17 juin 2020, COM (2020) 253 final.
- *Règlement (UE) n° 2021/696 du Parlement et du Conseil* du 28 avril 2021, établissant le programme spatial de l'Union et l'Agence de l'Union européenne pour le programme spatial et abrogeant les

règlements (UE) n° 912/2010, (UE) n° 1285/2013 et (UE) n°377/2014 et la décision n° 541/2014/UE, JOUE L 170/69 du 12 mai 2021, p. 69.
- *Directive n° 2001/42/CE du Parlement européen et du Conseil* du 27 juin 2021 relative à l'évaluation des incidences de certains plans et programmes sur l'environnement, JO L 197 du 21 juin 2001, p. 30.
- Communication conjointe au Parlement européen et au Conseil, « *Une approche de l'UE en matière de gestion du trafic spatial. Une contribution de l'UE pour faire face à un défi mondial* », 15 février 2022, JOIN (2022) 4 final, pt 2.1.
- *Rapport de la Commission au Parlement européen et au Conseil* du 19 septembre 2022 sur les activités antidumping, antisubventions et de sauvegarde de l'Union européenne et sur l'utilisation d'instruments de défense commerciale par des pays tiers ciblant l'Union en 2020, COM (2022) 470 final, p.10.
- Conclusions de la présidence du Conseil européen de Lisbonne des 23 et 24 mars 2000, consultable sur : *[https://www.consilium.europa.eu/ueDocs/cms_Data/docs/pressData/fr/ec/00100-21.f0.htm]*, consulté le 3 août 2023.
- *Règlement (UE) n° 2023/1543 du Parlement européen et du Conseil* du 12 juillet 2023 relatif aux injonctions européennes de production et aux injonctions européennes de conservation concernant les preuves électroniques dans le cadre des procédures pénales et aux fins de l'exécution de peines privatives de liberté prononcées à l'issue d'une procédure pénale, JO L 191 du 28 juillet 2023, p. 135.

France

- Loi n° 2007-147 du 2 février 2007 relative à l'action extérieure des collectivités territoriales et de leurs groupements, *JORF* n° 131 du 6 février 2007, p. 1.
- Loi n° 2008-518 du 3 juin 2008 relative aux opérations spatiales, *JO*, n° 129 du 4 juin 2008, p. 9170.
- Rapport n° 114 (2012-2013) du 7 novembre 2012 de l'Office parlementaire d'évaluation des choix scientifiques et technologiques, *les enjeux et perspectives de la politique spatiale européenne*, p. 14, consultable sur : *[https://www.senat.fr/rap/r12-114/r12-1141.pdf]*, consulté le 01 août 2023.
- Loi n° 2015-991 du 07 août 2015 portant nouvelle organisation territoriale de la République, *JORF*, n°0182 du 08 août 2015, p. 9.
- Loi n° 2016-274 du 7 mars 2016 relative au droit des étrangers en France, *JORF* n° 0057 du 8 mars 2016, texte n° 1, p. 6.

- Loi n° 2019-486 du 22 mai 2019 relative à la croissance et la transformation des entreprises, *JORF*, n° 0119 du 23 mai 2019, p.11.
- Loi n° 2020-105 du 10 février 2020 relative à la lutte contre le gaspillage et à l'économie circulaire, *JORF*, n° 0035 du 11 avril 2020, texte n° 1.
- Rapport d'information déposé par la Commission des affaires européennes de l'Assemblée nationale française portant sur la politique de défense commerciale de l'Union européenne et enregistré à la Présidence de l'Assemblée nationale le 24 février 2022, consultable sur : *[https://www.assemblee-nationale.fr/dyn/15//rapports/due/115b5125_rapport-information]*, consulté le 25 septembre 2023.

Luxembourg

- Loi du 20 juillet 2017 sur l'utilisation et l'exploitation de l'espace, consultable sur : *[https://www.legilux-public.lu/eli/etat/leg/loi/2017/07/20/a674/jo]*, consultée le 03 août 2024 pour la dernière fois.

V. Jurisprudence citée

Cour internationale de justice (CIJ)

- CIJ, Affaire *de la Barcelona Traction, Light and Power Company Limited (Belgique c/ Espagne)*, arrêt du 05 février 1970, *Rec.* CIJ, 1970, p. 3.
- CIJ, *Affaire du plateau continental Tunisie c. Jamahiriya Arabe libyenne*, arrêt du 24 février1982, *Rec.* 1982, p. 60.
- CIJ, *Affaire des Activités militaires et paramilitaires au Nicaragua et contre celui*, arrêt du 27 juin 1986, *Rec.* CIJ 1986, p. 111.
- CIJ, Affaire *de certaines terres à phosphates à Nauru (Nauru c. Australie)*, arrêts du 26 juin 1992, *Rec*, CIJ 1992, pp. 266-267.
- CIJ *Affaire des Activités armées sur le territoire du Congo (République démocratique du Congo c. Ouganda)*, arrêt du 19 décembre 2005, *Rec.* CIJ 2005, p. 227.
- CIJ, *Affaire de l'application de la Convention pour la prévention et la répression du crime de génocide (Bosnie Herzégovine c. Serbie-Monténégro)*, arrêt du 26 février 2007, Rec. CIJ, 2007, pp. 168-169.
- CIJ, Affaire *des Usines de pâte à papier sur le fleuve Uruguay (Argentine c. Uruguay), arrêt du 20 avril 2010, Rec.* CIJ, 2010, p. 77.

- CIJ, Affaire *Ahmadou Sadio Diallo (République de Guinée c. République démocratique du Congo*, arrêt du 19 juin 2012, Rec. CIJ 2012, p. 324.

Cour européenne des droits de l'homme (CEDH)

- CEDH, affaire *Handyside c. Royaume-Uni*, arrêt du 07 décembre 1976, n° 5493/72.
- CEDH, affaire *Campbell et Cosans c/Royaume-Uni*, arrêt du 25 février 1982, n° 7511/76, 7743/76.

Sentence arbitrale

- CMS (Gas transmission company). c. Argentine, Affaire C/RDI n° ARB/01/8, Sentence 12 mars 2005.
- *EDF (Service) Limited. c. Republic of Romania*, CIRDI n° ARB/05/13, Sentence, 8 octobre 2009.
- *Sun Reserve Luxco Holdings SRL. c. Italie*, Affaire CCS n° 132/2016, Sentence, 25 mars 2020.
- *El Paso Energy International Company. c. Argentine Republic*, CIRDI n° ARB/03/15, Sentence 31 octobre 2011.
- *Michael Ballantine et Lisa Ballantine*. c. République dominicaine, CPA n° 2016-17, sentence finale, 3 septembre 2019.

INDEX THÉMATIQUE

N.B. : Les numéros renvoient aux paragraphes.
Les numéros en caractère gras renvoient aux paragraphes où la matière est principalement traitée.

A

TABLE DES MATIERES

Structures éditoriales du groupe L'Harmattan

L'Harmattan Italie
Via degli Artisti, 15
10124 Torino
harmattan.italia@gmail.com

L'Harmattan Hongrie
Kossuth l. u. 14-16.
1053 Budapest
harmattan@harmattan.hu

L'Harmattan Sénégal
10 VDN SICAP AMITIE 3
BP 45034 Dakar-Fann
direction@senharmattan.com

L'Harmattan Cameroun
Tsinga/Derrière polyclinique FECAFOOT
BP 11486 Yaoundé
Jacques.koukam@harmattan.fr

L'Harmattan Burkina Faso
Villa 281, secteur 23 623, rue 14.32
Ouagadougou
zagbie@outlook.fr

L'Harmattan Guinée
Almamya, rue KA 028 OKB Agency
BP 3470 Conakry
harmattanguinee@yahoo.fr

L'Harmattan RDC
185, avenue Nyangwe
Commune de Lingwala - Kinshasa
matangilamusadila@yahoo.fr

L'Harmattan Congo
219, avenue Nelson Mandela
BP 2874 Brazzaville
deunovmikhael@gmail.com

L'Harmattan Mali
Immeuble Mgr Jean Marie Cissé
Aci Hamadallaye
BP 145 Bamako
syllaka@yahoo.fr

L'Harmattan Togo
Djidjole - Maison Amela
face EPP BATOME
02 BP 20680 Lomé
didieramela11@gmail.com

L'Harmattan Côte d'Ivoire
Résidence Karl - Cité des Arts
Abidjan-Cocody
03 BP 1588 Abidjan
harmattan.ivoire@gmail.com

L'Harmattan Bénin
Rue 604, (Immeuble à l'entrée
de la rue UCAO- Cite de Saint-Jean)
Cotonou
stepcorpus@gmail.com

Nos librairies en France

Librairie internationale
16, rue des Écoles
75005 Paris
librairie.internationale@harmattan.fr
01 40 46 79 11
www.librairieharmattan.com

Librairie des savoirs
21, rue des Écoles
75005 Paris
librairie.sh@harmattan.fr
01 46 34 13 71
www.librairieharmattansh.com

www.ingramcontent.com/pod-product-compliance
Lightning Source LLC
LaVergne TN
LVHW021149061026
849535LV00002B/402
* 9 7 8 2 3 3 6 5 4 9 7 7 4 *